夏广兴 著

密教传持与宋元社会

中华典籍与国家文明研究丛书

上海古籍出版社

《中华典籍与国家文明研究丛书》编委会

主 编

查清华

编辑委员会（按姓氏笔划排列）

朱易安　李定广　李　贵

吴夏平　陈　飞　查清华

曹　旭　詹　丹　戴建国

序

严耀中

宋、元二朝是华土密教进入多元化形态的时代。自从在会昌灭法中遭受打击之后，虽然密教在中原地区的传授系统难以复原，但一方面，其中的一些重要内涵由于地利之宜等因素，却在四边的幽燕、吴越、巴蜀及云贵等地得到很大程度的保留，并在五代以降有所勃发。另一方面，密教在中原被"灭法"打碎的只是它作为"宗"的体系，而它的教义和仪轨则散入佛教的其他诸宗之中和民间宗教，犹如蜜糖融入水中成了一碗糖茶。稍后的元代，由于藏传密教在内地的扩散与汇合，使密教在中国的存在更具有多元化的色彩。

任何一种宗教的传播史在时间和空间上都是动态的，呈现的是它在其中不断演变发展的过程，包括它在华土中的事相。印度佛教中的密教之形成，主要是受到婆罗门教影响的结果，理所当然地吸收了后者的大量因子。当密教以佛教一部分之身份传入华土的那一刻起，即与整个佛教一样开始了中国化的过程，即若该书列举的与儒、道两家及社会习俗之间的各种方式之交流与融合。"一色成体谓之醇，白黑杂合谓之驳"（《汉书》卷六七《梅福传》），因此密教的属性始终是多元的，根本不可能有所谓"纯密教"之存在。不过如此一来，密教反而因为接受了中国文化之多元特点，而在中国社会中扎下了深厚的根基，并成了中国宗教文化传统中的一分子。密教研究史里出现的所谓"正纯密教"概念，是一些学者以中国佛教典籍所提供的资料为主体而提出来的叙事话语。此中理由或云《大日经》《金刚顶经》范围所定，然经文本身之诠释已经是取向无穷，何况二经之文本有着不断吸收其他文化元素的漫长形成过程，故尔实质上是参照禅门教派形态而以"开元三大士"为源头的传授体系来树立自称"正纯"之标杆。由于会昌灭法使中唐之后的密宗传授体系不明，而据说东瀛遣唐僧空海则得到了继承。这样一来，密教在日本流传的一支"东密"成了所谓正纯密教之代表。但是这个说法对于密教从南亚到华土的生成发展之历史实况而言并不正确，仅仅是一种自我认定与标榜，至多在东北亚局部地区的佛教史研究中有一定的参考意义。

密教在宋元时期的佛教中存在状况和社会影响其实也不亚于唐代，夏广兴教授近著《密教传持与宋元社会》一书对此做了充分的证明和阐述。该书一方面通过佛道经典、史地文献、诗文词赋、石刻碑铭、造像壁画等，来展现密教在这一时期的传持实态，由此为深入论述打下了坚实的史料基础。另一方面，这部著作着重对体现着密教形式的佛顶尊胜陀罗尼、孔雀明王、鬼子母、大黑天、摩利支天、秽迹金刚等崇拜的情况进行了较为全面的叙说，而且还注意到宋元佛教里一些佛与菩萨密教化的显例，诸如在炽盛光佛、大随求菩萨、白伞盖等信仰中的表现。值得注意的是，作者是从社会史的角度来探索与解读在这些信仰里的密教基因及其在社会生活中的渗透，从而无可争辩地显示出宋元时期的密教在中国社会的广泛存在和影响力。

该著开创了研究中国密教的断代史体例之先河。宋元时代的中国密教流播地域之宽广、内容之丰富、形式之多样、演变之复杂，都使它得以在华土的宗教文化中能够大放异彩。作者对这个时代的密教进行全面的叙述和阐释并有所发明，显示出了相当深厚的学识与功力，也使这部著作足以成为研究中国密教必备之参考书。

目 录

序 ·· 严耀中 1

绪论 ·· 1
  第一节　密教及其教理与实践 ·· 1
  第二节　密教的源出与传承 ··· 5
  第三节　密教传入中土及其流播 ·· 14

第一章　汉传密教在宋代的传持 ·· 35
  第一节　宋代帝王、权贵对密教的扶持 ································ 36
  第二节　宋代的密教高僧及其密教经典的传译 ······················ 46
  第三节　汉传密教在各地的传持 ·· 70

第二章　汉传密教在辽、金、西夏的传持 ······························ 110
  第一节　辽代的密教传持 ··· 111
  第二节　金代的密教传持 ··· 124
  第三节　西夏的密教传持 ··· 129

第三章　藏传密教在元代的传持 ········ 134
第一节　元代帝王、权贵对密教的扶持 ········ 135
第二节　元代密教高僧及其密教经典的传译 ········ 155

第四章　密教传持与宋元诸佛、菩萨的密教化 ········ 161
第一节　炽盛光佛信仰与宋元社会 ········ 162
第二节　大随求菩萨信仰与宋元社会 ········ 178
第三节　白伞盖信仰与宋元社会 ········ 190

第五章　密教传持与宋元诸佛母的持奉 ········ 205
第一节　密教传持与佛顶尊胜陀罗尼信仰 ········ 206
第二节　孔雀明王信仰与宋元社会 ········ 224

第六章　密教传持与宋元鬼子母信仰 ········ 242
第一节　鬼子母经典的传译及其形象在佛典中的衍变 ········ 244
第二节　鬼子母故事在僧俗二界的流播 ········ 251
第三节　"鬼子揭钵"故事的形成与演绎 ········ 260
第四节　鬼子母在文学作品中的形象演化 ········ 266
第五节　鬼子母信仰的密教化 ········ 277

第七章　密教传持与宋元大黑天信仰 ········ 283
第一节　大黑天信仰的缘起、神格及法相 ········ 283
第二节　大黑天信仰在宋元的流播 ········ 292
第三节　大黑天信仰与云南"阿吒力教" ········ 308

第八章　密教传持与宋元摩利支天信仰 ········ 312
第一节　摩利支天的缘起、神格与法相 ········ 313

第二节　摩利支天信仰的传持与影响 ················ 327
　　第三节　道教斗姆元君与密教护法神摩利支天的融合 ········ 343

第九章　密教传持与宋元秽迹金刚信仰 ················ 353
　　第一节　秽迹金刚的缘起、神格及法相 ················ 353
　　第二节　秽迹金刚信仰在宋元的流播 ················ 363
　　第三节　秽迹金刚与宋代江南道法、巫术 ·············· 375

参考文献 ······································ 384

后记 ·· 411

绪 论

作为世界三大宗教之一的佛教，源远流长，博大精深，经过两千多年来的辗转流播，与不同时代和地区的文化交融互汇，判教立宗，形成了各种流派和思潮，且宗脉纷繁复杂，思想和文化亦绵长久远。其中的密教一支，以其隐秘修持、普世实践、标新立异、匡世济俗而著称于世。事实上，密教早在其形成之初，即随汉译佛典的传译流播中土。但那个密教不是原样的形态从印度传向各地，只是印度密教的一部分流行。在这之后，它们是以印度的密教作为母体，并添加了思想和教学，逐渐建立起新的密教体系作为目标，7世纪中叶以降，相继成立的《大日经》和《金刚顶经》是这方面的代表成果，密教步入中期密教时代。

第一节 密教及其教理与实践

密教，是"秘密佛教"的略称，亦称"密乘""金刚乘""果乘""真言乘""持明乘""瑜伽密教"等，国际上一般通称"怛特罗佛教"①。密教至少在4世纪即已出现在南亚次大陆的古老国度——印度，并于7世纪中叶兴盛于印度次大陆，继而传播和发展于西亚、中亚以及中国。密教是印度大乘佛教发展的晚期阶段的产物，也是最高阶段，是大乘佛教吸收印度教及其他民间宗教的内容与仪式来组织其体系。它起源于大乘佛教，可以说是大乘佛教进一步神秘化、世俗化的结果。密教具有高度的组织性，以持咒、祭祀等俗信为其特征，主要经典是《大日经》《金刚顶经》《苏悉地经》。但密教不论从它的总体构成上说，还是从产生的历史上说，毕竟还是佛教发展到一定历史阶段而出现的一种现象、一个流派和一股思潮。

　　密教的哲理无甚独创，在教理上杂取诸家之说，广泛吸收了大乘般若中观派、唯识学派、瑜伽行派的佛教学理，及《华严》的思想为其理论前提。同时，又吸收与融合印度固有的婆罗门教、瑜伽术的修持方法，以及民间宗教的诸信仰等成分杂糅而成的一个兼容古今修证方法的宗派，有些修证方法与释迦牟尼住世时代所说的大有出入，但据此萌生的鬼神系统、法则仪轨和修持实践的方法很多。在实践上，以高度组织化的咒术、礼仪、本尊信仰等多神崇拜为其主要特征，重视内容繁杂的祭祀、仪轨和拥有浓厚的神秘主义色彩的教义为特色。密教认为，世界万物，包括佛和众生，都是由地、水、火、风、空、识"六大"所造，因此佛与众生的体性相同。如果众生能依法加持身、口、意"三密"，即以手作特定手势（身密），口诵真言咒语（语密），心观佛尊（意密），就能使身、口、意"三业"清净，自身三密与佛的三密相应，就能即身成佛。

---

① 吕建福先生认为"使用'怛特罗'来指密教，是不科学的，因为'密教'和'怛特罗'是两个不同的概念，怛特罗是流行于喜马拉雅山麓南北广大地区的、具有某种共同特征的原始宗教。西方学者大概因为密教中具有大量的类似内容而称其为'怛特罗'了。"参见吕建福《关于中国汉传密教研究中的几个问题》，《法音》1989年第1期。

密教义理主要者可概括为"六大为体""三密为用""四曼为相""五佛五智"及"因、根、究竟"等。"六大为体"就是密宗对宇宙本源的解释。"四曼"就是四种曼陀罗。"五佛五智"主要是讲密宗行者仅靠念咒、建曼陀罗也不能达到"即身成佛"的境界，还必须具有五禅那佛（大日如来、阿者、宝生、阿弥陀佛、不空成就佛）的五种智慧（法界体性智、大圆满智、平等性智、妙观察智、成就所智），并以"五智"去悟自身及其他一切悉为"空性"，从而达到"即身成佛"的解脱之境。同时，如果有了这五种智慧，虽食肉、饮酒、作男女事也能达到"菩提"。"五佛"各有两种"变化身"，一为"正法轮身"，现"真实身"；一为"教令轮身"，现"忿怒身"，表示"由起大悲现威猛"之意。但其"与传统佛教的严密、抽象的理性思维论证相反，注重的是有形的、通俗的祭祀仪式和瑜伽，在它那里找不出多少使人感兴趣的哲学论证"[1]。

佛教有显教和密教之分，但两者并非完全相对的存在，而是你中有我，我中有你。从汉译佛典来看，将佛教某些显教理论神秘化的经典，早在西晋竺法护时就已有译本；将某些杂密用显教理论系统化起来的经典，在东晋昙无谶时也已介绍过来。就教义来说，密教和其他显教的不同之处，在于显教教义被说成是以释迦牟尼公开讲说之教；密教则自称受大日如来深奥教旨的秘密传授，为真实言教，其微言奥义，不经灌顶，未经阿阇的传授，不得传习他人。简单来说，显教是释迦牟尼佛所宣说的种种经典和实践；密教则是毗卢遮那佛直接所传的秘密大法。从具体的宗教实践上看，显教是因相法，讲求理论与觉悟；密教则是果法，着重探讨修行方法及仪轨等。密教与显教相比，表现出它鲜明的特性。首先是它的神秘性。密教主张修"三密"，即手结契印，口诵真言咒语，心作观想，三

---

[1] 吕建福《关于中国汉传密教研究中的几个问题》，《法音》1989年第1期。

密相就，即可即身成佛，这是《大日经》所强调的。其次是它的咒术性。持咒可增益种种利益，诸如疗疾、破魔、驱邪等诸种现世利益。密教信仰的神祇最流行的是与中国传统的佛教信仰有关的，如各种形象的药师佛等诸佛信仰，观世音菩萨以及与五台山信仰有关的文殊菩萨等诸菩萨信仰。另外，还有各种护法神祇如毗沙门天王、摩利支天、孔雀天王、大黑天、秽迹金刚信仰等。

密教特别重视仪式，有设坛、灌顶、诵咒等一系列礼仪。仪轨和修持极为复杂，具体着重以下几个方面：曼陀罗（设坛）、瑜伽、护摩、灌顶、诵咒等，且皆有严格规定。曼陀罗，或作"曼荼罗"，意译为"坛场"等，指按仪轨要求制作的土坛，装饰以瓶、灯、花、香、饭等。瑜伽，意译为"相应"，这里特指依密教仪轨，贯通于全身心的禅定实践，也称之为"三密瑜伽"。瑜伽是个人修持中最重要的法门。护摩，意译"烧""火祭"，原属婆罗门教燃火祭天的信仰，密教借鉴，构成密教修持具备的法术之一。护摩有内护摩、外护摩两种，象征以智慧之火烧却厄难，成就涅槃。灌顶的仪式主要在表征诸佛给了护念加持。但灌顶的具体运用，范围很广，所谓"息灾、增益、降伏、欢喜"等，据说都能以灌顶法成就。一切灌顶都得在道场进行，总以曼荼罗为前提，所以也称曼荼罗灌顶。其后，灌顶的概念不断开拓，含义另有许多变化。①

密教在流播与传承过程中形成不同的称谓，目前，学术界使用

---

① 灌顶，即注水于头顶的仪式，用于授戒、传法。"灌顶"一词，源于古代印度国王在登基时，取四大海水灌于头顶，象征着掌握四海权力，表示祝贺之意；后作为密宗密法传承的唯一形式，当然就有了更深、更广的含义和内容了。密宗视灌顶为最庄严、最神圣的仪式，未受灌顶者不能修习密法和阅读密宗经典。密教之受戒，皆须行灌顶，故受真言三昧耶戒，称为授戒灌顶。灌顶之由来，据《贤愚经》卷十三《顶生王品》记载文陀竭王即位之事，云："诸附庸王共诣顶生，而咸启曰：'大王已崩，愿嗣国位。'顶生答言：'若吾有福应为王者，要令四天及尊帝释来相迎授。'尔乃登祚，立誓已竟，四天即下，各捉宝瓶，盛满香汤以灌其顶。时天帝释复持宝冠来为着之，然后称扬。"（《大正藏》卷四，439c）密宗特别重视灌顶，密宗以为，灌顶为师资传法之最重要仪式，且由灌顶作法可得速证大觉位。

比较混乱。综合各家，正之如下。一说"中国密教"，所指范围较大，包括藏传密教和汉传密教，唐代传入的所谓"纯密"，以及宋代传入的无上瑜伽密教等。以后的汉密、东密、藏密的各宗各派，均是在此基础上演化、分解出来的。"密宗"，按照习惯，往往特指具有宗派性质的流派，它具有道统、师徒付法传承等特点，主要用以与隋唐时期形成的宗派如天台宗、净土宗、贤首宗、禅宗、律宗等名称相对应，故说中国密教和中国密宗，其所指就不同了。密教相对显教而言，密宗相对显教中各宗而言，故密宗是佛教各宗中的一宗。另外，密教因其形成与发展的不同阶段，称谓亦有不同。日本学术界有"杂密""纯密"的称呼，杂密指密教形成之前流行的陀罗尼经典及其内容和行为；纯密指形成体系的密教，这是一种泛称。①

第二节　密教的源出与传承

密教在印度的源出、传承诸说不一。一说密教发源于古印度吠陀时代，其思想直接源自《吠陀》经典及《奥义书》，尤其与咒术相关的治病法、增益法、降服法等，可以说是直接承用，这从密教经典中的代表《大日经》《苏悉地经》中可一览无余。这样算来，密教的起源要早于佛教一千多年。另有南北二系说，南系是指据传释迦牟尼佛逝世八百年时，由龙树（或龙猛）菩萨开南天竺铁塔，面见密教部总管金刚萨埵（普贤菩萨），亲从金刚萨埵受毗卢遮那佛所传密法，后传龙智，龙智再传金刚智和善无畏；北系据说是源于北印度乌仗那国因陀罗菩提王，后来与南系及其他系合流，盛传于东印度。经中外学者的研究与考证，一般认为密教形成于佛陀灭度

---

① 详参吕建福《关于中国汉传密教研究中的几个问题》，《法音》1989 年第 1 期。

后的千年左右，正好处于大乘佛教的晚期。

从佛教的兴起与发展来看，早期佛教作为新兴的宗教团体，为了显示自我的独特性，对印度宗教的传统信仰是持反对立场的，尤其是对当时影响巨大的婆罗门教的多神崇拜、真言咒语乃至祭祀仪式等，均持排斥态度。大乘佛教兴起后，出于进一步弘扬佛法之需，在经典中引入世俗的咒术、礼仪等，使咒法、仪轨等佛教化。比如，当时的佛教就把印度传统宗教婆罗门教中祈雨、禳灾等咒法吸收到佛教中，为己所用。之后，大乘佛教渐趋密教化。那时的大乘佛教教义深奥繁琐，人们难以理解与践行，因而渐渐失去群众的信仰。在这样的形势下，印度佛教利用大乘佛教同有的高深的教理，如中观、禅定、瑜伽等思想观念，结合印度传统宗教婆罗门教等的宗教观念与实践，特立门户，形成新的一脉——密教，最终走上独立发展的道路，并作为一个新的思想体系而独立存在，从而走出印度佛教的衰败时期，进入"中兴"期。正是因为密教的形成及传承过程中，吸收和借鉴了印度民族传统宗教信仰的理念与实践，从而表现出鲜明的印度民族特性。密教的历史发展阶段大体可分三个时期：一是杂部密教时期，二是纯部密教时期，三是无上瑜伽密教时期。

6世纪左右，在印度形成的初期密教一般称为杂部密教或杂密，初期密教的特征是以追求现世利益为目的，采用一定的仪轨和咒法。学术界一般认为，在印度大乘佛教的后期，即在7世纪以后，密教在大乘佛教的基础上，与传统的婆罗门教等相结合而最终形成，并渐次盛行于中、南印度等地。密教具有高度的组织性，以持咒、祭祀等俗信为其特征，主要经典是《大日经》《金刚顶经》《苏悉地经》。但密教不论从它的总体构成上说，还是从产生的历史上说，毕竟还是佛教发展到一定历史阶段而出现的一种现象、一个流派和一股思潮。

从密教传承的不同阶段的特征观之，可划分为陀罗尼、持明、瑜伽、无上瑜伽密教四大流派。陀罗尼密教亦称为咒教，为原始密教，陀罗尼是一种记忆法的名称，僧侣借此可以记住很长的咒语。之后，渐趋神秘化并融入民间的巫术。继"陀罗尼"之后，又传入了"持明"密教。持明，一持即明，故名，这是"陀罗尼"和《吠陀》的咒语结合之后产生的一种密法，在早期大乘般若经的《道行般若经》里，就把陀罗尼和持明合为一体，陀罗尼亦成为证得般若空义的方便法之一。持明密教称为早期密教，瑜伽密教称为中期密教，无上瑜伽密教称为晚期密教。密教修法有四个阶段，即所谓的"密教四部"：事部、行部、瑜伽部和无上瑜伽部，反映了密教发展的四个阶段。

密教的萌芽期，则要追溯到古印度的原始佛教时期，在其形成与发展的过程中，根据不同的特征可划分为三个阶段：

第一阶段：初期阶段（前4世纪中叶至1世纪），亦即小乘佛教时期，称为杂部密教时期，简称"杂密"。是指印度佛教初期佛典经藏和律藏中所含的密术，集中了婆罗门教，乃至流行于民间的法术、咒法以及巫术之类，所以称杂密。① 杂部密教内容是丰富的，而以咒术为其主要特点。这些密术在汉译佛经里都有记载。这一时期由念诵真言咒语来禳灾招福，已普遍流行于印度社会各个阶层。但在释迦牟尼住世时代，佛教弘宣也是极力否定神权，摒弃神秘，贬斥方术，反对使用咒语一类的具有巫术性质的东西，认为一切咒语均为不实之言语。唐实叉难陀译《大乘入楞伽经》卷四中曾有这样的记载，大慧菩萨曾就使用咒语的问题请教过佛。"尔时大慧菩萨摩诃萨复白佛言：'世尊，如来一时说卢迦耶陀咒术词论，但能

---

① 日本的真言宗通常将系统的胎藏部和金刚部两大部之外的密法，统称为杂部密经或杂部密法，因它不属于完整的密教。

摄取世间财利，不得法利，不应亲近承事供养，世尊何故作如是说？'佛言大慧：'卢迦耶陀所有词论，但饰文句诳惑凡愚，随顺世间虚妄言说，不如于义，不称于理，不能证入真实境界，不能觉了一切诸法，恒堕二边，自失正道，亦令他失轮回诸趣，永不出离。'"①在东晋僧伽提婆、僧伽罗叉译《中阿含经》卷四十七"多界经"中也有记载："或有沙门梵志，或持一句咒，二句、三句、四句、多句、百千句咒，令脱我苦；是求苦、习苦、趣苦；苦尽者，终无是处。"②可见，当时佛祖并不提倡方术、密咒等植根于民间的观念或信仰。可以说，佛陀出世弘道时，禁止各种咒术和波罗门的祭祀仪礼，这是原始佛教的基本性格。

  佛陀时代，虽然排斥咒术仪礼，但是民间对于咒术的信仰执着，遂使教团方面软化其禁止念诵咒术的立场，之后佛陀的弟子们并没有完全按照佛陀的教导去做，而是把杂密的东西相继搬到了佛教里面，于是佛经中被载入了大量的咒语，甚至出现了许多专门持诵咒语的经典。咒术等进入佛教，固然是印度传统宗教的继承，更重要的也是佛教民间化和世俗化的结果。佛教在印度社会长期弘传过程中，逐渐渗入民间信仰，进而也吸收了具有神奇效用的咒术密法，由此渐次开始使用真言咒语布教。小乘佛教之法藏部中，除立经藏、律藏、论藏之外，还专设咒藏与菩萨藏，在部派佛教时期的律部经典如《四分律》卷二十七、《十诵律》卷四十六等，就有佛陀听许持善咒治疗宿食不消、毒蛇咬伤、齿痛、腹痛等记载。佛陀在《长阿含经》卷十二"大会经"中，为了降伏诸天人等，结了数咒；在《杂阿含经》卷九"十上经"中，也向舍利弗说了毒蛇护身咒。可见，密咒及其使用早在原始佛教的经典中就已出现并使用。

---

① 《大正藏》第 16 册，612b。
② 《大正藏》第 1 册，724a。

不过，密咒最早还是源出婆罗门教，释迦牟尼住世时尽量阻止密咒在佛教传播中使用，后来外道加入佛教人数渐增，他们盛说鬼神，习用咒语治病疗伤，密咒也就逐渐被接受。

神秘主义的、咒术的、礼仪的要素是初期佛教兴起以来，以各种形态在教团中潜在，并随着大乘佛教的兴起而渐次浮于表面。对于陀罗尼，或者真言而言，以除灾祈福信仰为基础的各种宗教礼仪也随时代渐次完备，越来越细致。就一般而言，印度密教的思想萌芽见于原始佛教时期的《阿含经》，认为唱诵巴利文《律藏》和《长阿含经》等中某些简单经文咒语，依此功德就可祈福消灾，此为密教初期阶段的明咒信仰。大乘佛教形成后，在传教布道过程中，借用古印度原始宗教信仰中的咒语作为弘法护教的重要手段，来与外道相抗衡。他们认为，陀罗尼有总持、能持、能遮等含义，具有总摄记忆无量佛法而不至于遗忘的功能。因此，凡是大乘菩萨都要掌握陀罗尼这一技能。鉴于此，一些早期传持的大乘经典，如《心经》《法华经》等最初经典中并无陀罗尼咒语，但后来都有增持。到了中期传持的大乘经典中，使用陀罗尼的情况就更为普遍，一些具有代表性的显教经典，如《大集经》《宝积经》《金光明经》《楞伽经》等，都专门设有"陀罗尼品"。"陀罗尼"又进一步与般若智慧结合起来，咒术特点更为鲜明，大乘佛教经典中这种除厄驱魔等咒文渐次增多，使之成为大乘佛教的主要内容。不过，那时的陀罗尼法门只是作为显教教法的辅助手段而存在，仍属于显教体系的组成部分。这从汉译大乘佛教经典中可窥一二，如昙无谶译《大般涅槃经》卷一、法显译《大般泥洹经》卷一中所说之守护咒。连没有咒文的经典也渐次增加了咒文。如2世纪安世高所译的《摩登迦经》中没有咒文，到了3世纪初竺律炎和支谦共同翻译的《摩登迦经》都追加了咒文，刘宋求那跋陀罗所译的《楞伽阿跋多罗宝经》(简称《楞伽经》)中原也没有咒文，直至北魏菩提流支译《入楞伽经》

卷八就有了"陀罗尼品",经言:"尔时世尊,告圣者大慧菩萨摩诃萨言:'大慧,汝应谛听受持我楞伽经咒。'"① 在《法华经》中,陀罗尼又和戒、定、慧并列,作为大乘佛教的"四学"之一。密教在和中国自古以来的神仙、方术信仰相同的社会基础上为人们所接受。在这样的社会,具有咒术、礼仪的倾向的佛教特别流行,有关密咒经典也被大量翻译。杂部密教,也就是陀罗尼密教和持明密教这两个时期,由于密教还没有形成比较系统的思想理论,纯正密教还没有正式创立,所以杂部密教被认为是初期密教。

大乘佛教发展的后期,密教渐次形成,所以这一时期形成的经典主要是密教经典。密教经典又可分为早期密教经典、中期密教经典、晚期密教经典。7世纪中叶,密教经典《大日经》《金刚顶经》问世,标志着密教体系的最终确立。以此为标的,人们将这两部密典之前形成的陀罗尼法门,称为早期密教,也称为杂密、杂部密教。而以这两部密典为代表的密教,称为中期密教,又称为纯正密教、瑜伽密教、纯密。传入中国,则称之为唐密。

第一阶段:称为杂部密教时期,为密教形成的早期阶段。早期的杂密经典偏重于"事相",很少讲"教相"。虽然也有身密、口密、意密"三密相应"的说法,但更多的是讲"口密",即陀罗尼(真言、咒语),认为梵文中的每一个字母、每一个音节都有特定的意义,而所有神祇都有表征自身的声音文字,因而行者只要念诵相应的声音文字,就能与诸神发生感应,产生相关的不可思议的神力。

第二阶段:称为正纯密教时期,简称"纯密"。所谓"纯密",乃指结合大乘佛教的教义和理论,以密咒为中心,而自成体系的密教,大乘佛教完成了密教化后,标志着印度佛教发展到了一个新的

---

① 《大正藏》第16册,564c。

阶段。7世纪时,是印度大乘佛教的晚期,密教占据了佛教的统治地位。当时的印度社会已明显地看到密教兴盛的情景,大量密教经内及密法已先后问世。7世纪中叶以后《大日经》《金刚顶经》相继成立,标志着密教体系的理论基础的确立。其密法理论自成一派,分为胎藏界和金刚界两大支派,简称"胎金"二部。《大日经》,全名《大毗卢遮那成佛神变加持经》,共七卷,前六卷为正文,第七卷为供养法。《大日经》由唐善无畏共一行译,是密教"胎藏界"的根本经典,主要吸收了大乘佛教的如来藏思想,以中观派的修持手段来组织体系,它还吸取了持明密法,使修持者基本上按因、根、究竟这种初级要领,密教胎藏界道场(曼荼罗),由三部十二院,四百一十四诸尊组成。修持者应把平常心修到清净无染时,方能显现菩提心,菩提心则是成佛的内在根据。以大悲的胎藏界密法作为成佛的基本条件,以身、口、意三密相应为手段,才能进入以方便为究竟的佛果境界。《大日经》是以毗卢遮那佛为独尊的,毗卢遮那佛是法身佛,其他诸佛只是应化的加持身,所以毗卢遮那佛是密教的教主。其神祇系统分为佛部、莲花部、金刚部三大部,以东、南、西、北、中五佛为主体。因此,毗卢遮那佛为中央佛。《大日经》以真言为修持的主导方法,真言的本意是"思维"或"净化思维",后来发展成了"真理"或"咒语"的含义。众生以身、口、意三密相应在藏识中修道,可证得如同金刚一样难摧的大日如来光明遍照,证得佛法一切自在,故名"金刚顶部"。此经原藏于南天竺铁塔之中,是大德龙树连续七天绕塔念诵咒语,以白芥子七粒打开塔门,取得此经。一些修持者认为《金刚顶经》的出现与南印度的金刚崇拜者有关,此经的密法系统主要继承了南印度流行的晚期持明密教的系统,也受到了大乘佛教有宗的影响,一时十分盛行。崇拜者越来越多,越修炼就越激进,就倍加突出了金刚神的形象和地位。菩萨为金刚行,密法为金刚界,导师阿阇黎为金刚阿阇黎，弟子为金刚弟子，修行三昧为金刚三昧。所以，密教也称为金刚乘。正纯密宗因为吸取了大乘有宗的精华，所以更注重瑜伽的修习，尤其在身、口、意三密中，更注重意密的观想修习方法，并将其修习的经法称为瑜伽经，又称为瑜伽教，也有人称为瑜伽宗。通过这样的演变，密宗的正纯教派就真实地形成了。由过去念咒语和大手印这两大部的修持法，变为手结契印、口诵真言、心做观想这样三密相应的修持方法，从而使修持者按三密相应的修持方法达到明心见性，直心入道，迅速获得成就，到达彼岸，取得正果，最终即身成佛。

上述"纯密"与"杂密"有本质的不同。"杂密"的修行方法主要是以"真言（咒语）"和"手印"为主；反观"纯密"则要简单得多。"纯密"的最大特点是不以释迦牟尼佛为主尊，而是以"大日（摩诃毗卢遮那）如来"为主尊。换句话说，其他的佛经都是释迦牟尼佛所说，或由菩萨所说后再经过释迦牟尼佛认可；而"纯密"的经典则是"大日如来（毗卢遮那佛）"亲自宣说，或由"金刚手秘密主"所说后再经过毗卢遮那佛认可。与"纯密"不同，"杂密"一般仍然是以释迦牟尼佛为主尊。另外，"纯密"对"传承"的要求是非常高的，必须先经过"阿阇黎"的灌顶之后才可以修学，而"杂密"则不同，因为"杂密"里面有一个《大轮金刚陀罗尼》，只要先把这个陀罗尼念诵 21 遍，就可以学习"杂密"里面的各种手印和咒语。

第三阶段："纯密"继续发展又分化出金刚乘和时轮乘，即所谓密教晚期的"左道密教"。8 世纪后半期，密教又传播到东印度，这时它已分化而形成金刚乘。金刚乘崇尚密咒，吸取印度教的一些仪式和诸神，塑造了大量的女神，并将其与佛、菩萨联系在一起，借用印度教中的性力思想，以男女双身修法作为宗教实践，世界的两极对立在"乐空不二"的男女双身修法中得到解释。金刚乘发展到9世纪,便进入了它的鼎盛时期。其后,密教将不断大众化、世俗化的金刚乘加以体系化,从而形成所谓的时轮乘。

为吸引信众并应对重新兴起的印度教,后期密教不得已在其宗教实践中吸收了印度教性力派的性瑜伽内容及大乐思想和实践,推行灌顶、双修、轮座等密法,其中大乐思想很突出。大乐思想源自印度教的性力派,它是由对湿婆威力的崇拜而生发出对生殖力的崇拜及女神崇拜。这一派认为两极对立的统一和结合是世界的终极存在。同时,认识到世界的一体本原、复归无二体,就是成就本真觉;而实现对立的统一和一体的复归,唯一的手段就是两性的和合,以性力来达到解脱的目的,形成了所谓"左道密教",逐渐偏离了佛法的固有主旨,日趋堕落。故有学者认为,后期印度密教由于舍弃了大乘戒律,性修成风,是导致佛教在印度灭亡的重要因素之一。"左道密教"相当于"密教四部"的第四部无上瑜伽部。这是最高的密法,此法修成后,便可即身成佛了,因此,密教修行者视无上瑜伽为最难修持的密法。事实上,无上瑜伽法,亦即金刚乘密法,是世俗化的大方便的实际修行行为,表现出了大乘佛教的特色,即以大方便而融摄世俗。晚期传持的密典主要指的是以"空乐双运"的男女双身修法和内证的瑜伽智观为主组织起来的,被称为"无上瑜伽部"的经典,同时也包括对杂密和纯密的经轨作新的组织演绎而形成的一些经典,主要指的是藏传佛教。按布顿《佛教史大宝藏论》的分法,包括无上瑜伽方便部(又称父部),以《密集》为根本经典;无上瑜伽智慧部(又称母部),以《胜乐》为根本经典;方便智慧无二部(又称不二部),以《时轮》为根本经典。

11至12世纪的印度波罗王朝末期及斯那王朝时代,由于伊斯兰教的逐步入侵,佛教的最后据点之东印度一带,也被一扫而空。密教高僧四处逃逸,部分逃至尼泊尔及我国西藏等地,促使当地佛教的发展。不久,王室被迫改信伊斯兰教,未能逃出的佛教徒,也多改信伊斯兰教或并入印度教。同时，中亚地区和印度的佛教陆续受到毁灭性打击，12世纪末（约处于我国南宋宁宗时），佛教在印度本土渐趋式微。13世纪初，伊斯兰教军队把印度仅存的超戒寺烧毁，以此为标志，印度密教乃至整个佛教在印度本土便宣告绝迹。

第三节　密教传入中土及其流播

从印度佛教域外传播史上来看，密教传入我国时间最早，源流绵长，并与我国传统文化交融互汇。6世纪中叶，事部密教开始传入我国内地，至7世纪中叶，在我国西藏地区也开始传入，至8世纪之后便开始大量传入，遂在我国形成汉、藏两个传承系统的密教。日本学者赖富本宏在其《中国密教史的敦煌文献》一书中将中国密教史分为三个时期：东晋至盛唐是初期中国密教（3世纪至7世纪），以陀罗尼经、神咒经为中心，为中国密教的形成期；中唐至晚唐（8世纪至9世纪）是中期中国密教，以金、胎两部为中心，为中国密教的隆盛期；五代、北宋（约10世纪）以后是晚期中国密教，为分化的密教，是中国密教的衰落期。初期中国密教的传播以陀罗尼经、神咒经为中心，处于密教的形成期，并未形成信仰；中期中国密教，由于《大日经》及《金刚顶经》的译介，形成以金胎两部为中心的密教信仰，系统、完整的密教最终形成，是密教的隆盛期；晚期中国密教由于受到晚唐"会昌法难"的打压，渐趋分化，进入密教的衰落期。另一种分法是将密教分为"杂密""纯密"两种。从印度密教的流播来看，从古老的密教到650年左右之间成立的经典内容来看，可一并称为杂密。玄奘三藏从印度归来，以及这之后的650年至700年《大日经》《金刚顶经》的译出，从这些经典的内容来看，可称为纯密。

绪　论

大唐盛世，"开元三大士"入唐传持系统密教，密宗形成，并大盛于盛、中唐。"会昌法难"后，密教受到毁灭性打击，元气大伤，一蹶不振，原在上层广泛传播的密宗开始转移至西南边陲等地，并下移民间，渐次世俗化。

一、密教在中土的初传及密宗的形成

大乘佛教的后期兴起密教，其时间约在 7 世纪前后，所以这一时期形成的经典主要是密教经典。但从中国佛教译经史来推论，汉魏之际，约在 2 至 3 世纪，密教经典开始在中土传译。从现存的汉译密教经典观之，密教早在其形成之初，即随汉译佛典的传译流播中土。密教和中国古代的神仙、方术在信仰相同的社会基础上为人们所接受。在这样的社会，具有咒术、礼仪倾向的佛教特别流行，有关密咒经典也被大量翻译。从 2 世纪到 8 世纪，有大量以追求现世利益为目的如除灾招福等的陀罗尼经和密咒经典经西域传入中国，并在不同阶段被译成汉文。其中内容多是说占星法，或是祈愿眼病、齿痛等的治愈，是最朴素形态的密教经典。此时的密教尚处杂密阶段，多以持咒为主要的修持手段。

印度密教传入中土，最早可追溯至东汉，其时已有零星的朴素的密教观念和实践的杂密经典经西域渐次辗转传入我国中原地区，这些密教经典中多数夹杂着真言咒语，所说多属"陀罗尼""总持"性质，还未形成统一体系，因而只属杂密、杂咒范围，与盛唐传译的密教经典所说内容有所区别。三国时期，密教经典辗转传入江南，东吴的支谦先后传译出了《无量门微密持经》《佛说华积陀罗尼神咒经》《佛说持句神咒经》《摩登伽经》等，这些经典可以说中土最早流播的密教经典。晋代（265—420）以降，西域密教高僧纷至沓来，西晋怀帝永嘉四年（310），西域僧佛图澄（232—348）驻锡洛阳，史载其当时活跃于北方地区，精通陀罗尼，尤以法力著称，能够随心所愿地召使神灵，能通过聆听挂在寺庙屋檐下的铃铛的声

· 15 ·

音来预言未来,其"志弘大法,善诵神咒,能役使鬼物"(《高僧传》卷九)。由于他"善诵神咒",常以道术歆动徒众,靠施展法力有效地增强人们的信心,让后赵的石勒皈依,使得密咒广为人识,唱颂密咒、修习咒术盛行一时。另一位来自西域的僧人涉公(卒于380年),由于能够"呼龙降雨",得到了苻坚的信从。这是佛僧在中国祈雨的最早例子,后来的密宗大师们都被指望能任此事。永嘉(307—313)年间,还有一位值得一提的是来自西域龟兹僧帛尸梨蜜多罗(卒于335至342间),他涉足中土,正值中原大乱,他辗转南渡江南,来到建康,驻锡于建初寺,并在此专门从事陀罗尼法门的传播。相传他本人善持咒术,常诵咒千言,声音高亢,容颜不改,是一位卓有成效地使用陀罗尼的僧人,时人称为"高座"。他译有《大灌顶神咒经》十二卷、《大孔雀王神咒经》一卷、《孔雀王杂神咒经》一卷等陀罗尼门密典,开创了印度密典译传于中国的新时期。

自东晋(317—420)起,对杂密的介绍逐渐增多,又有多部咒经译出,如晋孝武帝(373—396)在位时,南方传译杂咒经典者有西域僧昙无兰,其自太元六年(381)起,用十五年将《陀邻钵咒经》《请雨咒经》《止雨咒经》《佛说咒时气病经》《佛说咒齿经》《佛说咒目经》《佛说咒小儿经》等二十多部咒术经典译出,大力弘宣诵咒、咒诅之法。这以后,主要在统治中国北部的游牧民族系的王朝中,由于期待神秘的效果,多信仰咒术要素很强的经典。北方以中天竺人昙无谶(卒于433年)最为著名,在玄始元年(412),译出《大集经》,受到北凉蒙逊的欢迎;还曾以善言"他国安危"与"令妇人多子"之术,受到鄯善王和河西王的恩宠。他熟习陀罗尼,据传早年便"与同学数人读咒",能通过密咒使水从一块石头中喷涌出来而显示其法力,故而"明解咒术,所向皆验,西域号为大神咒师"(《高僧传》卷二),所译的《金光明经》提供了有关在祈求俗世利益时进行献祭的指导。此外,大译经师鸠摩罗什,也是"妙达吉凶,言若符契"。

南北朝时期,密典的译传继续扩大,当时来华的印度或西域僧侣,一般都兼习密咒、法术,因而掌握着与道士斗法取胜的多种手段。译介者多为来自印度、西域等地的高僧,他们也多精通咒术、幻法,有关他们的神异传说在民间广为流传。此时的密教尚处于杂密阶段,多以持咒为主要的修持手段。中国的密教最初也是在对道教的神仙、方术的信仰这一相同的社会需求下被接受的。密教经典的翻译者多数都是有灵异能力的奇人异士。和其他东亚国家一样,在有咒术的民族宗教的基础上,密教获得受众,得以发展。这以后,随着密教在印度的兴盛,密教经典主要经由西域逐渐被介绍给中国。北魏的文成帝时代(452—465),被认为是创建大同石窟的北魏僧人昙曜与印度僧人合作,于和平三年(462)翻译了《大吉义神咒经》,描述了制坛的方法,此坛当为曼荼罗雏形。《大吉义神咒经》还讲授了所有的悉地(成就),有赢得战争、停止风暴、得雨、隐身,或是保护希望的悉地。为了不同的目的指定了不同的神祇和不同的尊崇方法。

梁元帝萧绎是中国历史上最为著名的佛教皇帝梁武帝之子,他说在孩提时代曾学习过几种陀罗尼[①],表明在当时陀罗尼已流行于上层社会。如梁代僧伽婆罗译有《孔雀王陀罗尼经》。隋代阇那崛多的译经中,密典占有很大比重,共译约十部杂咒经典。那连提黎耶舍和达摩笈多两人对密咒都十分精通,如那连提黎耶舍"每于宣译之暇,时陈神咒,冥救显助立功多焉"(《续高僧传》卷二)。"阇那耶舍及其弟子耶舍崛多、阇那崛多等人,于周明帝武成初年(559)来到长安。他们是最早向中国传播持明密教的人,也是最早

---

① (南朝梁)萧绎撰,许逸民校笺《金楼子校笺》,中华书局2011年版。

将尊胜陀罗尼传入中国者。"① 随着密典译传的不断趋于繁盛，各种密咒汇编的总集也相继传入中国内地，如东晋失译《七佛八菩萨所说大陀罗尼神咒经》四卷、梁代失译《陀罗尼杂集》十卷。这类经典所宣传的密法便是"杂密"（与"纯密"相对，意为不纯或不系统的密法）。杂密的根本经典是《持明咒藏》，即所谓《金刚大道场经》十万颂。除咒法之外，还有印法、具足供养法、坛法、像法、曼陀罗法等内容，但仍具备杂密的色彩。南北朝以后，传播咒术、译介咒法的中外僧侣延绵不断。这些咒术的应用范围很广，诸如息灾、求祥、安家、治病，驱鬼役神、降龙祈雨，无所不能，兼而也采取火祀、占卜、星象等法术；法术包括火祀、占卜、星象、魔幻等。杂密又与中国传统的道教、儒术以及民间巫术有许多相通之处，它在中国的流传，带有强烈的地方色彩。像后汉失译的《佛说安宅神咒经》中，不但有"日月五星、二十八宿"、青龙白虎、"朱雀玄武"等道教神祇，且有"百子千孙，父慈子孝"等儒家思想。它同外来禅师宣扬的"神通"往往结合一起，妄说吉凶，制造"预言"，颇为当权派所忌，但在下层备受苦难的群众中，它是最廉价的消灾祛病的手段，同道教和其他民间信仰一样流行，以致在宗教实践上相互影响，很难区别。随着密教在民间的广泛传播，逐渐走向世俗化。密籍汉译既盛，与之相配合的密教形象也开始流行。密教护法诸天图像见于石窟，以山西大同云冈石窟第7、第8两窟为最早。该两窟雕造年代约在北魏孝文帝初年②。此时的中国，朝野上下，传持着这样简洁的密教，当然主要是它的现世利益的功能。"自隋炀帝大业二年（606）于东都洛阳上林园立'翻经馆'以来，洛阳成为密典翻译的重镇，多位中外密僧，不但译密典于洛

---

① 吕建福《密教考论》，宗教文化出版社2008年版，第78页。
② 宿白《敦煌莫高窟密教遗迹札记》（上），《文物》1989年第9期。

阳，也多归葬于龙门。"① 隋至唐贞观间（627—649），东来的著名僧人如阇那崛多、达摩笈多、毗尼多流支、伽梵达摩等所译介的密典就专属此类。

进入唐代，仍传持杂部密教，并兴盛于高宗、武后及中宗时。这个时期，传入的新的密教经典数量越来越多，并被翻译。不仅来自印度及西域的密教高僧传译密典，中土大唐高僧亦参与译介，广译密教经典。如玄奘、义净等都不遗余力地将密典转梵为汉。降至唐贞观年间（627—649），新的密教经典越来越多，密教经典的翻译集中在有关观音经典，其中十一面观音、千手观音、如意轮观音等有关变形观音的密教经典被大量译出，如智通译出《千手千眼观世音菩萨陀罗尼神咒经》，又在永徽四年（653）译出《观自在菩萨怛缚多唎随心陀罗尼经》。其观音形象有别于六朝的救苦观音，多为十一面或有千手千眼，强调极强的救济威力，这类观音统称为变化观音。7世纪后半叶到8世纪前半叶，有关观音的威力、功德扩大解释的经典增多。这一时期，具有同样内容的陀罗尼经典被重复译出。这一时期的观音造像亦有别于前，形象迥异，多为怖畏形象，且脸和手的数目增加了，而其救济力也前所未有地增加，所以从隋代至唐代广泛流播。与之同年，由中印度高僧阿地瞿多译出《陀罗尼集经》十二卷。由此开始到纯部密教传入的六十余年间，秘密经轨被大量译出。如此众多的秘密经轨的译出加之与中国民间信仰的相依，使密法得以广泛传播。当时的密教信仰主要流行于当地的上层社会中，阿地瞿多等密教高僧频繁出入宫廷，与皇室成员关系密切，同时，他又极力传播其所译的《陀罗尼集经》，"奏请流通天下普闻"，密教影响渐次扩大，密教曼荼罗也开始流行。

---

① 温玉成《新中国发现的密教遗存及其所反映的密教史问题》，《世界宗教研究》1990年第4期。

有唐一代，唐代帝王与密教多有交际，如唐高宗就曾令永徽六年（655）到达中国的瑜伽行派密教大师那提往昆仑诸国采药，据道宣所撰《续高僧传》卷四所述，当那提从南海游方归来，"所赍诸经，并为奘将北出，意欲翻度，莫有依凭，惟译《八曼荼罗礼佛法》《阿吒那智经》等三经，要约精最，可常行学"①。

杂密经典的输入是3至4世纪，也就是初期中国密教前半期；后半期是初唐至中唐，也就是从7世纪后半叶到8世纪入唐的菩提流志、伽梵达摩、宝思维将多数经典译出的时期。"杂密"的主要经典以唐阿地瞿多译《陀罗尼集经》十二卷为代表，其余还有各种仪轨，如唐不空译《药师如来念诵仪轨》《阿閦如来念诵供养法》等，数量较多。汉译杂密经轨，据日本新修的《大正藏》卷十八至二十一密教部，共收经轨573部，在藏外还有约60部。这些经轨大部分为"杂部密教"时期的经典。由于13世纪时佛教在印度灭绝，古印度的佛教经典便荡然无存了，所以我们现存的佛教经典基本上都是汉、藏、蒙等文字。从汉译密教经典来看，早期传入的密咒，主要属于古印度小乘佛教，特别是犊子部和藏法部的密典，还有少量婆罗门教的咒语和赞歌。这些密咒和仪轨是用来祈愿、降伏、驱魔、除害等。在唐密创立之前，印度密教的经典、咒语已逐渐辗转传入中国内地。另外，如同吕建福先生所言："由于佛教最早是从陆路途经中亚传入我国的，而中亚一带又是萨满教诞生和流行的地区，因此在佛教中或多或少地混杂了一些萨满教的咒术和信仰。"②

从密教经典译介来看，6世纪以前译介的密教经典，即《大日经》《金刚顶经》出现以前的密教思想和实践，多是祈求现世利益

---

① 《大正藏》第50册，458c。
② 吕建福《中国密教史》，中国社会科学出版社1995年版，第6页。

的，功利性较强，无关成佛，称为"杂密"。此时的经典主要是印度初期佛教经典特别是巴利文律藏中所传的密咒、仪规等。总之，初唐前传入中国的密教是杂密，盛于高宗、武后、中宗时。

此前的高宗时代即菩提流志的时代，为杂密传译时代，这是初期密教。不空圆寂后，代宗、德宗以后的时代为后期唐代密教。也就是在盛、中唐时期，由中南印度传入中原的具有缜密理论体系的正纯密教（即由此形成的密宗），使得中国佛教史发生了巨大的转变。密教在印度是在 7 世纪开始系统化并形成一种哲学基础的。7 世纪中叶以降，《大日经》《金刚顶经》在印度相继成立，其中心内容、教义和实践则称为"纯密"。此类密教经典体系渐成，将念诵陀罗尼和真言咒语除灾招福与追求即身成佛结合起来，此时的密教内容已将修法目的从追求有关咒术祈福消灾的现世利益，演变为追求即身成佛了，《大日经》和《金刚顶经》是这方面的代表成果。

8 世纪初，印度密教经典、密法开始向外传播。唐玄宗开元年间，随着号称"开元三大士"的印度僧人善无畏、金刚智、不空的相继驻锡中原，传来胎藏界和金刚界两派密法，系统地翻译了密教经典，包括大量念诵仪轨、尊形和坛场等内容，把印度中期的密教带到中国，隆盛朝野，又经一行的弘扬，体系完备的密教——密宗在中土形成，辗转传承约百年。① 此时及之后传入中国的密教具有严密修学体系的"密法"，这种具有体系性的密教，一般称为"纯密"，抑或称为"唐密"。善无畏同其弟子一行在东京洛阳奉（福）先寺译出《大日经》，金刚智同其弟子不空在西京长安大兴善寺又把《金刚顶经》译出。特别是不空，遍学金、胎二部，以金刚界密

---

① 唐开元四年（716），善无畏携带《大日经》来到中国，与弟子一行译出，密教便盛传开来；开元八年（720），金刚智及其弟子不空又传入《金刚顶经》，由不空译出，两者带来系统、完整的密教经典。这两部大经传入中国后，被译成汉文而广布，从而把密教系统输入中国，形成了佛教一大宗派——密宗。汉地密宗仅传两代而逐渐衰弱。

法为主，糅合胎藏界，形成了唐密的体系，标志着密教独立思想体系和派别的形成。"从善无畏到不空，系统地汉译了密教经典，特别是不空还译出大量念诵仪轨，而后者的尊形与坛场部分，对东土密教修持与传播起了重要作用。"[1] 8 世纪后半叶，《大日经》《金刚顶经》系统的密教一元化，至 9 世纪初，随着《苏悉地经》的加入，密教咒术机能的渐次形成，中国密教思想的主干也随之形成。经金刚智弟子不空及大唐高僧一行的辅助与弘扬，并得到帝王的支持。由此，中国密教的体系构建完成。他们翻译经典，著书立说，设坛灌顶，弘传密教，中国密教形成宗派肇始于此时。从此密宗正式在中国确立，并成为中国佛教中修持密法的一个主要宗派。

善无畏传入的《大日经》系胎藏界密法，金刚智传入的《金刚顶经》系金刚界密法。《金刚顶经》由印度高僧金刚智传入我国时，正是印度正纯密教创立之后，也是密教史的黄金时期，由此得以充分发展，以后又由不空大师发扬光大，一时非常盛行。这两位高僧是将宗教目的发生很大变化的新的密教带往中国，即从除灾祛邪到即身成佛，从追求现世利益到尊重出世的宗教体验。他们行使咒术的能力，在朝野得到尊重。不仅如此，这些印度中期的密教经典，无论是思想、修法方面还是之前的经典都不曾看到的组织化，达成了大乘思想和宗教礼仪、咒术的融合。同时，为了新宗派的发展需要，还系统地翻译了其他大量密教经典，包括许多念诵仪轨、尊形和坛场等内容。从 730 年至 800 年，在原有密教经典的基础上又翻译增补了三百余部。在新增的这些经典中，有很大一部分是补充《大日经》和《金刚顶经》的教义、经轨、密咒的经典，这说明"汉密"和原杂部密教有了本质的区别，而且给正纯密宗的理论和实践又增添了新的光彩，变得越来越丰富了。"开元三大士"及弟

---

[1] 宿白《敦煌莫高窟密教遗迹札记》（上），《文物》1989 年第 9 期。

子们都身兼部分神通，极有利于传教。那时，在佛教界判教立宗甚为流行，诸宗竞秀，但除了禅宗以外，最富神异色彩、新奇刺激的，就莫过于密宗的修证之法了。所以朝野上下，竞相修习，不久便流行于大江南北。自唐玄宗天宝年间至德宗贞元年间（742—805），由于唐玄宗、肃宗、代宗等帝王对密教的重视和推崇，甚至对密教大师言听计从，故使正纯密教极一时之盛，影响已深入民间，可以说这一时期的密宗，已发展到最为辉煌的阶段。密教信仰开始从长安向大江南北流布，遍及社会各个阶层。西京长安一度成为东亚密教的中心，周边邻国前来求法巡礼者络绎不绝。

中国密教形成的顶峰是唐代的开元年间（713—741），从印度来中国的高僧善无畏、金刚智、不空相继入唐，先后于长安译出根本经典，共同把正纯密教传入我国，使佛教一宗——密宗渐次形成，在当时又兴起了新一轮宗教信仰的狂潮。把善无畏、金刚智二人介绍给中国的是二人各自的弟子——一位是一行禅师，亦精于天台和戒律；另一位是不空，金刚智卓越的弟子，兼具印度血统父亲和西域血统母亲的长处。不空幼年时来到长安，驻锡中原，建立密教灌顶道场，并将灌顶等仪礼尽力普及给密教的僧人。当然，这并不意味着杂密的长期流传与后来密宗的建立毫无关系。恰恰相反，正是这些杂密的译传和流行，为"开元三大士"等人的传译纯密、建立密宗准备了各种条件。杂密虽不同于纯密，但在某些方面毕竟尚有相似之处。另外，尽管直到8世纪系统密教才正式传入，但在此之前，中国也已经存在着潜在的密宗成分。日本学者长部和雄在其《唐代的后期密教——唐代密教的中国性格》一文中认为金刚智、善无畏、不空、一行的密教，即经过玄宗的开元、天宝，肃宗的至德、乾元、上元、宝应，代宗的广德、永泰，到大历九年不空的圆寂，在8世纪中叶共50余年盛期称为正纯的密教时代。密教在中国传播的过程中，基本上显、密并重，当时各宗派的僧人也多显、密兼习。

二、晚唐、五代、两宋密教的世俗化

中国密教实传自唐"开元三大士","开元三大士"在中土密僧一行、惠果的助力下,使密宗为帝王所重,弘化于黄河流域,并风行于盛、中唐时期的朝野上下。

唐密七祖惠果寂于唐顺宗永真元年(805),之后的唐武宗又发起"会昌法难",佛教遭遇空前的灾难,兴盛一时的唐代密宗影响渐趋式微。这时的密教已付法日僧空海,持归扶桑,建宗立派,大传其法。失去帝王皇室的支持,需细密坛场布置与繁复仪轨传授的唐密传承复续不再,加之唐末、五代兵燹不断,战乱频仍,尤其是后周世宗采取极端排佛的政策,密宗典籍经疏、仪轨法器等损毁不少,仅存大悲、尊胜、炽盛、准提、秽迹等较简明之独部密法为大众所熟知,另有些详细仪轨则寓居在华严宗、禅宗、天台宗、净土宗等出家众中隐秘传承下来。有规模的、较完整的唐密教法的传承,也仅存地处偏远的敦煌、巴蜀、闽越等地,以及日本的东密、台密保存至今,代有传承。故有一部分学者认为:由于密宗与中国传统的伦理观念存在根本性的冲突,它在武宗毁佛后,经晚唐的多重打击,完全衰落,已临绝迹。至宋初,虽又有新的复苏,也仅限于译经。"(会昌法难)后,所谓瑜伽(即密宗)者,但有法事而流为市井歌呗"①;"由是瑜伽密教盛传于日本,而汉地密宗则因会昌法难和五代变乱而渐至绝响"②;"会昌灭法,经籍全被焚毁,丧亡殆尽,各宗一时顿衰,唯有禅宗不籍经教,不立文字,更得到发展,于是先后有五家之成立。"③ 在所谓衰落的诸宗中,以往研究

---

① 仁同《中国佛教大乘八宗》,《佛教各宗比较研究》,台北大乘文化出版社1979年版,第92页。
② 中国佛教协会编《中国佛教》,知识出版社1980年版。
③ 《周叔迦佛学论著集》上册,中华书局1991年版,第222页。

者多说以密宗为甚:"密宗就整个宗派而言却再也没有繁荣,并且甚至为世所弃。因此,审慎地说,佛教密宗在传入中国后约三个半世纪,在最为盛行后约180年,在中国消亡了。约三个世纪之后,元代的喇嘛教才接受了密宗。"① 密宗"遭唐武宗'会昌灭法'之难,一蹶不振,仅存余绪于五台、巴蜀,至宋元间绝响"②。"(密宗)在'开元之治'下'应运'而'转生'到了中国,但是,由于它那种过分露骨的诲淫思想,同中国传统的伦理观念发生了抵触,所以,它在'开元'之后不久,很快就'夭折'了。"③ 诸如此类的消极论调,不一而足。甚至更有极端的看法,认为唐密传承全在日本,汉地已无密教高僧传法可言。

近年来,随着学术界对密宗研究的不断深入,人们发现以上说法并不符合实际情况。如吕建福认为:"唐末五代的很长一段时期,地方势力分裂割据,战乱频仍,佛教的流传和发展受到了很大限制。但密宗仍然不绝如缕,各地都有流传,仍有不少印度僧人入中国弘密,开坛灌顶,传法授徒,大都代有传人。"④ 并列举材料证之,多为北方及四川。其实,宋代的江南地区才是密宗信仰最有势力的地区。密教传入中国,从大的方面来说只是兴盛与衰落与否,一旦受影响后,很难说"夭折""绝响"或"消亡"。

事实上,接续晚唐之后的密教,却在世俗文化的大背景下,进入了中国密教史上的一大转折期。即淡于探求密教哲理,以即身成佛为标的的密教修持已不复存在,而是走向民间,更加注重现世利益,渐趋大众化。随着密教在民间的广泛传播,也逐渐走向世俗化。"这个时期的佛教(含密教)现状,晚唐、五代可以看作是它

---

① 周一良《唐代密宗》,上海远东出版社1996年版,第8页。
② 佛日《近今密宗之反思》,《法音》1996年第1期。
③ 郭朋《隋唐佛教》,齐鲁书社1981年版,第610页。
④ 吕建福《中国密教史》,中国社会科学出版社1995年版,第432页。

的准备期。"①这时的佛教，其鲜明的特点就是世俗化、大众化、民间化。佛教自创立之日起，虽极力倡导超尘脱俗、四大皆空的理念，但归根到底要教化众生，终究不能脱离人间，最终还要为有情众生服务，所以并不能完全免俗。因此，自布教初期始，其大众化、通俗性就不离不弃，包括其使用的语言、传播方式等都显示出这一鲜明的特征。佛教吸收了部分中国文化元素，特别是对中国传统道教的吸纳。如郑阿财先生所言，佛教在中国的传布是"由雅而俗"；道教在中国的传布则是"由俗而雅"。不论佛教或道教，其传布的转变关键时期盖在唐五代②。密教在传布的进程中，积极吸收儒家、道教等中国传统文化的要素，为己所用。在具体实践中，依附皇权，自上而下推广。同时，注重深入民间传播，重视现世利益，祈福禳灾，提倡孝亲忠君，护国齐家，使密教信仰渐次走向世俗化道路。

事实的确如此，表面上看，晚唐至五代，仅仅是密典的翻译，东西密教高僧行走于求法、弘教的路上，但这并非意味着唐密已经"消逝"。大量文献记载表明，密教传法活动不断，这个时期的密教对民间世俗社会影响深远，远远超出了宗教的范围。即使在"会昌法难"之后亦是如此，如湖州出土一批晚唐时期的陀罗尼经幢，"这些经幢表明当时密宗乃风行于民间……这证明密宗在当时不止是有着深厚的社会基础，也有着强大的政治后援。武宗的灭佛并没有使它在这二方面受到什么显著的损害"③。它如崔璘为寺院施筑"毗卢遮那塔一"；四川眉州僧知玄，曾修习密教瑜伽法门，大中年

---

① ［日］高雄义坚《宋代佛教史研究》序论，台北华宇出版社1987年版，第12页。
② 郑阿财《从敦煌文献看佛教传布的通俗化》，《郑阿财敦煌佛教文献与文学研究》，上海古籍出版社2011年版，第90页。
③ 严耀中《会昌灭佛后的湖州唐陀罗尼经幢——兼论武宗灭法对佛教的影响》，《佛学研究》2000年第9期。

绪　论

间返还四川弘密,著有《慈悲水忏法》,时僖宗曾赐号"悟达国师",给予极高礼遇。五代时的释道贤"持讽《孔雀王经》以为日计,末则受《瑜伽灌顶法》,持明之功愈多征应"①,从其行持所见,是个典型的密僧,在他影响下,"陇坻道俗,皆秉承密藏"②,坐拥广泛信徒。"会昌法难"之后影响最大的莫过于"迎佛骨"了。唐代历史上前后共有七次公开、隆重地迎奉法门寺佛舍利的活动,其中四次与密宗相关。咸通十四年(873)三月二十九日,唐懿宗派遣官使多人到法门寺迎佛骨。③ 朝中群臣力谏懿宗,以劳民伤财及宪宗因迎佛骨而驾崩之由劝阻,未被懿宗采纳。迎佛骨盛况空前,从法门寺到京城的300里路上,人马车辆络绎不绝。唐懿宗笃信佛教,在位期间,广修寺庙,崇奉僧侣。供施的具有密教风格和反映密教内容的供奉场,从一个侧面反映了密宗在晚唐活动的状况,其中的密教造像尤其反映了密宗在密法方面的一些重要内容,是了解唐密的第一手实物资料。④ 唐代历史上的迎奉佛骨活动,是当时全国上下规模化、规格化最为宏大庄严的佛事活动。最后一次迎奉佛骨活动历经两朝,由皇帝及其大臣供奉了大量的国宝重器。他们用这些"夺天上之庄严""极人间之焕丽"⑤ 的绝代珍宝,按照佛教密乘仪轨在法门寺地宫中构设成中外佛教史上空前绝后的佛指舍利供养曼荼罗,目的是以求得"圣寿万春,圣枝万叶,八方来

---

① (宋)赞宁撰,范祥雍点校《宋高僧传》卷二五《道贤传》,中华书局1987年版,第642—643页。
② 同上。
③ 杨维中《唐末五代汉地密教流布述略》:"目前有充分的理由认定,发生于咸通十四年的迎奉法门寺佛骨盛典是密教色彩十分浓厚的佛事活动。众多密教人物参与迎奉。如青龙寺的僧澈、大兴善寺智慧轮等。出土于1987年的法门寺地宫文物便是懿宗、僖宗最后一次迎奉的产物。这批器物中,密教气氛十分浓厚。"《人文杂志》1993年增刊。
④ 吕建福《中国密教史》,中国社会科学出版社1995年版,第338页。
⑤ 《大唐咸通启送岐阳真身志文》,陈尚君辑校《全唐文补编》,中华书局2005年9月,第1064页。

服，四海无波"①的政治目的。更重要的是，在晚唐、五代时期，密教向社会生活各个层面进行了全方位的渗透。尽管变乱频仍，但中原密教影响犹在，被称为"大教"。宋僧赞宁有言："今两京传大教者，皆法孙之曾玄矣。"②洛阳、陇坻、灵州是传布密教的重镇。道贤改进了坛场，以粉饰之，称之"粉坛法"。③

　　大一统的赵宋之世，在统治者的扶持下，佛教仍显勃勃生机，上到帝王公卿，下至黎民百姓，佛教信仰的热情依然高涨。跋山涉水，不畏艰险，来东土弘法的印度高僧，不乏其人；各路高僧前赴后继西行求法，空前绝后，在社会上产生极大影响。无论是京城，还是乡野小庙，大小寺院的法事活动仍很频繁，使得佛教信仰更加深入人心。民众都对佛教产生浓厚的兴趣，听经诵经，写经刻经，广植福田。敦煌石室中的写经卷子及其他佛教文献，还有遗存的大量碑铭文都反映了当时狂热的佛教信仰；或写经造像，或祈福发愿，不一而足。其时，佛教在同中国传统文化及本土宗教道教的磨合中不断发展，并凭借其强劲的渗透力，与民间信仰相结合，使佛教与中国文化水乳交融，难分彼此。据《宋会要辑稿·道释二》记载，宋代景祐元年，全国僧人已达 385 522 人，尼 48 742 人。这个数据足以表明，佛教在宋代仍呈相当繁荣的态势。据刘长东所作的有关统计和比较：唐代僧尼占全国人口的比例大约为 1∶322，即 320 多人中有一个僧尼；宋代僧尼占人口比例数更远远超过唐代。真宗天禧五年和徽宗时期的僧尼与人口比值最高，达到了约四十多人中就有一个僧尼。④ 麻天祥亦云："宋代佛教可以说是在周世宗

---

① 法门寺地宫捧真身菩萨铭文。
② （宋）赞宁撰，范祥雍点校《宋高僧传》卷二五《道贤传》，中华书局1987年版，第643页。
③ 温玉成《新中国发现的密教遗存及其所反映的密教史问题》，《世界宗教研究》1990年第4期。
④ 刘长东《宋代佛教政策论稿》，巴蜀书社2005年版，第167—172页。

废佛而'佛法极衰'后,继盛唐而起的佛教中兴和发展。庙堂之上,有帝王的扶持,士大夫的推崇。文苑中又有名人学士的唱和、应答;民间百姓顶礼膜拜,更有学者阳儒阴释,畅谈性命天道之学……有宋一代佛教炽如烈火,禅宗更是争奇斗妍,色彩纷呈。"[1] 士大夫中参禅信佛者也大有人在,正如陆九渊所说:"佛老之徒遍天下,其说皆足以动人,士大夫鲜不溺焉。"[2]

与前朝的隋唐佛教相较而言,宋代佛教发生了一些变化,此时的佛教已经不像唐代那样诸宗并兴,唯禅宗独秀,上层文人士大夫热衷于谈禅讲道,下层民众则栖心于净土宗,希望往生西方极乐净土。同时,净土宗已经寓居于佛教各宗派之中。这时的密宗已经世俗化,与唐代开元年间的纯密大异其趣,它已将显教的教义融入其中,形成了有别于唐密即身成佛的后期密教,且汇融了诸宗思想。如从重庆大足宝顶山石刻的造像来看,虽然以密宗为主,但是也把禅宗、净土宗、华严宗等派的思想纳入其中。另一个新变化就是佛教世俗化的进一步深入,导致了社会各个阶层的佛教信仰者激增。但是,就佛教与世俗层面的联系和对整个社会产生广之影响来说,士大夫参禅奉佛成为这一时期佛学的亮点,推进了佛教的发展和繁荣。在各地考古发现的密教遗址中,藏有大量宋初入宋的来自印度的密教高僧所传译的密教经典,或刻印,或抄写。如在辽宁朝阳北塔考古发现,就有刻于经塔银经卷上的《佛说大乘庄严宝王经六字大明陀罗尼》,经中所谓"六字真言",即出自宋代著名译经僧天息灾所译《佛说大乘庄严宝王经》。六字真言,或称六字大明陀罗尼、六字大明咒等,被视为蕴有一切福德、智慧及诸行的根本,念诵六字真言可得无量功德,"罪垢消除,疾证菩提"。还有刻于北塔内经

---

[1] 麻天祥《中国禅宗思想发展史》,湖南教育出版社1997年版,第50页。
[2] (宋)陆九渊《象山先生全集》卷三《与曹立之书二》,《四部丛刊》本。

塔银经卷上的《佛说大乘圣无量寿决定光明王如来陀罗尼》，由宋僧法天所译。所谓"光明王如来陀罗尼"，即经中所说"无量寿决定光明王如来一百八名陀罗尼"，是用汉字表音的密咒，谓书写、称念这一密咒可消除罪业，增长无量福德。此时印度密教发展正盛，传入北宋的佛教典籍大多是密教经典，因此，密教经典的翻译占了相当的比重，成为宋初佛经翻译的主要特点。①

有宋一代，其"文化一反六朝隋唐社会上层对文化垄断的态势，而是深入社会民间，文化平民化的特点十分明显，文化中心逐渐从社会上层向社会下层转移"。② 随着佛教的渐趋世俗化，密教的流播范围更为广大，密教信仰更趋民间化。佛法之宣传，离不开建立塔寺，供奉布施，举行法事等佛教活动，离不开民众的参与。两宋时期，城市发展迅速，商品经济兴盛，市民文化生活更加丰富，兴盛于唐时的密教一派在此阶段亦拥有进一步的发展，在城市的精神文化与宗教信仰方面极具影响力。这种影响力在城市中具体表现为善男信女日常持诵密教经咒，信奉密教神祇与密教典籍，热衷参与密教化的焰口施食、水陆法会等佛教法事等各个方面。

宋代佛教是中国佛教史的转型期，一个重要的文化特征就是重实践、世俗化，宗教、文学艺术等领域表现得尤为突出，诚如日本学者高雄义坚所言："唐代的文化，带有贵族式特性，相对的，宋以后的文化转变为大众文化。无论是经学或文学，其对象、内容及表现形式。"③ 密教在宋元的发展也顺应了这一时代潮流，渐趋世俗化，主要表现在密教观音崇拜、佛顶尊胜信仰、毗沙门天王信仰、摩利支天信仰、秽迹金刚信仰等俗信大行其道。同时，密教信

---

① 参见吕澂《中国佛学源流略讲》，《宋代佛教》，中华书局1979年版，第386页。
② 曹刚华《宋代佛教史籍研究·绪言》，华东师范大学出版社2006年版，第2页。
③ ［日］高雄义坚《宋代佛教史研究》序论，台北华宇出版社1987年版，第1页。

仰的功利性也不断增强，如据《宋高僧传》卷二五《宋东京开宝寺守真传》："守真，永兴万年人也，俗姓纪。……先谒从朗师，学《起信论》；次依性光师，传《法界观》；后礼演秘阇梨，授瑜伽教，并得心要，咸尽指归。自明达诸法，宣畅妙典，四十年间略无怠矣，而赐号曰昭信焉。……开灌顶道场五遍，约度僧尼士庶三千余人；开水陆道场二十遍。常五更轮，结文殊五髻教法，至夜二更轮，西方无量寿教法。"① 可见，他们接受宗教信仰的重要动因，就是趋利避害的功利主义，这一时期的密教，表现了较强的俗信化、民间化、功利性等特征。如北宋吴越国乙亥岁（975），由吴越国王钱俶所造西关砖塔（即雷峰塔），内藏经卷刻印《一切如来心秘密全身舍利宝箧印陀罗尼经》，"永允供养"。当时人认为书写诵读此经，或纳入塔中礼拜，能消灭罪障，得无量功德。② 直到宋代，广州光孝寺和岭南地区一直都有密教活动，今光孝寺内所存唐宝历二年（826）所立之"大悲心陀罗尼经幢"，就是光孝寺曾是密教弘传中心的见证之一。另外，唐密的许多咒语、本尊密教法门和别尊曼陀罗等也在弘传过程中，与佛教各宗交汇互融，在变革中各取所需，如许多真言密咒被列入禅宗、净土宗、天台宗等的日常课诵，一并被广泛运用于佛教各宗的法事活动中。因此，有专家认为唐密已成为隐身于佛教各宗派中的"寓宗"了。广为流传的《药师法》《秽迹金刚法》《瑜伽焰口施食法》等，各宗也一直沿用至今。密宗已由贵族化渐趋世俗化，由大型的仪式到小规模的非公开的祭仪，并分散在各地弘传。同时，唐密的传承，亦有脉可寻。在唐末或唐以后，在西南、西北边陲，中原的五台山及东南一带，代有传人，法脉未绝。

---

① （宋）赞宁撰，范祥雍点校《宋高僧传》，中华书局1987年版，第645页。
② 1924年9月25日，雷峰塔年久失修，轰然倒塌，流出大量藏经。其中发现密教经卷刻本，根据卷首题记，此卷距今1040年。

北宋初期，由于种种原因，大量的印度僧人来到中土，其中不乏密教高僧，如天竺僧天息灾、施护、法护、金总持、法天等先后入华弘道，译出密部经论，传印度无上瑜伽密法，然未能光大久远。随着佛教的不断世俗化，密教也以世俗化形式在民间广为流传，其中以度亡济鬼的"瑜伽焰口施食法"，及准提、尊胜、楞严、大悲等神咒，普遍传诵于广大丛林与民间。后因所传译密教经典中的双修密法有悖人伦，帝王亲自下诏禁止传译及入藏，故翻译经典多被修改，限制流通。加之禅法大兴，理学昌盛，宋代密宗因时势所趋，终未能光大传远。

有元以降，元统治者出于政治考虑，立藏传佛教（喇嘛教）为国教，藏传密乘从此传于内地，盛极一时，但仅在宫廷中传习。① 随着藏密向内地的传入，使密教在宫廷内及五台山等地区渐盛。其后密宗在汉地可谓一蹶不振，译经寥寥，屈指可数，这与入元以后密教在西藏大兴弘传形成鲜明对比。到了明代的永乐时期，由于密宗频频为不逞之徒所利用，统治者认为密宗过于怪异，是不经之道，便下令放逐，采取种种限制措施，密教渐次湮没。以后就一直流传在日本，在中国佛学史上，后来便称它为东密、台密。元明清三朝为了政治目的，并崇蒙藏喇嘛，其法仅行宫闱以内，民间只不过结缘灌顶、传持密咒而已。

综上所述，可以看出，自开元迄中唐是密宗形成并流行的盛行期。其源久远，密教杂咒早在东汉三国就已开始传译；其流绵长，不仅有北宋初中期的中印密教高僧的合力重振，且下及蒙元以来藏传密教在中土的广泛传播。元明清三朝，但其法仅在宫闱以内密传，民间多以结缘灌顶、传持密咒等形式传持藏密的修行

---

① 元代所译出的八思巴编集的藏传密典《大乘要道密集》等，一直秘藏深宫，直到辛亥革命后才得以面世。参见佛日《近今密宗之反思》，《法音》1996年第1期。

初衷。

密教是印度佛教发展史上一个重要的组成部分,其作为佛教发展晚期的独特文化,盛于中唐,给当时的政治、军事、经济、文化等生活带来巨大影响,密教的研究有助于我们更加清楚地认识印度佛教从形成、发展,直至衰落的历史现象。有关中国密教的研究,早年有前辈学者汤用彤先生的《隋唐佛教史稿》,其中设专章讨论唐密问题;近年则有周一良先生的《唐代密宗》、黄心川先生的《印度哲学史》、吕建福先生的《中国密教史》、严耀中先生的《汉传密教》等。台湾学术界的学术成果集中体现在张曼涛主编的《现代佛教学术丛刊》中编所收密教专集四部。密教专题研究亦成果斐然,如李利安先生的密教观音的专题研究;台湾萧登福先生的密教与道教互涉的专题研究等,在学术界产生广泛影响。日本由于战后经济的迅速发展,引起学术研究的繁荣,因而其密教研究比较发达。对中国密教的研究有拇尾祥云、松长有庆、长部和雄、金刚秀友、赖富本宏、那须正隆等学者,成果十分可观。但密教在中国的传承,还有诸多问题有待破解。如密教的起源以及发展传播,值得我们作深刻的探讨和研究。特别是密教在传入西藏后,与当地本土宗教与文化相融汇,形成独特的"藏密",并建立了政教合一的宗教,影响久远,这在中国佛教其他宗派中,尚无此例。因此,对于密教演变的历史及其内容的了解,就更加重要。特别是如何评估密教千余年来在中国的汉地和藏地传承的作用,以及对东亚诸国文化的影响,脱离了密教的研究,都难于去作深度的认识。另外,从汉传密教传播的时间上来看,无上瑜伽续的发展最晚,只有少部分经典在宋元时传入中国。

由于其理论与中国传统的儒家伦理道德格格不入,统治阶级不得不干预密教经典的翻译和传布,故印度晚期的密教对中国内地几乎没有造成多大影响。汉地密教仅接受了印度密教的事、行、瑜伽

· 33 ·

部，没有接受与汉地强势的儒家道德伦理相悖的无上瑜伽部。[①] 日本东密、台密亦如此，故在中国，乃至域外传承国之日本、韩国，直到近世之前，并没有传入印度晚期密教。因此印度晚期无上瑜伽部对中国，及至东亚诸国的影响研究还有待拓展。诚如温玉成先生所言："密教传入我国已有1 300年的悠久历史。由于密教渊源的多元性，发展史上的隐伏性，使我们对密教的认识，至今仍是迷雾重重。"[②] 鉴于此，密教在中国的传持研究，任重而道远。

[①] 无上瑜伽部是密教修法的最高阶段，其最大的特点是利用女性作"乐空双运"的男女双身修法，让男女在交媾中去入定，去体悟空性，所谓以染达净、以欲制欲的修法。此部仅流行于元朝的王室及藏密中。
[②] 温玉成《新中国发现的密教遗存及其所反映的密教史问题》，《世界宗教研究》1990年第4期。

第一章
汉传密教在宋代的传持

由来自印度的"开元三大士"驻锡中原,开宗立派,中国汉地密教即密宗,经玄宗、肃宗、代宗、德宗等朝,盛极一时,影响远播长城内外。除集中表现在中原地区长安、洛阳两京之地外,还传播至大江南北、长城内外,及西北、西南等边陲之地。僧俗二界一般都认为汉传密教(唐密)只传了四代,即告绝响,后由日僧空海和最澄等"入唐八大家"先后入唐巡礼求法[①],返回日本后分别建立了东密和台密,使得唐密在日本传承光大,而在中国汉土,唐密则因"会昌法难"和晚唐、五代的战乱而香火不续。然而事实并非如此,在唐末"会昌法难"和五代变乱以后,佛教受到重创,以注重经轨实践的密教影响尤甚,公开的密教法事在两京已难再觅。经晚唐、五代的"法难",加之在这个时期战事不断,失去官方支持的密教一脉,一些习俗虽在民间还在传承,但昔日的显赫已不复存

---

① 在日本遣唐使后期的入唐学问僧中,最为知名的有空海、最澄、常晓、圆行、圆仁、惠运、圆珍和宗睿八人,被称为"入唐八大家"。

在。但密法的传承并未中断,相反,它在大江南北仍有传持,不过已非唐密特征,而渐趋世俗化,并在民间广泛传承。

有宋一代,"孔、老、释迦皆至圣","惩恶助善,同归于治,三教皆可通行"的"三教合流"思想占主导地位。当时的佛教已经不像唐代那样诸家并立,此时禅宗独胜,上层士大夫多沉迷于谈禅讲道。终宋一世,各朝统治者、权贵大多都极力扶持佛教,其中密教亦在晚唐、五代的基础上,不断向民间渗透,并与民间信仰相结合,完全大众化、世俗化,大江南北,到处可见密教的遗迹与影响,唐密的样态渐行渐远。以下将选择密教流播具有特色和代表性的地区,如中原地区的五台山,西北地区的敦煌,西南地区的川渝等,通过佛道经典、史地文献、诗文辞赋、石刻碑铭、造像壁画等,来展现密教在这一时期的传持实态。

第一节 宋代帝王、权贵对密教的扶持

在古代以帝王为首的封建专制主义的中央集权的国家中,任何一种宗教,如果得不到帝王、权贵的许诺与扶持,很难立足并得到顺利发展。东晋道安有言:"不依国主,则法事难立。"(《高僧传·道安传》)唐代道宣亦云:"自教流东夏,代涉帝朝,必假时君,弘传声略,然后玄素依缮,方开基构。"(《大唐内典录序》)他们都道出了弘教的艰辛与实情。佛教初传,"汉明帝夜梦金人",就标志着佛教与皇权的喜恶利弊紧密联系。许多来自印度、西域的高僧大德驻锡中原弘法,往往通过借助帝王与官宦之力,自上而下弘宣佛理,传教布道,其中密教高僧影响颇著,如东晋的佛图澄、鸠摩罗什、道安,唐代的善无畏、金刚智、不空,宋代的天息灾、法护,辽代的慈贤,元代的八思巴等高僧大德,皆以佛法感化帝王、皇室人员及君臣,进而在全国范围内推行释迦之教,流芳千古。

第一章　汉传密教在宋代的传持

入宋以降，在大一统的中央集权体制的大背景下，由于统治者的大力扶持，佛教开始复苏，并不断扩张。宋初，宋太祖、宋太宗分别制定了一系列扶持、保护佛教的相关政策，这些政策也为后世历代帝王所遵奉与继承。由此可知，提倡佛教，是赵宋王朝开国之初的基本国策。宋代诸帝，除徽宗外，其余统治者皆大兴佛教。在宋代诸帝王的崇佛政策下，佛教更深入民间。其中密教信仰在朝野上下仍在广泛传持，非但没有"绝响"，大有漫延之势。严耀中先生就说：

> 密教在宋代能得以复苏，帝王、权贵的支持，这是一个先决条件。有宋一代，历朝帝王多在坚守儒家思想正统地位的同时，特别重视发展佛教文化事业，对佛教多采取信奉和支持的态度，使佛教得以持续发展。①

据文献记载，1073年，日本僧人成寻访问神宗宫殿时，也发现了许多密教神像。"此亭内有三体画像……有十大明王像，各三铺像也。降三世二臂像，左于执三钴杵。军茶利二臂像，右手执棒。咤纥明王如来不动尊，头有三髑。"② 这说明当时宋朝宫廷内也有着密教道场。

终宋一世，历朝帝王多坚守儒家思想为尊的底线，但同时亦提倡佛道并荣，抑或统摄儒释之间的隔阂。但由于佛教强大的文化基础及凝聚人心的作用，大多在制定宗教政策时，侧重发展佛教文化事业，对佛教无论在物质上，还是精神上都给予大力协助，使佛教得以持续发展。在这一大背景下，世俗化的密教亦呈繁荣态势，在民间有着广泛的传持。入宋以降，密教的信仰仍向四面八方扩散。

---

① 严耀中《汉传密教》，学林出版社1999年版，第39页。
② [日]成寻撰，王丽萍校点《新校参天台五台山记》卷七，上海古籍出版社2009年版，第599页。

从造像看，千手千眼观音，十一面观音造像、壁画等都遍布大大小小的寺庙。据阎文儒先生考证，大足龙岗山石窟中的密教题材就占了二分之一以上。① 密法之弘宣，亦离不开建塔立寺、译经注经、写经造像、供奉布施、举行法事等密教活动。以下择要述之。

一、修缮密教寺院，优礼密教高僧

五代时的后周显德二年（955）四月，继唐武宗"会昌法难"后，周世宗柴荣再次下诏禁度僧尼，停废寺院，官方的禁令，使得佛教的发展再次受挫，世俗化的密教亦在其列。宋太祖赵匡胤（960—976）即位伊始，一反晚唐以来的排佛、废佛政策，大力倡导佛教，极力护法。建隆元年（960），就曾下诏："诸路州府寺院，经显德二年停废者勿复置；当废未毁者存之。"② 此诏一出，解除了周世宗显德间（954—959）的废佛令，并着手复兴因废佛、战乱等受到冲击的佛教。在宋太祖护佑佛教的政策下，新建了一些寺院，最有代表性的是于建隆元年（960）兴建的建隆寺。同时，还扩建并修葺了一些寺院，使佛教渐次复兴。宋太宗在位期间，继承了宋太祖的佛教政策，大肆兴建、扩建、修缮各地佛寺，有过之而无不及，在两京、五台山、峨眉山、天台山等地建造了为数不少的寺庙。由于帝王过度事佛或护佛，导致民间佞佛风气日盛，故也引发了朝内大臣的禁佛之议，如太宗的谏官王禹偁就曾在端拱二年上呈《三谏书》，并附载韩愈的《论佛骨表》。谏书载："齐民颇耗，象教弥兴，兰若过多，缁徒孔炽，蠹人害政，莫甚于斯。臣故献韩愈《论佛骨表》。"表达了强烈的不满和忧虑。宋真宗朝，寺庙还有兴建，据统计，当时的寺庙总数已近四万所。另外，还有很多贵族私建，抑或侵占的功德坟寺等，未在统计之列。宋太宗继位后，亦

---

① 阎文儒《大足龙岗山石窟》，《四川文物》1986年第1期。
② （明）李焘《续资治通鉴长编》卷一"建隆元年六月辛卯条"，中华书局2004年版，第17页。

第一章　汉传密教在宋代的传持

极力扶持佛教，动用官府的力量，大肆扩建、修缮佛教场所。太平兴国五年（980），敕令内侍张廷训亲自主持重新修缮五台山上的真容、华严、寿宁、兴国、竹林、金阁、法华、秘密、灵境、大贤十所寺庙，并动用金铜铸造文殊菩萨像，安置于五台十寺的真容院（菩萨顶）。同年，又敕令峨眉山白水寺高僧茂真重建集云、卧云、归云、黑水、白水等寺庙，并用金铜铸造二丈高的普贤菩萨像一尊，供奉于白水寺（今万年寺）。据宋江少虞《宋朝事实类苑》：

> 度开宝寺西北阙地，造浮图十一级，下作地宫，以葬舍利。①

舍利塔造好后，太宗亲自安置舍利，场面庄严而壮观，也有虔诚的信徒自残身体以供养，"燃指焚香于臂掌者无数"②。这些寺院中有部分即为密教寺院，如五台山的金阁寺等。

有宋一代，高僧赐封制等多种措施并举，优礼密教高僧。这些举措，极大地提高了社会影响力。早在隋唐时期，统治者出于政治考虑，对佛教界具有一定地位和影响力的有道高僧，赐封师号、大德号及赐紫衣等。宋初，宋太祖、太宗承袭了隋唐统治者的做法，多次赐封高僧师号、大德号及赐赠紫衣袈裟等。开宝七年（974），宋太宗诏见慰劳来自印度的密教高僧法天等，赐紫衣。太平兴国五年（980），密教高僧天息灾、施护等至京师，帝诏见，并赐紫衣。雍熙二年（985）十月，"以天竺僧天息灾、施护、法天并为朝请大夫、试鸿胪少卿"③。后来他们迁至朝奉大夫、试光禄卿。这种给僧众赐封俗官的做法，一直延续至元丰改制时。孝宗即位伊始，即委派专人至上天竺寺观音院祈雨，因获"灵验"，赐予此寺内府宝

---

① （宋）江少虞《宋朝事实类苑》，上海古籍出版社1988年版，第566页。
② 同上。
③ （元）脱脱《宋史》卷五，中华书局1985年版，第76页。

玉三品。还于乾道元年（1165），破格晋升当院住持僧若讷"特补右街僧录"①。乾道四年（1168），孝宗迎请若讷入内观堂讲经说法，并赐若讷"慧光禅师"的尊号。

同时，对已故密教高僧优礼有加。僧伽大师为唐代得道高僧，被视为"十一面观音菩萨"的化身，民间流传着很多神异传说。僧伽大师的信仰在五代末及宋初极为流行，僧史多谓当时"天下凡造精庐，必立伽真相，榜曰'大圣僧伽和尚'，有所乞愿，多遂人心"②。泗州僧尼还有焚身、燃顶、焚指、断臂供养的习俗③。如太平兴国七年（982），又多次差遣高品内侍入泗州整修僧伽大师塔寺及建寺事。此次官方的举措，一方面是将舍利塔重建，将其增加到十三层，并赐佛舍利埋藏于塔下；另一面将寺院又进行了扩建，同时，将寺名"普光王寺"重新恢复原名"普照王寺"，以表对僧伽大师的敬重。

二、广行密教法事，刻印密教经典

佛教的弘传，离不开法事活动。一般这种法事活动的场所，多在寺院，亦有在宫廷内道场、民间操办的。这种仪式化的僧俗参与的大型法事活动，往往能耸人耳目。强烈的视觉冲击，又能增强人们的虔敬之心。此类法事活动，在宋初就很流行。太祖、太宗就曾多次临幸佛寺祈雨、祈晴和祈雪。这些帝王参与或支持的法事活动，有效地提升了佛教的声望。当然，由于法事活动过滥，也滋生了许多社会问题。因此，宋太祖也相应地采取了部分限制的措施。

---

① （清）徐松《宋会要辑稿·道释一》，中华书局1957年版，第7874页。
② （宋）赞宁《宋高僧传》卷一八《唐泗州普光王寺僧伽传》，中华书局1987年版，第451页。
③ 同上，第448页。又《太宗实录》卷二七，亦记此事："泗州言：僧伽塔白昼有光，民燃顶及焚指、断臂者数千人，吏不能禁。"《佛祖统纪》卷四三所记尤详。关于中国民间的僧伽信仰，可参日本学者牧田谛亮《中国佛教史研究》（日本大东出版社1984年版），有专门研究。

如在开宝八年（975），为防止民众聚众滋事，明令禁止灌顶道场、水陆斋会及夜集士女等诸种活动。并指责其深为亵渎，无益修持①。这从侧面亦证明了当时佛教的法事过滥，已到了明令禁止的程度。

宋初，行密教法事亦备受青睐，如在译经院开译之前，天息灾等按照密教仪轨，举行了隆重的密教开译仪式，建坛诵咒，供养礼拜，严洁肃穆：

> 于东堂面西，粉布圣坛（作坛以粉饰之）；开四门，各一梵僧主之，持秘密咒七日夜；又设木坛，布圣贤名字轮（坛形正圆，层列佛大士天神名位，环绕其上，如车轮之状），目曰大法曼拿罗；请圣贤；阿伽沐浴（凡供养之器曰阿伽，此言沐浴之器），设香华灯水肴果之供；礼拜绕旋，祈请冥佑，以珍魔障。第一译主，正坐面外，宣传梵文。第二证义，坐其左，与译主评量梵文。第三证文，坐其右，听译主高读梵文，以验差误。第四书字，梵学僧，审听梵文，书成华字。第五笔受，翻梵音成华言。第六缀文，回缀文字，使成句义。第七参译，参考两土文字，使无误。第八刊定，刊削冗长，定取句义。第九润文官，于僧众南向设位，参详润色；僧众日日沐浴，三衣坐具，威仪整肃；所须受用，悉从官给。②

仪式完成后随即开始译经。自此，宋代官办译场的译经事业拉开帷幕。

经五代入宋，加快了宗教世俗化的步伐，其中具有密教色彩的祈雨习俗，在当时就甚为流行，故以密法祈雨、祈晴者频频述诸文献，帝王则竞相参与其中，如宋太宗于开宝八年（975）三月，"幸

---

① 《宋大诏令集》卷二三三，中华书局1962年版，第861页。
② （宋）志磐《佛祖统纪》卷四三，《大正藏》第49册，398a。

洛阳至龙门山广化寺，开无畏三藏塔瞻敬真体①。四月上，将郊天而雨不止，遣使祷无畏塔，及期而霁"②。宋真宗景德元年（1004）六月，谓侍臣曰："近颇亢旱，有西州入贡胡僧，自言善咒龙祈雨，朕令精舍中试其术，果有符应，事虽不经，然为民救旱，亦无所避也。"③ 宋仁宗赵祯于庆历三年（1043），于殿内祈雨：

> 久旱，诏迎相国寺佛牙入内殿，躬祷。须臾，雨大注，乃作金殿四门以象天宫，用以奉藏，复制发愿文，以见归敬。④

帝王甚至还要敕命请外来僧祈雨，据北宋来华日僧成寻的日记《参天台五台山记》记载，宋神宗就曾敕命成寻祈雨，三日即显灵验，使朝野上下感佩不已。当时就有人问及日本国是否还有人像他那样善于祈雨："行事张太保来谈话，问云：'日本国亦有如阇梨祈雨得感应人否？'"⑤ 成寻回答称，日本密教颇盛，胜过自己的还有好几十人。这说明，成寻祈雨法当为密教求雨法。

南渡之后，宋帝王以密法祈雨尤甚。据《补续高僧传》卷一八《宋宝觉道法师传》记载，绍兴五年（1155）大旱，宋高宗诏永道法师"入内祈雨。结坛作法，以四金瓶，各盛鲜鲫，噀水默祝，遣四急足投诸江。使未回而雨已洽。上大悦，赐金钵"⑥。宋永道法师曾"受西天总持三藏密法"，在高宗年间屡作密法。宋孝宗赵昚（1127—1194）登基之初，就曾赴上天竺观音院祈雨，祈祷有验，有感而发，特御笔撰写了《天竺广大灵感大士赞并序》，序曰："朕

---

① 无畏，即唐代开元三大士之一的善无畏三藏，圆寂后筑塔于洛阳龙门山广化寺。
② （宋）志磐《佛祖统纪》卷四三，《大正藏》第49册，396c。
③ （明）李焘《续资治通鉴长编》卷五六，中华书局，1985年版，第1244页。
④ （宋）志磐《佛祖统纪》卷四五，《大正藏》第49册，410a。
⑤ ［日］成寻撰，王丽萍校点《参天台五台山记》卷七，上海古籍出版社2009年版，第592页。
⑥ （明）明河《补续高僧传》卷一八《宝觉道法师传》，《续藏经》第77册，493b。

第一章　汉传密教在宋代的传持

每有祷祈，随念感应，曰雨曰旸，不愆晷刻，是有助于冲人者也。"① 反映了宋孝宗对观世音的虔诚尊信。杭州中天竺又名法净寺，始建于隋开皇十七年（597），长时期内是下天竺的一个分院。绍兴末年（1162），宋高宗因梦中感应，特迎请密教护法神祇摩利支天像②，供奉于中天竺法静寺，祈祷晴雨，并赐额"天宁万寿永祚禅寺"。南宋初，因寺内摩利支天女神感应显灵而备受朝廷尊崇，建摩利支专殿，又因祈雨灵验蜚声湖上，至南宋后期寺院达到鼎盛。

当时一些官僚、权贵或直接参与密法祈雨，或撰文盛赞密法祈雨。北宋咸平初，浙西大旱，杭州知府以上天竺观音"灵异"，将观音菩萨像迎出祈雨，果真及时降雨，于是"观音灵验"之说不胫而走。此后，上天竺寺"观音灵验"，为民众倍加崇信，每每遇难祈祷，香火更旺。王安石有《金明池上开启祈雨粉坛道场斋文》："伏以肃设祠坛，宗祈解泽。膏润之祥甫兆，赫炎之惧更深。实恃灵明，厚矜黎庶。遂令沾足，用格丰穰。"③ 曾巩《大悲祈雨文》亦有类似记载："惟岁孟冬，盛阳犹亢。旱暵兹久，阴寒未兴。吏非循良，敢不任咎？佛有慈惠，则宜降祥。是敢躬沥恳诚，虔祈觉荫。俾风云之奋作，致雨雪之渐涵。田亩顺成，里闾安辑。仰期真理，俯徇舆情。"④ 曾巩《元丰类稿》卷四十《题祷雨文后》亦有类似记载："福州元丰元年戊午，自四月甲子至五月辛巳，凡十有八日不雨，田已忧旱。太守率属吏士分祷诸佛祠迎像能致雨者，陈之通路，用浮图法为道场，率属吏士罗拜以请。己丑夜四鼓，将为

---

① （元）觉岸《释氏稽古略》卷四。
② 摩利支天，又作摩利支，佛教二十诸天第十六位，是密教的重要神祇。
③ 曾枣庄等主编《全宋文》卷一四二三，上海辞书出版社、安徽教育出版社2006年版，第308页。
④ 曾枣庄等主编《全宋文》卷一二七二，上海辞书出版社、安徽教育出版社2006年版，第315页。

坛祭龙。庚寅夜三鼓,就坛墠封鹅祭龙。辛卯夜五鼓,就视牲血,以法推之,当得雨。"宋朝的皇帝和官员大多热衷利用寺院进行祈雨,这样,越来越多的僧人参与了祈雨活动。如咸平中,郡大旱,"知礼,与慈云同修光明忏祈雨。约三日无应,当然一手供佛,忏未竟,雨已大浃"①。如大相国寺是著名的佛教寺院,作为皇家寺院,已成为当时重要的祈雨场所,两宋帝王的大型祈雨活动多在此举行。他如封禅寺、太平兴国寺、天清寺、天寿寺、广化寺、中天竺寺等都曾有重要的祈雨活动。亦有用瑜伽法求雨的,据舒亶《宋故上护军致政罗公墓志铭》所记:"顷今江都旱,命浮屠氏作瑜伽法,祷于杨子神。验,乃即佛祠,用前法。"② 此即密教求雨法,即根据《尊胜佛顶修瑜伽法轨仪》或《尊胜真言修瑜伽法祈雨法品》等密教仪轨祈雨。另据《邵武县志》载:福建瑜伽教中重要人物刘志达、杨志远、龚志道三人,被当地民众称为"三佛祖师",于"绍兴八年,郡旱祷雨,立应,敕封真济、神济、慈济三公"③。上述三人所行祈雨法当为瑜伽法。据研究,早在北宋时期,瑜伽法就已在福建流行了。④

帝王及权贵亦积极参与密法修忏等法事活动。宋真宗晚年(1021),曾诏僧修法华忏,"为国祈福",开始重启唐代"安史之乱"后诸求助仁王护佑国土的法事活动。南渡以后,愈演愈烈。宋孝宗赵昚,继承了高宗衣钵,继续信佛、崇佛。乾道三年(1167)二月,孝宗又亲自登上天竺山,礼敬观音菩萨,并问住持若讷:"为何每年修金光明忏?"若讷说:"大梵尊天(梵天),是娑

---

① (明)明河《补续高僧传》卷二《四明知礼法师传》,《续藏经》第77册,373c。
② 曾枣庄等主编《全宋文》卷二一八一,上海辞书出版社、安徽教育出版社2006年版,第433页。
③ 《邵武县志》卷一四《仙释》,1986年邵武方志委整理版,第437页。
④ 详参叶明生《试论"瑜伽教"之衍变及其世俗化事象》,《佛学研究》1999(年刊)。

第一章　汉传密教在宋代的传持

婆世界主。释提桓因，御三十三天，以临下土。四镇天王，共誓护国护民，故佛为诸天说金光明三昧。此帝王盛世之典也，故宜岁岁修之。"① 乾道四年（1168），又召上竺寺若讷法师领50名僧侣入内观堂，行"护国金光明三昧"法会；淳熙二年（1175），更诏建"护国金光明道场"，僧人高唱"保国护圣，国清万年"。各朝各代所行的密教法事活动，极大地拓展了佛教在社会上的影响。

佛经在中国的传播，经历了翻译、抄写和刻印的过程。唐前，在雕版印刷发明前，佛经主要依靠抄写传播。到了唐宋朝，由于经济的发展，民众精神、文化传播的需要，以及雕版印刷技术逐渐推广等，为传播佛经提供了极大的便利。历代帝王大多注重佛教文化事业的重构与建设，翻译、注释佛经，编印佛教典籍，刻经写经等，不一而足。

宋初的开宝四年（971），宋太祖即敕令大臣张从信到四川成都开刻《大藏经》，前后耗时12年，于太平兴国八年（983）刻成，所收大小乘经律论及圣贤集传等，共1076部，5048卷，雕版多达13万块。这是首次由官方出面结集出版的《大藏经》，其中包含了大量的密教经文、仪轨，有力地推动了密教的流传。赞宁叹曰："观其佛日重光，法轮发轫，赤玉箱而启秘，青莲朵以开放，圣感如然，前代孰堪比也！"② 有宋一代，历代帝王在确定扶持佛教政策的同时，又出于对佛教的偏好，亲自撰写有关佛教文论，显示其高深的佛学修养。如宋仁宗赵祯（1010—1063），继位后承前朝对佛教的扶持，帝王亦极力扶持佛教事业，为新译经等作序，是其中的重要表现。如景祐二年（1057）：

御制《天竺字源序》，赐译经院，是书即法护、惟净以华

---

① 参见《释氏稽古略》卷四。
② （宋）赞宁《宋高僧传》卷三《译经篇论》，中华书局1987年版，第58页。

梵对翻为七卷，声明之学，实肇于兹。①

这部辞书即是由密教高僧法护、惟净编纂，仁宗亲自为之作序，可见其对两位密教高僧的扶持。

第二节　宋代的密教高僧及其密教经典的传译

众所周知，印度佛教自8、9世纪以后主要是大乘佛教的晚期密教及其末流。至11世纪，因阿拉伯人和伊斯兰教军侵入印度，作为异教的印度密教，开始分崩瓦解，逐渐衰微。到了12世纪末13世纪初，伊斯兰教军大批东进印度，彻底摧毁了当时的佛教中心那烂陀寺和超岩寺，宣告印度佛教的完结。即此，密教的最后一个派别时轮乘，连同此前的大小乘所有的派别走向衰败。13世纪时，密教在印度本土基本消亡。但是，此前遭受迫害的密教大师四处逃散，一部分经克什米尔等地而避入西藏，还有一部分则逃至尼泊尔等地。因此，13世纪以后，印度密教并没有完全消失，而在印度半岛北部边缘的克什米尔、尼泊尔及我国西藏地区等地仍有传持。

一、宋代来华密教高僧及其弘法活动

宋代初期，来自印度的密教高僧，以法天、天息灾、施护等为代表，他们经河西走廊入驻中原，积极从事密教经典的传译、灌顶及主办各类密教法事活动。"三师遭逢圣世，首隆译场。续狮弦之响，发空谷之音。阐宣之功，无忝前哲矣。"② 太平兴国五年（980），始创译经院，太平兴国八年（983），译经院功能扩大，

---

① （宋）志磐《佛祖统纪》卷四五，《大正藏》第49册，409c。
② （明）明河《补续高僧传》卷一，《续藏经》第77册，369b。

更名为传法院。宋神宗熙宁四年（1071），废除译经院（即传法院）；元丰五年（1082），又罢译经史、润文官，废"译经使司印"。维持了整整一百年的宋代官办译经事业，至此宣告彻底结束。在这一百年中，在译经院中有名有姓的，以及译经年代可考的知名译经家共计九人，即：法天、天息灾、施护、法护（中印度）、法护（北印度）、日称、惟净、慧询、绍德。

法天（？—1001），中印度人。宋初开宝六年（973），当时印度内地的佛教徒因伊斯兰教军的入侵而受到迫害，外逃的很多，法天和兄法护也携带梵本经典来到了中原汴京。初住瀍州蒲津（今山西永济市）。开宝七年（974），河中府瀍州守吏王龟从将译本送到汴京，太祖大悦，赐紫方袍奖掖，并许游历五台山、江浙、岭表、巴蜀等地。至宋太宗太平兴国五年（980），由州府官再次上表进呈，太宗览后甚喜，召入京师，敕赐紫衣。二月，天息灾与施护也携梵经来朝，太宗感到译经条件成熟，因而敕设译经院。太平兴国七年（982）六月，译经院建成，法天与天息灾、施护等，奉诏入住译经院，御赐"传教大师"之号，开始传译所携之梵本。七月，译成《大乘圣吉祥持世陀罗尼经》一卷。太平兴国八年七月，译出《大方广总持宝光明经》五卷。雍熙元年（984）五月，译《圣虚空藏菩萨陀罗尼经》等5部5卷。雍熙二年（985）五月，译《妙法圣念处经》8卷。十月，与天息灾、施护共受命拜为朝散大夫试鸿胪少卿（以后历有升迁）。雍熙三年（986）七月，译《外道问大乘法无我义经》等10部10卷。雍熙四年（987），译《妙臂菩萨所问经》等5部10卷。端拱元年（988）三月，与法贤共游五台山及峨眉山。端拱二年（989），与施护共试鸿胪卿。淳化元年（990）十月，译《七佛经》等10部11卷。淳化五年（994）正月，译《金刚手菩萨降伏一切部多大教王经》等4部7卷。至道二年（996），加朝奉大夫。真宗咸平三年（1000）十一月，译《未曾有正法经》

等 2 部 7 卷。咸平四年五月十八日（1001）示寂，世寿不详，赐谥"玄觉大师"。七月十六日，塔于京师祥符县郑常里。据宋志磐《佛祖统纪》卷四三、卷四四，及明明河的《补续高僧传》卷一载，法天于雍熙二年，改名法贤。但近现代学者据《大中祥符法宝录》卷六所记，雍熙四年，蒙诏改名为法贤的人是天息灾。又根据日本京都南禅寺所藏《尊胜大明王经》《大乘戒经》《护国尊者所问大乘经》与《参天台五台山记》卷六《熙宁六年二月二十九日》、卷七《熙宁六年三月二十日》之条①，以及京都高山寺所藏《未曾有正法经》等资料，可确认改名者非法天而是天息灾。可见，法天与法贤并非同一人。有关其所译经，据《天圣释教总录·入藏录》统计，法天译出经典 42 部 68 卷，其中大乘经（以密教经典最多）26 部 51 卷，大乘论 1 部 1 卷，小乘经 7 部 8 卷，小乘律 3 部 3 卷，西方圣贤集传 5 部 5 卷。有关法天所译经部数，晚近诸家研究结果不一，出入很大，如周叔迦《中国佛教史》认为是 119 部，174 卷；郭朋《中国佛教思想史》为 9 部，13 卷；②吕建福《中国密教史》为 122 部，185 卷。③ 若按吕澂《新编汉文大藏经目录》记载，法天具体译典共 42 部 67 卷，其中密教经典 22 部，27 卷。④

天息灾（？—1000），北印度迦湿弥罗国僧，原住中印度那烂陀国密林寺。北宋太平兴国五年（980），与施护一同携梵本至汴京，受到太宗召见，并赐紫衣。其时，太宗有意复兴译经事业，乃敕令于太平兴国寺之西建译经院；太平兴国七年（982）六月，译经院成，天息灾被赐为"明教大师"，与施护、法天等人奉诏居之，从事译经。雍熙二年（985），因译经有功，封为朝散大夫试鸿胪少

---

① ［日］成寻撰《参天台五台山记》，上海古籍出版社 2009 年版，第 571、622 页。
② 郭朋《中国佛教思想史》，福建人民出版社 1995 年版，第 11 页。
③ 吕建福《中国密教史》，中国社会科学出版社 1995 年版，第 447 页。
④ 吕澂《新编汉文大藏经目录》，齐鲁书社 1980 年版。

第一章　汉传密教在宋代的传持

卿，翌年受赐《御制三藏圣教序》。当时太宗诏令用新刻的大藏经目录（大体同于《开元录》）对勘，拣未曾译出的佛经再译，避免重复。因此，当时印度新流行的密教经典译出最多。在天息灾等译籍总数 252 部 481 卷里，大乘秘密部经就有 126 部 240 卷，整整占了一半。再就它的内容说，像大部《金刚顶经》十八会的初会（《一切如来真实摄大乘现证三昧大教王经》30 卷，施护译）、六会（《最上根本大乐金刚不空三昧大教王经》7 卷，法贤译）、十五会（《一切如来金刚三业最上秘密大教王经》7 卷，施护译），都有了新译。另外，像观音六字真言信仰的根本经典《大乘庄严宝王经》也翻译了过来。据《大中祥符法宝录》卷六载，雍熙四年（987），天息灾奉诏改名法贤。真宗咸平三年（1000）八月示寂，年寿不详，谥号"慧辩法师"。据宋惟净《天圣释教总录》的《总排新经入藏录》，天息灾（法贤）共译经 88 部 143 卷，其中大乘经 60 部 97 卷，以密教经典最多；小乘经 17 部 31 卷，小乘律 1 部 1 卷，西方圣贤集传（译自来自印度、西域的传记偈赞等）87 部 139 卷。① 据吕澂《新编汉文大藏经目录》记载，天息灾具体译出的经典共 90 部，155 卷，其中密藏 42 部，58 卷。②

施护（？—1017），生在北印度迦湿弥罗国，生年不详，是北印度乌填曩国帝释宫寺僧，与天息灾为同母兄弟。在太平兴国五年（980），随兄长天息灾一同携带梵本抵达汴京，驻锡于太平兴国寺，受太宗召见并赐紫衣。太平兴国七年（982）七月，译经院建成后，与法天、天息灾等奉诏入住，并从事译经，赐"显教大师"号。分别试译《圣佛母小字般若波罗蜜多经》《大乘圣吉祥持世陀罗尼经》《无能胜幡王如来庄严陀罗尼经》各一卷。雍熙二年（985）十月，

---

① 上海影印宋版藏经会《宋藏遗珍》下集，1935 年影印版。
② 吕澂《新编汉文大藏经目录》，齐鲁书社 1980 年版。

太宗浏览新译经特别嘉许，赐封施护为"朝请大夫试鸿胪少卿"。天息灾、法天相继离世，余下施护一人主译，由惟净助译。祥符二年（1009），惟净、法护便协同施护主译。祥符五年（1012），施护等建议将宋代译出的新经，接续《开元》《贞元》两种经录，编辑新录。后由译场润文大臣赵安仁、杨亿和惟净等编成《大中祥符法宝录》二十二卷。天禧元年（1017）十二月，施护三藏示疾，真宗遣中使监太医霍炳等为其诊视。同月二十六日示寂。真宗甚为哀悼，追谥"明悟"。施护的翻译一直持续到天禧元年（1017）病故时为止，共译有《大乘庄严宝王经》4卷、《给孤长者女得度因缘经》3卷、《广释菩提心论》4卷、《大乘二十颂论》1卷、《六十颂如理论》1卷、《一切如来真实摄大乘现证三昧大教王经》30卷、《一切如来金刚三业最上秘密大教王经》7卷、《守护大千国土经》3卷、《遍照般若波罗蜜经》1卷等。施护的译经数目，与前述译经僧相比是最多的。据《天圣释教总录·总排新经入藏录》统计，施护译经106部192卷，其中大乘经（包括密教经典）68部134卷，大乘律1部1卷，大乘论1部18卷；小乘经18部28卷，小乘律1部1卷；西方圣贤集传8部10卷；按元代庆吉祥《至元法宝勘同总录》统计，施护总共译经110部243卷，其中大乘经（内含密教经）70部175卷，大乘论10部18卷，大乘律1部1卷；小乘经20部32卷，小乘律1部1卷，小乘论1部7卷；西方圣贤集传7部9卷。① 所译典籍的种类、名目、卷数，《大中祥符法宝录》和《景佑新修法宝录》均有详细记载。吕澂《新编汉文大藏经目录》记载，施护具体译典共115部，254卷，其中密教经典51部，104卷②。

---

① （元）庆吉祥纂《至元法宝勘同总录》卷四，《佛藏要籍选刊》第2册。
② 吕澂《新编汉文大藏经目录》，齐鲁书社1980年版。

第一章 汉传密教在宋代的传持

北宋自印度来华的有两位法护，一位是法天之兄，中印度人，开宝六年（973）与兄法天来华，初居潞州蒲津，译经院建成后，也参预译事，但在太平兴国八（983）年译出《大力明王经》二卷后，就回国了。吕澂《新编汉文大藏经目录》之杂咒部载其译经一部：《大力明王经》二卷。另一位法护（963—1058），为北印度迦湿弥罗国人，姓憍尸迦，属婆罗门种。幼习四吠陀典及诸经论，后于中印度摩伽陀国坚固铠宫寺出家。真宗景德元年（1004），呈入宋汴京，奉献佛舍利、贝叶梵经。受赐紫衣，并敕住译经院从事译经，是继法天、天息灾去世后的主要译经师。景德三年（1006）后，一直与惟净协助施护译经。景佑二年（1035），与惟净共撰《天竺字源》七卷，仁宗赐序。庆历七年（1047），复赐《译经颂》。因为法护戒德高胜，至和元年（1054），仁宗又赐"普明慈觉传梵大师"号。嘉祐三年（1058）示寂，世寿九十六，追谥"演教大师"，又补"银青光禄大夫试光禄卿"。所译经典，周叔迦说有 12 部，155 卷。若按吕澂《新编汉文大藏经目录》记载，法护具体译典包括：自译 6 部，22 卷；与施护、惟净合译 25 部，139 卷；其中与惟净二人同译者 8 部，94 卷。与施护、惟净三人同译者 17 部，45 卷①。

天息灾、法天和施护最初于太平兴国七年（982）七月，分别试译《圣佛母小字般若波罗蜜多经》《大乘圣吉祥持世陀罗尼经》《无能胜幡王如来庄严陀罗尼经》各一卷。当时集合了京城义学沙门一百人共同审查，左街僧录神曜等以为译事久废，新译不见得合式，经过对勘证明，才肯定它的价值，继续编入大藏。雍熙元年（984）九月，刻版流通。宋太宗还专门撰写《新译三藏圣教序》以赐之，加在各新译经之首，中云："法师天息灾等，常持四忍，早

---

① 吕澂《新编汉文大藏经目录》，齐鲁书社 1980 年版。

悟三空。翻贝叶之真诠,续人天之圣教。芳猷重启,偶运当时。润五声于文章,畅四始于风律。堂堂容止,穆穆辉华。旷劫而昏垫重明,玄门昭显;轨范而宏光妙法,净界腾音。"① 雍熙二年(985),他们因为翻译有功,追加了朝散大夫试鸿胪少卿官衔。从此,更充实了译场各职,译成即随时附表进上。特别是在每年十月太宗生日那天,必定准备新经献祝,以为点缀。此后,每逢帝王诞日,必以新经进献祝寿。之后即成定例,历太宗、真宗、仁宗三朝,未曾间断。

继法天、天息灾及施护进驻京师的印度高僧,还有日称。中天竺人,于宋仁宗庆历六年(1046)至汴京,奉敕从事译经。曾任朝散大夫试鸿胪少卿,不久改叙大卿,赐号"宣梵大师"。示寂、享寿皆不详,或说示寂于元丰七年(1084)。有关他的译经数,周叔迦统计为7部,46卷。按吕澂《新编汉文大藏经目录》记载,其具体传译佛典共计8部,71卷②。成寻《参天台五台山记》卷五称他曾与另一位印度僧智吉祥到过苏州,应知州苗振之请补译《楞严经白伞盖真言》③。智吉祥,中印度人,先至西夏,宋仁宗天圣五年(1027),结伴五人到京城开封,进献梵本佛经。仁宗赐紫衣,命入译场翻译佛经。据《至元法宝勘同总录》,他共译经2部6卷④。

中土出身的密典传译可圈点的是惟净(973—1051),金陵人,俗姓李,南唐后主李煜之弟李从谦之子。七岁入开封大相国寺跟释自崇出家,十一岁能诵《法华经》。太平兴国八年(983),为续译经之业,培养译经人才,天息灾等人奏请在京城选拔五十名出家童子入译经院攻读梵学,当时年仅十一岁的惟净应选入译经院跟天息

---

① (明)明河《补续高僧传》卷一,《续藏经》第77册,369b。
② 吕澂《新编汉文大藏经目录》,齐鲁书社1980年版。
③ [日]成寻撰《参天台五台山记》卷五,上海古籍出版社2009年版,第450页。
④ (元)庆吉祥纂《至元法宝勘同总录》卷四,《佛藏要籍选刊》第2册,第826页。

灾学"声明、悉昙章、梵经义理",第二年,因成绩优异,允诺落发受具足戒。雍熙三年(986),亲写梵经进呈宋太宗,诏补译场"梵学"辅助译经。此后又学瑜伽秘密教法、真言秘印,深究《维摩》《般若心经》、因明论之精要。端拱二年(989),宋太宗亲自召见,诏充译经"笔受"之职,赐紫衣;淳化三年(992),赐"光梵大师"之号。宋真宗咸平四年(1001)、景德三年(1006),分别诏充"证梵文"。大中祥符二年(1009),宋太宗"以惟净不游天竺,自晓梵章,求之古人,斯为难矣",于是诏令他与法护"同译经文",赐朝散大夫试光禄卿,遂专事译经,主要与施护、法护等合作译经。大中祥符六年(1013),与杨亿等人合编《大中祥符法宝录》二十一卷。天圣三年(1025),与夏竦等人同撰《新译经音义》七十卷。天圣五年(1027),与惠方等编《天圣释教总录》三卷。景祐二年(1035),又与法护等共撰《景祐天竺字源》七卷。据江少虞《宋朝事实类苑》卷四四"光梵大师"条,惟净于皇祐三年(1051)示寂。又依成寻之《参天台山记》卷四"熙宁五年十月"条,熙宁五年(1072),曾追谥为"明教三藏"。惟净译经,周叔迦载为七部,一百二十一卷。按吕澂《新编汉文大藏经目录》记载,其貝休译典,惟净一人名下的有1部,40卷;与法护二人合译8部,94卷;与施护、法护三人合译17部,45卷。《大中祥符录》卷一五说他:"梵字本母,悉洞达之;每一睹梵章,历然如诵。至于天竺音义,无不通究,复对注真言,诠解秘印,多所允协。常以华竺之文,对参奥义,自得古师翻译之旨。"并称他是"由法贤至惟净为第六人"①,即排在天息灾(法贤)、法天、中印度法护、施护、北印度法护之后的宋代第六位译经者。天禧元年,与法护同时受任"译经三藏"。惟净历次从朝廷得到的官衔与法护一样,最后

----
① 《金藏》第112册,42a。

至试光禄卿。据宋释文莹《湘山野录》卷上"光梵大师通敏有先识"记载,惟净示寂于皇祐三年(1051)。

南宋以降,密教仍传持不辍,行密法僧亦不乏其人,如宋高宗时,受"西天总持三藏密法"的道法师,赐号"宝觉大师",即善作密法,持诵密咒疗疾,"时军民多病,师咒水饮之,无不愈者。求者益多,乃为沼于营中以咒之"①。宋仁宗时的智林,赐号"宣教大师","师于陀罗尼门,受持精密。国有祈祷,罔不获应"②。上述几位都是南宋传持密教的高僧。

二、宋代密教经典的传译及其管控

宋代译经始于太宗太平兴国初。当时特别设立了译经院,并制定了一些规章制度。如译场人员设译主、证梵义、证梵文、笔受、缀文、参详、证义、润文(后更设译经使)等,组织比较完备。从太平兴国七年(982)起,每年都译进新经,持续到天圣五年(1027),译出五百余卷。其后因缺乏新经梵本,译事时断时续,到政和初(1111)为止,总计前后译家(及其译经年代)可考的有十五人,即法天、天息灾(后改名法贤)、施护、法护(中印人)、法护(北印人)、惟净、日称、慧询、绍德、智吉祥、金总持、天吉祥、相吉祥、律密、法称。其中惟净、慧询、绍德都是由传法院培养出来的中国僧人,天吉祥等则帮助金总持翻译。诸人所译的总数是284部、758卷。其中以密教的典籍占最多数,论部最少。吕澂指出宋译本"就其种数而言,几乎接近唐代所译之数"③。

宋代译经正处于印度大乘佛教晚期,这时也正是印度密教盛行的时期。当北宋之初,有关密教经典的梵本流入中国的不会太少,但在天禧元年(1017),宋代统治者注意到密典中有些违反佛教传

---

① (明)明河《补续高僧传》卷一八《宝觉道法师传》,《续藏经》第77册,493b。
② (明)明河《补续高僧传》卷二三《智林传》,《续藏经》第77册,518cb。
③ 吕澂《宋代佛教》,载《中国佛学源流略讲》,中华书局1979年版,第386页。

统的不纯部分,因而禁止了新译《频那夜迦经》的流行,并不许续译此类经本,这就大大限制了以后的翻译。但尽管如此,诚如严耀中先生所言:"无论在数量上、种类上还是教义上,宋代的密经翻译是唐以后的又一个高峰。"① 可以说,宋代密教发展的高潮也体现在密教经典的传译上,是密教兴盛的一个重要的标志。近千年来,印度来华高僧络绎不绝,秉承这一传统,在官府上下积极组织下,传译密教经典,在中国译经史留下绚丽一笔。

(一) 宋代译经院的创立与密教经典的传译

中国佛教的译经事业约起于东汉末年,盛于东晋南北朝,成熟于隋唐,衰微于宋元而绵延至清。在这一过程中,历代的佛典汉译,由于政治等因素,此消彼长,盛衰相伴。这一现象佛教史多有记载,如周叔迦《中国佛教史》第六章所言:"佛教传译事业自唐德宗以后中断了近二百年,宋初得以恢复。当时佛教在印度正是密教盛兴以后而受到外来的侵害的时候。许多大德携带经典逃至尼泊尔,进入西藏以至汉族专区。同时当五代时汉僧西游,此时带回大批梵夹,因而促进了北宋的翻译事业。"据史载,确切而言,唐宪宗元和六年(811)译成《本生心地观经》之后,佛经翻译事业曾有过中断,直至宋太宗太平兴国七年(982)才得以恢复。历代帝王亦大力扶持,有的还亲自组织佛典的翻译,并多次赴译场视察。

1. 宋代译经院的创立

从中国佛经翻译史上来看,佛经翻译分为官营和私营两种形式。佛教初传的五六百年间主要属民间事业,私自翻译,一般由寺院单独经营,或是帝王提供译场,或是信徒请译师于家中进行,资金来源则由寺院自行担负,或是信徒捐赠,或是国家直接资助。其所译经典的主权归译经个人或集团本身,不纳入国家管理系统。如

---

① 严耀中《汉传密教》,学林出版社1999年版,第39页。

两汉之际的安世高、支娄迦谶，三国时期的支谦与康僧会，西晋的竺法护，东晋的道安、慧远、鸠摩罗什，南北朝的昙无谶、佛驮跋陀罗、求那跋陀罗、菩提流支、真谛等，他们所开展的译经事业，皆属以上情形。此类官营翻译机构，早在隋朝大业二年（606）就已兴起。当时隋炀帝营建东都时，于洛阳上林园建翻经馆，自长安招来达摩崛多等数人于馆中从事翻译工作，并命彦琮掌理庶务。唐朝贞观二十二年（648），太宗于长安大慈恩寺设翻经院，安置玄奘等从印度请回的佛像、经卷、佛舍利等物。翌年二月，玄奘等即于此院展开了规模庞大的译经活动。神龙二年（706），中宗又于长安大荐福寺设翻经院，作为义净的翻译道场。这些译场皆由官府承办，并纳入官方文化事业管理系统，并由国家统一管理，均属官营翻译。以上历代的译经举措，也可以看作是宋代官营译场兴起的一重要的影响因子。

太平兴国五年（980），宋太宗召中使郑守均在北宋都城汴京（开封）太平兴国寺大殿西侧创建译经院，太平兴国七年（982）六月建成。译经院规模庞大，内设有三堂，分别负责译经、润文及正义等工作，如译场人员设译主、证梵义、证梵文、笔受、缀文、参详、证义，润文（后更设译经使）等，组织比较完备。同时，诏请法天、天息灾、施护等入院主持译经，并赐天息灾明教大师，法天传教大师，施护显教大师，以表彰他们出色的译经工作。同时，"延梵僧翻译新经。始以光禄卿汤公悦，兵部员外郎张公泊润色之。后赵文定、杨文公、晁文元、李尚书维皆为译经润文官"[①]。这一佛典翻译计划的实施，恢复了从唐宪宗元和六年（811）以来中断了170年之久的佛经翻译事业。太平兴国八年（983），译经院功能扩大，更名为传法院，并置印经院在其西侧。太宗设立译经院，需

---

① （宋）李攸《宋朝事实》，中华书局1955年版，第123页。

第一章 汉传密教在宋代的传持

要大量的梵经,所以兴建之初,就敕收天下梵夹,并对进献者皆有赏赐。由于宋太宗对佛教的大力扶持,使其崇佛之名远传异域,吸引了不少外国僧侣来朝,进献梵夹无数。在翻译计划进行之中,还不断有西域僧侣进献梵夹。这在客观上无疑可以刺激僧侣及使者西行东渡,大大有利于宋王朝的对外交往与联络。

在译经院的组织下,第一次由官方出面结集出版《大藏经》,积极组织密教经典的翻译,由官方集中管理。当时主持译经工作的即是宋初来华的施护、天息灾和法天三人。中国译经在由官府主持成为国家事业之后,译场的规模也越来越大,译经的仪规和制度也由简至繁。宋代在继承唐朝译经规则的基础上,扬长避短,制定了更加详备且具可操作性的带有程序化的仪式和制度。译经院创建原委,诚如赞宁所言:"迨我皇帝临大宝之五载,有河中府传显密教沙门法进,请西域三藏法天译经于蒲津。州府官表进,上览大悦,各赐紫衣。因敕造译经院于太平兴国寺之西偏,续敕搜购天下梵夹。"① 同年起,搜购天下梵夹,次年就可译进新经。从译人看,特别诏请法天、天息灾、施护,以及分别来自中印度、北印度的二法护。从时间上看,主要集中在1035年以前(《佛祖统记》卷四五"景祐二年(1035)"条也记载到此年为止已"译成五百六十四卷")。翻译活动历经太宗、真宗、仁宗、英宗、神宗五代,政府投入大量的人力、财力、物力,但终因梵本的极度匮乏、翻译人才的不足,译事也时断时续,尤其是加上神宗朝的财政困难等诸多因素,于宋神宗熙宁四年(1071),中止译经院佛经翻译活动,中国最后一所官办译场彻底宣告中止。

---

① (宋)赞宁《宋高僧传》卷三,中华书局1987年版,第57页。同时志磐的《佛祖统纪》卷四三有明文记载:"(宋太宗太平兴国五年)二月,北天竺迦湿弥罗国三藏天息灾、乌填曩国三藏施护来,召见赐紫衣。敕二师同阅梵夹。时上盛意翻译,乃诏中使郑守均于太平兴国寺西建译经院。为三堂,中为译经,东序为润文,西序为证义……七年六月,译经院成,诏天息灾等居之。"

宋代译经开始于太宗太平兴国初,终宋一世,所译经典,据元庆吉祥《至元法宝勘同总录》统计,共译大小乘经律论及西方圣贤集传285部741卷①,其中成果集中表现在宋译经院的创立。中国佛教最后一次规模宏大的印度佛典翻译活动,正体现于这个译经院内。从宋太宗太平兴国七年(982),至仁宗朝的景祐四年(1037)的半个多世纪的时间里,可以说是宋代译经最辉煌的时期,共译出大小乘佛典243部574卷。虽然宋代所译佛典无论是数量上还是影响力都不及南北朝的译经和隋唐代译经,但它确实是构成宋代佛教文化的一个重要组成部分,对当时社会及后世的佛教影响深远。

2. 宋代密教经典的传译

据史载,中国密教经典的传译,始于三国。作为辅教手段的杂密,其经典虽在三国时已有汉译,但并不为中国汉地佛门所重视,直至东晋时期,循陆路来华的佛图澄等入驻中原,以密咒行化后赵之地,石勒、石虎为其感化;海路来华之耆域、杯渡更以其神异莫测之术传教中原、岭南等地,奇术异能,为世瞩目,善信归仰。宣说真言咒语,极具实用性的杂密经典才逐渐为人所重。南北朝以前或初期的译经人,只是偶尔翻译一两部密典。南北朝中后期开始,译师们翻译密典的兴趣渐趋深厚,如求那跋陀罗、僧伽婆罗就各自译有四五部密典。入唐之后,兴趣更浓,有的译师毕生所译几乎全为密典,如日照、宝思惟等译作皆以密典为主。甚至像义净这样以翻译律藏为主的译师也对密典翻译表现出浓厚的兴趣。义净自称,其在那烂陀求法时"亦屡入坛场,希心此要","而为功不并就,遂泯斯怀"。约与其同时赴印之道琳法师,也颇注意收罗密典,以为

---

① 此经录编撰于元至元二十二至二十四年(1285—1287),这是一部"综括唐代《开元录》《续开元录》、宋代《祥符录》《景祐录》、元代《弘法入藏录》五录的入藏经"。参见陈士强《佛典精解》,上海古籍出版社1992年版,第118页。

第一章 汉传密教在宋代的传持

"斯之咒藏,东夏未流,所以道琳意存斯妙"。① 义净虽"为功而不就",但其归国之后,仍未放弃对密典的关注,携回大量密教梵夹,并译出了 12 部密教典籍。特别是 8 世纪初,般刺蜜帝在广州光孝寺所译《楞严经》,影响尤其深远。

"开元三大士"入唐,弘传体系密教而形成密宗一派,朝野上下,崇奉有加。密教高僧传持密宗,当然离不开密教经典的传译。善无畏所译经典,虽然数量不多,却开系统密典传译之先河,汉地密宗之创立亦由其肇始。《大日经》和《苏悉地经》乃"五部密经"之二②,密教胎藏部之主要经典皆由其传译。然而,汉译密典之大规模传译和系统整理则由其后的不空三藏完成,并为密宗之建立及其在中国汉地以及朝鲜、日本的流行奠定了基础。不空作为金刚智的弟子,同时作为密教理论、实践的集大成者和汉地密宗的实际建立者,其所译、所弘以金刚界为主,但又不限于此。不空译著多为真言(陀罗尼)咒语、念诵之法,护摩灌顶、结坛之仪,持印观想、修习之式,多是一些宗教实践性极强的典籍;加之不空的佛学贯通显密二宗,同时又兼弘金、胎二系,历经三朝,广译密典,开坛灌顶,执弟子礼者数以万计。不仅崇为帝师,且屡加官爵,"生荣死哀","古今少类",③ 使得偏重于"行"的密教经典广为流传,在八宗竞秀的盛唐之世,密宗亦一时成为汉地佛教的主流。虽经唐宪宗元和六年(811)之后,佛典汉译中断,但密典翻译不绝如缕,仍然有几位译家翻译出了若干密教经典,著名的有般若、勿提提犀鱼、尸罗达摩、满月、菩提仙、智慧轮等的翻译活动,

---

① (唐)义净《大唐西域求法高僧传》卷下,中华书局 1988 年版,第 134—135 页。
② "五部密经"分别指《大日经》《苏悉地经》《大毗卢遮那佛说要略念诵经》(或《金刚顶瑜伽略出念诵经》)《金刚顶经》《金刚峰楼阁一切瑜伽瑜祇经》)。
③ (宋)赞宁《宋高僧传》卷一《不空传》,中华书局 1987 年版,第 12 页。

译经成就，可圈可点。① 汉译密典传译除上述陆路传来者，亦有海路传来者。海路最早传译密典的为401年入华的印度高僧佛陀跋陀罗，其所译经典《出生无量门持经》，是汉译次数最多的密典，早在汉末就有失译本，东吴时有支谦译本。② 故与陆路相比，海路之密典传译推迟将近两个世纪。南海航道作为古代中西商贸和文化交流的重要孔道，在佛法东被的过程中，扮演了与陆上丝绸之路同等重要的角色，且时代愈后其地位也日益提高。晋唐之际，海路僧人的密教传译活动则从一个侧面反映了这种趋势。

宋代密教经典的传译，始自太宗太平兴国七年（982）七月，天息灾译成《大乘庄严宝王经》《最上根本大乐金刚不空三昧大教王经》等；法天译成《圣吉祥持世陀罗尼经》一卷；施护译成《无能胜幡王如来庄严陀罗尼经》一卷等密教经典，并由沙门常谨、法进笔受兼缀文；光禄卿汤悦、兵部员外郎张洎润文；殿直刘素监译。穷尽禁中所藏所有梵夹，付之译经院，天息灾等即以梵夹编列经、律、论及密教赞颂等，次第翻译。雍熙元年（984），下诏新译经论。五月，法天译成中天竺梵本所出《圣虚空藏菩萨陀罗尼经》1卷、《大寒林圣难拏陀罗尼经》1卷、《大护明大陀罗尼经》1卷。九月，施护译成中天竺梵本所出《无能胜大明王陀罗尼经》1卷、《佛顶放无垢光明入普门观察一切如来心陀罗尼经》2卷、《圣最上灯明如来陀罗尼经》1卷、《消除一切闪电障难随求如意陀罗尼经》1卷、《一切如来正法秘密箧印心陀罗尼经》1卷、《息除中夭陀罗尼经》1卷。雍熙三年（986），太宗亲撰《新译三藏圣教序》以冠经首入藏。雍熙三年（986），

---

① 杨维中《贞元之后的密教经典翻译述论》，《首届大兴善寺唐密文化国际学术研讨会论文集》，陕西师范大学出版社2012年版，第294页。
② 该经的传译、流传情况，参见吕建福《中国密教史》，中国社会科学出版社1995年版，第121—123页。

第一章 汉传密教在宋代的传持

惟净亲写梵经以进，诏补梵学充职，又受瑜伽秘密教法。七月，法天译成《圣多罗菩萨一百八名陀罗尼经》1卷、《毗俱胝菩萨一百八名经》1卷、《无能胜大明心陀罗尼经》1卷、《诸佛心印陀罗尼经》1卷、《无能胜大明陀罗尼经》1卷。雍熙四年（987）十月，天息灾译成中天竺梵本所出《微妙大曼拏罗经》5卷、《大摩里支菩萨经》7卷。宋太宗端拱元年（988）十月，施护译成中天竺梵本所出《圣庄严陀罗尼经》2卷、《胜幡璎珞陀罗尼经》1卷、《智光灭一切业障陀罗尼经》1卷、《圣六字大明王陀罗尼经》1卷、《千转大明陀罗尼经》1卷、《花积楼阁陀罗尼经》1卷、《圣大总持王经》1卷。端拱二年（989）四月，又译成中天竺梵本所出《如意宝总持王经》1卷、《普贤曼荼罗经》1卷、《持明藏八大总持王经》1卷、《尊胜大明王经》1卷、《最上意陀罗尼经》1卷。宋太宗至道三年（997）七月，法贤译成中天竺梵本所出《大爱陀罗尼经》1卷（大乘经）、《曼殊室利菩萨吉祥伽陀》（合1卷）。十一月，又译成《延寿妙门陀罗尼经》1卷、《大吉祥陀罗尼经》1卷、《宝贤陀罗尼经》1卷、《圣多罗菩萨经》1卷、《息除贼难陀罗尼经》1卷、《一切如来名号陀罗尼经》1卷、《观自在菩萨母陀罗尼经》1卷、《秘密八名陀罗尼经》1卷。真宗继位后，虽然狂热提倡道教，但仍扶持佛教，汉译佛典传译有续。事实上也是如此，从太宗宣布建译经院（980）起至真宗即位（998），不到二十年间，就有进梵经者十一起，而在此之前的五代初（907）到太宗建译经院（980）七十多年间才四起进梵本之事。

在整个北宋译经活动的一百年中（982—1082），太宗朝的译经院，仅在十五年（982—996）之间，就译有大小乘梵经一百五十部，约占北宋全部译经的60%，平均一年十部，可以说是最有收获的一段时期。有宋一代，由于帝王对佛教的扶持，制定了诸如设立

· 61 ·

译经院等一系列举措，使得当时的译经数倍增，从数量上看，据吕澂先生统计，"就其种数而言，几乎接近唐代所译之数"①。按部计算，密教经占译经总数的 50.6%，小乘经占 19.3%；如按卷计算，密教经占 41.9%，小乘经占 12.8%。太平兴国五年（980），中印度僧人法天、施护等先后来京，这时印度晚期密教发展势头正盛，故所译经以密教为最多。

在宋代的新译经典中虽有不少是过去没有译过的，但也有相当大一部分是已有经典的异译、重译本。比较而言，密教经典中新译的较多，有的即使是异译经，内容也有较大扩展。例如密教的两大重要经典之一的《金刚顶经》（全称《金刚顶一切如来真实摄大乘现证大教王经》），唐朝不空所译是三卷，据说是此经原来广本十万颂十八会（按佛说法场所设定，相当于十八编）的第一会之中，初会的"六曼荼罗"中第一"大曼荼罗"分的别译，共三品。宋代密教经典的传译，可圈可点，诚如严耀中先生所言：

> 宋代密教高潮表现在密经的翻译上，密教经典的传译是密教兴盛的一个重要的标志。②

从内容上看，密典居多，其次是阿含类较多。从体量上看，一般都是小部头，且 1 卷本的居多，大的很少，最大的也不过 30 卷。其中新译数量较多，特别表现在密典、音译梵赞和音译陀罗尼上。当然，这与 8 世纪后半叶印度密教走向世俗化而涌现出许多新经有关，当然，也与当时统治者的重视有关。

宋代封建统治者虽设立译经院，复兴译经事业，但主译仍然借重外人，如天息灾、法天、施护等，都是从印度来的僧人，也有少量汉僧、西夏僧，他们所译的佛经偏于密教典籍，对于佛教的贡献

---

① 吕澂《中国佛学源流略讲》，中华书局 1979 年版，第 386 页。
② 严耀中《汉传密教》，学林出版社 1999 年版，第 37 页。

已经不能和唐代所译相比了。译经僧需由皇帝钦定,一般授以"三藏""译经三藏"的头衔。宋代有此头衔的译经僧,按来华时间先后顺序有印度僧法天、法护、天息灾、施护、法护,较晚的有慈贤;汉僧有惟净、绍德等。此外,还有西夏僧金总持等人。

宋初,由于宋太宗奉佛,天竺、西域僧人携带经文来到汉地者络绎不绝。其中天竺僧人法天、施护、天息灾,都曾在宋太宗开设的译经院从事佛经翻译活动,并御派汉地僧人法进、常谨、清沼等人充任笔受,协助译经。事实上,译经事业进行不久,太宗就非常注重翻译人才的培养。太平兴国八年(983),他采纳天息灾等之议,命两街集京城童行五百人,选出惟净等十人入译经院学梵语及译事。① 太宗对译经工作非常重视,多次亲访译经院,诏见译经人员,常赏赐译经人员丰厚的财物。同时,他亲自为新经作序,在《新译三藏圣教序》中盛赞佛法之博大精深:

> 大矣哉,我佛之教也。化道群迷,阐扬宗性。广博宏辩,英彦莫能究其旨;精微妙说,庸愚岂可度其源。义理幽玄,真空莫测;包括万象,譬喻无垠。②

太宗在新译经典首次译成之日,以新经展示大臣,曰:

> 浮屠氏之教,有裨政治,达者自悟渊微,愚者妄生诋谤。朕于此道,微识宗旨。凡为君治人,即是修行之地。行一好事,天下获利,即释氏所谓利他者也。庶人无位,纵或修行自苦,不过独善一身。如梁武舍身为寺,家奴百官率钱收赎;又布发于地,令桑门践之,此真大惑,乃小乘偏见之甚,为后代笑。为君者抚育万类,皆如赤子,无偏无党,各得其所,岂非

---

① (清)徐松《宋会要辑稿·道释一》第8册,中华书局1957年版,第7877页。
② (元)念常《佛祖历代通载》卷一八,《大正藏》第49册,659a。

修行之道乎？虽方外之说，亦有可观者。①

《佛祖统纪》卷四三亦载此事。上述种种都是促使译经事业蓬勃发展的动因。由搜集梵本佛经，辨识梵本真伪，聚合译经专家，培训译经人才，至雕版印经等等，都充分表现了以宋太宗为代表的两宋帝王对汉译佛典的极大热情。

（二）宋代密教经典传译的管控

进入宋代，密教仍在民间广泛传播，但其本身的流布，已远没有唐代那样兴盛，朝野上下联动；即使对它的经典翻译，也受到官府的直接控制，制定了相应的译经制度，所译经典也是择善而从。

在宋代传译的密教经典中，有一部分属密教发展最后阶段的无上瑜伽密教经典。密教在与印度教合作的过程中，也不断吸收其思想与修行实践，故晚期的密教经典中充斥了对鬼神与性力的崇拜，宣扬荤血之祀和厌诅之词，崇尚纵欲而解脱的思想。因此，晚期密教理论上没有多少创新，实践上也过于简单与粗俗，与传统佛教的基本精神背道而驰，离正纯密教所强调的即身成佛等理论与实践越来越远。

北宋以来，天息灾、施护等印度密教高僧所传的是以"乐空不二"为主的无上瑜伽密法法门，并有传修密教的寺院。如宋施护译《佛说秘密相经》卷下：

> 作是观想时，即同一体性自身金刚杵，住于莲华上而作敬爱事。作是敬爱时，得成无上佛菩提果，或成金刚手尊，或莲华部大菩萨，或余一切逾始多众。当作和合相应法时，此菩萨悉离一切罪垢染着。如是，当知彼金刚部大菩萨入莲华部中，

---

① （明）李焘《续资治通鉴长编》卷二四，中华书局2004年版。

要如来部而作敬爱。如是诸大菩萨等，作是法时得妙快乐无灭无尽。①

这是一部比较典型的传习"乐空不二"思想的无上瑜伽密教的经典。黄心川先生认为："法天、天息灾等人在北宋初年传播的密教主要是流行在印度孟加拉、奥利萨地区波罗王朝时期兴起的无上瑜伽一系……由于左道密教吸收了印度教性力派的'大乐'思想和实践，推行灌顶、双修、轮坐等密法，这与中国传统封建伦理思想不合，因而统治阶级不得不公开出面干预密教经典的翻译和传布，使密教的活动只限于一部分封建上层之间，随着佛教在印度的灭亡，印度僧人来华被隔绝，我国汉地的密教也就衰亡了。"② 在此同时，日本台密曾派遣僧侣，来中土传习这些无上瑜伽部的法门，并带回相关新译经典，所以此等从印度来的教典与法门，在中国与日本都有传习（东密并无传承），但这些法门中夹杂一些不纯的作品，与汉地传统伦理思想有些抵触，故为上层所忧虑，并采取了极端措施。中原的无上瑜伽部的修持与藏地的传承有着截然不同的命运。据现存文献资料，太宗淳化五年（994），于阗国僧吉祥曾进献《大乘秘藏经》二卷，太宗诏法贤（天息灾）等译经僧"定其真伪"。法贤等人经讨辨别，奉上指出此经原题是《大乘方便门三摩颠经》，既非《大乘秘藏经》，文字是于阗书体，也非"梵文正本"；且经中违反佛经的固有的规则程式，既无向佛"请问"者，又无"听法徒众"，其中前后"文义不正，互相乖戾"有 65 处。这意味着将此经断为伪经，同时表明，在宋代其实就已经出现了疑伪的密教经典混入藏经的情况。天息灾（法贤）译出密教经典《金刚萨埵说频那夜迦天成就仪轨经》四卷，真宗天禧元年（1017）四月，

---

① 《大正藏》第 18 册，467c—469b。
② 黄心川《密教的中国化》，《世界宗教研究》1990 年第 2 期。

发现其内容与儒家伦理思想相悖，真宗得知，立即下诏不许入编大藏经流行：

> 金仙垂教，实利于含生；贝叶叠文，是资于传译。苟师承之或异，必邪正以相参；既失精详，浸成讹谬。而况荤血之祀，颇渎于真乘；厌诅之词，尤乖于妙理；方增崇尚，特示发明。其新译《频那夜迦经》四卷，不得编入藏目。令传法院似此经文，无得翻译。①

此经今存，经文确实充斥着低俗、愚昧、迷信、贪婪乃至血腥恐怖气味的内容。"频那夜迦天"是经中所说的一个天神，据称它神通无边，对它祭祀供养和念诵密咒（"明""大明"）可以满足供养和念咒者的一切愿望，能够免灾并得到种种利益，还声称能给自己的仇敌（"彼冤""没咄噜"）造成各种灾难。宋真宗所说的"荤血之祀"，在经文中十分突出，例如所列举的祭祀供养频那夜迦天神的种种方法中，除用檀木作天神像外，还用动物之肉乃至人肉、尸骨作天神像，用水牛、猫等动物的血、"人脂血"涂天神像，用象、马、牛、驴、骆驼、狗、蛇乃至人肉作香、药和供品……真宗所讲经中的"厌诅之词"，就是指以祭祠、咒语的方法驱使频那夜迦天神降祸于自己的仇敌、冤家，使对方患病、残废，家庭遭灾，所有牲畜生病，乃至死亡。如《金刚萨埵说频那夜迦天成就仪轨经》卷一载：

> 若持明者降伏设咄噜，造频那夜迦天像。用芥子油涂彼天像，以羊毛合绳，系彼像项。持明者以身裸形，于木架上悬彼天像下焚尸柴火，炙彼天像，即诵大明，称设咄噜名。午时作法至日没，彼冤速得禁缚，一切所为随行人意若欲止息，解下

---

① （清）徐松《宋会要辑稿·道释二》第 8 册，中华书局 1957 年版，第 7892 页。

天像彼得如常。①

同上：

> 复次成就法。用前天像令童女合线，用系天像头髻，以乳灌像及涂像身，持明者以其梵音，诵钵逻罗龙王得叉迦龙王等名已，用水乳毒药一处和合，复令数人童男童女，涂药身上入江河内，手执铁棒打于水面，称前龙王名，即诵大明每日三时。如是作法，十方世界闻大雷声，降澍大雨充满国界。若欲止息，解彼天像发髻，用灰涂之，须臾即止。②

上述惊悚的成就法比比皆是。可见，前者有违于佛教"不杀生"的戒条和"慈悲"的教理，后者不仅违背佛教的十善、"忍""慈悲"的教理，也违背儒家的"仁恕之道"，乃至起码的做人之道。真宗不仅不许此经入藏颁行，而且明令今后传法院不许再翻译具有类似内容的经典。可想而知，含有这种内容的密教经典是不可能被翻译的。由此，也造成其他密典的翻译从此无形中受到了限制。

从横向比较来看，以宋代译经院翻译时期为例，宋译场存在的时间是10世纪末至11世纪中后期，正值印度密教的晚期，即无上瑜伽密教时期，且国内左道密教风头正健，此时来华印度密教高僧所携与此时期特点相应的梵本当不会太少。这期间所翻译的经典大多为密教经典，主要包括陀罗尼密典、持明密典、瑜伽密典、无上瑜伽密典四类，而且基本上都是属于《金刚顶经》系统的。其中陀罗尼密典大部分与传统的陀罗尼经典相同，属于前译本的异译，持明等三类多属于印度晚期密教进一步发展的产物。这从宋代译经院

---

① 《大正藏》第21册，306b。
② 同上，310a。

所译经典目录就可看出。到了 11 世纪，可供翻译的新经已经无多，译经事业难以为继了。

北宋初年，正值印度国内左道密教全盛之时，此时入驻中原的施护等人也属于密教高僧，故传入中国的佛经中必然有很大一部分密教的经文。太宗特别嘱咐译经院注意辨伪，一旦见伪经出现，务须禀报处理。如淳化五年（994），于阗沙门吉祥进《大乘秘藏经》二卷，太宗诏三藏法贤等定其真伪，法贤鉴定后认为其经"前后六十五处，文义不正，互相乖戾，非是梵文正本"。太宗获知后，诏法贤曰：

> 使邪伪得行，非所以崇正法也。宜令两街集义学沙门，将吉祥所献经，搜检前后经本，对众焚弃。[1]

将伪经在两街义学僧前焚毁，一方面表现帝王对佛典翻译态度的慎重，另一方面，则提升了译经院所传译佛典的专业性及权威性。从现存宋代译经来看，当时译经院所译多为密教典籍，而这些经典的内容，与中国传统的儒家伦理道德相悖，所以有些经典，一旦译出，就会有人告发，即令毁禁。太宗、真宗等都曾专门下诏禁止此类经典的传译，有些经典即使译出也要焚毁。此外，宋代译场的润文官和译经使都是朝廷重臣，是典型的儒家正统学者，他们掌握了译典的终审权，如果经文内容与儒家道德伦理相悖，肯定是无法入藏的。

此类经典至少被认为是"伪经"和有害于名教风化者不能入藏。可见，宋代统治者已注意到密典中有些不纯部分和佛教的传统相违的经典，因而才禁止了诸如新译《频那夜迦经》的流通与翻译，并不许续译此类经本。当然，反过来说，译经院所译梵经多是

---

[1] （清）徐松《宋会要辑稿·道释一》第 8 册，中华书局 1957 年版，第 7878 页。

密教经典,对太宗朝制造符瑞也特别有助。译经院在译经过程中,就曾显现种种瑞相。如据《佛祖统记》卷四三:

> 嘉州通判王衮奏:近往峨眉提点白水寺修造,见瓦屋山皆变金色,中有丈六金身普贤。次日午中,见罗汉二身,乘紫云行空中。深州奏:陆泽县人王绪,牧牛田中,见一白兔,逐之,入土穴中。探穴得石佛五十躯,制度奇古,长皆尺余。敕就邑寺奉安,像常放白光。①

中国正统的思想是儒家道德伦理思想,经过千百年来的传承,已深入人们的骨髓,它与同处东方的文明古国——印度,是属两大不同文化系统,特别是印度佛教(密教)的许多观念与中国传统思想是绝对相左的。每个民族都有一种适合自己本民族的思想体系,对于外来的与自己传统思想相悖的思想观念必然存在一种本能的抵抗。而且印度佛教传入中国至宋代已辗转千年有余,此时的佛教已经是完全中国化的佛教,有些佛教观念与宗教实践,经过中土的加工已为国人所接受,所以偏离了佛教传统,又与中国传统思想格格不入的密教末流思想,自然就无法得到汉民族的欣赏和认同。其实,宋代统治者不是对译经内容放任不管的,还是非常重视译场译经的内容,并对于经文的真伪和内容是否符合传统伦理道等都是亲自过问的。正是由于译场翻译了某些夹杂大量与传统伦理道德相左的密教末流思想,使得当时的中国人对整个译场的密典都持保守态度。这一方面大大限制了译场之后的翻译,另一方面也必使当时认同传统佛教思想的义学僧们对密典产生逆反心理。当然,应该说宋代译场天息灾等人所传译的能入藏的大部分密典,还不是极端印度教化和极端世俗化了的密典,但作为印度大乘佛教晚期传承的密典,这些

---

① (宋)志磐《佛祖统纪》,《大正藏》第49册,398a。

传入的密典又不可能脱离与印度教和印度世俗信仰相结合的特点。因此这些译典，在当时具有根深蒂固的传统儒家道德思想及传统佛教思想的译学界，实际上产生不了多大影响，也是理所当然的事了。同时，我们不难想象，通过这种行政手段的处理，无形中已造成一种对所有密典的人为排斥和怀疑观点，以致时常出现梵本匮乏的窘境。

纵向比较观之，宋初之密教已大异于唐代。唐代密教已构成理论体系完整、仪轨完备、以追求即身成佛为终极目的的综合密宗；而宋代密教则表现出分化的、世俗化的特征，目的也比较简单，祈求眼前的现世利益，诸如驱邪、治病、禳灾之类。所以，民间相关的如大随求菩萨、孔雀明王、秽迹金刚等信仰较为盛行。此时虽有一代密僧如天息灾、施护、法天等，不遗余力地传译了大量密教经轨，亦未能光大久远。在当时特殊的社会尚俗文化背景下，盛唐所盛行的以追求即身成佛的密宗体系已不复存在。

第三节　汉传密教在各地的传持

印度密教自传入中土，在大江南北广泛传持。尤其在民间，密教与民俗生活相结合，已形成一定的规模，尽显繁荣。山西的五台山、甘肃的敦煌、重庆的大足，及江浙一带，都形成各自的地域密教特色，也都在宋王朝统治者的直接支持下，日益受到民众的崇奉，成为人们精神生活中的一个重要的组成部分。

一、宋代中原地区的密教传持

以长安—洛阳—五台山为代表的关中—中原密教，早在杂密阶段的六朝时期就有传持。南朝梁慧皎《高僧传》中有大量记载，如卷一二《释普明传》：

> 释普明，姓张，临淄人。少出家，禀性清纯，蔬食布衣，以忏诵为业，诵《法华》《维摩》二经。……又善神咒，所救皆愈。有乡人王道真妻病，请明来咒。……以宋孝建中卒，春秋八十有五。①

普明擅长密咒，又能持咒行医。唐代密宗创立者，都曾在关中弘法。关中一带，亦有大量密教遗迹留存，如洛阳龙门石窟中的大日如来造像、多臂多面观音造像等。而龙门西山万佛洞、擂鼓台、万佛沟都有多臂多面观音造像。如万佛沟的千手观音造像，有三眼十二臂，非常优美。东山刘天洞也有大日如来造像。在龙门密宗造像的诸窟龛中，以擂鼓台北洞最大、最具有代表性，但该洞何时开窟，何时造像，尚不明朗。就目前所知，除龙门石窟外，还有多处。如河南方城佛沟摩崖造像，有一尊十二臂观音像，造像年代大约为唐开元元年（713）；陕西洛川寺家河石窟，开凿于唐开成元年（836），窟内正面坛基有三佛二弟子像，这三尊佛像正中为药师佛。"窟内还有八大菩萨造像。在我国现存的石窟造像中，将八大菩萨和药师佛等共造一龛的还见于四川省大足北山石窟的281号窟。"②

自"会昌法难"之后，密教法脉并未断绝，而是代有传承。晚唐至五代的智慧轮、法全、道丕、志通、道贤、守真等传持的密法，都对唐末、五代汉地密教的流传起了积极作用。晚唐大中年间，法全最为活跃，大中至咸通年间，入唐日僧圆载、圆珍、宗睿一直跟随其习密。唐宣宗于武宗驾崩两月后，令"去年还俗僧年五十以上者，许依旧出家"③，便得到大批高僧耆德成为中流砥柱。正缘于此，大中年间，青龙寺、大兴善寺之密法又渐次得到

---

① （南朝梁）慧皎撰，汤用彤校注《高僧传》，中华书局1992年版，第464页。
② 刘合心《洛川县（陕西）寺家河唐代佛教密宗造像石窟》，《文博》1992年第5期。
③ ［日］圆仁撰，顾承甫等点校《入唐求法巡礼行记》卷四，上海古籍出版社1985年版，第198页。

复兴，并且传承体系相当明晰。① 五代时，关中地区特别是西部，密教势力仍很雄厚，此所谓"陇坻道俗，皆禀承密藏，号阿阇梨也"②。从现有的文献资料及法门寺出土的大量密教文物来看，唐末、五代密教在汉地广大区域尚有较大势力，并非如前人所言"学者稀少""其教早已失传"，反而言之，传持唐密者大有人在。密教历经五代，在民间广泛传播，帝室愈加敬信，民间信众尤甚。道丕与昭信大师一起坐镇开封，开创了五代密教的新局面，在战乱中得以保存密教法脉。五代时期，道丕为密教的领军人物之一。除道丕外，中原地区的志通、道舟、道贤、守真等，都在积极弘持密法。由上述可见，密教虽经"会昌法难"及晚唐、五代兵乱等因素的干扰，但僧俗二界不遗余力地弘扬，势力仍在。尽管唐亡之后，其基本上失去了昔日上层贵族宫廷信仰的地位，但于民间仍有强大的信仰力量。入宋以降，这一密教势力在宗教日趋世俗化的大背景下，其影响力仍不可低估。

北宋时期，中原地区的密教以五台山为代表。宋代密教的兴盛是在宋前历朝历代的不断积累而成，尤其是唐代密宗的形成，助推了文殊信仰的密教化。入宋以来，对于五台山佛教，北宋诸帝往往要亲自过问。从"太宗至仁宗，三代圣主，眷想灵峰，流光五顶，天书玉札，凡三百八十轴，恢隆佛化，照耀林薮。清凉之兴，于时为盛"③。宋太宗时，曾下诏："五台深林大谷，禅侣幽栖，尽蠲税赋"，"每岁度僧五十人，令事清修。"④ 据《佛祖统纪》卷四十五记载：太平兴国五年（980），太宗令"内侍张延训往代州五台山造金铜文殊菩萨像，奉安于真容院"，又"诏修五台十寺，以沙门芳

---

① 详参杨维中《唐末五代汉地密教流布述略札记》，《人文杂志》1993年增刊。
② （宋）赞宁撰，范祥雍点校《宋高僧传》，中华书局1987年版，第642页。
③ （明）释镇澄撰《清凉山志》卷五，中国书店1989年版。
④ 同上。

润为十寺僧正"。为了加快修建寺庙的进度，又"遣使蔡廷玉等，诣五台建寺"①。太平兴国二年（977），宋太宗敕中使将金泥书和佛经一藏送五台山真容院供养；五年，令内侍张延训到五台山造金刚文殊像和菩萨像，并下诏重修五台山十寺，命沙门芳润为十寺僧正。宋哲宗元祐二年（1187），张商英巡礼五台山，撰写了《续清凉传》。此书在统治集团中引起强烈反响，王安石变法的助手曾布由怀疑转向相信文殊的"无量神力"。"就全国范围看，东京（开封）佛教地位最优越，尤其是大相国寺，其次就是五台了。五台距京最近，又有文殊灵迹和三《清凉传》的影响，因而名闻海内外，帝王重视程度也较东京以外其他地方为高。"②

后来，五台山为辽代西京大同府所管辖。金灭辽后，又隶属于金地。辽、金两代，均崇奉和支持佛教，这样，以华严教为中心的五台山佛教，在辽境和金境都曾发生过很大的影响。赵宋统治者对五台山佛教采取的是保护加扶持的态度，施与种种政策，促进其僧伽团体扩充、寺庙规模扩容。可以说，五台山佛教经过北宋太宗、真宗、仁宗等朝的经营，规模与影响已非昔比。五台山的密教也是伴随着五台山佛教的兴盛而广布，其中表现突出的就是密教化的文殊信仰。

宋初太宗时，尤重密教，太平兴国七年（982），诏建译经院，并召请印度密教高僧天息灾、法天、施护等建曼荼罗坛场，设坛灌顶，译密乘经法，并入藏镂板流行。自此，密教以东京开封为中心，向全国各地传布。中原地区除上述五台山兴盛的密教信仰外，其他地方的密教传持亦有大量考古发现，如1974年，在山西应县佛宫寺木塔（建于1056年）发现塔的第五层内部布置，就是大日

---

① （明）释镇澄撰《清凉山志》卷五，中国书店1989年版。
② 李裕民《北宋王朝与五台山佛教》，《山西大学学报》1994年第1期。

如来坛场。① 河南密县法海寺石塔建于1001年，1983年，对石塔遗存文物作了调查，北壁是四十二臂观音像，残件中还刻有跋难陀龙王、四面观音、明王等②。1977年，在清理河北易县净觉寺舍利塔地宫（建于1115年）时，发现地宫西壁有墨书陀罗尼经③。山东省青州市胜福寺，自唐以后，更名广福寺，宋时兴盛，金皇统八年（1148）重修。东、西二塔林中，曾有"龙兴寺百法院老院主清梵灰匣记""皇化寺大悲院润大师灰灵记"，并"佛顶尊胜陀罗尼经幢，圣宋嘉祐四年十一月十日（1059）"等，今已无存。其遗址中发现除初唐石造弥勒倚坐像外，尚有宋代石刻金翅鸟像、墓塔残塔铭、明代金铜毗卢佛像等珍贵文物，今存青州市博物馆。这些考古发现，也融入较多的民间元素，包含有大量民间信仰成分，如发现于墓穴中的有关密教元素，就是当时丧葬习俗接受了密教影响所致。

新中国成立后，各地还陆续发现了一批宋代写经与刻经，其中包含一些密教典籍。如山东莘县宋塔出土了写本《陀罗尼经》④。河北正定隆兴寺保存有两幅石刻画像，一幅在甬道通往前室的门楣上，刻的是金翅鸟，鸟首，展开双翼，尾羽向上；一幅在大悲阁石须弥座上，所雕刻的金翅鸟也作人首鸟身（约作于宋初971至975年间或稍早）。⑤ "鸟首"之金翅鸟大约出现于11世纪。在藏传佛教系统中，金翅鸟之"人首"往往头戴冠，西夏3号王陵发现的"嫔迦"即是如此⑥。陕西黄陵县千佛寺石窟，有一尊千手千眼观音

---

① 陈明达《应县木塔》，文物出版社1966年版。
② 崔耕等《密县法海寺石塔摭遗》，《中原文物》季刊，1987年第4期。
③ 河北省文物管理处：《河北易县净觉寺舍利塔地宫清理记》，《文物》月刊，1986年第8期。
④ 崔巍《山东省莘县出土北宋佛经》，《文物》月刊，1959年第10期。
⑤ 张秀生、刘友恒等《中国河北正定文物精华》，文化艺术出版社1998年版，第25页。
⑥ 《青州佛教造像考察记（上）》，觉群主编《觉群·学术论文集》第2辑，商务印书馆2002年版。

像，造于北宋哲宗元祐元年（1086）或绍圣元年（1094）。另外，还有宋代雕凿的三十四臂观世音菩萨、八大菩萨，都是密教供奉的主要造像。陕西延安地区之所以盛行持奉密教，也诚如有些学者所言：

> 宋太祖尤重密教，加之西夏也尤为崇奉密教，而延安北部与西夏接界，这样密教也由西夏传入延安地区，再加上两国连年战争破坏了人民的生产、生活，故而将希望寄托于大慈大悲的佛、菩萨，而兴凿石窟，供奉佛像，以求得到解脱，这样石窟寺艺术中留有大量的密宗造像。①

延安地区具有代表性的宋代密教造像，如延安万佛洞造像，有一躯多面多臂观音像；延安清凉山1号窟雕有两尊多臂观音，一为十八臂，一为六臂，2号窟内中央坛基西北方柱上的一尊金皇统年间雕凿的自在观音②；黄龙月坪石窟内亦有该类造像，均造于北宋元丰年间（1078—1085）③；黄龙小寺庄石窟中有一尊宋咸平三年雕凿的北方多闻天王，还有摩睺罗伽像，天龙八部护法神之一。

二、宋代西南地区的密教流播

自古以来，西南地区就巫风盛行。作为与巫风有相同特征的密教，自传入西南地区伊始，与当地传统地方文化相融合，渐次被完整接受。这一地区的密教来源多元，既有来自内地密教的影响，又有来自印度、西藏密教的影响，因此，所形成的密教有别内地传密教。西南地区的密教以地处川渝地区的"川密"为代表。

实际上，早在初唐时期，密教就已在四川域内流播，有关这一点，学术界多有研究。而能将密教在四川大地广泛传播并在民间产

---

① 齐鸿浩《延安地区石窟寺密宗造像》，《文博》1991年第6期。
② 自在观音，亦称游戏观音、水月观音，经中唐画家周昉绘出后，僧俗二界广泛持奉，在密宗造像中经常出现。
③ 齐鸿浩《延安地区石窟寺密宗造像》，《文博》1991年第6期。

生深远影响，且自成特色的，是晚唐四川嘉州人柳本尊居士。唐末，密宗在北方衰竭，柳本尊满怀宗教热情，将曾流传于唐代上层社会的密教传入四川。同时，大胆创新，吸收了密教教义及仪轨，结合本土文化，创立了"川密"，使密教不断世俗化、民间化，吸引更多的信众，使得密教法脉在四川能有一线留存，并在这一地区一度兴盛。同时，因四川比邻西藏，得天独厚的地理、文化条件，也使得藏密得以顺势传入，并对当地密教产生影响而广为流布。有宋一代，赵智凤更是"清苦七十余年"中兴密教，并创建了一座可称"六代祖师"业绩的宝顶山石窟道场。吕建福先生认为：

> 从大足石刻及安岳石刻和地方志来看，密教在唐后期9世纪前半叶起，开始流传于川西，历经唐末五代及北宋，到北宋后期和南宋初逐渐东移川东，先在安岳一带发展，后来在大足形成中心。①

"事实表明，晚唐至南宋，瑜伽密教在四川不仅没'绝响'，且教化大行。"② 此时的四川，宗教文化异常发达，其中密教更是在中国佛教传播史上具有特殊的地位。

一个地区的佛教繁荣标志表现在：弘法传教高僧，传教供养的场所（寺院、石窟等），宗教宣传（造像、壁画等），更离不开众多的信徒供养。两宋时期大乘佛教的发展，已具备了这些标志。

（一）川渝僧俗二界弘密者

早在南北朝的北周时期，就有密僧在川渝一带布教。其中涪陵高僧僧崖，以咒术闻名一时，是见于著录最早的高僧。在四川地区传承唐代密法的高僧，首先值得书写的，是在剑南（今成都市）一

---

① 吕建福《密教传入四川考》，《密教论考》，台北空庭书苑有限公司2009年版，第110页。
② 陈明光《初探大足石刻是宋史研究的实物史料宝库》，《社会科学研究》1994年第2期。

第一章　汉传密教在宋代的传持

带弘密的惟上大成就者。另外，有明确记载入川弘传密宗法门的还有河南虢州的密教高僧洪照，师承大兴善寺不空的传人慧则学密，受灌顶五部大法。唐僖宗时，侯圭著有《东山观音院记》，此东山观音院即由洪照所创建，这是他在三台东山地区（原梓州）建立的最早的密教道场。东山观音院密教道场，建立于密宗形成和兴起的初期，尤其是密宗胎藏界道场，尤为难得。其创立大致在中原密宗形成的七八年后，这比重庆大足宝顶山密教道场要早270多年。密宗道场建成后，到了北宋，香火旺盛。大约在南宋之后，该院香火渐弱，最终圮废。

印度密僧亦入驻川域弘密，据吕建福先生考证，北天竺犍陀罗国三藏阇那崛多就曾"翻译了很多经典，兼传事部密教，他在成都龙渊寺的译经传教，标志着密教在四川的开始传入"①。隋费长房《历代三宝记》亦记载阇那崛多曾在益州龙渊寺"为总管上柱国谯王宇文俭译"②。此时的密僧传承的主要是密教的初级阶段的杂密。如吕建福先生通过大量文献考证，直言："考诸史籍，在密宗传入之前，事部密教曾于6世纪中叶首先传入四川。"③事部密教即是密教发展的初级阶段，也称"杂密"，以行持咒术为其主要特色。

宋前，在四川弘密的一位关键人物，就是晚唐五代的柳本尊，被尊称为密宗"第五代祖师"。晚唐五代时期，他一直活跃于川西和川中一带，盛传金刚界五部密法，大足宝顶大佛湾、安岳毗卢洞等处均为他的密教道场。盛唐的玄宗朝，来自印度的密教高僧善无畏、金刚智、不空等传入胎藏界、金刚界二派密法，后经一行整合二界，形成密宗一派，此宗派得到唐王室的大力支持，"后来在四

---

① 吕建福《密教传入四川考》，《密教论考》，台北空庭书苑有限公司2009年版，第110页。
② （隋）费长房撰《历代三宝记》卷一一，《大正藏》第49册，100c。
③ 吕建福《密教传入四川考》，《密教论考》，台北空庭书苑有限公司2009年版，第109页。

· 77 ·

川流传的便是这一派的支流。"① 四川传承的这一密宗支流,所传的是金刚界密法,即瑜伽部密教。② 这从《宋高僧传》的记载亦可证实,据"大宋东京开宝寺守真传":守真在蜀地,"礼演秘阁梨,授瑜伽教,并得心要,咸尽指归"③。可见,唐末、五代在蜀地传承的是金刚界密法。

入宋以降,可圈可点的密宗传人是南宋的密教高僧赵智凤,他的一系列举措,使得密宗在四川重振门风,尤其是密宗金刚部又一度大盛。赵智凤(1159—1249),南宋绍兴间大足县人,幼年出家,"五岁入山,持念经咒",所学即是密教,精通"三藏"。年十六游方西蜀,并在川西弥牟镇"圣寿本尊院"传习柳本尊密法三年,成为又一代著名传法阿阇梨,门人亦称他为"赵本尊"。赵智凤从川西学成密法回大足后,以柳本尊为祖师,创立柳本尊教派,在宝顶山设坛弘教,建圣寿本尊院、开窟造像,兴建大型石窟密教道场,复兴密法,被尊称为密宗的"第六代祖师"。自1185年以后,赵智凤以"热铁轮里翻筋斗,猛火炉中打倒悬,伏请世尊为证明,五浊恶世誓先入"的悲宏大愿,筹集资金,聘请能工巧匠,凿窟造像,最终建成广大宝楼阁(即今之大佛湾),在长达500米、高10余米的岩壁上雕造了各种密教造像,如护法像、各种密教观音像、经变图等,广大宝陀罗尼经变图等30余部宏大的摩崖造像和洞窟造像,建成纵横五里,造像万尊,宏大而精美的石刻密宗道场。赵智凤在宝顶山传教达十余年,大小佛湾的密教造摩崖像,也是其毕生精力所为的事业。由于赵智凤的推广,使密教在四川流行,宝顶山也成为南宋的密教中心,当地相传有"上朝峨眉,下朝宝顶"之说。宋

---

① 吕建福《密教传入四川考》,《密教论考》,台北空庭书苑有限公司2009年版,第109页。
② 同上,第113页。
③ (宋)赞宁撰,范祥雍点校《宋高僧传》卷二五,中华书局1987年版,第645页。

第一章 汉传密教在宋代的传持

代赵智凤重兴四川密教,其与唐代密教流传关系至为重要,是唐密在内地仅存的两个传承之一①。柳本尊、赵智凤的弘法,挽救了密宗在北方几近灭绝的命运,使唐密在中国佛教史上得以延续了近四百年。② 正如王恩洋先生所言:

> 盖叹此土密宗,三传之从,阒无人焉,窃则当变也。即慧朗亦不立传。岂非无大德足以嗣微音耶?不意唐末有柳本尊,南宋之世有赵本尊,皆传密者,而赵本尊特留伟迹。……密教之绪,延二百年,而伟大之佛教,亦得随瑰丽之艺术以宣扬,功岂小哉?……柳之苦行,赵之笃志,遂延密法之传。③

然而自赵本尊后,更无继承者,至明代,大足的密宗道场已被禅宗取代,唐密在四川也渐渐地湮灭了。

另外,还有"峨密"的传承系统,其开山祖师大颠(或作慧朗、惠朗)系不空六大弟子之一,乃得道高僧。④ 慧朗,唐玄宗开元十七年(729)降世。幼年出家峨眉山西颜寺。肃宗至德元年(756),到西安朝圣,受不空三藏三级灌顶,授法印。后返西颜寺,受普贤菩萨灵感,传授"金顶莲花真言"。又云游岭南,在南华寺闭关禅那五年,修持三身。唐德宗贞元七年(791),高僧慧朗得师弟洪大丁(不空弟子)护持,在歧北龙山坡下建成佛寺,取名灵山

---

① 另一传承为五台山密教。
② (宋)志磐《佛祖统纪》卷二九《瑜伽密教》条引铠庵(吴克己编《释门正统》)语云:"自金刚智诸师,为末代机缘有宜密教者,故东传此道以名一家。然嗣其后者,功效寡微。唐末乱离,经疏销毁。今其法盛行于日本,而吾邦所谓瑜伽者,但存法事耳。"现代学者吕澂先生说:"到了唐末,虽然还有柳本尊那样的人远在四川,盛弘密法,但已不是以前的面目了。"
③ 王恩洋《大足石刻之艺术与佛教》,载《文教丛刊》1947年第7期,收入《大足石刻研究》,四川社科院出版社1985年版,第114页。
④ 不空三藏生平经历唐玄宗、肃宗、代宗三代,为三朝皇帝灌顶,故称三朝灌顶国师。不空弟子中弘扬密法者,以"六哲"最为著名,即金阁寺含光、新罗惠超、青龙寺惠果、崇福寺慧朗、保寿寺元皎和觉超。

寺；贞元十二年（796）农历二月十八日，广东潮阳灵山寺开光，大颠祖师开列三乘密法，传佛祖心证、字诀。大颠祖师留世著作有《金刚顶经疏注》《曼荼罗密印阿宫法门》等。由大颠祖师传下的密法，经历了十代法师，传承修持480多年。至宋端宗景炎二年（1277），三空法师正式开宗。因为慧朗得到密法真传后，是在峨眉山修真悟道，所以，开宗后称所传密法为"峨眉密宗三乘密法"，尊慧朗为开宗第一代祖师。

此外，"安史之乱"和唐末黄巢大起义时唐玄宗和唐僖宗避乱入蜀都带来了长安的佛教徒与诸多佛教艺术工匠，其中不乏密教成分，一定程度上都推动了蜀中的密教发展，在此基础上产生了颇具地方色彩的柳本尊密教。四川由于地处西南，远离中原，地理环境相对封闭，"会昌法难"和晚唐、五代的社会动乱带来的冲击相对较小，因此，四川密教得以保存，并在晚唐时代逐渐成为中国密教文化的一大繁荣地。

（二）川渝地区的密教石窟

晚唐、五代至两宋，在西南边陲营造的四川、重庆石窟密教造像，主要分布在重庆大足的北山佛湾、佛耳岩，四川安岳的庵堂寺、卧佛院、圆觉洞，资中西岩和眉山大佛岩，巴中、广元等处。其中的大足石刻，可圈可点，她的横空出世，又将中国的石窟艺术推向了一个新的高峰。南宋时期四川、重庆地区的石窟密教造像，以大足和安岳为最多。作为中国晚期的石窟艺术，在题材选择、艺术形式、宗教信仰等方面都呈现出极强的中国化特色，将中西文化极具智慧地融合在了一起，成为具有中国风格的石窟艺术的典范。

我国自南北朝以来，中原地区频遭战乱，生产衰退，经济凋零。至唐代中叶"安史之乱"以后，中原地区战乱频繁，干戈不息，岁无宁日，民生其间，荡析离居。中原地区自无力从事宗教艺术建设。从此石窟艺术一度走向衰落,至晚唐黄巢起义之后,造像几乎停滞。放眼华夏大地,除四川、重庆出现了大足、广元、巴中、乐山、安岳等各大石窟外,自晚唐至宋末的近四百年间,全国各地再无新凿的大型石窟。川域石窟的问世,填补了晚唐至宋末石窟艺术的空白。密教经唐武宗的"会昌法难"及晚唐、五代的兵乱等,在北方的弘化鲜闻,但在四川、重庆境内则异常活跃。正因为此时传入的佛教以密宗为主,故石窟造像的内容多为密教题材。于此续绝之际,唐宋以来在四川、重庆广大地区佛教造像之风大为兴盛,位于长江流域的重庆大足境内摩崖造像就是其中的佼佼者。盛唐之后,四川境内社会安稳,佛教广为崇信。到了晚唐,经柳本尊等的大力提倡,密教渐次在蜀中大地兴盛起来。特别是唐玄宗、僖宗因避国难,曾先后入川,一些画家、工匠亦随之进入巴蜀,作画造像,传播佛教,使得四川佛教大盛。还有在李德裕镇守四川期间,曾"遣人入南诏求其所俘工匠,得僧道工巧四千余人归成都"①。宋郭若虚《图画见闻志》卷五《先天菩萨》:

> 开元初,成都妙积寺有尼魏八师,常念大悲咒……僧法成自言能画,刘意儿常合掌仰祝,然后指授之……后塑先天菩萨像凡二百二十四首,首如塔势……先天菩萨画样凡十五卷,柳七师分一卷往上都流行。②

安岳卧佛院千手观音像可能造于此时,开启了四川地区大造密像的先河。重庆大足、四川安岳等地石窟的密宗造像,似为我国现存密宗造像中数量最多、最集中的几处。

大足石刻是唐末宋初时期的摩崖石刻,位于西南重庆市西郊大足境内,它是对大足境内自唐宋以来的全部摩崖石刻的总称,是我

---

① (五代)刘昫等撰《旧唐书·李德裕传》,中华书局1975年版。
② (宋)郭若虚《图画见闻志》,浙江人民美术出版社2013年版,第149页。

国晚期石窟艺术的代表作,以佛教题材为主,其中以宝顶山摩崖造像和北山摩崖造像最为集中,规模也最大,具有极高的史料价值和艺术价值。大足石刻初凿于唐高宗永徽元年(650),至晚唐景福元年(892)刺史韦君靖开凿北山石窟时,大足石刻造像才有较大的发展,经五代至北宋到南宋淳祐的近二百年达到鼎盛,是唐宋期间的摩崖石刻。之后的明清、民国时期只有零星的造像分布。大足石刻开凿的第一个高峰是唐末五代,然而其盛期却是两宋,特别是南宋。大足素称"石刻之乡",境内遍布摩崖造像的石窟艺术,从9世纪末至13世纪中叶建成了以"五山"(北山、宝顶山、南山、石门山、石篆山)摩崖造像为代表的大足石刻,习惯上总称为大足石刻,也称"五山石刻"。大足石刻群共包括石刻造像70多处,总计10万余尊,其中以这五处最为著名和集中,规模最大,也最有价值。石刻内容以佛教题材为主,兼有儒道造像,以融合儒、释、道"三教合一"的宗教艺术,创于晚唐,极盛于南宋,距今已有一千多年的历史,无论是在文化艺术史上,还是密教史上都占有极其重要的地位。

  密教传入四川后,大兴石窟造像之风,石窟造像广泛分布于大足、安岳、合川等地。四川密教造像在显密诸宗及儒道释交融中发展演变,密教依附皇权,深入民间,重现世利益,建人间净土,有孝亲忠君、禳灾护国的思想倾向,展现了世俗化的进程。佛教发展到唐代,是它的鼎盛阶段,到了宋代及宋以后是所谓的"世俗化"阶段,大足佛教造像即是佛教世俗化的物化表现。盛唐以来,纯密影响四川造像,茂汶、巴中、邛崃等地的观音、毗沙门等密教造像丰富。然至晚唐以后,四川摩崖造像重点地区又转移到大足,直至南宋此起彼伏,仅因蒙元军队大举进攻四川,兵临大足,方被迫中止。大足石刻在北山、宝顶山等区域造像主要为佛教造像,这和佛教(特别是密宗)在这一地区的密教信仰传承有很大关系。四川的

第一章　汉传密教在宋代的传持

密宗造像集中表现在大足境内，它是当时密教流行最好的见证。其中北山、宝顶山是其代表作。在数万躯造像中，瑜伽密教题材的造像最引人注目。如北山石窟，在晚唐、五代、二宋造像中密教造像都各占三分之二左右。处于晚唐至二宋的大足龙岗山石窟"有许多密教造像，或三头六臂，或怒目扬眉"，"密教题材占二分之一以上"。①大足密宗"奇谲幽怪"的造像，为明人所不解，故明曹学佺《蜀中名胜记·大足县》引旧《志》云："宝顶寺，唐柳本尊学吴道子笔意。环崖数里，凿浮屠像，奇谲幽怪，古今所未有也。"②这生动地表明，晚唐以后，密教在四川颇为流行。

到了宋代，尤其是南宋，是巴渝地区密教发展的第一个高潮期，表现在大足地区密宗造像的发达。大足石刻宋代造像占三分之二左右。其造像数量之多，内容之丰富，社会生活题材之广泛，可说是宋代社会的缩影。如在大足县的明星乡有南宋多宝塔，高33米，13层；宝顶乡有转法轮石塔，高9米，4层，刻有佛、菩萨像；又有法身塔，高7.5米，3层，刻有赵智凤像，塔身刻有佛经、佛、菩萨像，是密宗佛塔。但它只是在大足及安岳一带流行。

大足石窟造像要数北山佛湾开凿得最早。北山，古名龙岗山，唐末景福元年（892），昌州刺史韦君靖在北山建永昌寨的同时，也开启了密宗摩崖造像，他是北山石刻的首建者。大足北山摩崖群雕就是在这种形势下出现的。如北山佛湾第5号毗沙门天王龛，为唐末所造；第9号千手观音龛，唐末据《千手千眼观世音菩萨广大圆满无碍大悲心陀罗尼经》而造；第39号龛大威德炽盛光佛并九曜等像，乾德四年（922）二月十六日，由杨宗厚等造。晚唐时，大足北山密宗造像就已十分发达。北山摩崖造像自五代至南宋绍兴年

---

① 阎文儒《大足龙岗山石窟》，《四川文物》1986年第1期。
② （明）曹学佺撰《蜀中名胜记》，重庆出版社1984年版。

间，历时二百五十多年建成，现存龛窟290处。其中五代时期的造像，在整个窟群中几乎占了三分之一，如第251号龛，广政十七年（954），后蜀右厢都押衙知衙务刘恭等造药师佛、尊胜陀罗尼幢佛湾。第279号为药师净土变相龛地藏，后蜀广政十八年（955）造。北山佛湾密宗造像在前后蜀时期仍在持续，有观音、地藏、日月光菩萨、大威德炽盛光佛等，如大足北山佛湾第3、5号龛及佛耳岩10号龛，皆以毗沙门天王为主尊；第9、50、56、113、118、119、125、126、127、128、132、133、136、148、149、212、213、218、235、243、273、277号龛，共22个龛以各种类型观音为主尊，表明唐末、五代、北宋时期密宗在大足的盛行，这些都是后来赵智凤在大足兴建密宗造像的基础。而赞誉有加的佛湾中段的造像则多为两宋作品。

大足石刻中北宋和南宋时期开凿的窟龛，占有全窟龛的绝大多数，其中多数作品是属于南宋的杰出制作。北山石刻位于北山的佛湾，佛湾形似新月，龛窟密如蜂房。北山石窟造像主要是观音、地藏和阿弥陀佛。北山的密宗造像题材占二分之一以上，真实地反映了当时密教信仰的实态。第119号不空罥索观音龛，北宋所造。第130号摩利支天女龛，南宋所造。摩崖平顶龛，龛正壁刻主像摩利支天女，龛左右壁刻八大金刚随侍，全龛内容丰富，主次分明。第147号药师琉璃光佛龛，宋造。第149号如意轮观音窟造像，南宋建炎二年所造。第149号如意轮观音窟正壁造像，南宋建炎二年所造。第155号为孔雀明王窟，北宋靖康元年造像，是较之前代造像更新的造像内容，雀尾左侧有题记："丙午（1126）岁伏，元俊、男世能，镌此一身。"第177号为"地藏变像"。第286号龛，是北宋最早的题记，为宋徽宗大观三年（1109）造观音像。五代时期造像，为双层龛。北山佛湾出现了两宋的新题材：毗卢佛、华严三圣、摩利支天女、孔雀明王、弥勒下生经变像、五百罗汉、诃利帝母、泗洲圣僧、转轮经藏窟、普贤神变、阿弥陀佛、胁侍地藏、龙树菩萨、南无解冤结大圣菩萨、引路王菩萨、观音地藏合龛等，以密宗为主，其次是华严宗。温玉成先生在《中国石窟与文化艺术》中写道：北山佛湾"确实多属密教供养尊像"。据统计，北山晚唐、五代、两宋时的密宗造像题材占三分之二。这生动地表明，晚唐以后，密教在四川颇为流行。①

宝顶山位于重庆市大足西北十公里处，其石刻造像以圣寿寺为中心，共有摩崖造像近万尊，题材主要以密教故事人物为主，足见南宋宁宗、理宗时代，宝顶山圣寿寺，正是繁荣兴盛时期。此窟由号称"第六代祖师传密印"的南宋名僧赵智凤主持，于南宋淳熙至淳祐年间（1174—1252）营造，是一座造像近万尊的大型佛教密宗摩崖石窟道场②，"宝顶山"三个大字，由朝散大夫太常少卿兼国史院编修实录，曾在四川潼川府路作安抚使的魏了翁题写。其中各种题记，都可证明在南宋时期，宝顶山寺院得到地方统治者的支持而有十分繁荣的现象。四川一地的密教是唐柳本尊发起的，二百五十年后赵智凤（1159—1249）继之，为弘扬密法和纪念柳本尊，故开宝顶山造像之风。宝顶山是中国所见的唯一一处密教道场造像群。"宝顶山是承袭唐代金刚智传下金刚顶瑜伽部的密教。宝顶的石刻造像，大都是属于密宗所供养的像。"③它主要由二大部分构成，即外院、内院和四方结界。外院，原称广大宝楼阁，俗称大佛湾。根据杜孝严和魏了翁的题款可以确定广大宝楼阁开凿年代应为嘉定十六年（1223）。内院，原称大宝楼阁，俗称小佛湾，位于圣寿寺右侧，与大佛湾一寺之隔。外院大佛湾，即教相俗讲道场造像

---

① 陈明光《初探大足石刻是宋史研究的实物史料宝库》，《社会科学研究》1994年第2期。
② 详参郭相颖《宝顶山摩岩造像是完备而有特色的密宗道场》，《社会科学研究》1986年第4期。
③ 阎文儒《大足宝顶石窟》，《四川文物》1986年第1期。

群,保存记载宝顶山造像由来和密教史实的碑刻、题记、舍利塔等。大佛湾密教题材主要造像有2号八大明王护法神像、3号《六道轮回图》、4号《广大宝楼阁图》、5号华严三圣像、7号妙智宝塔、8号千手观音像、13号《孔雀明王经变图》、14号毗卢道场、20号《地狱变图》、21号《柳本尊行化图》、22号十大明王像、27号《柳本尊成正觉图》、29号圆觉洞等;小佛湾主要有毗卢庵洞、华严三圣洞等。

大足宝顶山大佛湾第2号为明王护法神龛,造于南宋。该龛位于大佛湾南岩中部。护法神是维护佛法尊严的神祇,为佛和菩萨的降魔化身。佛教称佛和菩萨为圆觉众生,为其摧毁魔障,故现愤怒像。造像分为上下两层,上层正中并刻金刚神化的现愤怒身像为中心的九护法神像,各像顶上月轮中刻示其法身像。九护法神左右各立了三尊形象怪异的"六通"神像。龛右一像手捧展开的石册,上刻《守护大千国土经》,经文95字,此龛即依经所造。下层正中刻一怪像,半跪,头顶供盘,其左右刻人身、羊、鼠、兔头等六像,手或捧供物,或拱揖胸前,或持利器。第4号为《广大宝楼阁图》,此龛石刻的出典源自唐菩提留支所译的《广大宝楼阁善住秘密陀罗尼经》及不空所译的《大宝广博楼阁善住秘密陀罗尼经序品》所记密教故事。第5号为华严三圣像,主像华严三圣,中为毗卢遮那佛,右为普贤,左为文殊。第7号为妙智宝塔,龛下匾书"毗卢庵",意为密家宝所,此三字由宋臣魏了翁书写。第8号为千手观音像,位于南岩,刻于南宋。第13号为《孔雀明王经变图》,南宋所造,造像位于北岩东端,龛左壁造像表现的是佛说《大佛母孔雀明王经》。第14号为毗卢道场,为密教大日如来说法布道的坛场。洞额匾书"毗卢道场",洞内外辟刻佛、菩萨等像,均精工华丽。第20号《地狱变图》,位于北岩西部。第21号《柳本尊行化图》位于北岩西端,南宋所造。檐顶榜题刻有蜀王所赐的封号"唐瑜伽

第一章 汉传密教在宋代的传持

部主总持王",为楷书大字,最上突出梯面刻五佛、四菩萨,龛正中刻居士装束的柳本尊全身跏趺坐像。本尊像左右分上下层刻像:上刻本尊自晚唐光启二年(886)至后晋天福六年(941)榜题十则和苦行"十炼"化道十组雕像;下层列刻本尊化道过程中十七身侍从像,下部横列十大明王。将柳氏发奋修行,通过"十炼"后不但获得"唐瑜伽部总持王"的封号,而且"正觉成佛"的事迹描绘出来,供人供奉。这组造像是赵智凤为秉承和弘扬柳本尊教统,并以柳本尊为榜样而建造的,是研究地方密教发展的活化石。小佛湾西北上层小室内也刻着柳本尊"挖眼""断臂""炼心""立雪"等《十炼图》。小佛湾第5号毗卢庵中所塑为大日如来坐像,佛顶上龛内,为柳本尊坐像。南北壁有《柳本尊十炼图》。宝顶造像中共有《柳本尊行化图》、正觉像等二十余身。这一切都表明柳本尊在宝顶处于最尊崇的位置,柳本尊俨然已成大日如来佛。以凡人而成佛,即即身成佛。肉身而成佛,是密教特有的理念。柳本尊的影响不仅在大足,在安岳地区,亦无例外。如在安岳毗卢洞中亦刻有《柳本尊十炼图》,保存完好,为北宋时所刻,早于大足的南宋时所刻的《柳本尊十炼图》。第22号为十大明王像,位于北岩西部下层,凿在《柳本尊行化图》的岩壁下部。十大明王或一首四臂,或三首六臂,或三首八臂,怒目攒拳,威风凛凛,气宇轩昂,是石窟中写实与夸张互补的代表作之一。据密典记载,凡诸佛、菩萨皆有二轮身,一是正法轮身,由其修行之行愿所报得之真实身;一是教令轮身,是由大悲现威猛之相,即受大日如来教令,现忿怒身降服住恶魔之尊身成为明王身。明王就是佛、菩萨的另一种形象。大佛湾十大明王题名中,亦可见"大秽迹金刚本师释迦牟尼化""大火头明王卢舍那佛化""大威德明王金轮炽盛光如来化""马首明王观世音菩萨化"等,是密教特有的教令轮身的佛菩萨造像。此类造像常见于藏传密教当时,而罕见于汉传密教。

小佛湾中西北角南北壁都是密宗造像。十大明王像刻在《柳本尊行化图》下，这也就表明了柳本尊是大日如来示现摄化。第21号《柳本尊行化图》对面，南岩第27号龛为柳本尊正觉像。《柳本尊行化图》与成正觉像一北一南，占大佛湾之要津，表明大佛湾的教主不是释迦佛而是毗卢佛。第29号圆觉洞，主像是三身佛，中为毗卢遮那佛，左侧为阿弥陀佛，右为释迦牟尼佛。小佛湾第5号窟宝生佛，南宋所造。密教"五方佛"之一。宝生即平等、大福之意。其左竖刻："大愿宏持如铁石，虚名委弃若尘埃。"第8号龛正壁造像，南宋所造。位于宝顶山小佛湾坛台右侧。上层正中刻佛教密宗主尊毗卢遮那佛，左刻着俗装的柳本尊，右刻释迦牟尼。五方佛，正中是法身佛，毗卢遮那佛。左手第一位是南方宝生佛，表福德；第二位是东方阿閦佛，表觉性。右手第一位是西方阿弥陀佛，表智慧；第二位是北方不空成就佛，表事业。这五佛，根据密宗的理论是综合说明佛的意义。①

从宝顶大佛湾华严三圣、毗卢洞，到小佛湾毗卢庵以及其他毗卢遮那佛的造像来看，赵智凤尊崇的是毗卢遮那法身佛，即大日如来。另外，大小佛湾的造像多"忿怒相"，如大小佛湾的地狱变相、十恶罪报图、护法神像龛特别是十大明王、八大明王等，充分体现了净密双修的特征。密宗及其造像在北宋时期的大足表现沉静，但在柳本尊逝世两百多年后，赵智凤开始传承香火。赵智凤在大足北山是见过毗沙门天王等密宗造像的，这对他日后的造像事业肯定有影响。他从成都学成密法回大足后，要把北山密宗的造像事业延续下去，于是选择了宝顶这块地方，开始了辉煌的密宗传教及造像事业，也就是说，赵智凤在南宋时期发扬密宗传统是有历史基础的。赵智凤传持唐末四川瑜伽柳本尊教派密法，有总体构思组织，"清

---

① 周叔迦《佛教基本知识》，中华书局2005年版。

苦七十余年"凿成我国现存唯一的规模宏大、内容完备而富有特色的密教曼荼罗坛场。其规模之大，造诣之精，内容之丰富，题材之新颖，在中国石窟造像史、雕塑艺术史以及宗教发展史等方面都占有非常重要的地位。

> 宝顶山造像上万躯，即南宋赵智凤以弘扬密法为主旨，在七十年间，有总体构思创建的一座大、小佛湾为中心，在方圆五里内的古道旁结界像，题材不重复，内容相互辉映，始之以"六趣唯心"，终之以"齐证圆觉"、柳本尊苦行成佛，有教有理，有行有果，完备而别具一格的密教道场，为密教史所罕见。①

宝顶山石窟为中国石窟艺术史增添了新的一页。另外，大足石门山，据学者考证，"在北宋绍圣年间（1094—1098），已造水月观音、孔雀明王、诃利帝母"②。

除大足丰富的密教造像外，安岳、广元、巴中等地的摩崖造像亦很发达。安岳石刻始于南北朝（521年前后），盛于唐、五代和宋，距今已有1300年历史。安岳与大足毗邻，大足北山密宗造像与安岳密宗造像是同一历史背景下的产物。安岳石刻以毗卢洞、圆觉洞、华严洞、茗山寺等处为代表。

毗卢洞位于安岳县城东南的石羊镇，这里曾经是五代至北宋年间四川佛教密宗的主要道场之一。尤其是观音堂内雕刻的那尊"水月观音"，当地人称其为"紫竹观音"，极为传神。毗卢洞、幽居洞雕刻的密宗第五代祖师柳本尊造像也别具特色。特别是在毗卢洞中雕刻的柳本尊的"十炼修行图"，构图严谨，造像生动，通俗易懂，

---

① 陈明光《初探大足石刻是宋史研究的实物史料宝库》，《社会科学研究》1994年第2期。
② 李巳生《川密造像艺术初探》，重庆大足石刻艺术博物馆编《2005年重庆大足石刻国际学术研讨会论文集》，文物出版社2007年版。

堪称精品。它主要通过以炼指、炼踝等十种自残苦修来证得菩提。毗卢洞的"十炼图"是研究四川密教和考证柳本尊生平的宝贵实物资料，其中的石刻造像是宋代佛教艺术的结晶，具有很高的历史研究价值。安岳毗卢洞，其造像始作于五代后晋天福年间（936—944），为五代、北宋时期四川境内密宗的主要道场之一。安岳《乾隆二十六年装毗卢佛身碑记》："爰考毗卢于邑乘，系唐朝柳本尊创始也。"明万历陆桂芳撰《观音殿新竖万年灯记碑》："阅自唐代，有西人柳本尊者，为诸众生开示觉悟梯航，勒大士像于毗卢山之右。"八庙乡卧佛沟发现有八大明王造像。"八大明王"，唐达摩栖那译《大妙金刚大甘露军拏利焰鬘炽盛佛顶经》中出。[①]

安岳圆觉洞位于县城东1千米的云居山上，有晚唐、五代、北宋时期的造像103龛（窟），大小雕像1933躯。圆觉洞创于庆历年间（1041—1048），以宋刻华严三圣雕像最为精彩，刻于元符至大观年间。圆觉洞以造有十二圆觉而得名。汉地密教道场也流行雕造十二圆觉、华严三圣等造像，包括地藏与六道轮回变，十王变与地狱变等变相，也是密教所要表现的内容。孔雀洞，现存有最完好的密教"孔雀明王"造像。

五代摩崖造像以千佛寨北崖第96号窟内刻的"药师佛经变相"最具代表性。药师佛系唐代密宗造像题材，盛唐密宗造像药师琉璃佛是少见的石刻艺术珍品。第40号窟内药师琉璃光佛，天宝十年（751）造；净慧岩15窟内数珠观音，乾元年间（758—760）造；巴中南龛103号毗卢舍那龛，唐代开凿。除佛和菩萨外，护法神中的毗沙门天王也是千佛崖单独供养的主要造像，共有6龛。广元千佛崖莲花洞北龛有武周万岁通天元年以前的大日如来造像，千佛崖菩提瑞像窟有毗卢遮那佛（大日如来）造像。在广元密宗造像之

[①] 王家祐《安岳石窟造像》，《敦煌研究》季刊，1989年第1期。

后，开元间，巴中西龛龙日寺开凿了大日如来密宗造像。广元、巴中的唐代密宗造像显然受长安、洛阳密宗造像的影响，而广元、巴中在川北，地处中原至巴蜀的通道——米仓道上，从汉中南下，过米仓山后，有两条路，一至广元，一至巴中，据此我们可以考虑蜀中密教为北传。夹江千佛岩位于四川省乐山市夹江县城西，开凿于隋唐，延及宋元明清的历代摩崖造像162龛，共2 470余尊，雕刻精美，造型别致。地处四川中偏北的三台县，相关研究认为，据唐人侯圭《东山观音院记》，此地是唐代密教胎藏界道场，比大足宝顶道场早270多年。① 另外，在巴县木洞有北宋淳化二年（991）"慈光寺经幢"，僧楚琳书，见《三巴金石苑》《巴县志》、叶昌炽《缘督庐日记》。在梁平有石大悲像，《舆地纪胜·梁山军·仙释》："石大悲，军西二十里，赤牛山觉林院之东，有一石龛，琢石为大悲像，四十二手，皆有所执。龛前柏围一丈七尺，石壁间有字，曰'兴国八年重修'。"兴国八年，即太平兴国八年（983）。值得注意的是"四十二手，皆有所执"，显然，这是密宗四十二臂观音造像。《舆地纪胜》的这条材料很重要，它告诉我们，在南宋王象之撰《舆地纪胜》之前，梁山军已有各类密宗观音造像了，该造像的年代当早于赵智凤（1159—约1249）活动的年代，说明密宗在传入巴蜀地区后，在巴渝地区已产生了一定的影响了。另，据黄庭坚《黔南道中行记》记载："绍圣二年三月辛亥，次下牢关，同伯氏元明、巫山尉辛纮尧夫傍崖寻三游洞。绕山行竹间二百许步，得僧舍，号大悲院。"可知，黄庭坚经三峡入蜀，游"三游洞"，有"大悲院"，说明这一带盛传密教的大悲观音信仰。

　　大足石刻的宗教艺术成就离不开大宋皇室及王公贵族的支持，当时的达官贵人积极支持赵智凤的传教事业，如刻于妙智宝塔图中

---

① 赵长松《三台东山摩崖遗存是唐代密宗道场》，《四川文物》1998年第3期。

的"毗卢庵"三字；刻于圆觉洞甬道左壁上的"宝顶山"三字，即由时任朝散大夫守太常少卿兼国史院编修、实录院检讨官魏了翁书写。如果说宝顶山是佛教艺术中国化、世俗化、生活化的典范，那么，大足石刻就是中国石窟艺术晚期的代表作，形成了中国石窟艺术史上的又一次造像高峰。大足石刻与云冈石窟、龙门石窟鼎足而立，齐名敦煌莫高窟，是中国晚期石窟艺术的优秀代表。大足石刻造像艺术的繁荣，与当时巴蜀地区的石刻艺术发达有关，它是两宋时期巴蜀地区成熟的、高水平的石刻造像艺术的必然结果。正如刘合心先生所言：

> 晚唐、五代迄两宋，四川的石窟以密教造像最盛，历四百年而不衰，为国内现存密教题材造像最丰富的地区。①

可以说，大足石刻——晚唐至两宋时期开凿的唯一的一座大型的石窟，填补了晚唐至宋末中国石窟史的空白。"元季兵燹，一无所存，遗基故址，莽然荆棘。"② 元兵入川，曾经的辉煌，毁于一旦。

在川渝地区，有关密教题材的绘画不少，当时一些著名画家都染笔其中，诸如：孙位画"行道天王"，赵公佑画"天王部众"，范群画"鬼子母""大悲变相""八明王""药师像"，杜齯龟画"毗卢佛""十二面观音"，赵温奇画"千手观音""北方天王"，蜀人左权画"千手眼大悲变相"，仿吴道子"地狱变相"……天福年间（936—943），雍州赵德玄入蜀，携来梁、隋、唐名画百本③。都是绘画中的精品。

三、宋元时期江南地区密教的传持

学术界通常将系统密教（密宗）产生以前的密教称为"杂密"，

---

① 刘合心《洛川县（陕西）寺家河唐代佛教密宗造像石窟》，《文博》1992年第5期。
② （明）刘畋人撰《重开宝顶石碑记》。
③ 李巳生《川密造像艺术初探》，重庆大足石刻艺术博物馆编《2005年重庆大足石刻国际学术研讨会论文集》，文物出版社2007年版。

将唐时形成的系统密教称为"纯密"。早在三国时,密教就已在江南地区流播。这首先表现在密教经典的传译上,当时东吴的译经大师支谦就已译出了《佛说华积陀罗尼神咒经》《七佛神咒》等经各一卷。另外,与竺律炎共译了《摩登伽经》二卷等,上述这些经典都是在中国最早出现的密教经典。杂密阶段传译的经典主要是咒经,传译始于三国,上述竺律炎、支谦所译均属此类。此时尚处于密教的初级阶段,即杂密阶段,影响并不大。与此相应,具有密教特色的寺院也已出现。严耀中先生即认为密教是佛教最早传入中国的成分之一,因为后汉、三国时,密教已在印度佛教中占有了相当分量。并举北魏洛阳之"法云寺"和"黄花寺"为例,认为"6世纪初在中国洛阳已经完全有可能,并且事实上已经出现了以密教为主要特色的寺院"[1]。但密教真正在社会上产生甚大影响的是在唐代,随着"开元三大士"的先后入唐,译经布道,设坛灌顶,创立密宗,密教在上层才开始广泛传播。诚如汤用彤先生所言:"密教之传实起自唐玄宗。虽密咒翻译自汉以来即有之,然至此始有完全之密教传入。……实可知密教之完成,盖在唐时也。"[2] 运用神通异术等密法(真言咒语、坛场法术)弘法的初期杂密阶段和以最终即身成佛的系统化的密教之间,还是有本质区别的。而系统化密教(宗)在中国的建立还是应从"开元三大士"开始,密教作为一个宗派而非一种弘法手段出现于中国也还是应从卄元年间算起。具体而言,密宗的传入,可分为陆路和海路二途。印度密僧善无畏经陆路入驻中原,传胎藏界密藏(以善无畏所译之《大日经》及一行的《大日经疏》为主要经典)。另外两位来自印度的密僧金刚智和不空师徒则从海路,经广州登陆,传金刚界密藏(以不空所译之《金刚

---

[1] 见严耀中《汉传密教》,学林出版社1999年版,第20页。
[2] 汤用彤《隋唐佛教史稿》,中华书局1982年版,第195页。

顶经》为主要经典),可以说广州是金刚界密藏东传中国之门户和初地,也是密教在江南地区流播的重镇。

(一)密教在东南沿海一带的传持

宋前密教传持在东南沿海一带甚为活跃,活动的范围主要集中在广州及福建泉州等地区。密教在南方的传布,广州是重要的中转站。印度密教高僧从海路由广州入华,不止于金刚智、不空。事实上,在初唐之时,就有中印度僧人般刺密帝于神龙元年(705)泛海来华,于广州登陆,并驻锡今光孝寺,传译密教经典。[①] 盛唐之时,不空等密教大师亦在广州光孝寺(原称法性寺)等地弘法,其影响很快波及整个岭南地区,特别是东江、潮汕地区,在不空广州传法之后很快掀起一股传持密教的热潮。光孝寺在广州诸佛寺中"虽未必以此为最早,然其与佛教传播关系最大者……中外名僧,行经粤会,无不莅寺巡礼,或暂驻演法,或发夹译经"[②]。不空在广州的传法活动,其规模和影响巨大,此后直到宋代,光孝寺和岭南地区一直都有密教活动,光孝寺可以说是密教弘传中心的见证地之一。

福建也是江南密教弘布的重要区域。佛教传入福建较晚,中唐前佛教在福建的影响很小,到唐末五代,福建佛教得到快速发展,至宋代达到了鼎盛。据《宋高僧传》卷二五"神智传",记福建建阳人释神晤出家于婺州开元寺,"诵七佛俱胝神咒,昏晓不绝"。后居金华山北洞石穴,为道行高深的密教僧人[③]。而福建境内亦不缺乏密教流行的记载。五代时,闽中地区密教仍然流行。据《闽书》载:

---

① (宋)赞宁撰,范祥雍点校《宋高僧传》卷二《极量传》,中华书局1995年版,第30—31页。
② 罗香林《唐代广州光孝寺与中印交通之关系》,中国学社(香港)1960年版,第3、12页。
③ (宋)赞宁撰,范祥雍点校《宋高僧传》,中华书局1987年版,第516页。

第一章　汉传密教在宋代的传持

> 祈雨僧,名义收,后梁时人。贞明三年(917),春不雨,至五月,义收以膏蓺指,不雨,积薪通衢,期七日自焚,炬举而雨。

在宋以前,祈雨多为密教僧人所为,此义收很可能就是密教僧人。

入宋以降,江南地区的密教仍在广泛流播。有宋一代,密教高僧及密教遗迹,班班可考。宋太祖建隆元年(960)十月,吴越王钱俶仰慕阿育王造塔之事,用金铜精铸造八万四千塔,其中藏有密教经典《宝箧印心咒经》,布散宇内,凡十年而讫。据高僧传记等文献记载,当时有大量高僧或诵密教经典及仪轨,行密教法门,或持咒疗疾,或持咒驱魅等,僧传中有大量记载:

据宋赞宁《宋高僧传》卷七《大宋齐州开元寺义楚传》:

> 释义楚,俗姓裴氏,祖相州安阳人也。……禅居诵《大悲》《佛顶》俱一亿遍。[1]

同上卷二五《大宋东京开宝寺守真传》:

> 释守真,永兴万年人也,俗姓纪。……先谒从朗师,学《起信论》,次依性光师,传《法界观》,后礼演秘阇梨,授瑜伽教……开灌顶道场五遍,约度僧尼士庶三千余人,开水陆道场二十遍。常五更轮,结文殊五髻教法,至伎二史轮,西方无量寿教法,称阿弥陀尊号,修念佛三昧,期生净域。[2]

持咒可疗疾,据明明河《补续高僧传》卷二《思悟、慧舟传》:

> 思悟,钱塘人。侍慈云最久,深达观道。尝以咒水愈人疾,求者如市。……乃绘千手大悲像,课咒以誓曰:"事果遂当,焚躯为报。"会公薨,悟咒益精,明年得旨,师喜甚。积

---

[1] (宋)赞宁撰,范祥雍点校《宋高僧传》,中华书局1987年版,第159页。
[2] 同上,第645页。

薪为楼，白慈云求火种，云于炉中举红炭与之，引手以承，了无难色，即入薪楼。火灭后，袈裟覆体，俨然如生。云乃加香木，行咒愿以焚之，随焰而化，五色舍利无数。①

同上卷二《元净传》：

> 元祐四年，东坡治杭，尝问师曰："北山如师道行者几人。"师曰："沙门多密行，非可尽识。"②

同上卷二《继忠、左伸传》：

> 继忠，字法臣，永嘉丘氏子。……劳苦得疾，乃行请观音三昧，感大士放光，以水灌顶，其疾即愈。……行《法华》《光明》《弥陀》，观音三昧，日不虚过。诵咒救疾，神应莫测。③

同上卷三《中立传》：

> 若水者，三衢人，课密有神功。……且能以咒水救疾，全活者伙，不知所终。④

卷一八《宝觉道法师传》：

> 永道，顺昌毛氏子也。出家，宗《唯识》《百法》二论。又受西天总持三藏密法。……时军民多病，师咒水饮之，无不愈者，求者益多，乃为沼于营中以咒之。……绍兴五年，大旱，诏师入内祈雨，结坛作法，以四金瓶，各盛鲜鲫，噀水默祝，遣四急足投诸江，使未回而雨已洽。上大悦，赐金钵。⑤

持咒可驱魅。据明明河《补续高僧传》卷二《从谏、希最二师传》：

---

① （明）明河《补续高僧传》，《卍续藏》第 77 册，375b。
② 同上，376b。
③ 同上，377a。
④ 同上，383c。
⑤ 同上，493b。

第一章 汉传密教在宋代的传持

> 希最,霅川施氏子。四岁出家,十五传教观于广慈,同门畏爱,号为义虎。治平中,始敷讲于嘉禾隆平,继徙居胜果。有空室祟所栖,师咒土掷之,得片纸书:"今被法遣,法力没,当复来。"数日击物扬火,变怪百出。师呵之曰:"不闻恼法师者,头破作七分乎?"乃为广说轮转因缘,众僧声咒,为其破障。①

同上卷一九《志诚传》:

> 志诚,缙山杨氏子,志业精勤,风神爽朗,显密要义,游刃若虚。……自入道至涅槃,垂五十年,弊衣粗食,持诸部密咒,仡仡朝夕,未尝以寒暑暂废,精专之功,自能至灵,是亦澄什之流亚欤!②

同上卷二三《智林传》:

> 智林,姓坑氏,上世番禺人。既受具,礼庆阇黎为师,传秘密教,正勤四十年,不虚一日。……师于陀罗尼门,受持精密。国有祈祷,罔不获应。③

智林能四十年如一日,孜孜不倦,弘布密教,此则材料反映了东南沿海密教的发达。

史传中亦有相关记载,如《佛祖统纪》卷一三中记载了许多修习《大悲忏》的传说,如僧法宗依雷峰广慈学教,"依止观修大悲三昧,绵历九载,人目之为忏士。凡祷事祈疾,悉获圣应。建净土道场,刻西方三像,烬五指供佛。每月集四十八人,同修净业,名卿贤士多预其会。政和丁酉春微疾,梦弥陀圣众授手接引。后三日,浴身易衣,盥口跌坐,倏然而逝。师素闻天竺光明忏期之胜

---

① (明)明河《补续高僧传》,《卍续藏》第 77 册,377b。
② 同上,503b。
③ 同上,518c。

因，预同修，至五日于禅观中见慈云法师侍僧数十"①。所习大悲忏法、燃指供佛，皆为密教所施法门。

笔记中亦有这方面的记载。据宋人魏泰《东轩笔录》卷七载：

> 越州僧愿成客京师，能为符箓禁咒，时王雱幼子夜啼，用神咒而止，雱虽德之，然性靳啬。②

另外，一些地方志文献中也有行持密教法门的记载，如《大德昌国州图志》"吉祥寺"条言：

> 至宋咸平有真大悲者继之，善诵神咒，乡民归敬。丁县尉渐为舍基，请真公还其居于山之麓，便民祈祷。

入元以降，弘传汉密者极仍大有人在。据明如惺《大明高僧传》卷二《杭州普福寺沙门释弘济传》：

> 释弘济，字同舟，别号天岸，越之余姚人，姓姚氏。……尝修《法华》《金光明》《净土》等忏。……明年，盐官海岸毁，居民朝夕惴惴，恐为鱼鳖之宅。元丞相脱欢甚忧之，乃祷观音大士于上竺，命济即海岸建水陆大斋，入慈心三昧，取海沙诵《大悲陀罗尼》，帅众遍撒其处。凡足迹所及，岸皆复固，人称神焉。③

祈雨、固海防等，所行皆为密教法门。明明河《补续高僧传》卷四《弘济法师传》亦载此事④。有宋一代，随着佛教的世俗化，各类观音信仰在民间拥有广大信众，其中大悲观音信仰最为突出，这得缘于宋代佛教中天台宗对大悲咒和以诵大悲咒为主的忏仪的大力提倡。密教经典《请观音经》很受天台宗法师们的喜爱，天台大师智

---

① （宋）志磐《佛祖统纪》，《大正藏》第 49 册，219c。
② （宋）魏泰撰，李裕民点校《东轩笔录》，中华书局 1983 年版，第 81 页。
③ （明）如惺《大明高僧传》，《大正藏》第 50 册，905b。
④ （明）明河《补续高僧传》，《卍续藏》第 77 册，391a。

顗颇重视此经，并且依据它提出了四种三昧行仪的最后一种非行非坐三昧，而宋代天台大师知礼更是写了一部《千手眼大悲心咒行法》（简称《大悲忏》），以配合对大悲咒的诵念。在这部忏法中，观音菩萨被称为"大悲"，且被视为"救世者"，为了救苦救难而来，在五道中轮回。知礼的忏法在当时得到了广泛的流传。

自唐宋以来，禅密之间有了更广泛的联系，宗派之间的相互渗透更为普遍。首先是禅规中掺入了大量密教的内容。如元代文宗时在金陵大龙翔集庆寺所行的《百丈清规》中，不仅规定要持诵《大悲咒》《楞严咒》和所谓"十小咒"等密教内容，而且还有祈雨、祈晴等咒语。其次，在不少禅宗寺院内设有密教的神坛、神像。如临安五代时所建的"报恩光孝禅寺"，内原立有铜迦毗罗神像、铜深沙神像等；南宋初，"更佛智道容再堂，应真昙密法，进宝殿经营"①。再次，是有大量身怀密法咒术的禅僧。如北宋初的道英，"淳化中，居长陇院习禅定，灵异颇多，时以罗汉目之。既入灭，有见于寿昌五百应真位者，今肉身尚存"②。再如北宋时崇德县的真觉禅师，游方京师，时"陈太后病目，真觉咒水治疗有功，许其指占名山主持。真觉乞来此，是为本院第八祖"③。

文学作品中亦有表现，如南宋叶适送给僧了妙的诗："朝诵咒，夜安禅，十阴九晴来纤纤。咒光禅寂转相发，润泽徐乃通幽潜。"④由此诗可见，宋时，禅僧行密法已习以为常。有关禅密互融、禅密双修的内容，严耀中先生所论尤详，可资参证⑤。福建地区的密教与禅宗的关系密切，禅密双修者多见，很多密僧基本就是禅师，这 现象在教界非常普遍。其实密教的很多内容已经渗透到

---

① 见潜说友修《咸淳临安志》卷七八"报恩光孝禅寺"条。
② 见陈耆卿修《嘉定赤城志》卷三五《人物门·道英传》。
③ 见徐硕修《至元嘉禾志》"崇德县福严禅院"条。
④ 《赠祈雨妙阇黎》，《叶适集》第一册，中华书局1961年版，第85页。
⑤ 严耀中《述论密宗在江南的流传》，《文史》1999年第4期。

佛教的其他各个宗派，他如天台宗、华严宗、净土宗诸宗僧都常将密法咒术用来弘扬佛法，扩大本宗的影响。净密之间，在经典里就有融合的踪迹。如《佛顶尊胜陀罗尼经》里就强调持念尊胜陀罗尼二十一遍，死后就可往生极乐净土。在中晚唐河西地带，称颂阿弥陀佛的陀罗尼也代替了传统的称名念佛的信仰。后来密教的曼荼罗里设置的五方五佛，也就把西方世界的阿弥陀佛融摄进去，作为莲花部的主人。天台宗里也加了很多密教的因素。智顗大师推持念咒语驱鬼，湛然大师持咒疗牙等。还有，天台的忏法里也充满了密法，天台僧人还使用密教的灌顶法，等等。华严宗和密宗的交集，离不开五台山。一方面，五台山是密教的发迹的重镇，华严的很多祖师也驻锡于五台山各寺，和密教之间有相互的影响。佛教其他各宗派熟悉密法的僧人比比皆是。虽然密教在中唐以后主要采用寓宗的形式传持，但是，以"准提""尊胜"为名专门供奉密教神祇的寺院，还是有的，这也是密教影响的结果。两宋以降，密教进一步走上了"寓宗"的道路，作为传载载体的各宗僧侣们不再具有单一的身份。其实上层知识分子所信奉的禅宗，本身也含有密教的内容，禅宗的实践者中很多就是禅密双修。

（二）密教在江南流播的遗迹表现及密教经典的传译

江南密教的广泛影响还表现在现存不多的出土文物等实物资料上。如能反映密教佛顶尊胜陀罗尼信仰的部分经幢的发现，就是其中一重要的表征。如各地广泛兴建的陀罗尼经幢。以岭南为例，现存的密教实物如石刻经幢：一是广州光孝寺（原称法性寺）内所存唐宝历二年（826）所立之"大悲心陀罗尼经幢"①；一是潮州开元

---

① 此经幢立于光孝寺大雄宝殿外西南角，其上字迹已漫漶不可辨识。其碑文考释情况，详见罗香林《光孝寺之大悲心陀罗尼经幢》，载罗香林《唐代广州光孝寺与中印交通之关系》，中国学社（香港）1960年版，第131—137页。亦可参见清·顾光《光孝寺志》卷三《古迹志》。

寺石经幢，称尊胜经幢，立于大雄宝殿站台前东侧。幢身八面，第一面铭文为"唐三藏大广智不空奉敕译"，第二面为七俱胝佛母所说准提陀罗尼，此经见于《大正藏》卷二十，经文相同。说明会昌灭佛之后至南汉时期（907—971），岭南仍有密教流行。同时，这也表明从不空于广州地区弘法之后，密宗在岭南地区传持了近二百年的时间。可以说，金刚智、不空和般剌若等密教高僧在广州等地的弘法活动，是中印密教文化交流史上的大事，在相当长的时期内影响了广州，乃至整个岭南地区密教的发展。同时，也证明了唐时密教曾在广州和岭南地区留下了广泛的影响。福建漳州仍存有唐咸通年间的"佛顶尊胜陀罗尼经幢"。该经幢由咸通四年（863）漳州押衙王颙所建，上镌刻《佛顶尊胜陀罗尼经》，明末清初著名学者顾炎武评之为"天下经幢第一"。此幢最早立于漳州开元寺内。这表明，"密宗在福建的传布不因会昌法难而终止，晚唐密宗在福建仍然流行"①。

一些两宋之际留存下来的密教遗迹，也证明在两宋时期，密教曾一度辉煌。如各地发现的尊胜陀罗尼经幢的创立。据明明河《补续高僧传》卷三《中立传》：

> 觉先，四明陈氏子，号潜照。七岁受经，一读成诵，后住奉化之宝林。会奉旱，邑请讲《金光明》，终卷而雨三日。因勉邑人，建光明幢，诵经万部，为邑境之护。②

此则材料反映的是当时的祈雨及建经幢的密教民俗。《古今图书集成》卷四："元祐七年，诏赐佛陀波利塔院额。"据《佛祖统纪》：

> 元祐七年，颍川守臣苏轼言："佛陀波利塔院，祈祷屡验，

---

① 王荣国《隋唐时期佛教诸宗派在福建的传布初探》，《厦门大学学报》1995年第3期。
② （明）明河《补续高僧传》，《卍续藏》第77册，383b。

乞降敕额。"诏赐"光梵之院"。波利在唐仪凤初，复回西竺，取尊胜咒经，再来译传。后至颍而亡，里人漆其身造塔，以严事之。①

此则材料反映的是宋哲宗元祐时帝王赐佛陀波利塔院额事。佛陀波利是来华弘布密教的传奇人物，为其院赐匾额，说明帝王对密教的支持。崆峒山宋经幢，位于平凉市崆峒山，建于宋代。原为崆峒山法轮寺之物，后寺毁，唯存经幢。经幢为八棱石柱，幢身楷体直书阴刻《佛顶尊胜陀罗尼经》经文 900 多字；另有"三藏法门赐紫重达译"和"皇宋建中靖国元年（1101）十月"题记，是研究佛教艺术的珍贵资料。另外，各地以"尊胜"命名寺院的也很多，"如松江五代时的尊胜院，剡县宋时的尊胜寺，归安县明时的尊胜院。'尊胜'之名来自密教尊胜佛顶，此等寺院性质可知"②。此类经幢的存在表明：江南一带民间广泛存在密教观念，由于北宋统治者的扶持，密教一度又得以流行。浙江会稽开元寺的戒坛"四面皆为天王及日月星宿之象"，实际上也是密坛。虽然北宋末年曾一度毁去，但南宋时又恢复了③。还有，据《淳熙三山志》卷三三，侯官县的神光寺，有金刚迹、迦毗罗神、尊胜真堂、大悲院。尤其是大悲院，屡显神迹。"有僧常止庐岳三十年，诵大悲神咒。空中言曰：'功已成，出去救人。'"后归乡创立了这个大悲院。临海县"（宋）元符中，僧法腴诵观音咒，水涌井，以疗疾辄愈。罗提刑适为之记。井上为屋奉观音像云。"④ 等等。另据《三山志》载：福清灵石山俱胝院，大中元年（847）置，"先是唐武宗时，僧元修始庵于此，诵七俱胝咒治活祟。后深入岩谷中，人以为遁去矣"。寺院所供"五方佛"就是按密教仪轨安置的。泉州开

---

① 《古今图书集成·释教部汇考》卷四，《卍续藏》第 77 册，第 35a。
② 严耀中《述论密宗在江南的流传札记》，《文史》1999 年第 4 期。
③ 《嘉泰会稽志》卷八"开元寺昭庆戒坛"条。
④ 《嘉定赤城志》卷二三《山水门·临海县咒水井》。

元寺亦供五方佛，开元寺至迟在乾宁初就流行密教。它如武平的定光古佛及其弟子僧伽大师，泉州景彬瑜伽等都是密教的遗存。《补续高僧传》卷一九《言法华传》：

> 言法华者，莫知其所从来。梵相奇古，语言无忌，出没不测，多行市里，褰裳而趋。或举指画空，伫立良久。与屠沽者游，饮啖无所择，道俗共目为狂僧。时至景德寺七俱胝院，丞相吕许公，问佛法大意。①

言法华举止神异自不必说，所至"景德寺七俱胝院"，亦为密教道场。

中华人民共和国后，各地还陆续出土了一批宋代写经与刻经，其中就有一部分密教经典。如浙江瑞安北宋慧光塔出土了宋僧灵素写本《佛顶尊胜陀罗尼经》《大悲陀罗尼经》《宝箧印陀罗尼经》《佛说天垢净光大陀罗尼经》等。② 湖南郴州出土了嘉祐八年（1063）在虔州赣县印造的《佛顶心观世音菩萨大陀罗尼经》③。

江南也是密教经典传译的重要地区。佛教入华，主要归功于汉唐间中外僧侣舍生忘死的艰苦传法活动，而就经典传译者之活动路线而论，则可分为陆路活动群体和海路活动群体。④ 海路中，僧人的经典的传译活动，上起魏晋，下迄唐季，⑤ 前后相续五百余年，

---

① （明）明河《补续高僧传》，《卍续藏》第 77 册，499a。
② 浙江省博物馆《浙江瑞安北宋慧光塔出土文物》，《文物》月刊，1973 年第 1 期。
③ 张中一《郴县旧市发现宋代写经》，《文物》月刊，1959 年第 10 期。
④ 中外僧人来往于中印之间，有海陆两途并用者，有西行时遵陆路东来时循海路、或西行时遵海路而东来时循陆路者，本文将循海路返回之求法者或遵海路入华之西僧均视为海路僧人。
⑤ 梵文佛典汉译之事，自唐德宗贞元（780—805）之后，就基本停止，至北宋初年才试图恢复。正如赞宁所谓"朝廷罢译事，自唐宪宗元和五年（810）至于周朝（951—961），相望可一百五十许年，此道寂然"。而北宋虽开译业，且恢复了西行求法活动，然译经院（后改称"传法院"）严格控制于官府之手，译场僧人受多重限制，何种经典可译，何种经典不可译，概由官府决定，译经水平亦不能与唐代相比。其传译活动断断续续维持到北宋后期。

传教弘法者总计236人，译有佛典留存后世者36人，译经总数1 300多卷①，其中密教经典的传译亦颇为可观。汉地密宗虽形成于唐开元年间（713—741），但密典传译却时代颇早。我国最早传译密教经典者为三国东吴时的支谦、竺律炎等，其沿中亚陆路入华，于230年译出《摩登伽经》等。海路最早传译密典者为401年入华的佛陀跋陀罗。早期杂密典籍所传之真言、咒语，主要用作弘法传教之辅助手段，主旨在解决尘世之具体事相，如消灾度厄、治病疗伤等问题，并未将其视为获得最终解脱之主要途径。此后，属杂密的经典历代均有零星传译，而纯密典籍的系统传译始于8世纪初的"开元三大士"。密典的传译，从后汉开始，时间愈后，翻译越密。一般认为，体系化、系统化的密教经典产生于7世纪初，而专重于"事相"的杂密经典，则历史悠久。系统密教典籍的持续输入、传译均由海路僧人完成，从金刚智到般剌若，海路僧人共译出密典107部，152卷，使汉译密典之体系化建设基本完成，汉传密教作为一个宗派亦完全建立起来。可见，从唐开元以后，海路已取代陆路成为印度佛典输入中国的主要途径。其中不乏重要的密教经典，如《楞严经》，全称《大佛顶如来密因修证了义诸菩萨万行首楞严经》。有明确文献可考，可确知译于光孝寺的密教典籍为《楞严经》。"则天神龙元年，西域般剌密谛于此译《楞严经》，中国之有《楞严经》自岭南始。"② 自中唐以迄近代，此经备受各大宗派推崇，成为各宗修行人必读之书，有"宗教司南""性相总要""一代法门精髓"之誉。特别是第七卷所载之"大白伞盖佛顶陀罗尼"（即"楞严咒"），至今仍为汉地许多佛教丛林早课之一。

---

① 参见何方耀《晋唐时期海路交通中往来佛僧的群体考察》，《普门学报》2005年第32期。
② 王在民《广州光孝寺》，《文物》1951年第12期。

四、宋元时期西北地区的密教

宋元时期,西北地区的密教异常活跃,其中以敦煌地区表现得尤为突出。敦煌的密教信仰,在晚唐、五代的基础上,蒸蒸日上,尽显别样的光彩。五代初迄北宋仁宗初,百余年间,敦煌属曹氏统治时期,曹氏晚期即相当于北宋前期。曹氏亦大力提倡佛教,建立画院教导绘画、造像,培养从事开凿石窟的人才。所以在五代与北宋时期,境内佛寺林立,而且对敦煌石窟的新开凿,是有着统一而独立的风格。这时的莫高窟出现了新流行的密教题材,以多种形象的观音最突出,诸如马头观音等。另外,还有大量图绘的佛顶尊胜陀罗尼经变、地藏十王与六道轮回等。同时,传承唐五代以来的对毗沙门天王的信仰习俗,出现了单独兴建的天王堂等。

敦煌的密教集中表现在石窟中的造像、壁画等方面。敦煌石窟是莫高窟、西千佛洞、安西榆林窟(万佛峡)、东千佛洞以及肃北五个庙石窟的总称。其中莫高窟是中国四大石窟群之一,位于甘肃敦煌东南的鸣沙山东面的崖壁上,是举世闻名的佛教艺术宝库、综合博物馆。中唐末叶,唐武宗兴起"会昌法难","因敦煌已是域外,远离庙堂,因此未曾波及此难。所以,莫高窟此后的晚唐阶段,密教形象的创作依旧继续发展,没有发生如吐蕃本土和唐代中原曾出现一度衰微的情况"。[①]就汉地密教系统而言,现存最完整的遗迹,首推敦煌莫高窟,举凡玄宗以前的密教图像、密教与佛教其他派别图像长期并列的遗迹,以及较系统的密教窟室的情况,皆以莫高窟所保存最为丰富、完备[②]。莫高窟密教形象最早出现于西魏大统四、五年间(538—539)的第285窟[③]。窟中保留着中唐时期所画的密教题材的壁画,如不空羂索观音、如意轮观音等。据

[①] 宿白《敦煌莫高窟密教遗迹札记》(上),《文物》1989年第9期。
[②] 宿白《敦煌莫高窟密教遗迹札记》(下),《文物》1989年第10期。
[③] 彭金章《千眼照见千手护持》,《敦煌研究》1996年第1期。

《敦煌莫高窟内容总录》，第 250 窟开凿于初唐或盛唐，其中的密教题材的作品，如孔雀明王、不空羂索观音、千手千钵文殊、如意轮观音都是作于五代的壁画。莫高窟有密宗造像的洞窟，以盛唐的第 32 窟、79 窟的十一面观音、千手千眼观音为最早。① 敦煌石窟中密教遗迹异常丰富，仅绘制于洞窟内的密教经变和密教形象就多达数百幅，涉及的密教题材有数十种，其中绝大部分属于汉密（或称唐密），但亦有藏密（即藏传密教）。除莫高窟以外，在其他窟室亦有大量密教题材的造像，"榆林窟第 3 窟和第 29 窟。3 号窟顶绘以金刚界曼陀罗，以五方佛为中心。前壁绘文殊变与普贤变。正壁中央为千手千眼观音变，左有十一面观音，右有曼陀罗。29 窟窟顶绘胎藏界种子曼陀罗。"② 另外，在安西榆林窟、东千佛洞、旱峡石窟等处的壁画中都有密教坛城图③，见证了这里曾经有过的密教的辉煌。

敦煌地区的密教信仰十分兴盛。据王惠民先生统计："现存古代千手千眼观音造像最多、最集中的，应推敦煌石窟，共有盛唐至元代的千手千眼观音画像 70 余铺。其中，莫高窟壁画中有 40 铺、纸绢画中有 20 余铺，榆林窟壁画中有 8 铺，西千佛洞有 1 铺，五个庙石窟有 2 铺。"④ 有关千手千眼观音的经轨多达十余部。入宋以降，对千手千眼观音给予了极高的关注度，如北宋天息灾译《大乘庄严宝王经》等经中，亦有千手千眼观音的内容，北宋知礼的《大悲忏法》和敦煌遗书中的《大悲启请》（S2566、S4378、S5598、P2105、P2197 等）是当时流行的供奉千手千眼观音的仪式用本⑤。

---

① 李文生《龙门唐代密宗造像》，《文物》1991 年第 1 期。
② 温玉成《新中国发现的密教遗存及其所反映的密教史问题》，《世界宗教研究》1990 年第 4 期。
③ 张宝玺《安西发现密教坛场遗址》，《敦煌研究》2005 年第 5 期。
④ 王惠民《敦煌千手千眼观音像》，《敦煌学辑刊》1994 年第 1 期。
⑤ 同上。

第一章　汉传密教在宋代的传持

据敦煌研究院的调查统计，"在约三十个洞窟中，绘制保存有四十余幅《千手经变》图，最早的为盛唐，最晚的为元代。其中，盛唐和中唐时期绘制不多，不很流行，而晚唐至宋间，绘制最多，相当流行，是其盛期"①。有关密教观音造像、壁画、变相等，宋代的遗存亦有很多，据日本讲谈社编写的《西域美术》一书中收录的当时绘制的绢画，有建隆四年所绘的地藏菩萨像（《西域美术·大英博物馆2》，第22图），开宝四年所绘的观音菩萨像（《西域美术·大英博物馆2》，第26图），张和荣所绘的药师琉璃光佛像（《西域美术·大英博物馆2》，第20图），显德六年所画的十二面观音菩萨图（《西域美术·吉美博物馆1》，第93图）。② 莫高窟第302窟开凿于隋代，窟中的如意轮观音，不空羂索观音系宋代所画。③ 据彭金章先生统计，"敦煌石窟现存不空羂索观音经变80幅，其中有壁画75幅，藏经洞所出绢画5幅。具体时代如下：盛唐1幅；中唐9幅；晚唐20幅；五代34幅；北宋13幅；西夏3幅。"④ 可见，随着密教的渐趋世俗化，晚唐、五代至宋初，不空羂索观音信仰有着广泛的信众。这些发现足证两宋时期，尤其是宋初，密教信仰仍是这里最重要的宗教活动之一。

敦煌地区的毗沙门天王信仰十分流行，毗沙门天王已经成了敦煌的保护神，成为唐宋时期敦煌地区最为普遍的信仰之一。随着佛教的东传，毗沙门天王信仰也传到敦煌及中原。早在北魏时期，出

---

① 刘玉权《榆林窟第3窟〈千手经变〉研究》，《敦煌研究》1987年第4期。
② 敦煌绢画绝大部分被劫运到伦敦和巴黎，现分藏于英国大英博物馆和法国吉美博物馆。1982年至1995年间，日本讲谈社组织编写了《西域美术》，其中大英博物馆藏品之第一、二册与吉美博物馆藏品之上、下册均是敦煌绢画。详参马德《敦煌绢画题记辑录》，《敦煌学辑刊》1996年第1期。
③ 贺世哲《北宋时期的莫高窟壁画艺术》亦有详细介绍，可资佐证，《敦煌艺术小丛书》第11册，甘肃人民出版社1986年版。
④ 彭金章《敦煌石窟不空羂索观音经变研究——敦煌密教经变研究之五》，《敦煌研究》1999年第1期。

· 107 ·

任瓜州刺史的东阳王元荣即出资为毗沙门天王抄写了大量佛经，以祈求毗沙门天王为其镇国护法。隋唐时期，毗沙门天王信仰更为流行。李唐皇室与毗沙门天王有密切的关系。在李唐皇室的推崇下，毗沙门天王神祠及天王像遍及宇内。敦煌藏经洞中保存有这一时期的大量与毗沙门信仰有关的文献，如S.5560《佛说北方大圣毗沙门天王经》、S.4622《毗沙门天王缘起》、S.0381c《龙兴寺毗沙门天王灵验记》。敦煌地区信仰毗沙门天王的原因，据P.2807《天王文》，"故以亨之者，消灾殄障；祈之者，无应不临。所以一月之间，二时祷矣者，则冀护人卫国，福乐城池"。曹氏归义军时期，毗沙门天王信仰更加普遍，据敦煌研究院编《敦煌石窟内容总录》，"毗沙门天王赴那吒会"，计有晚唐、五代、宋时三十余铺，曹氏归义军时期开凿的洞窟，窟顶大都有毗沙门天王等四天王画像[1]。还有，敦煌地区的"赛天王"活动异常流行。此活动是"当时敦煌僧俗民众崇奉、供养毗沙门天王的活动"，当时"敦煌赛天王的活动多达一月二次"。[2] 宋仁宗景祐三年（1036），西夏攻陷沙州，敦煌更趋没落。西夏甚少新凿石窟，却以覆盖前代的洞窟而留下相当多的作品。

西夏和元代，是我国西北地区和北方，以少数民族为主体兼有（汉、藏、回鹘、匈奴）多民族在内的封建割据政权和国家。西夏延续一百九十年（1038—1227）。蒙元统治也达一百余年（1271—1368）。元代信奉"藏传佛教"，此时期就出现了与汉传密教不同系统的佛像艺术，如莫高窟元代第465窟，后室西、南、北三壁壁画多双身像，这是汉传密教中未曾有过的造型。经温玉成先生考证：

---

[1] 详参公维章《唐宋间敦煌的城隍与毗沙门天王》，《宗教学研究》2005年第2期。
[2] 张先堂《唐宋时期敦煌天王寺、天王堂考》，《1998法门寺唐文化国际学术讨论会论文集》，陕西人民出版社2000年版。

敦煌465窟约作于13世纪后半叶，系喇嘛教石窟，时称"秘密寺"。分前后室，前室绘有摩诃迦罗（大黑天）等。后室正壁绘上乐金刚双身像及明妃金刚亥母；北壁绘金刚及明妃金刚无我母。462、463也属喇嘛教石窟。①

据张伯元先生统计："莫高窟、榆林窟现存洞窟中，西夏和元窟90余个，加上千佛洞石窟，已是百有余窟甍了。由此表明佛教在这两个政权中所起的能动作用是不能低估的。"② 莫高窟第3窟为元代所开凿，其北壁有一幅《千手经变》图③，然而，"论规模之最宏伟，内容之最繁复，历史价值之最高者，当推榆林窟第3窟（西夏）"④。安西东千佛洞第2窟，是藏传密教洞窟，多为密教内容，如曼荼罗、观音、药师经变、金刚等。东千佛洞西夏藏传密教窟第4、5、7等窟，多为密教题材。敦煌石窟的佛教艺术的创作已近尾声了。上述遗迹说明西夏统治时期及入元以降，藏传密教开始影响敦煌地区了。

---

① 温玉成《新中国发现的密教遗存及其所反映的密教史问题》，《世界宗教研究》1990年第4期。
② 张伯元《东千佛洞调查简记》，《敦煌研究》创刊号，1984年。
③ 参见《中国美术全集·绘画篇·敦煌壁画》下册图版第197页。
④ 刘玉权《榆林窟第3窟〈千手经变〉研究》，《敦煌研究》1987年第4期。

第二章
汉传密教在辽、金、西夏的传持

11世纪前后，是中国历史上的特殊时期，赵宋王朝与辽、金和西夏有着诸多的交集，时和时战，关系密切，尤其是宗教信仰方面，相互影响，演绎着一幅绚丽的宗教画卷。辽、金、西夏，作为三个少数民族地区，1949年前佛教即已流传，有着良好的佛教信仰基础，1949年后，均选择了佛教作为本国的信仰主体，其中汉传密教影响尤甚。虽然上层传持的密教信仰已远不如唐代，但随着佛教的渐趋世俗化，尤其是密教的现世利益的特征，使其在民间的密教信仰受众不断增加，其流播的范围亦更为广大，此时的密教信仰已从上层贵族的传持走向民间，为广大民众所持奉，这部分的宗教实践与精神体验，也成为佛教文化中的重要组成部分。在这一时期，诸帝多极力扶持佛教，他们看到"释氏之教有稗于政理，普利群生"[①]。因此，诏译佛经、造像度僧、设斋饭僧、优礼僧侣等是其重要举措。佛教在这三个王朝都有较大的发展，其中的密教，伴

---

① （宋）志磐《佛祖统纪》卷四四《大正藏》第49册，399a。

第二章　汉传密教在辽、金、西夏的传持

随着佛教的世俗化、大众化，在民间影响深远，尤其是辽代后期，密教信仰在社会上留下了深刻烙印。

第一节　辽代的密教传持

从唐代中期开始，由于"开元三大士"的宣传，特别是不空将密教的护国思想融于唐密之中，中国的密教信仰到达顶峰。但唐武宗时，一场所谓"惩千古之蠹源，成百王之典法"的废佛运动[1]，使中原地区佛教遭受毁灭性打击，尤其是密宗。武宗故后，佛教有一定的恢复，但不久，后周世宗显德二年（955），又发动了一场废佛运动，"废寺院凡三万三百三十六，僧尼系籍者六万一千二百人"[2]。在这种连续的冲击下，中原的佛教文化严重受挫。然而，在与北宋对峙的辽王朝所属的燕云之地，则在唐武宗时的法难事件中幸免于难，也未受到后周世宗废佛的影响，"唯黄河已北，镇、幽、魏、潞等四节度，元来敬重佛法，不拆舍，不条流僧尼，佛法之事，一切不动之"[3]。由于地方节度使多信奉佛教，唐晚期藩镇割据，地方节度使对于中央的政令大多阳奉阴违，因此武宗禁断佛教的诏令在燕云地区并未得到贯彻执行。

916年，辽河流域的契丹人建立了统一的契丹国。947年，改国号为大辽，建都于今内蒙古巴林左旗南。前后传承九帝，历二百一十年。佛教伴随着辽朝的建国而传入，在兴宗时得到统治者的尊崇与扶持，这和石刻中我们看到的兴宗、道宗、天祚三朝规模巨大的佛教文献数量是相吻合的。有关辽代兴盛的佛教，在宋人著作中也有反映："北朝皇帝好佛法，……因此僧徒纵恣，放债营利，侵

---

[1]　（后晋）刘昫《旧唐书》卷一八《武宗纪》，中华书局1975年版。
[2]　（宋）薛居正等《旧五代史》卷一一五《世宗纪第二》，中华书局1976年版。
[3]　[日]圆仁《入唐求法巡礼行记》卷四，上海古籍出版社1986年版，第196页。

夺小民，民甚苦之。然契丹之人，缘此诵经念佛，杀心稍悛。"① 在佛教极盛的道宗朝，史载："一岁而饭僧三十六万，一日而祝发三千。"② 度僧饭僧的数字惊人。崇佛误国，成为辽代中后期一大弊政，以至后世元人说"辽以释废"③，诚不虚也。辽王朝自立国以来，积极吸纳汉族文化建立政治、教育制度，在发展经济、文化过程中，又致力引进和推广佛教。据《辽代石刻文编》的收录，一部收录300余方石刻的文编，关于佛教的石刻竟然达到202方，且其中大部分与密教有关，由此可以看到密教在辽代的巨大影响力。

一、辽代帝王、权贵与密教传持

辽代从燕云地区掠入大量汉族士人进入辽地的同时，也将燕云地区的密教信仰带入了当地的社会文化生活中，以汉族玉田韩氏为代表的密教信仰，深深地吸引并影响了契丹的皇室成员。首先真正信奉密教的是辽景宗皇后萧绰，在她影响下，契丹的帝族、后族，乃至整个上层社会，特别是到了兴宗、道宗和天祚帝时，已达到极度佞佛的程度。据《大辽大横帐兰陵郡夫人建静安寺碑》和《耶律昌允妻萧氏墓志》记载，兰陵夫人萧氏的佛教信仰以密教为主，显密圆通，且供奉的宗教内容也充分体现了当时辽代贵族显密兼修、显密圆通的宗教信仰特色。圣宗统和二年（984）重塑的蓟县独乐寺十一面观音，都是辽代密教重要的遗迹。统和四年（986），诏上京举办法事一月，饭僧万人。特别是在道宗时，辽廷与各地方饭僧形成风气。辽道宗耶律洪基是历史上著名的佞佛皇帝，据《辽史》记载，道宗朝曾"一岁而饭僧三十六万，一日而祝发三千"④。他

---

① （宋）苏辙《栾城集》卷四二《二论北朝政事大略》。
② （元）脱脱《辽史》卷二六《道宗本纪六》，中华书局1974年版。
③ （明）宋濂《元史》卷一六三《张德辉传》，中华书局1976年版。
④ （元）脱脱《辽史》卷二六《道宗纪六》。

第二章　汉传密教在辽、金、西夏的传持

对释典也颇有心得，据《释摩诃衍论赞玄疏引文》："我天佑皇帝（道宗）……释典咸穷，雅尚性宗之妙。"① 故辽代后期出使契丹辽国的北宋大文学家苏辙言："北朝皇帝（道宗）好佛法，能自讲其书。每夏季，辄会诸京僧徒及其群臣，执经亲讲。所在修盖寺院，度僧甚众。"②

当时持咒亦甚为流行。据辽代高僧道殿所言：

> 咒是诸佛密法，佛佛相传，不通他解，但当诵读，不须强释。③

只通过念诵便可达到消灾解难、破除地狱的现实目的和积累来世的功德，杂密和纯密相互融通，在辽朝大地盛行不衰。他如舍利和佛牙的信仰亦盛，且于释迦佛舍利外，更有定光佛舍利的流传。

由于辽境地处边塞，且又一直是少数民族统治政权，其宗教文化与思想大多不被重视，史料记载和相关研究成果与中原王朝无法比拟，相对滞后。辽代人研习佛教往往诸宗并参，大小乘兼容，显密圆通。可以说，密教振兴，显密结合，是辽代佛学的一大特点。不仅统治阶级崇奉，民间信仰尤为流行④。有辽一代，在辽兴宗（耶律宗真，1031—1055）、辽道宗（耶律洪基，1055—1101）在位期间，佛教尤为兴盛，特别重视华严宗、密宗和净土宗，提倡显密双修，净密双修，盛行以华严宗的圆融思想会通密宗诸义。因此，密教信仰自上而下，影响深远。由于中原汉民的北迁和统治者的大力提倡与护佑，在辽国朝野上下，密教信仰极为普遍。特别到辽代后期，密教发展臻于极盛，成为最发达的教派之一。⑤

---

① 陈述《全辽文》卷九，中华书局1982年版，第213页。
② （宋）苏辙《栾城集》卷四二《二论北朝政事大略》。
③ （辽）道殿《显密圆通成佛心要集》卷上，《大正藏》第46册，997a。
④ 详参朱子方《辽代佛教的宗派、学僧及其著述》，《世界宗教研究》1990年第1期。
⑤ 朝阳北塔考古勘察队《辽宁朝阳北塔天宫地宫清理简报》，《文物》1992年第7期。

二、辽代密教的显密双修及密教经典的传译与雕刻

辽代密教极为盛行，其密教教义直承唐风。辽代密教学的领军人物是燕京圆福寺僧觉苑，活跃于兴宗和道宗时期，是辽代密教的一流学僧。还有一位就是五台山金河寺沙门道殿。在辽代佛教界，觉苑和道殿是倡导显密圆融的两位代表。辽代研习佛教，不专一经一宗，诸经皆通，显密结合。觉苑先后奉兴宗、道宗之命撰述《大日经义释科文》及《大月经义释演密钞》，均是分析研究《大日经义释》、发挥一行学说的密教名著，是辽代密教研究的重要成果，觉苑的著作及其思想在当时影响很大。辽代的另一位显密圆通的名僧道殿，所撰《显密圆通成佛心要集》二卷，就直接受到觉苑著作的影响。"道殿兼通内外学，兼究禅、律，后专弘密教"，[①] 道殿创立了显密圆通之说，认为"所阅大小之教，不外显密两途"，两者都是"证圣之要津，入真之妙道"。最后提出"双依显密二宗，略示成佛心要"的理论。[②] 觉苑与道殿两人都据《华严》的圆教思想以融会密义，虽祖述善无畏、一行所传的密教胎藏系，而按其内容，由于会通于《华严》，反而和不空所传的金刚系密教为近。[③] 另外，有沙门行琳辑《释教最上乘秘密陀罗陀尼集》三十卷。

觉华岛海云寺的海山大师精研《华严经》的同时，也精研密宗，撰《八大菩萨曼陀罗经疏》二卷、《八大菩萨曼陀罗经科》一卷，阐扬密典，显密双修，显密圆通。海云寺另一位著名学僧是郎思孝，王寂《辽东行部志》载："当辽兴宗时，尊崇佛教，自国主以下，亲王贵主皆师事之（思孝），尝赐大师号，曰崇禄大夫、守

---

① 中国佛教协会编《中国佛教》，知识出版社1980年版，第91页。
② （辽）道殿《显密圆通成佛心要集序》，陈述《全辽文》卷九，中华书局1982年版。
③ 中国佛教协会编《中国佛教》，知识出版社1980年版，第91页。

第二章　汉传密教在辽、金、西夏的传持

司空、辅国大师。"① 他博通诸经，撰有《八大菩萨曼陀罗》的"《疏》二卷，《科》一卷"②。从郎思孝的经文注疏和科文来看，他也是一位显密兼修，显密圆通的高僧。这两位密教高僧的修持理论与实践，反映出辽代的海云寺是也是彰扬显密同修、显密圆通的寺院。在辽朝各地传播密教的僧人还大有人在。据咸雍八年（1072）王鼎所撰的《大辽蓟州神山云泉寺记》记载，盘山甘泉寺有一位志秘上人，其师徒在蓟州一带弘传密教，远近闻名。③

在辽代，不仅在密教理论上持显密兼习、显密圆通的倾向，在具体的宗教实践上，即在寺院建筑与经像祀奉上也反映了这一倾向。密教的过去七佛信仰就是其中重要一例。如辽宁义县奉国寺，既祀奉七佛，同时又祀奉一百二十贤圣，而后者即出自《华严经》，显示了显密兼修的特征。辽代的过去七佛信仰是辽代密教信仰的特色之一。建于辽代重熙十六年（1047）的庆州白塔相轮橖内法舍利塔铭文中也有过去七佛名号④。再如辽宁兴城白塔峪塔，始建于辽道宗耶律洪基大安八年（1092），是辽代诸佛塔中，是较为著名的一座，其以精美的砖雕著称于世。在该塔的地宫中，铭刻着建塔缘起、建塔功德经以及诸陀罗尼，同时还刻有辽代尊崇的五佛、过去七佛、九圣八明王、八塔、一百二十贤圣、十二光佛佛号，上述内容对研究辽代的人文历史、辽代的密教信仰内涵等都具有极其珍贵的学术价值。

其实辽代是承继了唐宋的佛学传统，各宗派之间相互融通，并没有明显的门派界限，各宗法师，既弘扬密宗，也弘扬禅宗，还兼修华严宗经典。禅密兼修、净密双修者大有人在。辽代的密教信仰

---

① 贾敬颜疏证、王寂《〈辽东行部志〉疏证稿》，中华书局 2004 年版，第 264 页。
② [高丽] 义天撰《新编诸宗教藏总录》（即《义天录》），《大正藏》第 55 册。
③ 向南《辽代石刻文编》，河北教育出版社 1995 年版，第 358 页。
④ 德新等《内蒙古巴林右旗庆州白塔发现辽代佛教文物》，《文物》1994 年第 12 期。

广泛传于社会各个层面,从皇室权贵到黎民百姓,都通过造像、建塔、竖幢,以及持诵经咒等行为,参与密教的传持。可以说,辽代密教的盛行,显密之间由对立、冲突到融合,与社会多元文化碰撞不无关系。

关于密典的传译,来自西天竺摩揭陀国的三藏法师慈贤,"从西竺至,躬慕圣化,志弘咒典",入宋后奉诏在译经院译经。契丹建国前后,与北方、西方交流频繁,慈贤得以入契丹译经,受封号为"契丹国师"。慈贤国师在辽翻译了多部密典,说明辽代密教也含有直接源于印度的元素,是探究辽代密教的西方来源的重要线索。所译佛经在北京房山石经、《碛砂藏》等中有收录,计有10部14卷,几乎全是密教经典,如:《大佛顶陀罗尼经》一卷,《大随求陀罗尼经》一卷,《佛说金刚大摧碎陀罗尼经》一卷,《妙吉祥平等秘密最上观门大教王经》五卷,《一切如来白伞盖大佛顶陀罗尼》等。还译有部分密教仪轨,如《妙吉祥平等观门大教王经略出护摩仪》一卷,《妙吉祥平等瑜伽秘密观身成佛仪轨》一卷,《如意轮莲华心观门仪》一卷,《真口意轮莲华心如来修行观仪》等,对辽代密教的繁荣起了促进作用。慈贤在宋受封"西天译经三藏朝奉大夫试光禄卿""明教大师",在辽受赐"三藏大法师"号并受赐紫衣。慈贤所译《金刚摧碎陀罗尼》,明清各藏皆有,也载于《大正藏》卷21,其中全是汉字表音的密咒,未讲咒的功能。

北京房山云居寺的石经雕刻始于隋代,到了唐末一度中断。辽圣宗在太平七年(1027)降诏继续雕刻石经。辽代的续刻工作分为两个阶段,所据经典与稍后雕印的《辽藏》是相同的。辽代补刻的房山石经,自太康十年(1084)起,多雕密典,迄于辽亡。辽人佞密,甚于中原,圣宗朝对佛教的扶持可以说是空前的。圣宗太平元年(1021),辽朝得到《开宝藏》的印本,激发起朝廷组织重新刻印藏经的愿望。《辽藏》或称《契丹藏》,始刻于辽圣宗年间

(983—1031），至清宁八年（1062）完成，按照五代可洪《新集藏经音义随函录》编排经序，所收佛典除收录《开元释教录·入藏录》外，尚收入《续开元录》《贞元录·入藏录》、宋代新译经，而且增收了流传于辽的经论和辽人的著述，收经总数是1 414部，6 054卷，579帙。大藏经及房山石经的续雕，极大地推动了佛教的传播与影响。咸雍八年（1072），辽赐高丽一套《大藏经》，直接影响了高丽《大藏经》的再雕刻。

辽代是中国历史上少有的音韵字义研究的兴盛时期，其中沙门希麟编纂《续一切经音义》，其人"内精密教，入总持之门；外究墨流，研文字之粹"。辽代时密教发达，密教有研究音韵之学的传统，重视真言的声音，这就必然导致音韵之学的发达。释道殿云：密教"遂使甚深观行，变作名言，秘密神宗，翻成音韵"①。释性嘉，密教之人"或学声字，迷神咒之本宗"②。都指出了辽代密教导向音韵文字之学的事实。③

三、辽代的密教信仰形态

密教传入契丹辽地后，经过近百年的发展，呈现出空前的繁盛景象。表现在佛顶尊胜陀罗尼信仰、密教观音信仰等各种密教信仰形态，广泛地出现在长城南北的辽阔大地，密教题材的造像、壁画等密教文化艺术，也出现在各大寺院、舍利塔上。上至帝王权贵，下至黎民百姓，信佛、崇佛之风，炽盛一时。"综观整个《全辽文》，辽代佛教信众所修持之陀罗尼除《佛顶尊胜陀罗尼经》之外，还有《广大宝楼阁善住秘密陀罗尼经》《香王菩萨陀罗尼咒经》《百千印陀罗尼经》《大随求即得大自在陀罗尼神咒经》《智炬陀罗尼经》

---

① 阎凤梧《全辽金文》，山西古籍出版社2002年版，第446页。
② 同上，第448页。
③ 高华平《〈全辽文〉与辽代佛教》，《郑州大学学报》2006年第5期。

《虚空藏求闻陀罗尼品》等多种。"①

  与五代、北宋同时,于长城内外建立政权的辽代,更崇密教。辽代的丧葬习俗中密教的影响尤为明显,表现形态多样,其中密教的佛顶尊胜陀罗尼信仰表现抢眼,表征之一就是经幢的创立。辽人竖幢动因,归纳有三:其一,竖幢可净除一切生死苦恼,祈福当世。其二,使人生前一切地狱恶业,悉皆消灭。如《文永等为亡父母造经幢记》首述尊胜陀罗尼经,"是诸佛之秘要,众生之本源。遇之则七逆重罪,咸得消亡;持之则三涂恶业,尽皆除灭"②。其三,一些寺院高僧圆寂,其弟子为报师恩,使其亡灵早日超度而造幢,亦称"塔幢"。据《辽代石刻文编》,辽太宗会同年间有《会同中建陀罗尼经幢记》《宋晖造像题记》;辽穆宗应历年间有《感化寺智心禅师塔记》《北郑院邑人起建陀罗尼幢记》《承进为荐福大师造幢记》《三盆山崇圣院碑记》《重修范阳白带山云居寺碑》《李崇莞为父彦超造陀罗经幢记》《宝峰寺尊胜陀罗尼幢记》;开泰年间有《白川州陀罗尼经幢记》《朝阳东塔经幢记》《慈云寺舍利塔记》《澄赞上人塔记》。从佛顶尊胜经幢的流行来看,辽朝汉族民众的密教信仰受到了中原"杂密"的影响。另外,来自印度的被尊为"契丹国师"的慈贤,还译有《佛顶尊胜陀罗尼经》,因为《大正藏》未收录,所以未引起人们注意。密教的深奥义理他们难以领会,祈福禳灾、度到彼岸倒是他们最直接的需求,经幢解厄度脱的功用也正在于此。

  11 世纪中叶以后的辽代,正值兴宗大兴密教之际,佛顶尊胜陀罗尼经幢之建立,朝野成风。此后,契丹朝野多立《佛顶尊胜陀罗尼经》石幢。在政权更迭频繁,多元文化交汇的背景之下,佛顶

---

① 高华平《〈全辽文〉与辽代佛教》,《郑州大学学报》2006 年第 5 期。
② 向南《辽代石刻文编》,河北教育出版社 1995 年版,第 436 页。

尊胜信仰仍延续不绝。从《辽代石刻文编》收录的经幢记来看，多为汉人所建，又以佛顶尊胜幢最多，表明民间密教信仰盛行。据辽代皇陵经幢记《圣宗陵墓幢记》，其中残文有"奉为皇太后天佑皇帝懿德皇后，特建佛顶尊胜陀罗尼幢"。权贵的经幢记亦如此，如李彦超曾为大辽开国重臣，亡后其子李崇菀为其建立法幢，所立幢就是"救众生之危苦，拔旁类之罪殃"的佛顶尊胜陀罗尼经幢；张景运《为先亡祖翁考妣建经幢记》："盖闻佛顶尊胜陀罗尼，能与众生除一切恶道、罪障等"；刘庆《为出家男智广特建幢塔记》："伏闻佛顶尊胜陀罗尼者，无边菩萨誓愿弘持。"辽代经幢，于其境内多有残存，以八角形石柱居多，幢身多刻《尊胜陀罗尼》，或佛传故事，或刻多数小佛像（名千佛经幢）。幢下部是有雕刻的八角或四角的石台，上部冠以八角屋檐形大盖。据学者统计，在《全辽文》中篇题标明为"陀罗尼幢记"或"陀罗尼塔记"的达25篇之多，另有58篇"经幢记"或"题记""寺碑记"等记载其所修经幢为"陀罗尼幢"[①]。经幢的设立，源于《佛顶尊胜陀罗尼经》的传持。《佛顶尊胜陀罗尼经》自译出始，前后共刻了七次，其仪轨刻了一次，与其他诸经相比，雕刻频率非常高，反映了社会的需求。从目前发现的敦煌写本及唐代石刻经幢上所刻的《佛顶尊胜陀罗尼经》来看，几乎全部是佛陀波利的译本。其中《佛顶尊胜陀罗尼经》中的一段开示，开启了佛顶尊胜陀罗尼信仰在中华大地的传持。经中言：

> 佛告天帝，若人能书写此陀罗尼，安高幢上，或安高山或安楼上，乃至安置窣堵波中……其影映身；或风吹陀罗尼，上幢等上尘落在身上，天帝彼诸众生所有罪业，应堕恶道、地狱、畜生，阎罗王界、饿鬼界、阿修罗，身恶道之苦，皆悉不

---

① 高华平《〈全辽文〉与辽代佛教》，《郑州大学学报》2006年第5期。

受亦不为罪垢染污。①

受此类记载影响，后人遂在塔中放置书写的陀罗尼经典。例如辽宁朝阳辽代北塔的天宫中出土了大量佛教文物，其中包括密宗法器和供养具等。在供养的经塔中放置了陀罗尼经卷②。朝阳北塔是在辽兴宗重熙十二年至重熙十三年（1043—1044）之间完成重建的，塔内装藏自然要受到当时佛教风尚的影响。辽宁朝阳北塔地宫石经幢，边栏题有药师七佛名。幢身刻写佛经咒语，第 1 节幢身刻有《大佛顶如来放光悉怛多钵怛罗陀罗尼经》，第 2 节幢身刻《大随求陀罗尼经》，第 3 节幢身刻《佛说金刚大摧碎延寿陀罗尼经》，第 4 节幢身刻《佛顶尊胜陀罗尼经》《大轮陀罗尼》《大乘百字密语》等③。朝阳北塔辽代重熙年间重砌的天宫、地宫，是我国佛教考古的又一重大收获，对研究辽代政治、经济、文化，有较高的学术价值。北京西城陶然亭内慈悲庵有两通辽金经幢，其中辽代经幢位于慈悲庵文昌阁前，建于辽寿昌五年（1099），幢身为八角柱体，八面均有用汉文和音译梵文刻的经文。幢名为"慈智大德佛顶尊胜陀罗尼幢"，可见，该幢为一高僧墓幢。塔座为石雕八角形须弥座，塔身各面均刻佛经。

辽代丧葬习俗中密教影响的另一表征就是随葬品中出土的密教"真言"刻石或胸牌。如 1956 年在辽宁新民县八图营子的一座辽墓中出土的"智炬如来必破地狱真言"鎏金铜胸牌④。1970 年 3 月，北京西城区阜成门外，发现一座辽代保静军节度使、御史中丞董庠及妻张氏的合葬墓，出土"灭罪真言"和"智炬如来破地狱真言"刻石一块，时年为寿昌三年（1097），反映了密教真言已进入辽人

---

① （唐）佛陀波利译《佛顶尊胜陀罗尼经》，《大正藏》第 19 册，351b。
② 朝阳北塔考古勘察队《辽宁朝阳北塔天宫地宫清理简报》，《文物》1992 年第 7 期。
③ 同上。
④ 冯永谦《辽宁省建平、新民的三座辽墓》，《考古》1960 年第 2 期。

第二章　汉传密教在辽、金、西夏的传持

葬俗之中①。上述种种考古成果可以看出密教在辽代的流行情况。辽宁朝阳北塔是我国现存几座珍贵的辽塔之一，自1988年朝阳市在清理和重修北塔过程中从天宫发现佛舍利和相关珍贵文物以来，更受到全国学者和民众的关注。北塔装藏刻经以密咒最多，是遵循了中国密教的传统规则。辽中天竺摩羯陀国三藏法师慈贤译《佛说金刚摧碎延寿陀罗尼》，刻在北塔经幢第三节幢身，是一首用汉字表梵音的密咒，署名"中天竺摩羯陀国三藏法师译"，三藏法师即慈贤。据《朝阳北塔——考古发掘与维修工程报告》刊载的图版四五、图版四六、图版六五至六六、图版六七至六八、图版六九、图版七十、图版七十一等，集中展示了在经塔银经卷和经幢上雕刻的佛教经文，大都仅摄取部分经文或密咒。

综观这些刻经，以密教佛经和真言密咒占绝大部分，反映了辽代密教盛行的情况，都是宝贵的佛教文献资料，对于研究密教及其文献有重要参考价值②。辽兴宗重熙年间重建的北塔，供奉隋代舍利，在经塔银经卷及经幢之上所刻的佛经，主要是辽地最流行的或是《辽藏》中的密教经典及密咒，其中尤以唐代密教高僧不空的译经为多。辽中期以后密教盛行，北塔内藏的刻经是这一段历史的见证。

密教对辽代丧葬习俗的影响还表现在舍利塔的创立。如始建于辽道宗耶律洪基大安八年（1092）的兴城县白塔峪塔，位于辽宁省葫芦岛兴城市白塔乡塔沟村九龙山南的山丘上，是辽代诸佛塔中较为著名的一座，其以精美的砖雕闻名于世。在该塔的地宫中，各面镌有建塔缘起、建塔功德经、诸陀罗尼及佛号，有辽代尊崇的五

---

① 北京市文物管理处《近年来北京发现的几座辽墓》，《考古》1972年第3期。
② 杨曾文《朝阳北塔发现刻经考察——据〈朝阳北塔——考古发掘与维修工程报告〉》，杨曾文主编《中国佛教的佛舍利崇奉和朝阳辽代北塔中国·朝阳第二届佛教文化论坛论文集》，宗教文化出版社2009年版。

佛、过去七佛、九圣八明王、八塔、十二光佛佛号，是显密圆通的舍利塔，该塔为研究辽代晚期的皇家佛教信仰形式和内容提供了实证。这些内容对研究辽代历史、佛教信仰内涵都是极为宝贵的资料。该塔四个正方位塔身壁上雕有佛龛，龛内各雕佛像一尊。

内蒙古巴林右旗庆州白塔出土了大量辽代佛教文物。其中与密教有关的是金、银板各一件，金板汉字"相轮樘中陀罗尼咒"。法舍利塔内还密藏以白绢帙袱包封的陀罗尼咒（经书）109卷，金法舍利单面刻"无垢净光陀罗尼咒"等7部杂咒，帐竿陀罗尼发现有106卷。所谓"帐竿陀罗尼"，是入藏时将此板卷曲为轴杆状，即所谓"帐竿"，其外再卷以纸本大、小字雕印经咒，这样组成的经咒称之为"帐竿陀罗尼"。以上藏于法舍利内的铭文、经咒主要有《一切如来心秘密全身舍利陀罗尼经》等。雕版印经中还发现一幅单页《大乘庄严宝王经六字大明陀罗尼》印经，这是辽代佛教考古的重大发现，为研究辽代佛教文化的流传、信仰、仪轨等提供了极为重要的实物资料。经咒中还有上京"福先寺讲经论比丘志渊"等多位高僧姓名和奉佛活动情况，说明圣宗、兴宗年间辽腹心地区佛事活动的兴盛。[①]

辽代修建了很多塔，这些塔的修建均与密教经典有关。特别是塔的命名上，更能体现出与相关密教经典的密切关系。如许多塔都命名为"无垢净光舍利塔"，这是因为这些塔的修建，均源于《无垢净光大陀罗尼经》（唐天竺沙门弥陀山等译）。此经为辽代流行的早期密典之一，其内容涉及建塔之功德和礼塔之功德等。阜新塔营子塔则出于《佛说八吉祥经》，此经也是辽代流行的早期密典。据辽寿昌二年（1096）《显密圆通建舍利塔记》：

> 今依《宝箧陀罗尼经》《无垢净光陀罗尼经》《菩提场庄严

[①] 德新等《内蒙古巴林右旗庆州白塔发现辽代佛教文物》，《文物》1994年第12期。

陀罗尼经》《最胜总持陀罗尼经》，□□法师建舍利塔。时大辽寿昌二年三月望日，显密圆通法师道殿建，弟子性悟施。①

以上石刻塔记表明，该塔是依据佛经所建，依据的佛经不仅仅是一部，而是四部。

在辽代享国的两百年间，晚唐、五代及北宋的画院之间广泛交流，因此，各画派的绘画技法等，也在辽国境内得到了广泛传播与应用。山西大同善化寺南壁绘《准提佛母法会图》，八臂三面的准提佛母结跏趺坐于青白莲花座上。内蒙古赤峰市巴林左旗炮楼山（辽开龙寺遗址）辽代僧人墓中，亦发现了反映辽代僧人形象的壁画，绘有一僧左手握右手拇指，其手势均为密教的"大于印"。"迦陵频迦"有着美女头身和鸟翅爪，为佛教经典中"好音鸟"的音译，库伦旗前勿力格八号辽墓壁画中即有此形象。

上有所行，下有所好，在民间，佛教亦影响到人们的日常生活与习俗，突出表现为女性喜用黄粉涂面，称为佛装；人名以三宝奴、观音奴、文殊奴、药师奴等为小字等。此外，《准提咒》《六字大明咒》及《八大菩萨曼陀罗经》等在民间也很风行。② 还有，具有群众组织特征的邑社也在辽代各地广泛流行。据日本学者镰田茂雄《简明中国佛教史》："辽的佛教还渗透到民众之中，产生了千人邑会。千人邑会分隶于各个寺院，由寺主担任领导，一般以在家信徒为会员，会员有一定的施财义务。"③ 反映了佛教信仰在民间的深入和普及。我们在石刻中见到的"千人邑""太子邑""佛顶邑""生天塔邑""钟楼邑"等，均是群众自发组织的宗教团体，可见密教信仰已深入民间。当时民间最流行的佛教信仰为阿弥陀佛净土信

---

① 向南等辑注《辽代石刻文续编》，辽宁人民出版社2010年版，第233页。
② 朱子方《辽代佛教的宗派、学僧及其著述》，《世界宗教研究》1990年第1期。
③ ［日］镰田茂雄著，郑彭年译《简明中国佛教史》，上海译文出版社1986年版。

仰，其次为药师如来信仰、炽盛光如来信仰，以及白衣观音信仰等，均属于密教信仰体系。其中药师佛与密教的关系极为密切，在密教部经典中，药师如来或供养药师如来的相关仪轨，以及诸陀罗尼经中与药师佛相关的经典就有十余部之多，因此，以药师七佛作为佛塔的崇祀对象是符合当时历史文化背景的。辽代对于药师佛的信仰极为普遍，《药师琉璃光七佛本愿功德经》各种译本以及其他相关药师佛的经典在辽代朝野深入人心，尤其为辽庭贵族皇室所青睐。如燕国长公主舍宅建药师院，民间通称她为药师公主。另外，很多契丹贵族子女的小名起为药师奴。同时，具密教色彩的白衣观音信仰亦颇为盛行。元脱脱《辽史》卷三七《地理志一》：

> 永州永昌军……兴王寺，有白衣观音像。太宗援石晋主中国，自潞州回，入幽州，幸大悲阁，指此像曰："我梦神人令送石郎为中国帝，即此也。"因移木叶山，建庙，春秋告赛，尊为家神。兴军必告之。①

据上述史料记载，辽太宗将幽州大悲阁中的观音像迁往契丹族的发祥地木叶山，并建庙供奉，将其尊为本民族的守护神。炽盛光如来信仰亦是密教信仰中独特的一支，具体表现为在辽东宝严寺阁上有炽盛佛坛，说明这里曾经举行过炽盛光佛相关的佛事。

第二节　金代的密教传持

12世纪初期，金代（1115—1234）的女真族征战于大漠，先灭辽，臣服西夏，最后进军中原，击退宋军，使其偏安江南。金代的女真族是我国东北地区的一个少数民族，这个少数民族祖先信奉

---

① （元）脱脱《辽史》卷三七《地理志一》，中华书局1974年版，第446页。

的是一种原始宗教——萨满教。佛教是经其近邻高丽、渤海等国传到了金代境内。开国皇帝金太宗，1123年至1135年在位。初期，他为了利用佛教来怀柔汉人，遂尊奉佛教。之后还皈依佛教，经常举行"饭僧"活动，参加者达万余人。

金代的五台山的佛教，承袭了辽、宋两代佛教信仰，对五台山的佛教尤为尊奉，使得五台山的密宗、禅宗、唯识宗等佛教诸宗派都有发展。五台山经唐宋几个朝代的经营，逐渐神化。金代诸帝也把五台山视为神山，专门于此祷佛祈雨。金帝完颜亮为了忏悔杀罪，"免生恶趣"，"荐救阵亡之士"，曾效仿金太宗追荐、超度为征战阵亡之士。

一、金代的密教高僧及密教经典的传刻

密教在辽代末期已趋衰落，金代传法密僧可考者有法冲、知玲、大汉僧录等。法冲，为五台山著名的密教高僧，钻研密典，通晓咒语。相传法冲于大定三年（1163）和道士萧守真角力获胜，所习教法未详。据明明河《补续高僧传》卷一九《法冲传》：

> 法冲大师，不知何许人，居五台山，神异莫测。大定中，黄冠萧守真上奏请与沙门角力，金主许之，师应召入京，止昊天寺，明日于殿庭相试。①

道士萧守奏请与沙门角力，法冲角力获胜，金世宗遂嘉叹法冲大师，赐仪仗，送还五台山，又敕建万岁寺，请师居之。顿时五台山密教名震朝野，相当兴旺。大汉僧录，据明明河《补续高僧传》卷二十三《大汉僧录传》：

> 大汉僧录，姓聂氏，身长九尺，膂力绝人。削发从佛，持律诵经，有解性发言不测，若深有得于中者，且能诵咒驱邪，

---

① （明）明河《补续高僧传》，《卍续藏》第77册，503a。

又名破魔和尚。①

还有一位叫知玲，从嵩山少林寺英公传总持法，后于皇统中（1141—1149）住河北盘山感化寺专弘密教。此外，自西域来华的密教高僧，有北印呼哈啰悉利和他的从弟三摩耶悉利等七人，巡礼五台、灵岩诸胜地。呼哈啰悉利于大定五年（1165）示寂，金代亦与域外仍保持着密切的文化交流关系，亦有来自域外的高僧，苏陀室利即是其中一位代表。他相传系印度那烂陀寺高僧，以专精《华严》著名。他以八十五岁的高龄，率弟子七人航海来华；弟子中三人中道折返，三人死亡，仅一弟子相随，历时六载才抵达五台山，未及宣译，即示寂于五台灵鹫寺。

金朝在佛教文化方面，一百二十年间，翻译和刻印了大量密教经典。特别值得一提的是大藏经的刻印。金代文献残缺，关于这一刻藏事业原未见记载，直到 1934 年，偶于山西赵城广胜寺发现其印本，是为《赵城金藏》。据今人考定，全藏凡 682 帙，约 7 000 卷，现存的仅 4 957 卷（现藏于中国国家图书馆）。发起刻藏的是比丘尼崔法珍，她在山西南部曾断臂誓愿，募资翻刻北宋官版大藏经，并加以补充。始于金熙宗皇统九年（1149），成于金世宗大定十三年（1173），历时三十多年，这部藏经才告完成，标志着民间刻藏的巨大成就。《赵城金藏》既保存了宋刻官版藏经的面目，又辑补了许多重要的著述，对于藏经版本、校刊乃至义学诸方面的研究都起了极重大的作用。

此外，金代对于房山云居寺的石经，亦曾进行续刻，现在续有发现。金代所刻的北京房山云居寺房山石经多为唐宋所译密典。如金皇统四年（1144）所刻《释教最上乘秘密陀罗尼集》三十卷，就

---

① （明）明河《补续高僧传》，《卍续藏》第 77 册，525a。

是一部元代以后佚失的珍贵密典。是书是唐乾宁五年（898）由密教大师行琳所集①。在河北房山云居寺附近的金代石刻遗物上，发现和密教有关的文献也占大多数，这主要是受了辽代佛教的影响。另外，从现存五家子砖塔遗构推测，金代金刚界曼陀罗法似仍在流行。他如《华梵加句灵验佛顶尊胜陀罗尼》《大准提陀罗尼》《佛顶准提咒》等密教经典，在民间亦极为流行。

二、金代的密教信仰形态

金代密教信仰形态表现最为突出的是佛顶尊胜陀罗尼信仰，其强大的破地狱功能和现世利益，吸引了无数民众顶礼膜拜，建造经幢是其中的重要表现。宿白先生指出：

> 辽人佞密，更甚于中原。……有金密籍如房山刻密、陕北密像以及分布于各地的佛顶尊胜陀罗尼经幢和雕饰密像的密檐塔等，皆沿辽宋之旧。②

辽代经幢形制等给继起的金代以决定性的影响，所以通常都将辽、金两代的经幢视为一系。金代境内有大量考古发现。1976年，河北固安县朱驼镇王龙村西发现一陀罗尼经幢，称"王龙村陀罗尼经幢"，又称"固安经幢"，建于金代天辅年间。经幢汉白玉石质，通高近7米，幢身刻《佛顶尊胜陀罗尼经》。经幢最下层八棱形石柱以楷书阳文刻有《佛顶尊胜陀罗尼经》，第二层正南面刻着楷书大字："神赞天辅皇帝万岁，齐天彰德皇后，储君亲王公主千秋，特建消灾报国佛顶尊胜陀罗尼经幢。"河北卢龙县城内，发现一经幢，称"平州石幢"。据幢身第一节所刻的《平州石幢记》记载，这一经幢始建于唐初，刻密言于石上，以弘扬佛法，普度众生。经幢建

---

① 温玉成，《新中国发现的密教遗存及其所反映的密教史问题》，《世界宗教研究》1990年第4期。
② 宿白《藏传佛教寺院考古》，文物出版社1996年版，第239页。

成后，巍然屹立数百年，于金正隆四年（1159）毁于自然灾害。金大定九年（1169）五月，经幢得以重建。幢身第二节刻有《千手千眼大悲神咒》，第三节刻有《大佛顶尊胜陀罗尼》，第四节刻有明万历二十八年（1600）撰写的《重修北平石幢记》。

2007年7月，河北定州南城区纸方头村出土一件金代八棱经幢，其建幢年代为"大金大定二十二年岁次壬寅三月初三日"，佐证古定州密教的兴盛。山西太原万柏林区西铭村广仁寺内发现一通金代大定年间经幢，经幢建于金代大定十四年（1744），距今已有近千年历史。扁担王经幢，为佛顶尊胜陀罗尼经幢，位于河南荥阳市康泰路与京城路交叉处东侧的街心公园内。该幢地面以上高五米，尚有约2米埋于地下。所刻经文，清晰可辨者有"佛顶尊胜陀罗尼经"和"佛说父母恩重经"。文后刻跋语，末题"维大金泰和三年岁次癸亥正月二十五日□□□□□建□□梁张惇书　石匠冯□刊"。北京房山区大石窝镇下庄村出土了一方佛顶尊胜陀罗尼经幢，此经幢建造于金大定二年（1162），为八角直楞幢，上刻《佛顶尊胜陀罗尼经》，首题："佛顶尊胜陀罗尼"[1]。北京西城区陶然亭慈悲庵有两通经幢，其中金代经幢位于慈悲庵山门内影壁后，建于金太宗完颜晟天会九年（1131）四月十九日，高约二米。塔座为六角形石雕须弥座，石筑幢身为八角柱体，八面间错着刻有四尊佛像和四段梵汉两种文字的经文，这四段经文分别为观音菩萨甘露陀罗尼、净法界陀罗尼、智炬如来心破地狱陀罗尼，尾题"天会九年（1131）"等字，据此推测此幢至今已近900年。

金代僧人崇奉各种陀罗尼，故多经幢之设。发现的灵塔铭记中多刻有"准提母真言"和"生天真言"等梵咒[2]。佛顶尊胜陀罗尼

---

[1]《北京日报》2005年5月26日。
[2] 徐自强《房山云居寺谦公法师灵塔铭》，《文物》月刊，1979年第1期。

信仰是密教信仰体系中的重要一支,其中于通衢或墓地中竖立经幢是一重要的表现形式,各地表现样式不同,强弱不等。金代经幢大体承唐、辽旧制,更普及于各处。其中梵字幢,咒语多用梵语书写,年月题字用真书,亦有梵书和真书一行一行相间的。经幢中制作优美的颇多,如河北正定龙兴寺东方经幢,山东泰安岱庙经幢,大定准提陀罗尼经幢(现藏日本京都藤井有邻馆内),河北卢龙陀罗尼经幢等,都是其中的代表性作品。

金代亦行密法求雨。据元念常集《佛祖历代通载》记载,金代有法师苏陀室利,通晓咒术,颇有神通,"在闵宗朝,连阴不霁,特诏登坛,咒龙落地"①。苏陀室利擅用咒术,遇到连日阴雨的天气,能够以咒术咒龙落地,使阴天放晴。

有些地区还出现了专门的密教信仰群体。如内蒙古自治区呼和浩特市东郊万部华严经塔的金代碑铭,其五号碑铭中有"大悲邑"等词。所谓"大悲邑",就是一群信奉大悲经或大悲咒的佛教徒,他们所组织的宗教社团称为"邑"。②

金代还有各种密教题材的壁画或变相画,有很多出自金人之手。如关中僧人法海,擅长绘画,华原延昌寺壁画即出自他的手笔,其中大殿壁面八明王变相是他个人所绘,法堂华严壁则是和山水名家杨泽民合作绘成的。

第三节 西夏的密教传持

西夏是 11 世纪初至 13 世纪初(1038—1227),以我国古代西北少数民族党项族为主体,包括汉、藏民族,在今宁夏、陕西、甘

---

① 《大正藏》第 49 册,685b。
② 李逸友《呼和浩特市万部华严经塔的金代碑铭》,《考古》1979 年第 4 期。

肃和内蒙古西部一带建立的一个封建割据的多民族政权，1038年，元昊称帝立国。元昊对国师尤为崇敬，据《黑鞑事略》卷末引王檝之说："某向随成吉思汉攻西夏。西夏国俗自其主以上，皆敬事国师。凡有女子，必先以荐国师，而后敢适人。成吉思既灭其国，先裔国师。国师者，比丘僧也。"① 可见，国师在西夏国地位崇高。

西夏时期，有不少印度高僧不辞劳苦，入境讲经说法，并从事佛经翻译事业。如西夏大德元年来华的苏陀室利，苏陀室利善神咒，有神通，能降龙求雨，在中土传持密教，坊间流传其神异传说。金总持，西夏僧，与智吉祥（中印度人）结伴至汴京，入译场译经，后为译经三藏，受赐"明因妙善普济法师"之号。据《至元法宝勘同总录》记载，共译有佛经4部17卷。喻谦《新续高僧传四集》卷一《释吉祥传》，说他于宋徽宗政和三年（1113），与译语仁义、笔受宗正，游历江浙一带。大概直到此时，译经尚未完全终止。北宋西北有西夏王朝，北有辽王朝，曾长期与北宋朝廷对峙。《新续高僧传四集》卷一《释不动传》："本天竺人，初出家时，遍游五天竺，显密俱彻，性相备知，道誉流闻，博于临封。及来西夏，栖止护国寺，翻译密部，弘扬般若金刚。"② 另有三藏沙门呼哈啰悉利，"本北印度末光闷国人，住鸡足山，诵诸佛密语，有大神力，能祛疾病，伏猛呼召风雨"③。

西夏的密教传持形态表现在其统治下的各大石窟、寺院中的密教造像与壁画。如敦煌壁画上有不少西夏、元时的密教内容。西夏时期的密教遗迹，主要分布在安西榆林窟和东千佛洞。安西榆林窟第29窟有一幅《国师像》，榜题西夏文"真义国师西壁智海"。乾

---

① （宋）彭大雅撰，徐霆疏证《黑鞑事略》，《王国维遗书》第13册，上海古籍出版社1983年版，第26页。
② （民国）喻谦编辑《新续高僧传四集》卷一，国家图书馆分馆编《中华佛教人物传记文献全书》第14册，线装书局2005年版，第7120页。
③ （元）念常《佛祖历代通载》，《大正藏》第49册，699c。

第二章　汉传密教在辽、金、西夏的传持

祐二十年（1189），西夏仁宗在大度民寺延请国师作求生兜率内宫弥勒广大法会，其施经发愿文中提到：

> ……就大度民寺作求生兜率内宫弥勒广大法会，烧结坛作广大供养，奉广大施食。……散施番、汉《观弥勒上生兜率天经》一十万卷，汉《金刚经》《普贤行愿经》《观音经》等各五万卷，塑饭僧、放生、济贫、释囚……诸般法事，凡十昼夜……①

据张伯元先生考证：东千佛洞是西夏和西夏以后开凿的一个以表现密教内容为主的密教石窟寺。第二窟就是西夏窟。窟"南壁、西侧画药师净土曼荼罗一铺；东侧画十一面观音曼荼罗一铺"。通道南段，"南壁画水月观音一身。此画东侧中部画一头戴花冠的唐僧及面作猴形、身着俗装的孙悟空师徒取经图"。通道北段，"北壁画水月观音一身，此画东侧中部仍画有着僧侣装的唐僧，及着行者装的孙悟空师徒取经图"。"此窟所画之水月观音与榆林窟第二窟西壁门两侧所画水月观音同一形象、同一风格，着色敷彩也基本一致，由此可以看出它们的相互关系"。②

以宁夏为中心的西夏王朝，密教也颇为盛行，表现在大量出土文物或遗迹上。如宁夏固原须弥山等处石窟中都发现了西夏密教遗迹。另外，宁夏出土的西夏佛画、天梯山发现的西夏文佛咒语等③，都是西夏重要密教遗存。

西夏密教形态的另一重要表征是文殊信仰。西夏"立国二百余年，抗衡辽、金、宋三国，俯仰无常，视三国之势强弱以为异同焉"④。在与辽、金、宋的长期对峙中，其国力最弱，长期在大国

---

① 王静如《敦煌莫高窟和安西榆林窟中的西夏壁画》，《文物》1980年第9期。
② 张伯元《东千佛洞调查简记》，《敦煌研究》1983年，第0期。
③ 陈炳应《天梯山石窟西夏文佛经译释》，《考古与文物》双月刊，1983年第3期。
④ （元）脱脱《金史》卷一三四《西夏传》，中华书局1977年版，第2877页。

131

夹缝中求生存，故生存与扩张是西夏统治者长期面临的任务。因此，尊奉文殊菩萨，借助其护持力，使国土安宁，势必会产生巨大的吸引力。文殊密典的护国、护王功能，正是统治者极其渴望的，这也是元昊立国之初，大兴土木，极力兴建北五台山寺的根本原因。在内蒙古额济纳旗黑水城遗址等地出土了大量西夏文、汉文的密教经典，如《圣妙吉祥真实名经》《文殊师利行愿经》《文殊师利问地经》，其中多是与文殊有关的经典。上述《圣妙吉祥真实名经》一卷，由元代释智慧译，原为宋人金总持等译《文殊所说最胜名义经》，亦称《文殊真实名经》。这些经典的流传，客观上促进了文殊信仰在西夏境内的盛行。

西夏时期，五台山的密教信仰亦十分兴盛。早在西夏建国前，德明、元昊都曾遣使朝拜五台山。之后，夏宋对峙，时常处于战争状态，西夏统治者无法再去朝拜五台山。于是，西夏统治者效仿辽及高丽、日本的做法，依据五台山寺院的样式，在贺兰山中新建北五台山寺。该寺具体地址，史无记载，但考古学证据显示，其地大致在贺兰山拜寺口双塔一带，在元昊统治时期建成。作为西夏皇家寺院，该寺人才辈出，涌现出不少名僧，编集并翻译了多种佛教典籍。其中，北五台山寺高僧杨智幢被称作"国师"，体现了该寺所享有的崇高地位。西夏统治时期，仍沿袭唐宋时期的特征，即大力推行文殊信仰，这主要是西夏统治者看到了文殊信仰所具有的护国、护王功能，因此极力扶持。

另外，值得一提的是藏传密教在西夏的流播。近年来中国西北省区内也陆续有新的汉译藏传密教文献出土，例如宁夏回族自治区的考古学者们就分别在贺兰山中的拜寺沟西夏方塔和山嘴沟西夏古寺院遗址中，发现了不少西夏时代翻译的藏传密教续典及其修法、仪轨类文献，特别是其中的汉译本《吉祥胜乐虚空本续》和西夏文译本《吉祥遍至口和本续》的发现，不但极大地丰富了中国佛教史，特别是佛经翻译史的内容，而且也为我们了解藏传佛教于西夏时代传播的历史提供了很多新数据①。西夏是藏传佛教向东推进的一个桥头堡，西夏的藏传佛教是沟通元朝与西藏的一座桥梁。西夏僧人慧真和智广编集的《密咒圆因往生集》是辑诸经神验密咒的密教经典，它的出版与西夏晚期流行藏传佛教有密切联系。藏传佛教的核心是密教，密教又极重视密咒，因此，《密咒圆因往生集》是藏传佛教影响下的产物。1991年，西夏方塔内出土了大量译自藏传佛教密典的西夏佛经，有西夏文《吉祥遍至口和本续》及其要文、广义文、解生喜解补共8册，汉文《略疏下》《初轮功德十二偈》《吉祥上乐轮略文等虚空本续》和《是竖橛咒》等。方塔保存如此多的藏传佛教密典的西夏译本，目前所知，在贺兰山中是唯一一处。②

---

① 宁夏文物考古研究所编《拜寺沟西夏方塔》，文物出版社2005年版；同所编《山嘴沟西夏石窟》上、下，文物出版社2007年版。
② 孙昌盛《西夏方塔塔心柱汉文题记考释》，《考古与文物》1997年第1期。

第三章
藏传密教在元代的传持

自成吉思汗起历经十五帝163年，自忽必烈定国号起，历十一帝98年，有元一代，密教得到前所未有的发展，元念常《佛祖历代通载》卷二二说：

> 佛法流于中国久矣，三乘之教风靡九州，其道至焉。唐宋间始闻有秘密之法，典籍虽存，犹未显行于世，国初，其道始于盛西郵。……于是秘密之法，日丽乎中天，波渐于四海。精其法者，皆致重于朝廷，敬慕于殊俗，故佛事之旧，一变于齐鲁。①

这说明密教到了元代，达到昌盛的顶点。当时中国流传着五个系统的密教：它们分别是印度密教、传统密教、藏传密教（俗称喇嘛教，下同）、西域密教以及大理密教②。这里所说的密教，乃藏传密教。藏传密教本体富含大量的本土原始宗教——苯教的内容与仪

---

① （元）念常《佛祖历代通载》卷二二，《大正藏》第49册，732a。
② 吕建福《中国密教史》，中国社会科学出版社1995年版，第515页。

式,这对原来崇信传统萨满教,以及两者文化性格上具有相似性的蒙古统治者来说,接受起来就更容易些。有元之初,帝王、皇族成员及权贵大多都接受了藏传密教信仰。从忽必烈至成宗,历代皇族成员大多都接受过藏传密教的灌顶与授戒,此时的藏传密教已成为元朝的国教。特别是在元英宗、泰定帝时,对藏传密教的崇信几近痴狂。帝师制确立了帝师至高无上的地位,帝师多伴帝王身边。帝师独尊的地位,左右着当时的政治、军事、经济等方针的决策。除了萨迦派之外,到了元末,噶举派的僧人也入元弘法,其中就包括噶玛噶举派的第三世活佛饶迥多吉等。藏传密教各宗派的入元弘法,进一步助推了藏传密教的影响力。

第一节 元代帝王、权贵对密教的扶持

在古代以帝王为首的封建专制主义中央集权的社会,任何宗教如果得不到帝王、朝廷的允诺和扶持都很难立足,并且得到顺利发展。东晋道安云:"不依国主,则法事难立。"(《高僧传·道安传》)唐代道宣亦云:"自教流东夏,代涉帝朝,必假时君,弘传声略,然后玄素依缮,方开基构。"(《大唐内典录序》)他们都道出了弘教的实情。

藏传密教之所以能在元代得以广泛传布,离不开帝王、权贵的支持,这是一个先决条件。据《萨迦世系史》载,当时察必皇后先受喜金刚灌顶,之后就劝说忽必烈皈依。藏传密教因得到蒙古统治者的信奉,从此大大提升了萨迦派在元廷的地位。元代诸帝崇佛均甚,而被称为元朝最有文化底蕴的帝王元仁宗则独树一帜,对藏传密教进行了大胆改革,整饬时弊。在藏传密教管理方面,采取了一系列灵活、务实的举措,如给予藏传密教领袖人物以特权,优礼僧团,因俗而调整相应的政策,以利于拓展藏传密教事务。同时,为

加强对藏族地区的控制,安抚广袤藏区,对地方势力采取了怀柔策略;因势利导,强化并规范藏传密教僧人的活动,制止僧人不法行为。纵观其藏传密教管理措施,可谓恩威并重,赏罚分明,灵活务实,为维系多民族团结、国家的统一,巩固中央政府对西藏地方行使主权,从而达到维护封建中央集权统治的目的,起到了重要作用。终元一世,元代统治者对藏传密教崇信有加,个中因素是多方面的,除了元代统治者试图利用藏传密教来怀柔吐蕃地方势力,还有统治者自身对宗教的精神需求。当然,还有一个重要的原因是受到国内外环境的影响,如藏传密教势力的推动,邻国西夏藏传密教的影响,以及本土原始宗教、地方传统文化的相似等诸因素的影响。

当时,西藏、西域及印度的一些僧人相继来到汉地弘教,渐为元帝所重。统治者出于怀柔西藏的政治目的,确立西藏地区的藏传佛教(俗称喇嘛教)为国教。至此,西藏从元代开始即接受中央政府的有效管制[①]。藏传佛教的核心实即为密教,一般亦称为藏传密教,帝王十分尊崇,大多亦信奉藏传密教。元王朝各代均崇尚藏传密教,终元一世,拜藏族僧人为帝师、国师、国公、司徒、司空、释教总统等,数以百计。其中帝师地位最高,元代自忽必烈首封八思巴为帝师,萨迦派首领即世袭为"帝师",影响很大。自阔端迎请西藏萨迦班智达入蒙讲经、疗疾,之后皈依藏传密教,至1368年,元顺帝撤离大都至应昌的百二十年间,"累朝皇帝,先受佛戒

---

① 据明宋濂《元史》卷二〇二《释老传》曰:"元起朔方,固已崇尚释教;及得西域,世祖以其地广而险远,民犷而好斗,思有以因其俗而柔其人;乃郡县土番之地,设官分职,而领之于帝师;乃立宣政院,其为使位居第二者,必以僧为之;出帝师所辟举;而总其政于内外者,帅臣以下,亦必僧俗并用,而军民通摄;于是帝师之命,与诏敕并行于西土;百年之间,朝廷所以敬礼而尊信之者,无所不用其至。"中华书局1976年版,第4520页。可见,元世尊信喇嘛,别有一番思量。

九次，方正大宝"①。很多贵族，以至一般民众也逐渐信奉藏传密教，藏传密教逐渐成为蒙古族的主要宗教信仰。

同时，统治者出于政治考量，也极力扶持汉地佛教，中央在南宋旧都杭州设置江南释教总统所，任命藏传密教高僧统理，直接管辖江南佛教，后并入宣政院。由此，藏传密教实际上统治着全国佛教。根据《元史·释老传》记载："释老之教行于中国，已有千数百年，然其盛衰系于时君之好恶，如佛之于晋、宋、梁、陈，如黄老之于汉、魏、唐、宋，其效可观。元兴，崇尚释氏，而帝师之盛，尤不可与古昔同语。"② 如元世祖忽必烈就积极推崇藏传密教，且偏好修行，于"万机之暇，自持数珠，课诵、施食"③。凡举行法会，修建寺院，刻印藏经等法事费用，多由国库支出，并常给予寺院大量田地以为供养，而藏传密教高僧更享有一些政治、经济特权。可见，元代藏传密教在中国佛教中社会地位最高。《元史·释老传》记载了藏传密教在当时的盛况。元代藏传密教之盛，突出表现在以下几个方面。

一、广行藏传密教法事

清代历史学家赵翼有言："古来法事之盛，未有如元朝者。"④ 元政府除使用大量的人力、物力、财力修葺寺院、刻印佛经外，还组织了各种名目的法事活动。藏传密教的法事或法会（元称"好事"）名目繁多，仅《元史·释老传》列出名称的就达三十余种，而实际上世祖至元年间已有一百零二种，至成宗大德年间，法事名目已增至五百余种，前所未有。⑤ 而每次法事，规模庞大，

---

① （元）陶宗仪《辍耕录》卷二，中华书局1997年版，第20页。
② （明）宋濂《元史》卷二〇二《释老传》，中华书局1976年版，第329页。
③ （宋）志磐《佛祖统记》卷四八。
④ （清）赵翼《陔余丛考》卷一八"元时崇奉教滥"条，中华书局1963年版，第351页。
⑤ （明）宋濂《元史》卷二〇二《释老传》，中华书局1976年版，第4523页。

均有成百上千，乃至上万僧尼参加。仅大都（北京）地区，"故多佛宇，元尤尊盛，为穹寺以法会者常数万人"①。这些法事活动消耗极大，仅延祐四年（1317）所统计的内庭法事费用，"以斤数者，用麦四十三万九千五百、油七万九千、酥二万一千八百七十、蜜二万七千三百。"② 元朝帝王多崇信藏传密教，"凡大婚、出行，凡百兴作，无不受戒，亦无不作好事。凡祈雨、祈风、止雨、镇雷、荥星、修疫、超度等，均须番僧法事祈祷"③。凡帝后驾崩，法事斋僧等完成后，再奉祀御容于各寺院，并塑影堂以为祭祀。"影堂所在：世祖帝后大圣寿万安寺，裕宗帝后亦在焉；顺宗帝后大普庆寺，仁宗帝后亦在焉；成宗帝后大天寿万安寺；武宗及二后大崇恩福元寺。"④ 可见，各位帝后的影堂并非一处，往往各据一寺。元世祖忽必烈极力扶持藏传密教，热心法事，曾自述："自有天下，寺院田产，二税尽蠲免之，并令缁侣安心办道。"⑤ 这种支持藏传密教的政策力度在两宋是未曾有过的。至元二十二年（1285），于西京普恩寺募集全国僧侣四万人举行资戒会七日，并"命帝师也怜八合失甲自罗二思八等递藏法事于万安、兴教、庆寿等寺，凡一十九会"，从此定为永则。至元二十四年（1287），又命西藏僧侣在宫廷以及万寿山、五台山等地举行大型法事三十三会。上行下效，皇室成员亦纷纷接受密教灌顶，皈依藏传密教。

此外，帝师们常常为了给皇室成员祈福或减除天灾而进行一系列的法事活动，这些法事活动本身就是对藏传密教的弘宣。如至元二十六年（1289），元世祖"幸大圣寿万安寺，置檀佛像，命帝师

---

① （明）归有光《归先生文集》卷一三《赠峨眉寺觉义海上人序》，《四库全书存目丛书》本，齐鲁书社1996年版。
② （明）宋濂《元史》卷二〇二《释老传》，中华书局1976年版，第4523页。
③ 王启龙《藏传密教在元代政治中的作用和影响》，《普门学报》2002年第8期。
④ （明）宋濂《元史》卷七五《祭祀志四》，中华书局1976年版，第1875页。
⑤ （宋）志磐《佛祖统纪》卷四八，《大正藏》第49册，435a。

· 138 ·

及西僧作佛事坐静二十会"①。至元二十七年（1290），"命帝师西僧递作法事坐静于万寿山厚载门、茶罕脑儿、圣寿万安寺、桓州南屏庵、双泉等所，凡七十二会"②。武宗至大元年（1308），"以银七百五十两，钞二千二百锭，币帛三百匹施昊天寺，为水陆大会"③；英宗至治元年（1321），"诏各路立帝师殿，敕建帝师殿碑，作大佛事于宝慈殿……又作佛事于光天殿，铸铜为佛像，置玉德殿。又修佛事于文德殿……作金塔于上都，藏佛舍利，敕天下诸司，命僧诵经十万部，敕京师万安、庆寿、圣安、普庆四寺，扬子江金山寺，五台山万圣祐国寺，作水陆胜会七昼夜"④。泰定帝泰定元年（1324），"帝次中都修佛事于昆刚殿，命僧作佛事于大内。以厌雷塑马哈吃利佛像于延春阁之徽清亭。修西番佛事于安山寺。六月癸亥，作礼拜寺于上都，修黑牙蛮塔。哥佛事于水晶殿。帝受佛戒于帝师，绘八思巴帝师像颁行各省，俾塑祀之"⑤。泰定帝致和元年（1328），"命帝师修佛事于禁中。帝御兴圣殿，受无量寿佛戒于帝师。命僧千人修胜会于镇国寺。诏帝师命僧修佛事于盐官州，仍造浮屠三百十六所，以厌海溢。时江浙行省丞相脱欢公忧之，祷于上天竺，广兴佛事。命天岸济法师亲履其地，仍令有司修水陆大会七昼夜。法师咒行沙水，足迹所按，土皆凝然。"国师胆巴，世祖时怀孟大旱，"命祷之"，"立雨"。胆巴"又尝咒食投龙湫，顷之，奇花异果上尊涌出波面"，"又尝为月的迷失言异梦及己还朝期，后皆验"⑥。可见，在元代，帝师是举行法事活动的核心人物，他们通过自己的身体力行使藏传密教得到传播。文宗天历二

---

① （明）宋濂《元史》卷一五《世祖十二》，中华书局1976年版，第329页。
② （明）宋濂《元史》卷二二《武宗一》，中华书局1976年版，第343页。
③ （宋）志磐《佛祖统纪》卷四八，《大正藏》第49册，435b。
④ 同上，436a。
⑤ 同上，436b。
⑥ 同上，436c。

密教传持与宋元社会

年（1329）五月，"幸大圣寿万安寺，作佛事于世祖神御殿，又于玉德殿及大天源延圣寺作佛事"①。元朝诸帝经常亲临寺院，参与法事活动，这充分显示了他们对藏传密教的崇奉。相关法事，种类繁多，诸如水陆法会、施食等，不一而足，据《元史·释老传》记载：

> 若岁时祝釐祷祠之常，号称好事者，其目尤不一。有曰镇雷阿蓝纳四，华言庆赞也。有曰亦思满蓝，华言药师坛也。有曰搠思串卜，华言护城也。有曰朵儿禅，华言大施食也。有曰朵儿只列朵四，华言美妙金刚回遮施食也。有曰察儿哥朵四，华言回遮也。有曰笼哥儿，华言风轮也。有曰咱朵四，华言作施食也。有曰出朵儿，华言出水济六道也。有曰党剌朵四，华言回遮施食也。有曰典朵儿，华言常川施食也。有曰坐静，有曰鲁朝，华言狮子吼道场也。有曰黑牙蛮答哥，华言黑狱帝主也。有曰搠思江朵儿麻，华言护法神施食也。有曰赤思古林搠，华言自受主戒也。有曰镇雷坐静，有曰吃剌察坐静，华言秘密坐静也。有曰斟惹，华言文殊菩萨也。有曰古林朵四，华言至尊大黑神回遮施食也。有曰歇白咱剌，华言大喜乐也。有曰必思禅，华言无量寿也。有曰睹思哥儿，华言白伞盖咒也。有曰收札沙剌，华言《五护陀罗尼经》也。有曰阿昔答撒哈昔里，华言《八千颂般若经》也。有曰撒思纳屯，华言《大理天神咒》也。有曰阔儿鲁弗卜屯，华言《大轮金刚咒》也。有曰且八迷屯，华言《无量寿经》也。有曰亦思罗八，华言《最胜王经》也。有曰撒思纳屯，华言《护神咒》也。有曰南占屯，华言《坏相金刚》也。有曰卜鲁八，华言咒法也。②

---

① （明）宋濂《元史》卷三三《文宗二》，中华书局1976年版，第734页。
② （明）宋濂《元史》卷二〇二《释老传》，中华书局1976年版，第4522—4523页。

相关法事词汇的诠释，正说明当时法事的普及与兴盛。

有些法事还用于战事中，依此祈祷战神助力战胜对手。如在至元七年（1270），忽必烈命伯颜率大军灭南宋之际，八思巴"遣尼泊尔人阿尼哥，犹如幻化之王匠般出力，在巨州地方建一座神殿，内塑护法摩诃葛剌主从之像，由上师亲自为之开光。此依怙像之脸面，朝向南方蛮子地方。并命阿阇黎胆巴贡噶在此护法处修法。"① 此事汉文文献所记尤详。据元念常《佛祖历代通载》载：

> 初，天兵南下，襄城居民祷真武。降笔云：有大黑神，领兵西北方来，吾亦当避。于是列城望风款附，兵不血刃。至于破常州，多见黑神出入其家，民罔知故，实乃摩诃葛剌神也。此云大黑，盖师祖父七世事神甚谨，随祷而应，此助国之验也。②

元贞年间，"海都犯西番界，成宗命祷于摩诃葛剌神，已而捷书果至"③。1269年，胆巴跟随八思巴入元，元世祖诏居五台山寿宁寺。其间，胆巴在寿宁寺"建立道场，行秘密咒法，作诸佛事，祠祭摩诃伽剌"④。在元朝攻打南宋之际，八思巴令其弟子胆巴作法事以助国威、军威⑤。

由于藏传密教的深入影响，有些法事还融入中国传统的官方祭祀活动中，据《元史·礼乐志》的乐队部分载有一种队舞名曰"说法队"：

---

① 达仓宗巴·班觉桑布著、陈庆英译《汉藏史集》，西藏人民出版社1986年版，第172页。
② （元）念常《佛祖历代通载》卷三五，《大正藏》第49册，725c。
③ （明）宋濂《元史》卷二〇二《释老传》，中华书局1976年版，第4519页。
④ 赵孟頫《大元敕赐龙兴寺大觉普慈广照无上帝师之碑》，即《胆巴碑》。引自文物出版社1982年版《元赵孟頫书胆巴碑》。
⑤ 关于胆巴，请参见王启龙《巴思八评传》，北京民族出版社1998年版。

引队礼官乐工大乐冠服,并同乐音王队。次二队,妇女十人,冠僧伽帽,服紫禅衣,皂绦;次妇女一人,服锦袈裟,余如前,持数珠,进至御前,北向立定,乐止,念致语毕,乐作,奏《长春柳》之曲。次三队,男子三人,冠、服、舞蹈,并同乐音王队。次四队,男子一人,冠隐士冠,服白纱道袍,皂绦,执麈拂;从者二人,冠黄包巾,服锦绣衣,执令字旗。次五队,男子五人,冠金冠,披金甲,锦袍,执戟,同前队而进,北向立;次六队,男子五人,为金翅雕之像,舞蹈而进,乐止。次七队,乐工十有六人,冠五福冠,服锦绣衣,龙笛六、觱栗六、杖鼓四,与前大乐合奏《金字西番经》之曲;次八队,妇女二十人,冠珠子菩萨冠,服销金黄衣,缨络,佩绶,执金浮屠白伞盖,舞唱前曲,与乐声相和,进至御前,分为五重,重四人,曲终,再起,与后队相和。次九队,妇女二十人,冠金翠菩萨冠,服销金红衣,执宝盖,舞唱与前队相和。次十队,妇女八人,冠青螺髻冠,服白销金衣,执金莲花。次男子八人,披金甲,为八金刚像;次一人,为文殊像,执如意;一人为普贤像,执西番莲花;一人为如来像。齐舞唱前曲一阕,乐止。次妇女三人,歌《新水令》《沽美酒》《太平令》之曲终,念口号毕,舞唱相和,以次而出。①

《元史·礼乐志》所载乐队中出现的佛教面具形象,大多为密教护法神,它们的出现是密教在元代风行的产物。

在元代,每逢祭典祖先、皇室成员患病,或遇到军事行动、天灾等重大事件时,藏传密教的高僧都要举行大型的法事活动。这些法事规模巨大,影响深远,为传播藏传密教的主要形式,其中最著

---

① (明)宋濂《元史》卷七一《礼乐志五》,中华书局1976年版,第1776页。

名的就是"白伞盖法事"。如元朝灭宋前,他们倡建白伞盖法事,修摩诃葛剌法,加深了元政府受佛法护佑的影响,这在客观上加强了元政府的统治。终元一世,尤以"游皇城"影响最巨。"游皇城"是"白伞盖法事"的一部分。关于游皇城的缘由,据《元史·祭祀志》云:

> 世祖至元七年,以帝师八思巴之言,于大明殿御座上置白伞盖一,顶用素缎,泥金书梵字于其上,谓镇伏邪魔,护安国刹。自后每岁二月十五日,于大明殿启建白伞盖法事,用诸色仪仗社直,迎引伞盖,周游皇城内外,云与众生被除不祥,导引福祉。岁正月十五日,宣政院同中书省奏,请先期中书奏旨移文枢密院,八卫拨伞鼓手一百二十人,殿后军甲马五百人,抬舁监坛汉关羽神轿军及杂用五百人。宣政院所辖官寺三百六十所,掌供应佛像、坛面、幢幡、宝盖、车鼓、头旗三百六十坛,每坛擎执抬舁二十六人、钹鼓僧一十二人。大都路掌供各色金门大社一百二十队,教坊司云和署掌大乐鼓、板杖鼓、筚篥、龙笛、琵琶、筝、磬七色,凡四百人。兴和署掌妓女杂扮队戏一百五十人,祥和署掌杂把戏男女一百五十人,仪凤司掌汉人、回回、河西三色细乐,每色各三队,凡三百二十四人。凡执役者,皆官给铠甲袍服器仗,俱以鲜丽整齐为尚,珠玉金绣,装束奇巧,首尾排列三十余里。都城士女,闾阎聚观。礼部官点视诸色队仗,刑部官巡绰喧闹,枢密院官分守城门,而中书省官一员总督视之。先二日,于西镇国寺迎太子游四门,舁高塑像,具仪仗入城。十四日,帝师率梵僧五百人,于大明殿内建佛事。至十五日,恭请伞盖于御座,奉置宝舆,诸仪卫队仗列于殿前,诸色社直暨诸坛面列于崇天门外,迎引出宫。至庆寿寺,具素食,食罢起行,从西宫门外垣海子南岸,入厚

载红门，由东华门过延春门而西。帝及后妃公主，于玉德殿门外，搭金脊吾殿彩楼而观览焉。及诸队仗社直送金伞还宫，复恭置御榻上。帝师僧众作佛事，至十六日罢散。岁以为常，谓之游皇城。或有因事而辍，寻复举行。夏六月中，上京亦如之。①

这次法事从准备至结束历经一个月，涉及宣政院、枢密院、中书省、礼部、刑部等部门，直接参与的人数高达5 000余人，社会阶层上至文武百官，下至妓女杂耍，其影响是可想而知的。如上所言，在大明殿忽必烈的御座上建有白伞盖，泥金书写梵咒于其上，忽必烈倡言每年二月举行规模盛大的迎白伞盖佛，周游京城内外的活动。从此，"游皇城"每年都要举行一次，且士女百姓倾城出动观看，它事实上已演变成为京城的一个大型民俗节日。这次规模巨大的法事活动，给尽可能多的人提供了了解、接近、信仰藏传密教的机会。一直到元末顺帝至正十四年（1354），《元史》上记载还有"迎白伞盖游皇城"的法事活动。史载，是年春正月，帝谓脱脱曰：

> 朕尝作朵思哥儿好事，迎白伞盖游皇城，实为天下生灵之故。今命剌麻选僧一百八人，仍作朵思哥儿好事，凡所用物，官自给之，毋扰于民。②

在二月十五日那天，迎请平日置于大汗皇城内正殿大明殿御座之上的白伞盖，巡游皇城内外。而在其前后两日，即十四日和十六日，都有喇嘛等众多僧人在白伞盖所在的大明殿举行法事③。此类法事，上引《元史》记载简明扼要，《析津志》则记载尤为详尽：

---

① （明）宋濂《元史》卷七七《祭祀志六》，中华书局1976年版，第1926页。
② （明）宋濂《元史》卷四三《顺帝六》，中华书局1976年版，第913页。
③ （明）宋濂《元史》卷七七《祭祀志六》，中华书局1976年版，第1926页。

于十五日早，自庆寿寺启行，入福隆宫绕旋，皇后三宫诸王妃戚畹夫人俱集内廷，垂挂珠帘；外则中贵侍卫。纵瑶池蓬岛莫或过之。迤逦转至兴圣宫，凡社直一应行院，无不各呈戏剧，赏赐等差。由西转东，经眺桥太液池，圣上于仪天左右列立帐房，以金绣文锦疙，捉蛮缬结，束珠翠软，殿望之若云锦绣谷，而御榻置焉。上位临轩，内侍中贵銮仪森列，相国大臣，诸王驸马，以家国礼，列坐下方迎引。幢幡往来无定，仪凤教坊诸乐工戏伎，竭其其巧艺呈献，奉悦天颜。次第而举，队子唱拜，不一而足。从历大明殿下，仍回延春阁前萧墙内交集。自东华门内，经十一室皇后斡耳朵前，转首清宁殿后，出厚载门外。宫墙内妃嫔媵嫱罟罟皮帽者，又岂三千之数也哉？可谓伟观宫廷，具瞻京国，混一华夷，至此为盛。其游止斯或就东华门而散会，实盖累朝故事不缺。近年唯太师右丞相脱脱奉旨，前后相游城二次。上位储皇，三宫后妃皆有赏赉，谓其劳于后事也。①

元朝帝王、权贵崇奉藏传密教，操办藏传密教法事乐此不疲，异常虔诚，深信不疑；而一些藏密高僧亦多擅长密咒等法术，且作法多有应验，故对信众亦多有吸引。

作为每年一度的盛事，诗文中亦有记载，忠实地还原了当时这一法事的盛况。如元人杨允孚一首咏上都游皇城诗云：

> 百戏游城又及时，西方佛子阅宏观。彩云隐隐旌旗过，翠阁深深玉笛吹。原诗注云："每年六月望日，帝师以百戏入内，从西华入，然后登城设宴，谓之游皇城是也。"②

---

① （元）熊梦祥，李致忠等辑佚点校《析津志辑佚》，北京古籍出版社1983年版，第215—216页。
② （元）杨允孚《滦京杂咏》卷下，《四库全书》本。

另一首元人袁桷所作《皇城曲》云：

> 岁时相仍作游事，皇城集队喧憧憧。吹螺击鼓杂部伎，千优百戏群追从。宝车瑰奇耀晴日，舞马装辔摇玲珑。红衣飘裾火山耸，白伞撑空云叶丛。王官跪酒头叩地，朱轮独坐颜酡烘。蛮氓聚观汗挥雨，士女簇坐唇摇风。①

其他如祈雨、祈风、止雨、镇雷、修疫、超度等，也都是元朝宫廷中常作的法事。

二、创立帝师制度，为帝王、后宫及权贵授戒、灌顶

1246年，藏传密教萨迦派首领班智达贡噶坚赞（简称萨班）应召携两幼侄八思巴、恰那多吉到达凉州（今甘肃武威），谒见阔端，商议卫藏地区僧俗地方势力的归顺事宜。在凉州，萨班给阔端讲解佛法，而且相传治好了阔端的顽疾，得到阔端的崇敬②。从此藏传密教势力的影响进入蒙古宫廷，并逐渐取代了内地佛教禅宗等宗派。萨班卒，遂招请八思巴。八思巴通过不断努力，逐渐使忽必烈夫妇虔诚地信奉藏传密教。忽必烈夫妇尊八思巴为上师，对其执弟子礼。忽必烈继任蒙古大汗（后称元世祖）后，尊八思巴为国师，"授以玉印，任中原法主，统天下教门"③。至元元年（1264），世祖设总制院（后改宣政院），职掌全国佛教事务及藏区军政大事，并以国师受领。至元七年（1270），八思巴受命制成"大元国字"，"升号帝师、大宝法王"。④ 世祖又授八思巴为帝师，标志着元朝帝师制度的建立。元朝从蒙哥汗在位时开始设置国师，到忽必烈时又设置帝师，以藏传密教高僧担任帝王在宗教上的导师，而且初设时

---

① （元）袁桷《皇城曲》，《清容居士集》卷一六，《四部丛刊》本。
② 参阅王森《西藏佛教发展史略》，中国社会科学出版社1997年修订版，第228—231页。
③ （元）念常《佛祖历代通载》卷二一，见《大正藏》第49册，第707页。
④ （宋）志磐《佛祖统纪》卷四八，见《大正藏》第49册，第434页。

就是藏传密教僧人独据的僧官职务。学术界一般认为帝师制初创于西夏，罗炤先生认为：

> 早在元世祖忽必烈封授八思巴为帝师（1269）一百年前，西夏就开始封设帝师了。新发现的文献表明在此一百年前西夏已经开始封设帝师。北京房山云居寺所藏汉、藏文合璧《圣胜慧到彼岸功德宝集偈》的题款中发现了西夏的帝师，名为贤觉帝师波罗显胜。①

史金波先生又查检俄藏西夏文献，指出：

> 俄藏西夏文献中出现的第二位帝师是慧宣，第三位是大乘玄密帝师。②

实际上，元朝的帝师制度是在西夏藏传密教的基础上的承袭与完善。西夏也有部分后裔参与了元代藏传密教的管理，最著名的当属杨琏真伽。也有学者提出了相反的观点，认为帝师并非出于西夏，也非出于元朝的首创，而是本土儒家文化的影响。张羽新就是其中的代表，他认为：

> 其实，历史的事实并非如此。大量的历史文献证明，它渊源于儒家"王者必有师"的治国思想和相关职官制度。……"帝师"作为皇帝之师的专用语词，至迟在西汉时期就在社会政治生活中广泛应用。……元朝的帝师制度并非历史首创，也不是袭用西夏的僧官制度，而是源自儒家"帝王必有师"治国思想和中原历代王朝"帝王师傅"职官制度。③

---

① 罗炤《藏汉合璧〈圣胜慧到彼岸功德宝集偈〉考略》，《世界宗教研究》1983年第4期。
② 史金波《西夏的藏传密教》，《中国藏学》2002年第1期。
③ 张羽新《帝师考源》，《中国藏学》2004年第1期。

有元一朝，历代帝王先后授十四任帝师。帝师作为元朝皇帝和皇室成员的宗教导师，负责向皇帝传授佛法，皇帝成了帝师的弟子。皇帝即位前，要先从其受戒，所谓"累朝皇帝先受佛戒九次，方正大宝"，"此国俗然也"。① 新君即位，例颁《珍珠诏书》以示尊崇。帝师说法，地位高于皇帝。早在世祖受喜金刚灌顶、皈依八思巴时，察必皇后就与八思巴约定："听法及人少时，上师可以坐上座。当王子、驸马、官员、臣民聚会时，慈不能镇伏，由汗王坐上座。"② 帝师的地位尊荣，不仅帝后、太子受教，大臣也会相继前往受戒。因此，元朝皇帝、皇后、嫔妃、公主等，"皆因受戒而为之膜拜"。元朝诸帝对于帝师都屈万乘之尊，尽师敬之节，无所不用其极。胡助《京华杂兴诗》云：

> 嗟彼西方教，崇盛何炜煌。至尊犹弟子，奴隶视侯王。禅衣烂云锦，走马趋明光。③

除此之外，元朝统治者赋予帝师诸多至高无上的特权，拥有至高无上的特权。"至元初，立总制院，而领以国师。"④ 到了至元二十五年（1288），改为宣政院，"掌释教僧徒及吐蕃之境而隶治之"，宣政院由帝师统领，帝师统辖全国僧尼，掌管全国佛教事务。据《元史·释老传》：

> 乃郡县土蕃之地，设官分职，而领之于帝师。乃立宣政院，其为使位居第二者，必以僧为之，出帝师所辟举，而总其政于内外者，帅臣以下，亦必僧俗并用，而军民通摄。于是帝

---

① （元）陶宗仪《南村辍耕录》卷二《受佛戒》，中华书局1957年版，第20页。
② 阿旺贡嘎索南著，陈庆英等译注《萨迦世系史》，西藏人民出版社1989年版，第108页。
③ 《纯白斋类稿》卷一八《纯白先生自传》，《丛书集成初编》本。
④ （明）宋濂《元史》卷八七《百官志三》，中华书局1976年版，第2193页。

师之命,与诏敕并行于西土。①

由上述记载可见,当时政教合一,帝师地位很高,其旨等同诏令。帝师同时还执掌藏区军政事务,"帝师之命,与诏敕并行于西土"。因此,《元史》称,"元兴,崇尚释氏,而帝师之盛,尤不可与古昔同语"。②史载文宗时:

> 帝师至京师,有旨朝臣一品以下,皆乘白马效迎。③

明叶子奇《草木子》中也说:

> 世祖以八思麻帝师有功,佐平天下,意其类当代有天下,思为子孙长久计,欲阴损其福,而泄其气。于是尊其爵至于一人之下,万人之上。……及其既死,复于西方再请一人以袭其位,事之一遵其制。④

帝王登基前也要由帝师九次授戒,才能正式即位。⑤帝师所授封号与其他官员不同,如八思巴即加封为"皇天之下、一人之上、开教宣文、辅治大圣、至德普觉真智佑国、如意大宝法王西天佛子、大元帝师"⑥,并广建佛塔、佛殿以祀之。即使用于帝师的诏书也非同寻常,如元陶宗仪《南村辍耕录》中说:

> 累朝皇帝于践祚之始,必布告天下,使咸知之。惟诏西番者,以粉书诏文于青缯,而绣以白绒,网以真珠。至御宝处,则用珊瑚,遣使赍至彼国,张于帝师所居处。⑦

---

① (明)宋濂《元史》卷二〇二《释老传》,中华书局1976年版,第4520页。
② 同上,第4517页。
③ 同上,第4220页。
④ (明)叶子奇《草木子》卷四《杂俎篇》,上海古籍出版社2012年版,第84页。
⑤ (元)陶宗仪《南村辍耕录》,中华书局1957年版,第20页。
⑥ (明)宋濂《元史》卷二〇二《释老传》,中华书局1976年版,第4518页。
⑦ (元)陶宗仪《南村辍耕录》,中华书局1957年版,第25页。

帝师来京，中书大臣驰驿累百骑出迎，"所过供亿送迎"。至京，则以皇帝仪仗之半为前导，省、台、院等高官迎接。及其卒而归葬舍利，"百官出郭祭饯"。① 中国传统的帝王尊严在元代可谓备受藏传密教之侵蚀，儒臣无不为之愤慨，郑介夫有"今国家财赋半入西番"的惊呼②，并对帝师至京，倾城朝野相迎颇有微词："往年帝师之死，择取小帝师来代，不过一小庸厮耳，举朝郊迎，望风罗拜，荣遇之过，一至如此。"③诸帝给予的过高待遇，一方面使得朝廷财政吃紧，另一方面也使得这一阶层行事肆无忌惮，为所欲为。如元世祖时，杨琏真伽为江南释教总统，为害不可胜数：

> 发掘故宋赵氏诸陵之在钱唐、绍兴者及其大臣冢墓凡一百一所；戕杀平民四人；受人献美女宝物无算；且攘夺盗取财物，计金一千七百两，银六千八百两……钞一十一万六千二百锭，田二万三千亩，私庇平民不输公赋者二万三千户。④

英宗及以后诸帝，对帝师赏赐无度，兴建佛寺，使得朝廷财政吃紧，导致朝廷未尝有一日之储。

帝师制度的创立及其被赋予的诸多特权，为历代萨迦法主所承袭，总制院的设立以及后来改制成为宣政院，都可看作是藏传密教势力在元朝政治地位之逐步强化与提高。忽必烈一统天下，"虽亦以儒术饰治，然帝师佛子，殊宠绝礼，百年之间，所以隆奉敬信之者，无所不用其至"⑤。可见，帝师制的创立，确实对藏传密教在中央集权的体制下发挥着巨大的作用。

---

① （明）宋濂《元史》卷二〇二《释老传》，中华书局1976年版，第4521页。
② （清）柯劭忞《新元史·郑介夫传》，上海古籍出版社2017年版。
③ 同上。
④ （明）宋濂《元史》卷二〇二《释老传》，中华书局1976年版，第4521页。
⑤ 洪钧《元史译文证补·元世各教名考》，引自《东方杂志》第42卷第4期，1945年。

三、密教经典的刻印、书写及校勘

由于帝王、皇室成员崇信藏传密教，故有元一代将刻经、书经及校勘等作为对本民族实施文化教育的一种手段。世祖、成宗、武宗、仁宗、泰定帝、文宗、英宗朝，均刊印、抄写了大量密教经典，极大地推进了藏传密教的传播。

有元一代，除了翻译的藏传密教经典外，还刊印、抄写、校正了大量密教经典，乃至用金汁书写密教经典。根据《元史》各本纪中记载，当时由大内召宣所刊行的藏经多种，如元世祖刊大藏三十六藏；成宗刊河西吐蕃两体字藏经；仁宗命杭州刊经八藏；文宗命江浙刊经二十七藏，以泥金写经，规模宏伟，盛况空前；其他还有金字藏经、西番字藏经、畏兀字无量寿佛经一千部等；至元二年（1265），八思巴用金汁抄写显密经典及般若等经共计二百余部；仁宗延祐四年（1317），元室赐韶州南华寺《金书孔雀经》一部。英宗至治元年三月"乙酉，集宝寺金书西番波若经成，置大内香殿"；"至治三年（1323），诏僧儒书金字藏经。是年，召佛海性澄法师至京入对明仁殿，被旨丁青塔寺校正经、律、论三藏。有司供张岁时赐予为礼殊渥，驾幸文殊阁引见，问劳赐食。正旦及天寿节，再朝丁大明殿，赐以《无量寿经》。校正事毕，特赐金襕大红衣，加以御用衣段，已给驿券将南还"①。泰定元年（1324）七月，"丙午，以畏兀字译西番经"②，迦鲁纳答思"以畏兀字译西天、西番经论，既成，进其书，帝命锓版，赐诸大臣"③。文宗至顺元年（1330），遣使召赵世延于集庆，以泥金书无量寿佛经千部，以泥金书佛经一藏。④ 另外，还有陆续发现的元代密教译经以及编纂藏经目录等，

---

① （宋）志磐《佛祖统纪》卷四八，《大正藏》第49册，436b。
② （明）宋濂《元史》卷二九《泰定帝纪一》，中华书局1976年版，第649页。
③ （明）宋濂《元史》卷一三四《迦鲁纳答传》，中华书局1976年版，第3260页。
④ （宋）志磐《佛祖统纪》卷四八，《大正藏》第49册，436a。

其中以元世祖召集汉藏两地大德高僧编纂的《至元法宝勘同总录》十卷最为著名,是对西藏佛典与汉译佛典进行比较研究的重要文献。密典的刊刻和翻译,无疑最大限度地促进了佛教文化事业的发展。另外,元世祖还命汉藏两地高僧合作完成了汉藏两地佛典的对勘,从而对汉地佛教有了新的认识。元念常《佛祖历代通载》亦言:

> 帝(元世祖)见西僧经教与汉僧经教音韵不同,疑其有异,命两土名德对辩。①

在此基础上,一些精通汉藏文的高僧遂将汉文经典译成藏文,传入雪域高原。基于此,在元世祖的主持下,终于促成了汉地佛教和藏传密教在佛教经、律、论方面的对勘。

四、兴建佛寺塔院,优礼藏密高僧

元代时,寺庙规模宏大,"精严壮丽",多是在帝王的直接关心下修建。早在元世祖中统二年(1261),于桓州东梁河北之龙冈建开平府,首于城中乾艮二隅造两佛刹:曰大乾元寺,曰龙光华严寺②;之后诸帝大都造寺起塔,先后修建有大圣寿万安寺、城南寺、兴教寺、大崇国寺、大崇恩福元寺,等等。至元二十二年(1285),"发诸卫军六千八百人,给护国寺修道"。仅据至元二十八年(1291)宣政院统计,当时境内有寺院42 000余所,僧尼213 148人③,加上伪滥僧尼,至元代中叶,总数约在百万。元中叶后,诸帝对待藏传密教,大部仍沿袭元世祖的范例办理。如成宗大德元年(1297),建临洮寺。"世祖尝以五台绝境,欲为佛寺而未果,帝继志建寺,赐名万寿佑国寺,命真觉国师文才主之。"④大

---

① (元)念常《佛祖历代通载》卷二二,《大正藏》第49册,724c。
② (宋)志磐《佛祖统纪》卷四八,《大正藏》第49册,433c。
③ 同上,435a。
④ 同上,435b。

第三章　藏传密教在元代的传持

德五年（1301），"赐昭应宫、兴教寺地各百顷，兴教仍赐钞万五千锭；上都乾元寺地九十顷，钞皆如兴教之数；万安寺地六百顷，钞万锭，南寺地百二十顷，钞如万安之数。"① 大德十年（1306），兴建南华寺大雄宝殿，即三宝殿；南华寺香积厨，元代重建。武宗至大元年（1308），"发军千五百人，修五台山佛寺。帝幸上都，建佛寺大都。又以银七百五十两，钞二千二百锭，币帛三百匹施昊天寺；至大四年（1311）五月，赐国师板的答钞万锭，以建寺于旧城。"② 仁宗皇庆元年（1312），以西僧藏不班八为国师，赐玉印。赐大普庆寺金千两银五千两，钞万锭。西锦彩纱罗布帛万端，田八万亩，邸舍四百间。又给钞万锭，修香山普安寺。③ 至治元年（1321）三月，建帝师八思巴寺于京师。元泰定帝至和元年（1328），"诏帝师命僧修法事于盐官州，仍造浮屠三百十六所，以厌海溢"④。文宗天历二年（1329），建承天护圣寺⑤。这种营建大型寺院和大规模赐田赐钞的风气，终元一世，几乎没有中断。其结果，"凡天下人迹所到，精蓝胜观，栋宇相望"⑥。据统计，由朝廷兴建的佛寺已达千五百所。

元朝诸帝对萨迦派高层人物采取优礼政策，崇信藏传密教高僧，尤其集中体现在对帝师的尊崇上。不仅帝师一人备受尊崇，其他萨迦派上层人物亦受到优礼，如对萨迦派高层宗教人士授官、封公、赐爵等。《元史》记载："虽其昆弟子姓之往来，有司亦供亿无乏。泰定间，以帝师弟公哥亦思监将至，诏中书持羊酒郊劳；而其兄琐南藏卜遂尚公主，封白兰王，赐金印，给圆符。其弟子之号司

---

① （明）宋濂《元史》卷二〇《成宗本纪》，中华书局，第434页。
② （宋）志磐《佛祖统纪》卷四八，《大正藏》第49册，435b。
③ 同上，435c。
④ 同上，436c。
⑤ 同上。
⑥ （元）张养浩《归田类稿》卷二。

· 153 ·

空、司徒、国公，佩金玉印章者，前后相望。"① 除此之外，藏传密教高僧优异而受朝廷赐封勋爵者，亦达十余人。

　　元廷在广建寺庙的同时，还封赏藏密僧人，在政治、经济等方面给予其诸多特权。当时的藏僧地位极高，在经济上、法律上，都给予藏僧保护，如无条件地对藏僧免税、免役，不得强占藏僧田产，不得强夺归属寺院的土地等。甚至帝王还专门下诏来约定藏僧的特权。西僧的嚣张跋扈，史载不绝，如至大元年（1308），"上都开元寺西僧强市民薪，民诉诸留守李璧。璧方询问其由，僧已率其党持白梃突入公府，隔案引璧发，捽诸地……二年，复有僧龚柯等十八人，与诸王合儿八剌妃忽秃赤的斤争道，拉妃堕车殴之，且有犯上等语，事闻，诏释不问。"② 可见，这些西番僧人中，有些人有犯上等语，帝王也无可奈何。泰定二年（1325），平凉府及静、会、定西等州，西番僧佩金字圆符，假馆民舍，因迫逐男子，奸污妇女。到了顺帝时，部分僧侣出入宫禁，丑声四布。顺帝宫闱内部以荒淫著称的演揲儿法及其他丑事等，都与黑帽系第四世活佛乳必多吉的密法传授有关③。至于民间，更有不法僧尼，以佛护身，作奸犯科，无所不至。这些不法僧尼，虽削发托身净域，实恋尘缘。元代一白姓（佚名）诗人作诗《戏题》：

　　　　红红白白好花枝，尽被山僧折取归。只有野蔷颜色浅，也
　　来钩惹道人衣。④

该诗讥讽了不法僧道娶妻买妾的事。不仅如此，建藩于云南等地的诸王，也往往从藏区延请藏密高僧以为王师。对藏地僧人礼遇之

---

① （明）宋濂《元史》卷二〇二《释老传》，中华书局1976年版，第4521页。
② 同上，第4522页。
③ 王辅仁、陈庆英《蒙藏民族关系史略》，中国社会科学出版社1985年版。
④ （清）陈衍辑，李梦生点校《元诗纪事》，上海古籍出版社1987年版。

甚，由此可见一斑。其后，由于元朝皇室过分优礼藏传密教，导致腐化，乃有宗喀巴之改革，而形成新旧之格鲁派、萨迦派。

第二节 元代密教高僧及其密教经典的传译

入元以降，由于元世祖忽必烈接受藏传密教为国教，因此，来自西藏的密教高僧异常活跃。元朝著名的藏传密教高僧，首推八思巴。据明幻轮《释氏稽古略续集》卷一：

> 八思巴初礼伯父萨师加哇为师，秘密伽陀一二千言，过目成诵。七岁演法，辩博纵横，犹不自足，复遍咨名宿。钩玄索隐，尽通三藏。①

忽必烈在蒙古宪宗在位时，曾率兵进入西藏，见到七岁的八思巴聪颖过人，纵横说法，辩才无碍。八思巴驻锡蒙古，与宫廷关系密切，往返于藏地与中原，积极弘教，异常活跃。蒙古宪宗三年（1253），八思巴专门为忽必烈夫妇特别举行了密教喜金刚灌顶仪式，八思巴被尊为上师。自此，八思巴随侍忽必烈，其子女先后亦从八思巴受密教灌顶，皈依藏传密教。宪宗七年（1257），八思巴在忽必烈支持下朝礼佛教圣地山西五台山，并撰写藏文的五台山赞颂多篇。八思巴到五台山朝拜，开创了元、明、清三朝藏族高僧与五台山的关系。宪宗八年（1258），八思巴作为佛教方面的主要代表之一参加忽必烈奉蒙哥汗之命在开平主持的释道辩论，对佛教一方获胜起了关键作用。

世祖中统元年（1260），忽必烈即汗位，封八思巴为国师，并

---

① 《大正藏》第49册，906b。

"受以玉印，任中原法王，统天下教门"，以藏传密教高僧为统领，管理全国的佛教事务，这可以说是后来元朝以藏传密教为国教、设立帝师制度的滥觞。至元六年（1269）时，世祖又命八思巴为蒙古制造文字，称为"八思巴文"，后封他为"大宝法王"，对蒙古文化的影响深远。至元七年（1270），元朝建立后，八思巴被赐封为"皇天之下、大地之上、西天佛子"。至元八年（1271），忽必烈改国号为"大元"，封八思巴为帝师、大宝法王。八思巴被尊为帝师，之后遂为定制，相继被封者多达十五人。① 至元十七年（1280），八思巴在萨迦南寺的拉康喇让圆寂。忽必烈追赐他为"皇天之下、一人之上、开教宣文、辅治大圣、至德普觉真智佑国、如意大宝法王西天佛子、大元帝师。"②

另一位藏密大师胆巴，对藏传密教的传播所作的贡献更大。在元朝攻打南宋之际，八思巴令其弟子胆巴修法事御敌，以助军威。此事在汉文史料中也得到了印证。据《胆巴碑》记载，胆巴于寿宁寺设立道场，行密教法门，祭祀大黑天神。由是观之，胆巴是通过修持密教法门来助佑元军剿灭南宋的，而这一切都是他事先预谋的。可见，祭祀大黑天神并不单纯是宗教活动，它也是为忽必烈的军事行动服务的。至元末年，国师胆巴因与权臣不和，被贬至潮州，元念常《佛祖历代通载》记述了他在流放期间的经历，"由沛涉江，泊于闽广，所至州城，俱沾戒法"③。他在潮州城南建立了宝积寺，弘传萨迦教法，并行医治病，威望较高。元陶宗仪《南村辍耕录》卷五"僧有口才"条："大德间，僧胆巴者，一时朝贵咸敬之。"④ 广东道宣慰使的月的迷失，镇守潮州，时其妻身染恶疾，

---

① 洪用斌《蒙古通史》上卷，北京民族出版社2001年版。
② （元）陶宗仪《南村辍耕录》卷一二，中华书局1957年版，第154页。
③ （元）念常《佛祖历代通载》，《大正藏》第49册，725c。
④ （元）陶宗仪《南村辍耕录》，中华书局1957年版，第56页。

医治无效，胆巴为其禳灾驱病，于是月的迷失对胆巴倍加尊崇。胆巴尤善密术祈雨，据《元史·释老传》：

> 时怀孟大旱，世祖命祷之，立雨。又尝咒食投龙湫，顷之奇花异果上尊涌出波面。①

元成宗即位后，胆巴更受尊崇和重用，命他住持大都的大护国仁王寺。成宗患病，胆巴为之祷疾。元贞间，边界受侵，成宗请他在瓮山（今北京颐和园的万寿山）设立坛城，供奉大黑天神，"命祷于摩诃葛剌神前，已而捷书果至"②。胆巴渊博的佛学知识和卓越的才能，特别是他在西印度所学的密教法门，对于在元朝宫廷传播萨迦派起到很好的作用③。胆巴卒后，被追封为帝师。

弘传藏传密教的中原高僧也大有人在，如元代大都大圣寿万安寺塔（北京白塔）的开山住持知拣，他是在万安寺建成后由忽必烈亲自下诏任命的首任住持。据《佛祖历代通载》卷二二引《弘教集》记载，知拣曾受忽必烈诏请询问佛法：

> 又：帝问拣坛主："何处有佛？"拣云："我皇即是佛。"帝云："朕如何是佛？"拣云："杀活在于手，乾坤掌上平。"④

由此亦可见知拣是一位当之无愧的名僧。另外，从《宗原堂记》的记载，我们对知拣入主万安寺的宗教背景也可获得一些重要启示。元代兴建的万安寺是一座藏传密教寺庙，它的建筑风格、殿堂供奉以及寺院法事活动都带有明显的藏传密教特色，而元世祖忽必烈却派知拣这位汉地教门僧人为其开山住持，这是一个非常值得注意的问题。知拣于至元二十二年（1285）到至元二十四年

---

① （明）宋濂《元史》卷二〇二《释老传》，中华书局1976年版，第4519页。
② 同上。
③ 详参陈庆英《元代藏族名僧胆巴国师考》，《中国藏学》1990年版，第1期。
④ （元）念常《佛祖历代通载》，《大正藏》第49册，724c。

· 157 ·

(1287)参加对勘、编纂的《至元法宝勘同总录》,足以反映其佛学水平非同一般。《至元法宝勘同总录》简称《至元录》,共十卷,是一部佛教经录著述。2001年5月25日,北京石景山区文物管理所发掘出一个石函,经考证即为知拣的墓室。石函两侧壁上分别雕刻有十字金刚杵。十字金刚杵又称羯磨杵,由两个金刚杵交叉构成,是密教法事活动中常用的重要法器,常出现在西藏金铜像底座的封盖上。它具有加持和成就事业的功用,如唐一行撰《大日经疏》卷十六载:

> 金刚有二种:一者智金刚,二者业金刚。此梵云金刚羯磨,谓所作事业也,以此金刚业而加持故,得净除其心也。①

知拣石函上的十字金刚杵表示的意义亦昭然若揭。值得一提的是,在1963年发掘的元代那摩国师侄子铁可墓中,也发现了十字金刚杵,不过它是装饰在一面铜镜上。由此可见,十字金刚杵出现在元代墓室中随葬并不是孤例,而是一个较为普遍的现象,当然它与元代丧葬习俗和墓主人的信仰是密不可分的。知拣住持的万安寺在元代主要是弘传藏传密教,铁哥的伯父那摩国师是一位来自迦湿弥罗(今克什米尔)的著名密教大师,两位墓主人都与密教有着千丝万缕的联系,因此他们的墓中出现十字金刚杵装饰图案就不足为奇了。

进入元世,尽管藏传密教为当时宗教信仰的主流,但印度密教高僧东来入元弘密的亦代有传人。如指空就是其中重要的一位。有关指空的研究,早在20世纪70年代末就有相关成果问世。如1979年,陈高华先生就有指空在华行迹的专题论文发表②,1986年,何

---

① 《大正藏》第39册,748b。
② 陈高华《元代来华印度僧人指空事迹》,《南亚研究》1979年第1期。

第三章 藏传密教在元代的传持

耀华先生的《武定凤氏本末笺证》一书中也涉及有关指空事迹的考证。① 20世纪80年代末，贺圣达先生亦有指空在中国行迹及思想的专论，② 2007年，段玉明先生的《指空——最后一位来华的印度高僧》一书对指空的生平、行迹，以及佛学思想等进行了详细考察。近两年来，中国学者开始对指空作较为深入的研究。祁庆福教授、杨学政研究员和何耀华研究员先后在《云南社会科学》上发表了他们的研究成果。

指空，梵名提纳薄陀，法号"苏那的沙野"，汉译为指空，自称为迦叶的百八传人。他是古印度摩揭陀国王子，8岁时从那烂陀寺律贤出家，19岁时皈依南印度楞迦国吉祥山普明。之后入华，足迹踏遍大江南北。曾先后在北方的燕京一带、西南地区的滇东黔西及长江中下游地区游方。据史志载，指空于至治年间（1321—1323）入黔，并弘法于黔西一带。指空禅师在黔西弘法，注重利用神通灵异手段。还有一位入元印度密僧沙罗巴，其所译的佛典有《佛顶大白伞陀罗尼经》一卷等③。有关沙罗巴事迹，明如惺《大明高僧传》卷一《元燕都庆寿寺沙门释沙啰巴传》：

> 释沙啰巴，西国积宁人。总卯即依八思巴帝师剃染，习诸部灌顶法。又从著粟赤上师学大小乘。时有刺温卜，善通焰曼德迦密教，为世所称，投之尽得其道，所以善吐番音，说诸妙法，兼解诸国文字。后因八思巴帝师荐于世祖，命译中国未备显密诸经，各若干部。其词旨明辩，特赐大辩广智之号。④

---

① 何耀华《武定凤氏本末笺证》，云南民族出版社1986年版。
② 贺圣达《印度高僧指空在中国：行迹、思想和影响》，《宗教》1998年第4期。
③ 参见慈怡主编《佛光大辞典》第3册，北京图书馆出版社1989年影印版，第2978页。
④ （明）如惺《大明高僧传》，《大正藏》第50册，901b。

除了上述已经发现的文献之外，汉译藏传密教文献也陆续被发现。例如，北京法源寺藏有大量汉译藏传密教文献，其中一部分近年结集出版，题为《中国藏密宝典》，共有六卷之多①。

---

① 参见安海燕、沈卫荣《台湾"故宫博物院"藏汉译藏传密教仪轨〈吉祥喜金刚集轮甘露泉〉源流考述》，《文史》2010年第3辑。

第四章
密教传持与宋元诸佛、菩萨的密教化

在密教信仰中，诸佛及各路菩萨，都是重要的供奉对象。在密教神祇谱系中，诸佛、菩萨多是在显教基础上的密教化。进入密教体系后，他们的法相、神格等都被赋予了全新的内容，令人耳目一新。在密教法门实施的过程中，他们都有超强的现世功能，因此，传入中土后赢得信众无数，在密教的传承中扮演着重要的角色。宋元之际，随着密教的渐趋世俗化，信众不断扩大，朝野上下，修持密教兴盛一时。密教是在大乘显教的基础上建立了自己的理论体系，因此，密教信仰的多路神祇法相、神格等都是在大乘显教基础上的衍变，即密教化。而密教系统中的诸佛就是其中重要的组成部分。诸佛各司其职，信众各取所需而持奉。在庞大的密教神祇体系中，东方琉璃世界的教主药师佛、炽盛光佛，文殊菩萨、大随求菩萨等，功德巨大，具有极强的现世利益，故持奉者甚众，在社会上影响广泛。

第一节　炽盛光佛信仰与宋元社会

中国作为农耕大国，自古以来，就很重视天象。春秋战国时期，百家争鸣，天象也上升到哲学层面的讨论。天象与灾异，天象与社会变迁，天象与人事等紧密关联。密教传入后，其中之炽盛光佛与天象关系密切。炽盛光佛顶法修法时间一般是选择在天象变异之时，如日食、月食、风灾雨害之时，故与本土传统星象文化不谋而合。炽盛光佛信仰的核心是修持炽盛光佛顶法，依炽盛光佛顶如来之本誓，可消灾避祸，因此，朝野上下，持奉炽盛光佛者众。

一、炽盛光佛信仰的缘起、神格及法相

炽盛光佛，亦称金轮炽盛光佛、炽盛光如来、炽盛光佛顶、炽盛光佛顶如来、摄一切佛顶轮王等。炽盛光佛信仰的缘起，据唐不空译《佛说大威德消灾陀罗尼经》：

> 尔时释迦牟尼佛在净居天宫，告诸宿曜、游空天众、九执大天，及二十八宿、十二宫神、一切圣众："我今说过去娑罗王如来所说，炽盛光大威德陀罗尼除灾难法，若有国王及诸大臣所居之处及诸国界，或被五星陵逼，罗睺、彗孛、妖星，照临所属本命宫宿及诸星位，或临帝座于国于家及分野处，陵逼之时，或退或进，作诸障难者，但于清净处置立道场，念此陀罗尼一百八遍或一千遍，若一日、二日、三日，乃至七日，依法修饰坛场，至心受持读诵，一切灾难，皆悉消灭，不能为害。若太白、火星入于南斗，于国于家及分野处作诸障难者，于一忿怒像前，画彼设都噜形，厉声念此陀罗尼加持，其灾即除，移于不顺王命悖逆人身上。"[1]

---

[1]《大正藏》第19册，337c。

明释宝成编集《释迦如来应化录》卷下"说咒消灾"亦言此法：

> 《消灾经》云：尔时释迦牟尼佛在净居天中。……我今说过去娑罗王如来所说，炽盛光大威德陀罗尼除灾难法。①

此《消灾经》即不空译《佛说炽盛光大威德消灾吉祥陀罗尼经》。宋志磐《佛祖统纪》卷三一亦收录了这段经文，内容大同小异，只有个别文字的出入②。经中叙述了释迦牟尼佛曾在净居天宫为诸宿曜、诸宫宿宣说大威德炽盛光佛消灾诸法。据释迦牟尼佛所言，当天象发生异变时，可以炽盛光佛为本尊，设立曼荼罗坛场，持诵炽盛光密咒以修法，借此可消灾纳福。此尊在胎藏曼荼罗释迦院中系最胜佛顶，与光聚佛顶同尊，实则此尊即是金轮佛顶。相传释尊在须弥山顶成道，折伏诸天，而称金轮佛顶，金轮佛顶尊之别名；由于佛身之毛孔，放出无数炽盛之光明，故云炽盛光。炽盛光佛为释迦牟尼佛的教令轮身，是其为教化众生所示现的忿怒相，因示现时自身中毛孔发出炽盛光焰，故有此名。三昧耶形为十二辐轮或三股杵。印契为二手双合，屈二食指入掌，以二拇指压之。有关此尊之自性轮身有多种说法，或谓炽盛光与一字金轮同尊，或以此尊即八佛顶中之金轮佛顶，亦有以此尊与光聚佛顶同尊之说。

炽盛光佛信仰的核心是修持炽盛光佛顶法。炽盛光佛顶法，略称炽盛法、炽盛光法。指依炽盛光佛顶如来之本誓，为除灾所修之秘法。消灾避祸是供奉炽盛光佛的主要目的。炽盛光佛顶法修法时间一般是选择在日食、月食、天变地异、风雨灾害的时候。这大概是炽盛光佛顶尊自其毛孔流出炽盛光焰，能教令、折伏具有日月星宿等光耀之诸天，故以之为本尊。此法之道场观为：在前结金刚墙，内有大海，海中有宝山，山上有宝狮子座，座上有宝莲花，花

---

① 《卍续藏》第75册，90b。
② 《大正藏》第49册，306b。

上有宝楼阁，阁内有大曼荼罗，中有无量之装饰周匝悬列。本尊位上有字，字变成金轮，轮变成本尊，毛孔飞光散，首冠五佛相，二手如释迦，本尊放光，照诸尊座位。中土撰述中亦有阐释，据明《紫柏尊者别集》卷一《炽盛光如来陀罗尼经跋》：

> 其持诵之法，或制轮佩身，或以真言意持。若未臻灵应，当更发增上愿心，可期必克。迨乎应念响臻，密非外得，心法不二，本末同归。可咒枯木以开花，喝顽石而使裂，乃至易短折为长年，变无嗣为螽斯。种种祈求，必获如愿。①

有关炽盛光佛内容的经典很多，从目前所知的，具有确切译人的经典来看，其中以唐不空所译《佛说炽盛光大威德消灾吉祥陀罗尼经》一卷为最早，简称《大威德消灾吉祥陀罗尼经》《消灾吉祥经》《消灾经》等。另有译人不详的《佛说大威德金轮佛顶炽盛光如来消除一切灾难陀罗尼经》一卷，内容与不空译基本一致，当是这部经的同本异译。还有唐金俱吒译《七曜攘灾决》，一行编《梵天火罗九曜》等。另据廖旸先生考证，还有一部未见入藏的有关炽盛光经典：

> 另一种异译《（金轮佛顶）大威德炽盛光如来（吉祥）陀罗尼经》未见入藏。此经曾流行于西北，数见于甘肃敦煌莫高窟、内蒙古额济纳旗黑水城发现品，也出现在云南大理等边地，明代的多种写刻本还表明，它在中原腹地同样受到尊崇。……此本炽盛光陀罗尼经存敦煌唐—五代写经四种、西夏刻经残片一种，黑水城西夏写刻经（含西夏文译本）十种。②

他认为此经在炽盛光相关诸经中译出年代最早。宋代遵式还撰有

---

① 《卍续藏》第 73 册，406b。
② 廖旸《〈大威德炽盛光如来吉祥陀罗尼经〉文本研究》，《敦煌研究》2015 年第 4 期。

第四章 密教传持与宋元诸佛、菩萨的密教化

《炽盛光道场念诵仪》一卷，系依《消灾吉祥经》而记述有关炽盛光佛顶法之坛场及念诵法。详分坛场供养、方法、拣众清净、咒法、三业供养、释疑、诫劝檀越等七门。

炽盛光佛与文殊菩萨的关系甚为密切，《文殊师利根本仪轨》自不待言，还有《文殊师利及诸仙所说吉凶日善恶宿曜经》等。在《大圣妙吉祥菩萨说除灾教令法轮》（即《炽盛光佛顶仪轨》）中，还阐释了修持炽盛光佛曼荼罗的方法。佛经中亦明言是佛陀向文殊菩萨和各天众宣讲的，据失译人《佛说大威德金轮佛顶炽盛光如来消除一切灾难陀罗尼经》：

> 尔时释迦牟尼佛，住净居天宫，告文殊师利菩萨摩诃萨，及诸四众、八部、游空大天、九执、七曜、十二宫神、二十八星、日月诸宿。①

不空译经开篇在闻法会众上，诵咒之后，亦言：

> 尔时如来说是陀罗尼经已，时曼殊室利菩萨摩诃萨，及诸声闻、四众、游空大天、及诸星辰，一切圣众，咸依佛敕，顶礼奉持，各还本宫。②

可见文殊是与会的上首大菩萨。

在密教修法中，以炽盛光佛顶为本尊，在天灾地变时，以除灾招福而修的秘法，即为炽盛光法。此法之主要效用是除灾。凡属灾疫流行、鬼神暴乱、异国兵贼入侵，或是世人遭受厄难、王难、贼难，或为怨家陵逼、恶病缠绵等，皆可修此法以祓除之。不空译《炽盛光大威德消灾吉祥陀罗尼经》云：

> 尔时释迦牟尼佛在净居天宫，告诸宿曜、游空天众、九执

---

① 《大正藏》第 19 册，338b。
② 同上，338a。

> 大天,及二十八宿、十二宫神、一切圣众:"我今说过去娑罗王如来所说炽盛光大威德陀罗尼除灾难法,若有国王及诸大臣所居之处及诸国界,或被五星陵逼,罗侯、慧孛、妖星照临所属本命宫宿及诸星位……但于清净处,置立道场,念此陀罗尼一百八遍,或一千遍,若一日、二日、三日,乃至七日,依法修饰坛场,至心受持读诵,一切灾难,皆悉消灭,不能为害。"①

经中明确说明只要在清净处设立坛场,持诵炽盛光咒,可祛除金、木、水、火、土等妖星的灾患。炽盛光佛和诸星的关系极为密切,鉴于炽盛光法在天象灾异方面的灵验,因此,特别在有关星象的密教经典中极为重视,此法亦频现于此类经典中。如在一行撰《北斗七星护摩法》经文之后,另附有《炽盛光要法》:

> 尔时释迦牟尼佛在净居天宫,告诸天、宿曜、十二宫神:"我今说过去沙罗王如来真言,若有国王所居国界五星陵逼二十八宿及帝座,每日晨朝于道场中结印,诵此真言七遍。五星诸曜,陵逼诸座,不能为灾害。……此真言一切如来之所加持,名炽盛威德佛顶真言,能成办八万种吉祥事,能除灭八万种灾祸不祥恶梦。若见闻诸不祥事,清净心诵一遍,则不能为害。"②

此部分与敦煌遗书伯3920号《佛说大威德金轮佛顶炽盛光如来消除一切灾难陀罗尼经》文义相近,当是同一经之异译。所不同者,一行于《炽盛光要法》中,加入了结手印,及作法仪轨,如"身着皂衣,面向南坐,以烧死灰,画三角……以石榴枝鞭其彼形"等

---
① 《大正藏》第19册,337c。
② 《大正藏》第21册,458c。

第四章 密教传持与宋元诸佛、菩萨的密教化

等。此经系叙述释迦牟尼佛在净居天中，召集诸天宿曜、十二宫神，告以咒言，借以破除诸宿陵逼所带来之灾怪不祥。一行加入了作法仪轨，其目的是使此经更易于依法修持。另据唐一行译《宿曜仪轨》中言：

> 若日月在人本命宫中，及五星在本命宫斗战失度，可立大白衣观音或文殊八字、炽盛光佛顶等道场，各依本法念诵，一切灾难自然消散；一切曜不吉祥，诵此真言，成能吉祥。……或依文殊八字真言，或依炽盛光佛顶，或依被叶衣观音，或依一字王佛顶，立大息灾护摩坛场。各依本法念诵供养，一切灾难自然消灭。①

不空所译《佛说炽盛光大威德消灾吉祥陀罗尼经》，经文简短，与唐代失译人《佛说大威德金轮佛顶炽盛光如来消除一切灾难陀罗尼经》，及一行撰《北斗七星护摩法》文末所附的《炽盛光要法》皆是同经之异译，广略有别，《炽盛光要法》文虽简略，然有坛法仪轨。

此外，以炽盛光佛顶为主尊所绘制而成的曼荼罗，谓之炽盛光曼荼罗。其绘制方法，具载在《大圣妙吉祥菩萨说除灾教令法轮》《大妙金刚大甘露军拏利焰鬘炽盛佛顶经》经书中，该炽盛光法从唐末到宋初曾广泛流传。

关于此尊之形象，据唐达磨栖那译《大妙金刚大甘露军拏利焰鬘炽盛佛顶经》：

> 尔时世尊身现作摄一切佛顶轮王之相，手持八辐金轮，处七师子座，身放无量百千光明。彼放火焰，顶旋伞盖，上出现一俱胝佛身，放大光明，悉旋转坐伞盖中。如是世尊，以印又

---

① 《大正藏》第21册，423b。

> 作八辐金轮，八方八色轮中，现八种花座。持本标帜，各以八殑誐沙俱胝佛身围绕，各放无量杂宝光焰，还于伞盖顶上现一俱胝佛，放大光明，一一旋转。①

叙述世尊身现摄一切佛顶轮王诸相。《大圣妙吉祥菩萨说除灾教令法轮》：

> 炽盛光佛顶，身诸毛孔，放大光明。……炽盛佛相仪，毛孔飞光散，首冠五佛相，手如释迦。②

可见，身中毛孔放大光明是炽盛光佛法相的一个重要特征。

二、炽盛光佛信仰在宋元的流播

古人认为，天象的变化影响着人的命运，星曜位置的变动也预示着人世间祸殃的降临。只有按密典仪轨设立坛场，持咒作法，借助炽盛光如来的念力，方可消除星象灾异所带来的祸患。炽盛光佛的信仰试图通过宗教仪式或献祭来消除星象变异所带来的灾难。自唐以来密教高僧翻译了多部炽盛光如来的经典，尤其是不空等的译经活动，进一步推动了炽盛光佛信仰的传播。同时，也促进了中国天文学的大发展。

宋元以降，随着密教的进一步世俗化，炽盛光佛信仰广泛流行民间，更为普及。人们普遍认为，持诵此经咒可以攘除灾星恶曜，消灾纳福。首先，教界对炽盛光法注入了极大的热情。如宋代慈云遵式撰有《炽盛光道场念诵仪》：

> 炽盛光大威德真言者，大圣垂愍，别示神方，虽言小异，持盖功深难测，专心暂诵，立见有功。③

---

① 《大正藏》第19册，339c。
② 同上，343b。
③ 《大正藏》第46册，978b。

强调炽盛光佛经咒的威力，极力助推炽盛光佛经咒的功效。元性澄在不空译《佛说炽盛光大威德消灾吉祥陀罗尼经》序中亦云：

> 夫能仁之为教也，所契者道，所体者神。统法界而有为，穷三世而不息，无乎不在，故天为覆，地为载，日月星辰为照临，群生品物为吉凶消长。感而遂通，故凶可以避，吉可以趋。天地日月星辰万物，各可以使其至于当者，皆斯经之宗用也。其消禳灾难，导致祯祥，方轨坛仪，要制期限，粲然靡所不载，足以上福邦家，下佑民庶，即近而达远，即事而显真，诚博要之道欤！①

亦极言此法之灵验。可见，宋元之世，教界对炽盛光佛经典及教法甚为热衷。

此法始修于唐代，系于青龙寺敕置本命灌顶道场所修。其后，在宋元之间，此法大行于世。在佛教文学及世俗文学中有充分的表现。消灾避祸是时人供奉炽盛光佛的主要目的。五代时，人们还设立炽盛光坛场以消灾纳福，据《宋高僧传》卷三〇《后唐灵州广福寺无迹传》：

> 释无迹，姓史氏，朔方人也。当宣宗御宇，佛法中兴。大中九年，午正十二，决志舍家，投白草院法空大师为弟子，操执密缜，拂攘嚣尘。咸通三年，用宾于京室，得戒度于西明寺矣。凡于百艺，悉愿游焉。……光启中，传授佛顶炽盛光降诸星宿吉祥道场法。归本府，府帅韩公闻其堪消分野之灾，乃于鞠场，结坛修饰，而多感应。

由此可知，后唐灵州广福寺僧无迹就曾在光启年间传授佛顶炽盛光法，并设立坛场为帅府韩公消分野之灾，多获感应。宋释道原《景

---

① 《大正藏》第 19 册，337b。

德传灯录》卷二二：

> 连州地藏院慧慈明识大师。僧问："既是地藏院，为什么塑炽盛光佛？"师曰："过在什么处？"问："如何是地藏境？"师曰："无人不游。"①

元熙仲编集《历朝释氏资鉴》卷九：

> 庐山李商老，因修造犯土，举家病肿，求医不效。乃扫室宇，骨肉各令斋心焚香，诵炽盛光咒，以禳所忤。未满七日，夜梦白衣老人，骑牛在家，忽地陷，旋旋没去。翌日，大小皆无恙，嘻！志诚所感，速如影响，非佛力能如是乎？（《感通录》）。②

明清之际，炽盛光咒在佛教文学作品中亦频繁出现。如明佚名《憨山老人梦游集》卷三三《炽盛光如来赞》：

> 稽首炽盛光明王，普照十方尘刹中。所有日月四天下，一切众生皆蒙益。有情无情共一体，同入如来光网中。身心毛孔及微尘，一切洞然无不彻。众生梦想颠倒心，尽是如来光明藏。是故七曜及四余，二十八宿各分布。共作众生有相身，生死去来皆寂灭。众生之苦即佛心，佛即众生烦恼海。以斯二者无分别，是故苦乐随念转。善哉佛子契佛心，能持如来秘密印。念念常放大光明，能破无始烦恼暗。一切妙用悉现前，流入如来大愿海。普使见闻及称扬，尽塴涅槃常乐地。③

明《紫柏尊者全集》卷八：

> 以密因不可思议故，若开士信心观照所持咒语，一字一句，历历耳根。心耳交摄，无所杂乱，于睡梦中亦不忘失，即

---

① 《大正藏》第51册，386b。
② 《卍续藏》第76册，228b。
③ 《卍续藏》第73册，703a。

第四章 密教传持与宋元诸佛、菩萨的密教化

持一遍，胜百千万遍，能灭八万四千尘劳，能生八万四千道果，所有功德，甚为希有，不可思量。以是咒为炽盛光王如来所说本愿功德，故开士当持咒时，应当九礼炽盛光王如来。①

清超永编《五灯全书》卷三二《广州地藏院慧慈明识禅师》亦载此事：

僧问："既是地藏院，为甚塑炽盛光佛。"师曰："过在甚么处？"问："如何是地藏境？"师曰："无人得敢游。"②

文字略有出入。上述佛教文学作品中，或多或少地载录了有关持奉炽盛光佛的感怀与赞叹。

持诵炽盛光咒可祛病消灾。据《夷坚志·甲志》卷七"炽盛光咒"条：

瑞安士人曹毅，字觉老，少出家为行者。其家累世病传尸，主门户者一旦尽死，无人以奉祭祀，毅乃还儒冠。后数年亦病作，念无以为计，但昼夜诵炽盛光咒。一日，读最多，至万遍，觉三虫自身出，一在项背，一在腹上，周匝急行，如走避之状。毅恐畏，不敢视，但益诵咒。忽顶上有光如电，虫失所之，疾遂愈。③

曹毅少小出家，后患病，乃持诵炽盛光咒而得愈。《夷坚志》乙卷四"李商老"条：

庐山李商老，因修造犯土，举家无问男女长少皆病肿。求医不效，乃净扫室宇，令家人各斋心焚香，诵炽盛光咒以禳所忤。未满七日，商老夜梦白衣老翁骑牛在其家，地忽陷，旋旋

---

① 《卍续藏》第73册，210b。
② 《卍续藏》第81册，704a。
③ （宋）洪迈《夷坚志》，中华书局2015年版，第62页。

没入。明日病者尽愈，始知此翁盖作祟者，疑为土宿中小神云。①

李商老因修造犯土，土宿小神作祟蛊惑，使得李全家患病肿，后以持诵炽盛光咒而解。《大慧普觉禅师宗门武库》②《历朝释氏资鉴》卷九亦载此事，文字略有出入。上述两则故事反映了当时民众对炽盛光咒法能去病消灾能力的敬信。

《紫柏尊者别集》卷一《炽盛光如来陀罗尼经跋》中也记述了佛弟子持奉炽盛光佛的情况：

> 佛弟子贺懋熙，受气孱弱，而为宗子，顾惟寿命不长，无遑尽奉养之勤，以是发心刻炽盛光王佛，出相吉祥陀罗尼经，寿诸天下。凡有如懋熙之愿者，因经得咒，因咒得益。譬一灯光，传百千亿，百千亿光，传之无尽。生生世世，在在处处，恒为炽盛光王如来之眷属，以弘法为家务，更愿凡因此经得益者，满愿如熙等无有异。因斯希有，转相信奉，以臻觉道。宁非堪忍界中一入路乎？③

鉴于炽盛光佛信仰的消灾祈福等诸种殊胜功德，刻印炽盛光佛经典亦成风习。如开宝五年的《炽盛光佛顶大威德销灾吉祥陀罗尼经》，就是钱昭庆为其父祈福增寿而于四月八日浴佛节时所印造，卷尾题记："□□□□钱昭庆发心印造《炽盛光经》一藏，散施持颂，所构胜因，乃叙凡恳。伏愿先将巨善上赞严亲，润似海之幅源，益如椿之运数。"④

在唐、五代，炽盛光佛的传持主要还表现在图像方面。当时信

---

① （宋）洪迈《夷坚志》，中华书局2015年版，第827页。
② 《大正藏》第47册，945b。
③ 《卍续藏》第73册，406b。
④ 李际宁《佛经版本》，江苏古籍出版社2002年版，第32页。

众认为诸星曜异动，皆能致人罹患灾祸，只有通过祭祀炽盛光佛，设立炽盛光坛场，持诵炽盛光咒才能得以禳解，故非常敬信炽盛光佛，因此，产生大量炽盛光佛相关题材的壁画、造像等作品。随着炽盛光佛的传持，有关星曜绘画、壁画大量存在。据中国绘画史文献的记载，较早绘制炽盛光佛的是唐代著名画家吴道子，据宋无名氏《宣和画谱》卷二：

> 吴道玄，今御府藏九十有三：天尊像一……炽盛光佛像一。①

之后，终唐一世，这一题材受到不少画家的青睐，如出土于敦煌石窟，绘于乾宁四年（897）的《炽盛光佛并五星神》绢画（现藏于大英博物馆）等。进入五代时，炽盛光佛信仰在民间广泛流播。永平五年（915），造大威德炽盛光佛并九曜。时蜀地画家杨元真亦有相关画作，据宋黄休复《益州名画录》卷中"杨元真"条记载：

> 今圣兴寺天王院《天王及部属》《炽盛光佛》《九曜二十八宿》……大圣慈寺《炽盛光佛》《九曜二十八宿》。②

可见，四川大圣慈寺、圣兴寺等寺院场所有杨元真所画的炽盛光佛、九曜二十八宿等。

炽盛光佛在宋元的流播，主要表现在相关的图像资料异常丰富，形式多样，有绘画，如壁画或变相画等；有雕塑，集中展示于寺院、或石窟中。宋孟元老《东京梦华录》卷三"相国寺万姓交易"条记载宋代东京大相国寺大殿左壁绘有炽盛光佛：

> 大殿两廊，皆国朝名公笔迹。左壁画炽盛光佛降九曜鬼百

---

① （宋）无名氏撰，王群栗点校《宣和画谱》，浙江人民美术出版社2012年版，第20页。
② （宋）黄休复撰，何韫若注《益州名画录》，四川人民出版社1982年版，第96页。

戏，右壁佛降鬼子母揭盂。殿庭供献乐部马队之类，大殿朵廊皆壁隐楼殿人物，莫非精妙。①

宋王明清《挥麈录·后录》卷七"蔡元度与门下士观画壁"条载录：

> 蔡元度为枢密，与其兄内相搏，力祈解政，迁出于郊外观音院，去留未定也。……饭已，与诸君步廊庑，观壁间所画炽盛光佛降九曜变相，方群神逞威之际，而其下趋走，有稽首默敬者。②

可知，当时京郊观音院内有炽盛光佛九曜变相；宋陈骙《南宋馆阁录·续录》卷三"储藏"条载录朱繇、孙位绘有炽盛光佛③。另据宋程公许《沧州尘缶编》卷十四《雁湖先生揆初在旦某以家藏唐画炽盛光如来像一轴祝先生寿说偈》载录，宋人程公许以家藏唐代炽盛光佛画像作为寿礼，此画显示的内容是"巍巍趺坐宝莲台，冠佩环趋星拱极"④，此即炽盛光佛的法相，可知时人还以炽盛光佛画像作为寿礼。明曹学佺《蜀中广记》卷一〇八载录四川古寺笔寿宁院佛殿内四壁有孙知微所绘制的炽盛光九曜图。⑤

世俗画家亦染迹于此，宋太宗时，曾命名家高益画相国寺行廊阿育王等变相及炽盛光、九曜等；命孙知微，于成都寿宁院画炽盛光九曜。宋郭若虚《图画见闻志》卷三："后被旨画大相国寺行廊《阿育王》等变相暨《炽盛光》《九曜》等。"⑥ 同上卷四："相国寺

---

① （宋）孟元老撰，邓之诚校《东京梦华录》，中华书局1982年版，第89页。
② （宋）王明清《挥麈录》，中华书局1961年版，第167页。
③ （宋）陈骙撰，张富祥校《南宋馆阁录·续录》，中华书局1998年版，第181页。
④ （宋）程公许《沧州尘缶编》，《四库全书》本。
⑤ （明）曹学佺《蜀中广记》，《四库全书》本。
⑥ （宋）郭若虚《图画见闻志》，浙江人民美术出版社2013年版，第87页。

廊之东壁，有《炽盛光十一曜坐神》等。"①　宋黄休复《益州名画录》卷上："今圣兴寺天王院有《炽盛光佛》。"②

相关图像中还出现了炽盛光佛与大随求菩萨相结合的情形。如1978年，于苏州瑞光寺塔第三层塔心中，出土一件北宋景德二年（1005）刊印的大随求陀罗尼经咒护轮二件（现藏苏州博物馆）③。此件构图为方形回字状，经咒图中心主像为释迦如来像，坐于牛车上，前后有九位胁侍。在宋代十分常见的炽盛光佛组合图像，即是图像中心为释迦佛，周围伴有九曜十二宫等星官图。可见，此件即炽盛光佛组合图像，前后相伴的九位胁侍当即九曜。"由于在宋代《大随求经》的不断译出，图像因素变得复杂，加之宋代佛、道、密教、星象学的结合，炽盛光佛崇拜十分流行……因此，出现了这种大随求神与炽盛光佛相混合的图像。"④　诚如学者所言：

> 自唐吴道子始，作炽盛光佛变相图而见于画史著录的画家作品，有卷轴、也有壁画，分别散布于宋内府和长安、洛阳、成都的寺院中，曾为活动于当时或稍后的画史家所目睹。⑤

炽盛光佛是释迦牟尼佛的教令轮身，其变相发端于唐、盛于宋元，并流及辽、金、西夏，明时仍有此类题材问世。这一时期的西夏国，炽盛光佛信仰也很盛行。正如学者所言：

> 西夏人星宿思想已深入到社会生活的各个方面，人们祭拜供奉炽盛光佛及诸位星宿神灵是希望实现他们的现世利益，驱鬼除病，消灾增福，保佑文臣武将禄位恒荣，皇基永固，国祚

---

① （宋）郭若虚《图画见闻志》，浙江人民美术出版社2013年版，第129页。
② （宋）黄休复撰，何韫若注《益州名画录》，四川人民出版社1982年版，第96页。
③ 苏州市文管会《苏州市瑞光寺塔发现一批五代宋文物》，《文物》1979年第11期。
④ 详参李翎《〈大随求陀罗尼经〉的流行与图像》，严耀中编《唐代国家与地域社会研究》上海古籍出版社2008年版。
⑤ 孟嗣徽《炽盛光佛信仰与变相》，《紫禁城》1998年第2期。

长久，诸星宿崇拜也是西夏时期佛教世俗化发展的又一表现。[1]

今已在西夏故地发现有与炽盛光佛相关的出土文物。如 1990 年，宁夏贺兰县宏佛塔出土的两幅西夏绢质彩绘绢画炽盛光佛图；甘肃省北县五个庙石窟第一窟东壁，有西夏绘炽盛光佛图[2]。敦煌莫高窟是五代归义军时期，曹元忠主持开凿的一个大型洞窟，其中第 61 窟的甬道南壁、北壁上各绘制有一幅《炽盛光佛图》，敦煌文物研究所编《敦煌莫高窟内容总录》《敦煌莫高窟供养人题记》将其定为元代作品。不过，现有学术界对此也提出异议，认为应是西夏时期的作品[3]。在俄罗斯艾尔米塔什博物馆，收藏有黑水城出土的绢质卷轴彩绘《炽盛光佛图》。

江南地区亦有炽盛光佛的传持。江南一带有着较为扎实的佛教传统，元代密教石刻造像遗迹多集中在杭州地区，且以灵隐禅寺前的飞来峰造像群最具代表性。从密教石刻造像而言，最早的造于元世祖至元二十四年（1287），最晚的雕于至元二十九年（1292）。有元一代，统治者尊奉藏传佛教为国教，当时的江南地区，有大量的藏僧在这一带弘法，有的还担任僧官，其中以曾任江淮诸路释教都总统的西夏藏僧杨琏真伽最为知名。元初，在杭州飞来峰掀起了雕造密教造像的高潮，杭州由此也成为藏传密教在江南传持的中心。杭州在当时兴建了许多藏传佛教风格的寺院、佛塔等。据赖天兵先生考证：

> 其中第 37 龛凿于飞来峰元代显密造像分布最为密集的龙泓洞外崖壁，龛中主像坐佛，右手结触地印，左手于脐前结定

---

[1] 崔红芬《从星宿神灵崇拜看西夏文化的杂糅性》，《江汉论坛》2010 年 10 期。
[2] 赵声良《莫高窟第 61 窟炽盛光佛图》，《西域研究》1993 年第 4 期。
[3] 同上。

印，掌托缘纹火焰纹的金法轮（简称金轮），此像即为炽盛光佛。①

阎文儒在其《中国石窟艺术总论》一书中也记述杭州西湖烟霞洞刻有金轮炽盛光佛，可资参考②。

炽盛光佛的雕塑作品存世不多，四川地区大足北山的第 39 龛（五代造像）与 169 龛（北宋造像），雕刻炽盛光佛及诸星形象，是其中为数不多的两例。③

日本地区也有炽盛光佛信仰的流播，留存有大量有关炽盛光佛的经典及图像，其中有一部分即是宋元版的经典。如日本奈良县教育委员会事务局编纂的《奈良县所在中国古版经调查报告》（2001 年）中公布的宋元佛教典籍，其中有一件上之坊收藏的北宋开宝五年刻本《炽盛光佛顶大威德销灾吉祥陀罗尼经》及卷首扉画星图④，这说明宋元时期的炽盛光佛信仰亦影响了日本的密教信仰。

炽盛光佛还融入诸忏仪中。据《佛祖统纪》卷三三"诸经行法"所载：

> 智者制《法华三昧仪》（国清百录载），荆溪述补助仪以资观想。法智撰《大悲心咒行法》《金光明忏法》；慈云撰《金光明护国仪》，依百录述补助，及撰《净土忏仪》《弥陀忏仪》《请观音忏仪》《炽盛光忏仪》；神照撰《仁王忏仪》；净觉撰《楞严忏仪》《如意轮课》；法智涌撰《功德天忏仪》，皆诸祖依四三昧

---

① 赖天兵《飞来峰元代第 37 龛金轮炽盛光佛变相造像考》，《东方博物》第十二辑。
② 阎文儒《中国石窟艺术总论》，天津古籍出版社 1987 年版，第 271 页。
③ 刘长久等《大足石刻研究》，四川社会科学院出版社 1985 年版，第 228 页。
④ 详参韦兵《日本新发现北宋开宝五年刻〈炽盛光佛顶大威德销灾吉祥陀罗尼经〉星图考——兼论黄道十二宫在宋、辽、西夏地区的传播》，《自然科学史研究》，2005 年第 3 期。

自行化他之法也。①

同时，亦流行用炽盛光忏法为皇室成员祈福禳灾。据宋志磐《佛祖统纪》卷四八：

> 淳祐十一年，诏佛光法师法照，宣见倚桂阁，从者千指。上首慧鉴举行炽盛光忏法，为皇女延昌公主祈禳，赐斋赍丹剂。②

可见，炽盛光佛信仰在宋元上流社会广为传持，敬信有加。

综上所述，炽盛光佛信仰是通过用密教仪式和祭祀的方式来消除星曜的不利影响。它以消灾纳福为目标，在唐宋之际，乃至蒙元之世，甚为流行，成为自晚唐以来密教发展中的一个重要组成部分。随着炽盛光佛信仰的持奉而产生的各类弘宣样式，如炽盛光佛绘画、壁画、变相图、造像及忏仪等，在内容上又吸收了中土传统的道教、星象术、祭祀等多元文化因素融于其中，使得这一信仰独具特色并充满活力。

第二节　大随求菩萨信仰与宋元社会

密教神祇谱系中的菩萨，很多都是显教中菩萨的密教化而来，法相与神格等随之发生很大变化。形象各异，功德有别。如在中土流行最早的显教中的大慈大悲的救苦观音，在密教中衍变成密教六观音。大随求菩萨，也是观音菩萨的变身。文殊菩萨也是如此，经历了密教化过程，从而完成了华丽的转身。功德、形象更加丰富，满足了信众的精神需求。在密教菩萨信仰中，大随求菩萨不如千手

---

① 《大正藏》第49册，319a。
② 同上，433b。

观音那样妇孺皆知，香火鼎盛。但自从相关经典传译以来，信仰随之兴起，仍然获得广大信众。经载，持诵大随求陀罗尼，可获得诸种殊胜功德。可禳除灾异及各种苦厄，破无间狱；坚固身心、所求必得等世现利益。它直接影响了当时的丧葬习俗，各地出土的大量相关文物说明了这一点。

一、大随求菩萨信仰的缘起、法相与神格

大随求，梵名 Mahā-pratisarā，是观世音菩萨的变化身，音译作摩诃钵罗底萨落，略称随求菩萨。大随求菩萨之法相，其身黄色，有八臂。其左侧四手依次持莲华、梵箧、宝幢、绳索，右侧第一手持五钴跋折罗，其余三手依次持镑鉾、宝剑、斧钺，坐于莲华上。

大随求信仰的核心是持诵大随求陀罗尼。大随求陀罗尼，又作随求即得大自在陀罗尼、随求即得真言，略称随求陀罗尼。据不空译《金刚顶瑜伽最胜秘密成佛随求即得神变加持成就陀罗尼仪轨》称，大随求陀罗尼是经由灭恶趣菩萨所请而宣说的密教法门。这里指消灭一切魔障，祛恶趣，随愿所求即得福报的陀罗尼。此陀罗尼的字句数，诸经所载说法不一，按不空译《普遍光明清净炽盛如意宝印心无能胜大明王大随求陀罗尼经》载，此陀罗尼是随求菩萨八印言的第一咒，全咒共计有 290 句。唐宝思惟所译的《随求即得大自在陀罗尼神咒经》中，高丽本的计有 250 句，明本的计有 252 句。尽管经咒句数不同，总体来看，全咒内容大致可分为三个部分：第一部分归纳了归命佛、菩萨的道理；第二部分叙述大随求摧破众生魔障、苦难、苦恼、惊恐以及身疾，让信众身心快乐、所求圆满；第三部分则宣说了持诵此陀罗尼，可得天龙八部等鬼神的护佑。

持诵此陀罗尼，有诸多殊胜功德。据经文所载，此咒可攘除天灾地变的苦厄，有火不能烧、毒不能侵、降伏邻敌、破无间狱、除

龙鱼难等诸种功德，以及招福德、灭罪障、坚固身心、求子得子、五谷丰穰、调顺天候等利益。在宝思惟与不空两译本中，皆说此咒有广大利益，并述及听闻之功德、受持读诵之利益，及书写带持之功德与作法。按宝思惟译《佛说随求即得大自在陀罗尼神咒经》：

> 此随求即得大自在陀罗尼神咒，能与一切众生最胜安乐，不为一切夜叉罗刹，及癫痫病饿鬼塞捷陀鬼，诸鬼神等作诸恼害，亦不为寒热等病之所侵损。……若能书写带在颈者，若在臂者，是人能成一切善事最胜清净，常为诸天龙王之所拥护。①

按不空译《普遍光明清净炽盛如意宝印心无能胜大明王大随求陀罗尼经》所载，持诵此陀罗尼者：

> 当知是人即是金刚坚固之身。火不能烧，刀不能害，毒不能中。……大梵！此大随求陀罗尼，依法书写，系于臂上，及在颈下，当知是人，是一切如来之所加持。②

同时，持诵大随求所得功德，经典中都有对应的传说故事说明由来。据《普遍光明清净炽盛如意宝印心无能胜大明王大随求陀罗尼经》所载：

> 大梵！云何得知火不能烧？于迦毗罗大城，罗睺罗童子在母胎时，其母释种女耶输陀罗，被掷火坑。于是罗睺罗在母胎中，忆念此陀罗尼，其大火坑便自清冷，寻即变成莲华之池。何以故，此陀罗尼是一切如来加持力故。大梵！当知以是因缘火不能烧。复次，大梵！毒不能害者，如善游城丰才长者子，持诵世天所说密言，以持明力故，钩召德叉迦龙王，忘不结界

---

① 《大正藏》第 20 册，637b。
② 同上，620c。

第四章　密教传持与宋元诸佛、菩萨的密教化

护身。其龙瞋怒啮损，是人受大苦痛，命将欲绝，多有诸持明者无能救济。于其城中有一优婆夷，名曰无垢清净，常诵持此随求大明陀罗尼，其优婆夷大悲成就，起悲愍心，往诣其所。以此陀罗尼加持，才经一遍，其毒消灭，平复如故。时长者子于无垢清净所，受此陀罗尼，忆念在心。大梵！当知毒不能害。①

持诵此陀罗尼亦可受胎安胎，安乐顺产。唐宝思惟《佛说随求即得大自在陀罗尼神咒经》：

若有女人受持此神咒者，有大势力常当生男，受持胎时，在胎安稳，产生安乐，无诸疾病。众罪消灭，必定无疑。以福德力，财谷增长。所说教令人皆信受，常为一切之所敬事。②

经中亦记载相应故事。摩伽陀国王施愿手无子：

净居天子现于梦中而告王言："大王今可依法书写此随求陀罗尼，令国大夫人斋戒带持，即有子息。"其王觉已，召占相人及有智婆罗门众，择吉宿曜直日，依法斋戒，书写此陀罗尼，令夫人带于颈下。复更供养窣睹波塔诸佛菩萨，广行舍施，应时有胎，日月满足，产生一子，色相具足，端严殊胜，见者欢喜。③

在印度有许多持诵此陀罗尼的灵验传说，宝思惟译本与不空译本中都有灵验事迹的记载。如《普遍光明清净炽盛如意宝印心无能胜大明王大随求陀罗尼经》：

其时梵施即以香水沐浴，着新净衣，依法书写此陀罗尼，

---

① 《大正藏》第 20 册，620b。
② 同上，637b。
③ 同上，621c。

入在于箧，安头髻中，以此大随求陀罗尼，护身被甲，即往入阵。王独共战，四兵降伏，来归梵施。……曾有苾刍，心怀净信，如来制戒有所违犯不与取，现前僧物、僧祇众物、四方僧物，将入己用。后遇重病受大苦恼，时彼苾刍无救济者，作大叫声，则于其处有一婆罗门优婆塞，闻其叫声，即往诣彼病苾刍所，起大悲愍，即为书此随求大明王陀罗尼，系于颈下，苦恼皆息。便即命终生无间狱，其苾刍尸殡在塔中，其陀罗尼带于身上，因其苾刍才入地狱，诸受罪者所有苦痛，悉得停息，咸皆安乐。阿鼻地狱所有猛火，由此陀罗尼威德力故，悉皆消灭。①

只要是听闻、受持读诵、书写、传布大随求陀罗尼，即可得殊胜功德。从上述两则灵验故事看，此咒功效之大，由此可见。诵其真言，可息诸灾、灭罪障，一切愿求皆得满足。自古在印度、西域、中国等地颇受道俗持奉。

有关大随求陀罗尼经典是随着密教的传入而传译于中土，首部译经出自唐宝思惟于天宫寺译出的《佛说随求即得大自在陀罗尼神咒经》，其后由唐不空译出《普遍光明清净炽盛如意宝印心无能胜大明王大随求陀罗尼经》，奠定了大随求菩萨信仰的理论与实践基础。之后，仪轨方面，有《金刚顶瑜伽最胜秘密成佛随求即得神变加持成就陀罗尼仪轨》，《大随求即得大陀罗尼明王忏悔法》。《大随求陀罗尼经》在密教经典中具有重要地位，它也是密教五部之一。据宋施护所译《佛说守护大千国土经》卷下：

佛告诸比丘，我此经典总有五种眷属部类，如是次第：所谓《守护大千国土大明王陀罗尼经》《佛母大孔雀明王经》《尸

---

① 《大正藏》第20册，620c。

多林经》《大随求陀罗尼经》《大威德神咒经》。①可见，此经在密教经典中的重要性。

在日本，《大随求陀罗尼经》咒之传持亦颇盛行，究其原因，主要还是入唐密教高僧对大随求相关经典的传持，归国时，携回大量密教经典，继由最澄请回《梵汉两字随求即得陀罗尼》，空海请回《梵字大随求真言》《梵字小随求真言》，圆仁请回《随求八真言》，惠运请回《随求陀罗尼》，圆珍请回《梵字大随求真言》。宽治六年（1092）三月，明觉撰《勘注》一卷，释此真言之意义。日本东密、台密系统，依据上述真言及经轨所修之法，推行大随求菩萨信仰。在日本密教中，多用来为产妇之平安及求子而修，实则依经轨所传，此法效力甚广，其功能并不只是这两种而已。

二、大随求菩萨信仰在宋元的传持

在密教信仰中，一个突出的特征就是持诵各种真言咒语。自密教在中土传持，这方面的表现尤为明显，持诵密咒已经成为民间习见的现象。其中的大随求陀罗尼就是当时各类密咒中比较盛行的一种。"随求真言，密宗中人多行持诵习。随求真言，如其名称所标，随诵随求，随得满愿。"② 大随求陀罗尼的持奉，始自唐代开元年间，入唐印度高僧宝思惟、不空先后将《大随求陀罗尼经》译出后，根据两经延展开了大随求陀罗尼信仰的弘布。其中一则有关不空和大随求信仰的传说极为盛行，助推了这一信仰的弘传。据《宋高僧传》卷一《唐京兆大兴善寺不空传》所述：

> 开元二十九年十二月，附昆仑舶离南海，至诃陵国界，遇大黑风。众商惶怖……空曰："吾今有法，汝等勿忧。"……作

---

① 《大正藏》第 19 册，593a。
② 吕建福《中国密教史》，中国社会科学出版社 1995 年版，第 369 页。

法诵《大随求》一遍，即时风偃海澄。①

不空遇到海难时，所行密法，诵读的就是《大随求陀罗尼经》咒。"乾元中，帝请入内，建道场护摩法，为帝受转轮王位七宝灌顶。上元末，帝不豫，空以《大随求真言》被除，至七过，翼日乃廖，帝愈加殊礼焉。"② 崔致远撰《唐大荐福寺故寺主翻经大德法藏和尚传》云：神功元年（697）为讨契丹命法藏以左道诸法"建立十一面道场，置观音像行道"；景云再春（711）命法藏依《大随求》经结坛，净写《大自在陀罗尼》投于龙湫祈雨雪③。可见，在密宗形成之后，来自印度的密教高僧，已广泛使用陀罗尼经咒来进行治病、祈雨、安宅、求子等活动了，相关文献有大量记载。在弘教之路上，他们是采取自上而下的方式展开的，后渐被大唐帝王所接受。

从目前的现有出土文物来看，初期的大随求信仰主要还是集中在长安、洛阳二京。自武后时代起，这里更是成为密教最为集中的地区。最早发现的有关大随求信仰的文物是在20世纪的40年代，即1944年，在成都发现四座小型墓葬，其一为唐墓，出土唐印纸本陀罗尼经咒。根据冯汉骥的分析，墓葬年代应在五代以前、会昌之后的晚唐时期，也就是其墓葬所出经咒的年代。印经原藏于四川省博物馆，现藏于中国国家博物馆。

中华人民共和国成立以来，随着各地考古工作的不断展开，陆续在西安、洛阳出土了唐、五代时期有关大随求信仰方面的文物。据初步统计，计有西安出土唐代陀罗尼经咒共同研究6件，洛阳五代后唐时期墓葬中出土1件。兹胪列如下：1967年8月15日，在

---

① （宋）赞宁撰，范祥雍点校《宋高僧传》，中华书局1987年版，第7页。
② 同上，第9页。
③ 温玉成《新中国发现的密教遗存及其所反映的密教史问题》，《世界宗教研究》1990年第4期。

第四章　密教传持与宋元诸佛、菩萨的密教化

西安西郊张家坡西安造纸厂工地的一座唐墓中，出土一印本经咒，中心画面内容出自宝思惟译《佛说随求即得大自在陀罗尼神咒经》，简称《大随求陀罗尼经》："若僧带者，于咒心中画一金刚神，众宝庄严，下做一僧胡跪合掌，金刚以手按此僧顶。"① 该经咒画面内容取材于宝思惟译本，而非不空译本。现藏于中国社会科学院考古所西安工作站。1974年，在西安市西郊柴油机械厂工地唐墓出土梵文陀罗尼咒单页印刷品，出土时该经咒置于死者佩戴的一具铜臂托中，现藏于西安市文管会。1975年，在西安西郊冶金机械厂工地的唐墓中出土汉文印本陀罗尼经咒，现藏于西安市文管会。1978年，洛阳东郊史家湾出土的汉文印本陀罗尼经咒，现藏于河南洛阳文物工作队。另外，出土的一些有关大随求陀罗尼信仰的文物，其供奉方式与大随求仪轨相付。如1983年11月，陕西西安西郊沣滈自来水一厂发现一古墓，其中出土的有焦铁头题记的唐代绢本彩经手写经咒曼荼罗，中央绘三眼八臂大随求菩萨坐像，出于鎏金铜臂钏中。2004年，中国国家博物馆于西安征集到一唐代青铜臂钏。依不空译《普遍光明清净炽盛如意宝印心无能胜大明王大随求陀罗尼经》所载：

　　此大随求陀罗尼，依法书写，系于臂上，及在颈下，当知是人，是一切如来之所加持。②

主要供生者和死者佩戴，起护身作用。因此，现存此类文物大多为在臂钏中发现，呈卷状物，为随身携带之护身符。另外，值得一提的是，1983年出土的这一幅绢画，以绢木形式的经咒还是首次发现，"之前仅发现两件，均为印本经咒纸画，一是1944年四川成都唐墓中出土的'唐印本陀罗尼经咒'，二是斯坦因在我国敦煌千佛

---

① 《大正藏》第20册，637。
② 同上，620c。

洞发现的一件宋太平兴国五年六月二十五日雕版的纸画印本陀罗尼经咒。"①

五代时期，大随求信仰仍很流行。如吴越王钱俶就在梵天寺和云林寺建造经幢，其上也刻写《大随求即得大自在陀罗尼神咒经》②。此外，1985年，在洛阳东郊史家湾村机车厂一座五代时期墓葬中，出土了一件雕印陀罗尼经咒。正中为佛像，佛像两侧为汉译《随求陀罗尼经》中功能部分略文，有题记。经文为梵文，经咒左侧为汉文题记：

> 经云：佛告大梵天王，此《随求陀罗尼》过去九十九亿诸佛同共宣说，若人依法书写佩戴，所有恶业重罪，并得消除……除一切忧恼，灭一切恶趣，不被水火雷电毒恶之所伤害，如经广说。③

知经咒为五代后唐明宗天成二年雕印而成，由报国寺僧知益发愿印施。这一类文物出土时多置于死者佩戴的铜臂钏或所附的银盒、铜盒当中，个别情况是附于死者的腭托中。这些经咒的内容应当属于唐代十分流行的陀罗尼经咒中的"大随求真言""大随求陀罗尼"之类，只需将这类经咒装置在铜、银等不同质地的臂钏内随身佩戴，即可起到特殊的功效和作用。这一类经咒其随死者埋藏在地下或由生者随身佩戴，是为了保证死者在地下世界消除各种灾难，同时也保佑生者平安吉祥，这和《大随求陀罗尼经咒》所宣扬的各种神奇功能也是相符合的。如2001年，陕西省历史博物馆主编的《寻觅散落的瑰宝》一书中，刊载了一份2000年在西安西郊出土的墨书汉文经咒，经文与《佛说随求即得大自在陀罗尼神咒经》基本

---

① 李域铮《西安西郊出土唐代手写经咒绢画》，《文物》1984年第7期。
② 《两浙金石志》卷五《宋梵天寺经幢》第2页，卷五《宋云林寺经幢》，第3、4页。
③ 程永建《洛阳出土后唐雕印经咒》，《文物》1992年第3期。

第四章 密教传持与宋元诸佛、菩萨的密教化

一致。经咒内容应出自唐宝思惟所译的密教经典《佛说随求即得大自在陀罗尼神咒经》。考古发现诸如西安柴油机械厂汉文印本陀罗尼经咒、敦煌石窟的太平兴国五年陀罗尼经咒等，都是宝思惟的译本。这也充分说明宝思惟译本在民间流传得相当广泛长久。上述出土经咒同源，集体反映了唐代中、后期大随求陀罗尼经在两京地区流行的基本状态。根据以上所录汉字经文的释读，同时与传世佛教经典进行比勘，可以被认定其经文多出自宝思惟的译经。一般认为密宗由宫廷传播到民间需要一个过程，因此，陀罗尼经咒在民间广泛流行大约应在中晚唐以后。大量大随求相关文物的发现，说明当时大随求信仰已相当兴盛。

入宋以降，随着密教的世俗化，相关密教信仰已从京城转移到民间，影响更为深远。唐代密宗高僧在帝国皇室中地位极高，使得密宗的信仰基础牢固，移至民间，其自身的现世利益极利于其民间广泛传播。密宗各路神祇迅速在帝国的各个角落蔓延、生根、发展；诸如尊胜陀罗尼、白伞盖陀罗尼、大随求陀罗尼、大悲心陀罗尼经等经咒的流行，便是密教兴盛的明证。有宋一代，最早发现的有关大随求经咒，是1906年至1908年斯坦因劫自敦煌莫高窟藏经洞中的一张经咒，上面刻有施主及刊刻人的姓名及年月，时为宋"太平兴国五年（980）六月二十五日"。"手记"首题"大随求陀罗尼"，记中有：

> 若有受持此神咒者，所有得胜。若有能书写带在头上者，若在臂者，是能成一切善者，最胜清静，为诸天龙王之所拥护，又为诸佛菩萨之所忆念。此神咒能与众生最胜安乐，不为夜叉、罗刹、诸鬼神等诸恼害，亦不为寒热等病之所侵损，厌蛊咒咀不能为害，先业之罪受持消灭。

座下刻有"持此咒者，常得安乐，无诸疾病，色相炽盛，圆满吉

祥，福德增长，一切咒法皆悉成就，有人受持供养敕宜护净"。该经咒现藏大英博物馆。新中国成立后，有关宋代的大随求仪相关文物陆续出土，如1978年4月在苏州瑞光寺塔第三层塔心窖室内，发现一座真珠舍利宝幢，幢内藏有雕版印刷的经咒护轮两张，为皮纸。一张是汉字《大随求陀罗尼经》经咒，经咒中心为释迦像，环以汉字经文，由"进士郭宗孟书"，四角为四天王像，是北宋咸平四年（1001）刻印；另一张为梵文《大随求陀罗尼经》经咒，是把我国古代二十八宿和巴比伦黄道十二宫画在一张经咒上的星官图，是北宋景德二年（1005）刻印，现均藏苏州博物馆。此经是为"朝请大夫给事中知苏州军州事清河县开国男食邑三百户柱国赐紫金鱼袋张去莘"去疾求安，消灾祈福而刻的①。淳化四年（993）十一月，南印度僧惠吉祥献梵经一夹。师子国僧觉喜献梵经六十二夹、舍利佛骨、菩提印、白㲲画像并白㲲书随求真言轮及如意轮坛仪等。高丽国王遣使谢赐藏经、御制文集。景德四年（1007），笔受沙门致宗以疾闻，诏遣中使押翰林医官诊疗。既愈，进梵字《随求经》以谢。上特加抚慰，锡赐如例，仍令至泗上礼僧伽灵塔焉。②还有散见在各地寺院塔铭中文字。如在辽代辽宁朝阳北塔地宫中的石经幢上，发现经幢幢身上刻写有不同的陀罗尼咒，其中第二节幢身上刻写有《大随求陀罗尼经》。③这种供奉方式表达了强烈的内心愿望。此法能够随求随应、随身护佑，特别适合社会底层民众的精神需求。从上出土文物来看，这种大随求陀罗尼经咒除了用于墓葬中，以护佑亡者之外，还常用来作为镇塔之物，这是民间信仰的另一种表达方式，宋、辽时期，极为盛行。

---

① 苏州市文管会《苏州市瑞光寺塔发现一批五代、北宋文物》，《文物》1979年第11期。
② 刘淑芬《经幢的形制、性质和来源——经幢研究之二》，《"中央研究院"历史语言研究所集刊》第68本·第3分（1997.09）。
③ 辽阳北塔考古勘察队《辽宁朝阳北塔天宫地宫清理简报》，《文物》1992年第7期。

第四章　密教传持与宋元诸佛、菩萨的密教化

此外，随着大随求菩萨信仰的流布，有关随求菩萨感应故事也相应在社会上广泛流传，感应传一类的辅教之书载有各种灵验传说，内容程序化，诸如道听途说，持诵经咒，书写、供养大随求陀罗尼，可得诸种殊胜功德。如辽非浊集《三宝感应要略录》中就记录了两则与大随求相关的传说故事。如卷中"第三十五书随求陀罗尼系颈灭罪感应"条：

> 曾有苾刍，心怀净信，如来制戒，有所违犯。不写取现前僧物僧祇众物，将入己用。后遇重病，受大苦恼。时彼苾刍，无救济者，作大叫声，则于其处。有一婆罗门，闻其叫声，即往诣彼病苾刍所，起大悲愍，即为书此《随求大明王陀罗尼》，系于颈下，苦恼皆息，便即命终，生无间狱。其苾刍尸，殡在塔中，其陀罗尼，带于身上，因其苾刍，才入地狱，诸受罪者，所有苦痛，悉得停息，咸皆安乐。阿鼻地狱，所有猛火，由此陀罗尼威德力故，悉皆消灭云云。①

此则感应故事抄自不空所译的《普遍光明清净炽盛如意宝印心无能胜大明王大随求陀罗尼经》中的感应故事。同上卷下"第三十七唐益州法聚寺释法安画灭恶趣菩萨像感应"中记载：

> 释法安，住法聚寺，修方等忏，累日专修，更无微应。……神曰："更画灭恶趣菩萨像，专诵随求，罪渐微薄，行方等忏悔，障除可见化身。"梦觉流泪，更画灭恶趣菩萨像，专修忏悔，闭目即得见化佛。生年六十七方卒，临终奇瑞盖多矣。②

诸多文献所载有关大随求信仰的感应故事，说明当时社会上还是普

---

① 《大正藏》第 51 册，842a。
② 同上，855b。

遍信奉大随求陀罗尼信仰的。

第三节　白伞盖信仰与宋元社会

白伞盖信仰是宋元，尤其是元代有着广泛影响的密教信仰之一。其独特的加持力，极强的摧破、降伏能力，深得统治者及广大信众的青睐。其信仰的核心就是持诵大白伞盖佛母心咒，即楞严咒，可得诸种殊胜功德，能摧破一切邪巫，能避免一切灾祸，能降伏一切鬼魅，能消除一切恶疾，从而获得身心安泰，等等。无愿不得，无不成就。史载，每次的白伞盖法事活动，都是朝野上下纷纷响应。

一、白伞盖信仰的缘起、神格及法相

白伞盖，梵文 Sitātapatra，音译悉怛多钵怛罗。意译白伞、白伞盖。白伞盖者，为佛顶尊之名，取佛之净德覆盖一切之义。又称白伞佛顶、伞盖佛顶、白伞盖佛顶、白伞盖佛顶轮王、白伞盖顶轮王菩萨。为五佛顶之一，亦为八佛顶之一。据唐一行撰《大日经疏》卷五"入漫荼罗具缘品之余"载：

> 次于释迦师子之南，置如来五顶。第一白伞佛顶，第二誓耶译为胜顶，第三微誓耶，此用多声呼也译为最胜顶，第四谛殊罗施，译云火聚顶。经云：众德者，正译当云大分，是具大德义也。第五微吉罗孥，译云舍除顶，是弃舍一切烦恼义，亦是摧碎义也。[①]

可见，如来顶为释迦如来五智之顶，其相貌呈菩萨形。释迦如来顶上化现作轮王形，顶有重髻之尊体，谓之佛顶尊。《大妙金刚大甘

[①]《大正藏》第 39 册，633c。

第四章 密教传持与宋元诸佛、菩萨的密教化

露军拏利焰鬘炽盛佛顶经》云：

> 于如来右边白色轮中，现白伞盖佛顶轮王。手持白伞，放白色光，坐大白莲。①

《大日经》卷一《具缘品》云：

> 救世释师子，圣尊之左方，如来之五顶，最初名白伞。②

《大日经疏》卷五曰：

> 如来五顶，第一白伞。轨曰："白伞坚慧风镇定，常覆如盖。"

《大日经义释》卷七曰："此则如来众相之顶，以白净大慈悲遍覆法界。"位于密教现图胎藏界曼荼罗释迦院之右方下列第一位，乃释迦之眷属，以白净慈悲之伞盖护覆众生为本誓。三昧耶形为莲上白伞，或谓伞盖。伞，原为古印度皇室、贵族出行时仪仗队所持物，显示皇室、贵族的高贵与尊严，后来被佛教采纳，有着护佑佛法，遮蔽魔障的象征。

白伞盖信仰的核心是白伞盖神咒，也称"白伞盖真言"。白伞盖，即是佛顶尊之称谓，两者结合起来就是指佛顶尊所说之陀罗尼，简称佛顶咒，小称楞严咒。《楞严咒》出《楞严经》卷七，名为《佛顶光聚悉怛多般怛罗》，共 427 句。密宗极言此咒之威力，《楞严经》称：

> 是佛顶光聚悉怛多般怛罗秘密伽陀微妙章句，出生十方一切诸佛，十方如来因此咒心，得成无上正遍知觉。十方如来执此咒心，降伏诸魔，制诸外道。十方如来乘此咒心，坐宝莲华

---

① 《大正藏》第 19 册，339c。
② 《大正藏》第 18 册，7c。

应微尘国。十方如来含此咒心，于微尘国转大法轮。……十方如来依此咒心，能于十方拔济群苦，所谓地狱、饿鬼、畜生、盲聋瘖痖，怨憎会苦，爱别离苦，求不得苦，五阴炽盛，大小诸横，同时解脱。贼难、兵难、王难、狱难、风水火难，饥渴贫穷，应念销散。……若一心诵持此咒，则水、火、诸毒不惧，且可蒙受毗那夜迦诸恶鬼之守护。阿难！我今为汝更说此咒，救护世间得大无畏，成就众生出世间智。若我灭后，末世众生，有能自诵，若教他诵，当知如是诵持众生，火不能烧，水不能溺，大毒小毒所不能害。如是乃至龙天鬼神，精祇魔魅，所有恶咒，皆不能着，心得正受。一切咒咀，魇蛊毒药，金毒银毒，草木虫蛇，万物毒气，入此人口，成甘露味。一切恶星，并诸鬼神，磣毒心人，于如是人，不能起恶。毗那夜迦诸恶鬼王，并其眷属，皆领深恩，常加守护。①

《大佛顶广聚陀罗尼经》卷一：

天时亢旱，若雨多苗稼不熟，旷野险难，师子虎狼，诸杂禽兽，能为害者，及诸盗贼，时气癫痫虐病，一日、二日乃至一月，诸邪伎术，厌蛊妖惑，蛇蝎蛛蜈蚣，一切诸毒等，如上所说，皆不为害。是以难见，一切灾怪，亢旱水风毒，及一切众病，皆不为害，是以难闻。丁疮病、癫癎、痈肿、寒热，一切众病，及诸毒药等，诵此陀罗尼二十一遍，皆得消除，是以难说。②

大白伞盖陀罗尼的缘起，据佛经故事所载，往昔阿修罗众见天人有大福报，乃大起瞋恨，遂聚众攻打天人，天人偶有不敌，帝释往求

---

① 《楞严经》卷七，《大正藏》第 19 册，137a。
② 《大正藏》第 19 册，161a。

第四章　密教传持与宋元诸佛、菩萨的密教化

释迦牟尼佛加持,佛悲悯之,顶现法身无敌金刚佛母,手持大白伞盖,巨大无比,宣说大白伞盖陀罗尼,修罗众惊避奔逃,乃止息此争,从此流演秘密神咒,是为释尊宣说大白伞盖陀罗尼之缘起。持诵大白伞盖佛母心咒可得殊胜功德,能退避一切人鬼怨敌,摧毁一切邪巫咀咒,避免一切灾难横祸,降伏一切阴魔鬼魅,消除一切奇难杂症恶疾,心身得安泰。一切所求,无论求财、求寿、求子、求婚姻、求智慧、求事业成就、求受人敬爱、求医治恶疾、求化解冤仇怨恨、求化解官非、求避免意外横祸,等等,无不如愿,无不成就。持诵此咒的人,常得日月星斗欢喜拥护,大降吉祥,逢凶化吉。功德无量无边。如发愿往生西方者,命终不堕六道,直生净土天魔外道。悉皆降服。并摧毁一切巫蛊咀咒禁语。行者苟非寿限已满,则决无短命或夭寿等危险,又可避免一切地水火风空刀兵星变饥馑牢狱等灾。又可免疯魔、服毒、善忘等病,以及一千零八十四种灾难,如夜梦不祥,及耳目见闻,魑魅魍魉,显形等事,均可潜消。一切所求,无不如愿成就。白伞盖陀罗尼有时也出现在祈雨坛场。据《大佛顶广聚陀罗尼经》卷一:

> 又法天旱无雨,近于海边,及有龙之处,结跏趺坐,手执芥子,咒一掷海中,至二十　遍,其雨即下。若难降者,取把芥子,以嗔怒面咒二十一遍,掷着海中,其芥子变成金翅鸟,其水皆端,其金翅鸟皆严,诸龙其龙并乱,即便降大雨。……又法若雨多不止,取白芥子,咒二十一遍,向天散之,其雨即止。……又法若恶雨雷电,取白芥子,咒二十一遍,散天上,当时即止。[①]

该经可安抚龙王,有随顺时序降雨的功效。安抚龙王以祈雨在大乘

[①] 《大正藏》第19册,164c。

佛教及密教的经典中常见。自佛教在汉地传播以来，佛教大师祈雨多有灵验，因此，他们的法术能力也得到汉地统治者的青睐。

有关白伞盖佛母法相。据元真智等译《佛说大白伞盖总持陀罗尼经》的描述，两种描写："一面二臂具三目，金刚跏趺而坐，右手作无怖畏印，左手执白伞当胸，严饰种种璎珞，身色洁白，如雪山上日光明照。"①"一切如来顶髻中出白伞盖佛母，金刚顶髻大回遮母，具千大臂母，有千大首母，具十万俱胝目不二炽燃，具种相金刚宽广大白母，主宰三界中围母。"② 一面二臂三目，身呈黄色，右手结与愿印，能满足众生之所求，左手执莲华，于莲华上置白伞盖，表远离邪念，佛之净德覆盖一切之意。头戴宝冠，璎珞三重，天衣彩裙，环钏众宝饰具全，以金刚跏趺姿安住。如《尊胜佛顶修瑜伽法轨仪》卷上《画像品》云：

> 左圆明中画白伞盖佛顶轮王，头戴五智冠，左手执莲华，于莲华上安置白伞盖，右手扬掌，半跏趺坐。③

千面千臂大白伞盖佛母，身白色，其千面、千手、千足、千眼，她的每只小手臂上都生有一只眼睛，手中持有钩、索、弓、箭、索子、杵等。主臂左手持金刚杵，右手拿一柄白伞盖。千足威立，踏六道众生之背，表示她伞盖下庇护着众生。实际上从其他相关经典中的描述来看，此尊法相除上述一面二臂、千面千臂外，还有三面六臂、三面八臂等多种。白伞盖佛母是佛教佛顶尊中最伟大的尊神之一。她头顶重重的发髻称为佛顶尊，佛母也就是诸佛之母，故一名一切如来顶髻中出白伞盖佛母，是以息灾功能著称于密教界的本尊。佛顶尊从如来的佛顶中化现，传统作为佛智的象征。佛母有大

---

① 《大正藏》第19册，404a。
② 同上，405a。
③ 同上，376a。

威力，能放光明覆盖一切众生，以大白伞为三昧耶形，故名大白伞盖佛母。佛母手持的白伞盖是八宝之一，据说能护国安民、镇妖伏魔。修习大白伞盖法，能驱遣一切邪魔，拥护行者。阻止战争，免除诸难、诸病，并保护行旅。修习此法，可回遮一切外道邪法咒避诅。

有关《白伞盖经》的传译，最早的译本来自唐代不空译《大佛顶如来放光悉怛多钵怛啰陀罗尼》一卷，悉怛多钵怛啰就是梵文音译的白伞盖。入元以降，藏传佛教风行大江南北，应时之需，元代两位高僧沙啰巴、真智等将藏传佛教经藏分别译成汉语的二种，即《佛顶大白伞盖陀罗尼经》《大白伞盖总陀罗尼经》各一卷，记述以大白伞盖佛母为本尊、祈求息灾得福的密教修法。其中真智译本是上述三个本子中内容最丰富的一个。这两部经典也成为自元代以后最流行的"大白伞盖佛母法"所依据的两部经典。

有关白伞盖信仰的流行，不得不提《大佛顶首楞严经》。这是一部伪经，托名唐世来华的中天竺僧般剌蜜帝译，编纂时间可追溯到 8 世纪。此经　出，在汉地僧俗二界深受欢迎，历代多受追捧，非常流行[1]。该经由佛陀与阿难的对话开讲，此经的第七卷以当时流行的不空译《白伞盖经》译本为基础，并加以扩充，所述内容是有关供奉大白伞盖的仪轨、持诵方法及所获现世功德。可以说，《佛顶白伞盖陀罗尼经》组成了《大佛顶首楞严经》第七卷的核心部分。作为"大佛顶咒"或"楞严咒"，其与众咒不同之处在于不但可守护，亦可净罪，特别是净除破戒之罪。由于其强烈的现世利益，在敦煌抄经中也备受青睐，据统计，在敦煌汉文抄本中，此经的单卷本或多卷本的抄本多达百余件[2]，其中仅第七卷的抄本就有

---

[1] 到清代为止，此经共有 80 多个注疏，现收录在《卍续藏》第 6—27 册（1968—1971）。
[2] 《敦煌遗书总目索引新编》列出 94 个抄本。

7件。一些敦煌抄本甚至只将此经称为《大佛顶经》了。

"会昌法难"后，由于汉地密教的弱化，使得白伞盖佛母信仰相对受到冷落。到了元代，藏传密教自上而下传播，渐成主流。有关大白伞盖佛母的佛经重新被译为汉文，广泛流通。有两个版本，一是元沙罗巴译《佛顶大白伞盖陀罗尼经》，一是元真智等译《佛说大白伞盖总持陀罗尼经》。在敦煌石室中还有相关佚经遗存。如P.3916《大佛顶如来顶髻白盖陀罗尼神咒经》。另外，随着藏传佛教传持的不断深入，藏文版的白伞盖也相继译出。据才让先生考证：

> 通过《法藏敦煌藏文文献解题目录》和《英藏藏文解题目录》可以确知，除上录《白伞盖经》外，敦煌藏文文献中尚有多种《白伞盖经》抄本，这在敦煌藏文密宗经典中是较为突出的，反映出信徒们对此经的高度重视。从抄本数量众多，也能说明《白伞盖经》是吐蕃时期较为风行的密宗经典之一。①

同时，也有用西夏文翻译的相关经典：

> 西夏时期，曾用西夏文翻译了不少白伞盖类密法。元朝帝师八思巴十分推崇白伞盖法，在他的建议下，忽必烈在宝座后面立白伞盖，定期举行相应的法事行动。八思巴的弟子元朝译师沙啰巴还将藏文《白伞盖经》译成了汉文。②

据学者考证，西夏时期，这一类与白伞盖佛母崇拜有关的密教经典还为数不少。③ 还有很多要论，如《白伞盖随母施食要论》《大白伞盖之总持诵顺要论》④。藏文《甘珠尔·密教部》收藏了《佛顶白

---

① 才让《敦煌藏文密宗经典〈白伞盖经〉初探》，《敦煌学辑刊》2008年第1期。
② 同上。
③ 史金波《西夏佛教史略》，宁夏人民出版社1988年版，第343—417、402、405页。
④ 史金波《西夏的藏传佛教》，《中国藏学》2002年第1期。

伞盖陀罗尼经》现存的四种译本。另在日本密教系统中，出现了白伞盖相关密教经典。据李翎先生考证：

> 9世纪，入唐八家之一的日本僧人圆行（800—853），在他从中国带回日本的"新密教经典"中即有《白伞盖佛顶仪轨》一卷，说明白伞盖佛顶是当时中国流行的主要神灵之一。①

这说明，白伞盖信仰在日本亦有传承。

密教有着积极的入世精神，诸部密教经典常以解决现世人生诸多困境为根本旨趣。《白伞盖经》在这方面表现得尤为突出，上至国泰民安，下至解除个人的诸种烦恼，功用无所不包。宋元时期，随着藏传佛教东传，《白伞盖经》及相关密法也得以弘传。实施白伞盖仪轨，能满足诸愿，保佑地方安宁。据元真智等译《佛说大白伞盖总持陀罗尼经》：

> 凡有行人，以此一切如来顶髻中出白伞盖佛母余无能敌大回遮母，或桦皮，或白氎，或树皮上书写已，或戴身上，或项颈上，则能直至终身，以毒不能害，以器械不能害，以火不能焚，以水不能漂，以宝毒不能中，以和毒不能害，以咒毒不能坏，非时夭寿不能侵，一切冤魔及所有恶友等，凡一切处为悦爱所爱敬也。又能恒河沙俱胝八万四千金刚种等，亦拥护，亦救护，亦覆护，彼等作悦意所爱敬之。又能八万四千大劫之中得宿命智，又世世生处不受施碍罗刹、饿鬼臭，及身臭等身。又不受人中贫穷之身，又具足无量无数恒河沙数，正觉出有坏之福禄也。②

由上可见，白伞盖佛母有着极强的现世利益。她除了对个人的护佑

---

① 李翎《敦煌白伞盖信仰及相关问题》，《敦煌学辑刊》2013年第3期。
② 《大正藏》第19册，406b。

外，还有强大的护国功能：

> 于余无能敌大回遮母处作广大供养，则能速然国界安宁，亦能柔善疫病碍与损害斗争，余他一切军兵也。①

《楞严经》卷七亦有相同的持奉方法：

> 书写此咒，贮于香囊。……当知是人，尽其生年，一切诸毒，所不能害。②

大白伞盖佛母是藏传密教中一重要的本尊。经中说，她由释迦牟尼顶髻中化现，是佛智的象征，具有无上法力，能以手中宝伞遮护芸芸众生，能治病驱魔，保护行人与城邦。在印度密教及藏传密教中，白伞盖佛母的崇拜是非常古老而普遍的。诸佛顶尊是从如来的佛顶中化现，其中白伞盖佛顶和尊胜佛顶是最著名的佛顶尊。通过统治阶层的推动，白伞盖佛母信仰深入民间，并随着佛教的世俗化而向日常生活渗透。在元朝众多的法事活动中，"白伞盖法事"已成为最有影响力的佛事活动，进而成为民间的一种文化娱乐活动而为民众所喜闻乐见。《元史·祭祀志》忠实地记录了当时的盛况。

二、大白伞盖信仰在宋元社会的传持

自唐代不空译出《大佛顶如来放光悉怛多钵怛啰陀罗尼》等有关白伞盖经典后，标志着汉地密教的白伞盖信仰随着汉传密教的流布而在各地流行。这可通过其译经和敦煌地区当时流行的白伞盖抄本及印画得到印证。如敦煌遗书 P.4514—A 的陀罗尼印画，是一件有关白伞盖信仰的经咒，印制于北宋初太祖在位的 971 年。8 世纪初，开元三大士入唐，掀起密教经典的翻译热潮，其中善无畏、不空等几位密教高僧陆续将几部有关五佛顶的密教经典与仪轨译出，

---

① 《大正藏》第 19 册，406b。
② 同上，137a。

第四章　密教传持与宋元诸佛、菩萨的密教化

如善无畏译出的《大毗卢遮那成佛神变加持经》，不空译出的《金轮王佛顶要略念诵法》等，特别是《大毗卢遮那成佛神变加持经》，即《大日经》的译出，奠定了佛顶信仰的理论基础。诚如王微先生所言：

> 这些经典成为怛特罗实践的基础，极大地推动了白伞盖佛母形象在汉地佛教世界中的引进。①

也就是说，至少在 8 世纪汉地白伞盖信仰就已广泛传播。特别是在敦煌发现的大量的"置伞文""安伞文""竖幢伞文"等创作，也足以说明民间的白伞盖信仰曾相当普遍。

《置伞文（一）》：

> 夫除灾静难者，莫善于佛顶密言；集福延休者，事资于行城念诵。……为合邑黎元报愿功德之所建矣。伏惟节儿都督公平育物，謦节安边，恐瘵疾流行，灾殃条起。是以预修弘愿，建竖良因，行城将殄于妖氛，竖幢用臻乎福利。②

《置伞文（二）》：

> 夫睹相兴善者，无出于应化之身；禳灾怯祸者，莫过乎佛顶心咒。……今者炖煌之府内，竖白法之胜幢，设佛顶于四门，使黑业之殄扫。厥今此会，其谁施作？③

《置伞文（三）》

> 夫延祥展庆，必赖于胜幢，扫孽除灾，要资于儿力……总斯殊妙，最上福田，尽用庄严梵释四王、龙神八部：伏愿威光盛，福力增，育黎元，护军国。我圣神赞普：唯愿圣躬坚远，

---

① （法）王微《白伞盖佛母：汉藏佛教的互动》，《故宫博物院院刊》，2007 年第 5 期。
② 《大正藏》第 85 册，1302c。
③ 同上，1303a。

· 199 ·

> 日往月来，宝住恒昌，天长地久。节儿、都督松皇比寿，福庆相资。部落使诸官等：唯愿助理平和，惟清惟直。然后四时顺，五谷登，百殃除，万祥集。般若神儿，诸佛所师，大众虔诚，一切普诵。①

这三篇置伞文情真意切，既交代了建幢的目的，又表达了建幢护国安邦的心情。敦煌每年正月廿三日要举行一次安伞旋城的佛事活动。

敦煌保存有十多件吐蕃至归义军时期的《置伞文》或《安伞文》，内容是通过竖置白伞幢来禳灾祛祸、保国安民。敦煌文书中记载了伞盖用于佛教节日。如吐蕃占领时期的 S.2146《置伞文（二）》：

> 爰集缁徒，竞持幡盖，列四门之胜会，旋一郡之都城。

记载了农历二月八日佛陀出家的行像活动，伞盖还用于敦煌每年正月举办的白伞盖旋城活动。通过敦煌遗存的《置伞文》可以推知，9 至 10 世纪，吐蕃统治时期到宋代的敦煌，白伞盖佛母的安民护国信仰一直风行一时。据李翎先生考证：

> 敦煌抄本中许多《置伞文》《安伞文》《竖幢伞文》，如 P.2854、P.2237、S.2146、S.6417、S.4544 等，更进一步说明在吐蕃占领时期，也就是晚唐到五代时期，民间已熟知尊神"白伞盖"并有其信仰的流行。②

汉地密教白伞盖信仰的流行，亦表现在世俗文学作品中。如宋代小说《夷坚志》中就有类似记载。据《夷坚志·补志》卷一四"蜀士白伞盖"条记载：

---

① 《大正藏》第 85 册，1303a。
② 李翎《敦煌白伞盖信仰及相关问题》，《敦煌学辑刊》2013 年第 3 期。

第四章　密教传持与宋元诸佛、菩萨的密教化

> 蜀士有登科者，因赴调，投宿失道，至暮不遇店。一仆一马，栖迟怖恐。忽野望次灯烛甚盛，罗列几案，五六客据案，酒肉狼藉。士往前揖，皆相顾有喜色……邀驻鞍同饮。

后蜀士知其为杀人祭鬼之徒，乃谎称便溺，跨马疾驰而去：

> 渐五更，见孤寺，叩门，僧出问故，即推之出。士垂泪乞教，僧云："君于释道二典中有所习否？"曰："粗记白伞盖真言。"僧曰："足矣！但坚坐金刚背后，仆马莫相远，若见异境，但诵此文。"士如其戒。俄顷，刀剑铿然，飞集无数，士闭目默诵真言。又闻兵器戛击，甲骑纵横，而皆不能相近。迨天明愈剧，逼暮方止。上饥渴惫，忽见僧来招入寺……留至次日登途，沿路兵甲矛剑，以千万计，悉剪纸所为者。

白伞盖真言，即楞严咒。蜀士念诵《白伞盖真言》而免杀身之祸，这则故事说明了南宋时的江南，白伞盖信仰相当盛行。另有笔记中亦有类似故事的记载。据马纯《陶朱新录》记载：郭献可妻高氏日诵《白伞盖咒》，可将家猫或野猫咒死。① 还有散见在各地寺院塔铭中文字。如在辽宁朝阳北塔地宫中的石经幢上，发现经幢第一节幢身上刻写有密教经典，署名为"唐卅元三朝灌顶国师和尚特进试鸿胪卿开府仪同三司肃国公食邑三千户食实封三百户赠司空谥大辩正大广智大兴善寺三藏沙门不空奉诏译"。此即由不空所译，简称《大佛顶如来放光悉怛多钵怛啰陀罗尼》。全经属音译本，除经题和署名是汉文外，经文皆是用汉字标梵音。②

入元以降，统治者确立藏传佛教为国教，使得藏传佛教自上而下迅速传播。皇室贵族及一般信徒多持奉藏传密教，藏传密教已渐

---

① 《笔记小说大观》，江苏广陵古籍刻印社 1983 年版。
② 辽阳北塔考古勘察队《辽宁朝阳北塔天宫地宫清理简报》，《文物》1992 年第 7 期。

次成为北方游牧民族的主要宗教信仰。元释念常在其《佛祖历代通载》中就谈到：

> 统元中，天子以大萨思伽法师有圣人之道，尊为帝师。于是秘密之法日丽乎中天，波渐于四海。精其法者，皆致重于朝廷，敬慕于殊俗，故佛事之旧一变于齐鲁。①

随着藏传佛教影响的不断深入，藏传密教系的白伞盖佛母信仰异常流行。相关文献记载本书第三章第一节已作详录。

随着藏传密教在社会上的广泛影响，杂剧中也出现了相关内容，"十六天魔""四天王""骷髅头"等惊悚内容，引起统治者极度不适，而下诏禁止，据《元典章》卷五七《刑部·诸禁·杂禁》：

> 至元十八年十一月，御史台承奉中书省判札付据宣徽院呈，提点教坊司申：闰八月廿五日，有八哥奉御、秃烈奉御传奉圣旨，道与小李，今后不拣甚么人，十六天魔休唱者，杂剧里休做者，休吹弹者，四天王休装扮者，骷髅头休穿戴者。如有违犯，要罪过者。钦此。②

这个白伞盖佛事活动在大都和上都每年举行一次，整个活动历时十六天，倾城参与，规模壮观。"游皇城"是这个"白伞盖佛事"的一部分。在蒙语中称"朵思哥儿好事"③。

元世祖忽必烈以佑国所举行的白伞盖佛母仪轨，被认为是藏传密教白伞盖佛母信仰在汉地流布的起源。一方面，政府积极推进白伞盖佛母仪轨活动，另一方面，僧界也积极配合译经，当时，《佛顶白伞盖陀罗尼经》的两个译本均译自藏文，一位译者是沙啰巴，

---

① （元）念常《历代佛祖通载》卷二二，《大正藏》第49册，732a。
② 陈高华点校《元典章》，中华书局2011年版，第1939页。
③ 见《元史》卷四三《顺帝本纪六》。"朵思哥儿"为藏语，意为"白伞盖咒"。"好事"指包括佛教在内的宗教祈福活动。

第四章　密教传持与宋元诸佛、菩萨的密教化

另一位是真智。经典的译出，及时给予白伞盖佛母信仰以理论与实践上的支持，如沙啰巴译《佛顶大白伞盖陀罗尼经》：

> 若遭人病、孳畜病、疫疠恼害，斗诤逼迫，他兵侵扰，一切厄难。赍此佛顶大白伞盖无有能敌，般啰当鸡啰母陀罗尼，系幢顶上，广伸供养，作大佛事。奉迎斯咒，安城四门，或诸聚落、都邑、村野，礼拜恭敬，一心供养。所有兵阵，随即消灭，疫疠诸病，恼害斗诤，他兵侵扰，一切灾厄，悉皆消灭。①

当时许多与白伞盖佛母信仰相关的轨则都是在这两部的基础上确立的。正是由于白伞盖佛母具有特大的保护力量，元世祖忽必烈于14世纪推动的这一仪式在大江南北迅速流传。

伴随着大白伞盖佛母信仰的流播，各地纷纷通过各种艺术形式供奉。其中表现突出的就是有关白伞盖佛母造像出现在全国各大石窟及寺庙院中。据李翎先生考证：

> 藏传密教中流行的白伞盖佛母造像样式，有别于汉译佛典中的一面二臂持伞盖的菩萨尊形，而是一面二臂三眼的佛母形，其最为流行的千面千臂的样式则是晚期大白伞盖佛母图像学发展的结果。②

杭州飞来峰，有由元政府指派的杨琏真迦主持开凿的石窟造像，其中就有一尊大白伞盖佛母像。像在一线天洞外的第22龛，高约150厘米，其中龛楣上就刻有"一切如来顶髻中出大白伞盖佛母"名号。她就是二十一救度佛母中的一尊，在《圣救度佛母二十

---

① 《大正藏》第19册，403b。
② 大量图像实物证明，千首千臂的白伞盖佛母样式的流行始于18世纪初。详参李翎《敦煌白伞盖信仰及相关问题》，《敦煌学辑刊》2013年第3期。

· 203 ·

一礼赞经》中简称"如来顶髻母",俗称"大白伞盖佛母"①。这一类造像还有很多。

综上所述,白伞盖信仰在宋元,尤其是元代有着广泛的信仰,僧俗二界的文献记载及石窟造像等都有记载,足以为证。

---

① 洪惠镇《杭州飞来峰杨琏真伽龛及其他》,《文物》1989年第3期。

第五章
密教传持与宋元诸佛母的持奉

佛母，顾名思义，即为诸佛之母。但这里的"母"原意并非指人，而是指佛教的体性，般若智慧，真如法性等。佛教用来比喻真如能生诸佛。佛从法而生，故法即是佛母。密教形成之后，显教中的诸佛、诸菩萨被神格化，于是有了佛母、佛母尊这样的称谓。在藏传佛教还专设佛母部像。在密教传持过程中，形成了比较有代表性的佛母，如尊胜佛母，她是释迦佛顶髻的神格化现。自唐以降，尊胜佛母陀罗尼经咒被认为有消灾驱难的功德而广为持诵。还有般若佛母，是佛教哲学中般若（智慧）神格化后的一位重要佛母，她也是大乘佛教中具有代表性的般若经典《般若波罗蜜多心经》的人格化现，在藏传佛教的神谱中占有举足轻重的地位。再一位就是大白伞盖佛母。据《佛说大白伞盖陀罗尼经》中说，信奉大白伞盖佛母可获得诸种现世利益。此佛母在元代朝野上下受到了前所未有的尊崇。元以前，除西藏外，大白伞盖佛母在西夏等地也较流行。还有孔雀佛母等，在民间有着广泛的传持。杭州飞来峰就同时塑有尊胜佛母、大白伞盖佛母与般若佛母等组合造像。

密教传持与宋元社会

第一节　密教传持与佛顶
　　　　尊胜陀罗尼信仰

佛顶尊胜陀罗尼信仰兴起于初唐的长安、洛阳一带，渐次传遍大江南北。佛顶尊胜陀罗尼信仰以《佛顶尊胜陀罗尼经》为其理论依据，《佛顶尊胜陀罗尼经》中的咒语因其最能满足人民现世利益需求，故最为流行。唐朝议大夫兼侍御史武彻在其《加句灵验佛顶尊胜陀罗尼记》中说：

> 佛顶尊胜陀罗尼者，一切如来秘密之藏，总持法门。大日如来智印，吉祥善净，破一切恶道，大神力陀罗尼也。[①]

其后，记有大量持念《佛顶尊胜陀罗尼经》得见先亡父母的灵验故事广布于民间街巷、田野村头。"其为文也，虽辞约而理繁；其为用也，实功深而利大"[②]，经中虽再三强调了它的祛病、长寿、免除众生苦恼的现世利益，但从历史上看，广大信众更多地接受的是该经所述的破地狱功能，这或者是由于经中所强调的破地狱功能恰好迎合了人们解脱入地狱道的恐惧心理，这应该是它能够广泛流布的重要原因之一。唐代以《佛顶尊胜陀罗尼经》为理论依据的尊胜陀罗尼信仰，在帝王、贵族及僧人的合力推动下，逐渐形成与民众日常生活息息相关的建尊胜陀罗尼经幢的习俗。尊胜经幢因《佛顶尊胜陀罗尼经》而流行、发展；反过来，它本身又为此经的流布起到一定的推动作用。"会昌废佛"以后，佛教虽渐趋式微，但已深入民间日常生活的佛顶尊胜陀罗尼信仰却流传不衰，直至宋代，写

[①]　《大正藏》第 19 册，386a。
[②]　《佛顶尊胜陀罗尼经教迹义记序》，载陈尚君《全唐文补编》卷四九，中华书局 2005 年版，第 587 页。

经、造幢等活动依然非常兴盛。佛顶尊胜陀罗尼信仰中的"破地狱功能"的流传，具体体现为产生出大量为亡者或生者所建的置于墓侧或墓道中的"墓幢"，亦即"尊胜经幢"。

一、佛顶尊胜陀罗尼信仰的形成及其影响

佛顶尊胜，一名尊胜佛顶，亦名除障佛顶。是五佛顶之一，尊胜陀罗尼之本尊，即释迦如来由佛顶现出之轮王形，为佛顶尊中之最尊，故名尊胜佛顶，能除一切惑业，故名除障佛顶。唐善无畏译《尊胜佛顶修瑜伽法仪轨》卷下曰：

> 一切佛顶中，尊胜佛顶能除一切烦恼业障故，号为尊胜佛顶心，亦名除障佛顶。……释迦牟尼如来，结跏趺坐，作说法相。……尔时世尊慈悲愍念，便入除障三摩地，从如来顶上发生惹耶三摩地，状若轮王之像，白色，首戴五佛宝冠，手执金刚钩，项背圆光，通身如车轮状，晖曜赫奕。现此三摩地时，十方世界六种震动，十方世界一切地狱六趣众生应堕恶道者，皆悉灭除，一切恶业不复受，若便生天及十方清净国土。为此善住天子七返恶道之身一时消灭，是故号为除障佛顶轮王，即是五佛顶轮王之一数，并通三佛顶八大顶轮王也。①

佛顶尊胜陀罗尼信仰的形成缘于《佛顶尊胜陀罗尼经》的译介与弘通。《佛顶尊胜陀罗尼经》于 7 世纪下半叶传入中国，一经传入，即备受瞩目。从唐高宗仪凤年间迄北宋仁宗至和年间（679—1054），近四百年，经中、印两国显、密二教译经大师的相继传译，使其译本数目（包括见于记载的已佚本）达到十六种之多，与家喻户晓的《般若波罗蜜多心经》不相上下，足见《佛顶尊胜陀罗尼

---

① 《大正藏》第 19 册，378b。

经》在佛教大乘显、密二教中所起的作用和影响。① 这些密教经典译出后,广为世人认可,绝赞有加,所谓"禳罪集福,净一切恶道,莫急于《佛顶尊胜陀罗尼经》"②;"《尊胜陀罗尼经》者,光揭日月,功贯生灵"③。据相关文献记载,早在武周如意元年(692),史延福就在龙门摩崖刻《佛顶尊胜陀罗尼经》,是现知最早的《佛顶尊胜陀罗尼经》石刻。④ 可见,该经译出不久,即得到信众的喜爱。

《佛顶尊胜陀罗尼经》所以得到人们的喜爱,其中的"尊胜陀罗尼"(全称"净除一切恶道佛顶尊胜陀罗尼")起到极大的作用。以此经最通行的佛陀波利译本而言,经文共有2 655字,其中的"尊胜陀罗尼"仅326字。不过,佛教传统认为,恰是这326字的"尊胜陀罗尼"才是此经最神圣、最重要的部分,它兼具禳灾离恶与即身成佛的功能。《佛顶尊胜陀罗尼经》称:

> 此咒名净除一切恶道佛顶尊胜陀罗尼,能除一切罪业等障,能破一切秽恶道苦。天帝,此大陀罗尼八十八殑伽沙俱胝、百千诸佛同共宣说,随喜受持。大日如来智印印之,为破一切众生秽恶道苦故,为一切地狱畜生阎罗王界众生得解脱故,短命薄福无救获众生乐造杂染恶业众生得饶益故。又此陀罗尼于赡部洲住持力故,能令地狱恶道众生,种种流转生死,薄福众生,不信善恶业失正道众生等,得解脱义。⑤

---

① 何梅《五台山高僧佛陀波利译〈佛顶尊胜陀罗尼经〉考略》,载《五台山研究》1997年第3期。
② (元)念常《佛祖历代通载》卷一六,《大正藏》第39册,631b。
③ (唐)卫洞《〈佛顶尊胜陀罗尼经〉石幢赞并序》,载清王昶《金石萃编》卷六六,陕西人民美术出版社1990年影印版,第8页。
④ (清)叶昌炽《语石》卷四,上海书店1986年影印版,第78页。清末叶昌炽致力于收集经幢拓本,从事经幢的研究,且题其书斋为"五百经幢馆"。《语石》为其金石学的著作,其中有八则论及佛教经幢。
⑤ 《大正藏》第19册,351a。

也就是说，该陀罗尼不但具有诸如"灭祸销殃之秘，延寿益龄之妙"等功能外，还具有所谓"为一切地狱畜生阎罗王界众生得解脱故""能令地狱恶道众生……得解脱"，亦即俗称"破地狱"的功能。这对于一般恐惧地狱之苦的民众、希望已故亲友能够摆脱地狱之苦的民众，自然具有很大的吸引力。由于该尊胜陀罗尼仅326个字，简单易行，持诵方法简便，所以广大信徒竞相传抄，风靡一时。

在佛顶信仰中最为流行的是尊胜佛顶经咒的信仰。[①] 唐朝议大夫兼侍御史武彻《加句灵验佛顶尊胜陀罗尼记》言：

> 佛顶尊胜陀罗尼者，一切如来秘密之藏，总持法门。大日如来智印，吉祥善净，破一切恶道，大神力陀罗尼也。[②]

后记有持念尊胜陀罗尼经得见亡父母灵验事。"陀罗尼"既然有如此大的威力，信者纷纷虔诚礼敬。佛顶尊胜信仰是以《佛顶尊胜陀罗尼经》中所述为其理论依据。经中说的主要是佛为善住天子解除七返恶道之苦而说陀罗尼的故事。该经最大特色之一是突出了《尊胜经》的作用在于拔济众生于恶道，尤其是强调了《尊胜陀罗尼》的破地狱功能。经中主要阐述诵持佛顶尊胜陀罗尼，可除却一切恶道之苦，不再转生六道畜生之身，入地狱者可得解脱升天。如经云：

> 天帝，若人能须臾读诵此陀罗尼者，此人所有一切地狱、畜生、阎罗王界、饿鬼之苦，破坏消灭，无有遗余。……此咒名净除一切恶道佛顶尊胜陀罗尼，能除一切罪业等障，能破一

---

① 佛顶经咒，济世仁术。据《御制佛顶尊胜总持经咒序》："佛顶尊胜总持经咒者，一切如来智印，广大慈悲，甚深希有，普利昏迷。实巨海之津梁，幽暗之明，饥渴之饮食也。"（《大正藏》第19册，349）
② 《大正藏》第19册，350—351。

切秽恶道苦。[1]

这两段经文更是明白无误地强调了破地狱功能。佛陀波利译本志静序也一再强调此经"救拔幽显,最不可思议"。日人长部和雄亦强调了《尊胜陀罗尼》的破地狱思想。[2] 经中虽一再强调了它的祛病、长寿、免除一切恶道众生苦恼海的功能,但从信众的接受方面看,破地狱功能是最重要的。此经所强调的破地狱功能满足了人们摆脱地狱的恐惧,因此,它一经译出就大受欢迎,这也是它很快便广为流布的重要原因之一,最具体的表现就是出现了许多为亡者所建的置于墓侧的"经幢"。另外,此经传入之时,恰是佛教地狱信仰深入影响民间之时,当时唐代社会上甚为流行地狱信仰,这通过俗讲、地狱变相等艺术样式可窥一斑,故此经顺应时代潮流风靡一时。

从上述可知,《佛顶尊胜陀罗尼经》之所以很快能吸引信众,广受佛教徒的信奉,和此经的内容所具的兼济亡者与生灵,特别是破地狱的功能有很大的关系。另外,还有一个重要的原因是持诵此陀罗尼简便易行,这也是此经易于流播的要因之一。据《佛顶尊胜陀罗尼经》,受持此咒之法共分三种:一种是为短命者所说者:洗浴着新衣,于十五月圆之日,持斋诵此陀罗尼满千遍,则不但可以增寿,亦可永离病苦,消灭一切业障,不受地狱之苦。第二种是:若人已造恶业,而命终堕于地狱等恶道受罪,其亲人可取亡者之骨,以火一把诵此陀罗尼二十一遍,以此土散亡者骨上,亡者即可免受诸苦,即得升天。第三种是:若人日日诵此陀罗尼二十一遍,可往生极乐世界;若人时常念诵,可增寿快乐,此生之后可往生诸佛刹

---

[1] 《大正藏》第 19 册,386。
[2] 参见 [日] 长部和雄《唐代密教史杂考》,神户商科大学学术研究会 1971 年版。

土，常与诸佛俱会一处。① 可见，持诵既简便易行，实践又有章可循。

佛顶尊胜陀罗尼信仰兴起于初唐的长安、洛阳两京，并渐次播及川北一带，至盛唐仍然很流行。在敦煌出土的写本中，各种佛顶经咒、忏文多达二百三十余种，在显密经典中占相当一部分比例，而大部分属于唐代写本，可见佛顶信仰在敦煌一带亦甚流行。② 当然，佛顶尊胜陀罗尼信仰所以能够流布各地，还有其他各种原因。其中特别值得注意的是历代帝王的提倡。如武则天、唐代宗等曾都竭力推崇《尊胜陀罗尼》，特别是大历十一年（776）初，代宗敕命不空俗弟子功德使李元琮，诏令：

> 天下僧尼诵佛顶尊胜陀罗尼，限一月日诵令精熟。仍仰每日诵二十一遍，每年至正月一日，遣贺正使具所诵遍数进来。③

此一诏令面向天下所有寺院，使得该经在数千部佛教典籍中，成为最受佛教界重视的经典之一。像这样由帝王下令举国讽诵某部经典的事情，在中国佛教史上比较罕见，这集中反映了当时佛顶尊胜陀罗尼信仰的热烈程度。由此，尊胜陀罗尼便广泛传诵于全国各寺刹、佛教四众，广为流行，盛传不绝。所以，尊胜陀罗尼流传全国，可以说是国家采用行政手段努力推行的结果。此外，贵族、官僚的积极参与也是佛顶尊胜陀罗尼信仰广泛流布的另一个重要原因。如朝散郎行鸿胪寺典客令杜行顗，朝议大夫兼侍郎御史武征，殿中侍御史蒋那、行通舍人张承福，长史张绎等，都是佛顶尊胜陀罗尼信仰的虔诚信奉者，他们的加入有力地助推了这一信仰的流

---

① 《大正藏》第19册，351—352。
② 吕建福《中国密教史》，中国社会科学出版社1995年版，第356页。
③ （唐）法崇述《佛顶尊胜陀罗尼经教迹义记》卷一，《大正藏》第39册，1012a。

行。同时，宗教界僧尼的弘传及广大民众的热情追捧也是必不可少的。另外，还有五台山文殊信仰等更具社会影响力的宗教活动的推动，等等。特别是由于《佛顶尊胜陀罗尼经》的提倡，建尊胜陀罗尼幢习俗亦渐次形成，这对佛顶尊胜信仰的流播，无疑更具有积极的推动作用。如密宗大师在推广其教时，就曾借助于此经；另外，密宗的弘传者金刚智、不空都曾翻译过此经。特别是不空，不仅翻译和注译此经，还利用他对帝王的影响力来提高此经的地位。据不空《代宗朝赠司空大辨正广智三藏和上表制集》卷五所记，大历五年（770），不空曾上疏请在太原大唐兴国大崇福寺净土院灌顶道场处，令僧人长诵"佛顶尊胜陀罗尼"，为国祈福。[①] 其实，此经内容所涉仅为个人现世利益，如得免病痛、消除一切罪业等，无关护国内容。因此，若无不空等的提倡，实难得到帝王如此的重视。可见，此经之所以迅速流传，遍及唐代各地，除了内容所具有的吸引力，以及上述佛陀波利赍取此经的传奇和五台山信仰的助力之外，还因唐代宗大历十一年（776）发布诏令，使此经得以深入朝野上下之故。当然，这与密宗高僧的活动也是分不开的。总之，此经的传遍天下，乃是由于当时的宗教、政治、社会诸因素合力助推的结果。进入中唐后，社会动荡，民不聊生，能满足人民现世利益需求的佛顶尊胜陀罗尼信仰，在帝王的大力提倡下，在朝野上下广泛传播。

从诸文献记载可知，入宋以后，佛顶尊胜陀罗尼信仰依然兴盛，据清胡聘之《山右石刻丛编》卷九"王刘赵珍等造陀罗尼经幢"的赞文：

> 佛顶尊胜经者，金果宣□以重译为五部真宗，千佛之上，道善主捧受，免阿鼻之苦厄。

[①] 《大正藏》第 52 册，837—838。

宋郭彖《睽车志》为迎合宋高宗喜鬼神事而作，写于孝宗时。书中大多写高宗、孝宗年间的见闻及鬼怪神异故事，其中亦记有与尊胜陀罗尼信仰关涉者，如卷二：

> 泉司干官陈子永泳，每夜用释氏法诵咒施食，仍爇尊胜咒幡数纸。尝宿铅山驿舍中，夜有妇人立床前，叱之，云："无恐，我来从官人觅经幡耳。"许之，忽不见。明日祝而烧之，夜复来拜谢而去。①

宋庄绰《鸡肋篇》卷中：

> 太守李载者，信州人，每夕焚《尊胜陀罗尼》以施鬼神。

《东京梦华录》：

> 七月十五日中元节，先数日，市井卖冥器：靴鞋、幞头、帽子、金犀假带、五彩衣服，以纸糊架子盘游出卖。潘楼并州东西瓦子，亦如七夕，要闹处亦卖果食、种生、花果之类，及印卖《尊胜目连经》。②

由此可知，《尊胜陀罗尼》已成为当时中元节举行各种民俗活动时所需的物品。

二、尊胜经幢的建立与宋代丧葬习俗

依据目前资料，汉魏以前，幢已经出现在中国的车行仪仗中。汉魏以后，由于佛教盛行，幢也出现在佛教的仪式中。而在丝质幢幔上书写经文，就成为经幢。从唐代开始，由于以《佛顶尊胜陀罗尼经》为依据的尊胜陀罗尼信仰的流传，人们将《佛顶尊胜陀罗尼经》或"尊胜陀罗尼"等镌刻在石头制造的幢状物上，由此产生石质经幢。建立石质经幢的目的，无非是所谓"谓贝叶之速朽，不足

---

① （宋）郭彖撰，李梦生点校《睽车志》，上海古籍出版社2012年版，第104页。
② （宋）庄绰《鸡肋篇》，中华书局1983年版，第44页。

纪其言；谓卷石之至贞，可以刻其字"①。所以石质经幢是中国古代的仪仗用物与佛顶尊胜陀罗尼信仰相结合的产物，从此中国佛教出现一种新的信仰形态。此一时之制，后蔚为风尚，石质经幢也就成为中国佛教的一种新的艺术形式。

（一）尊胜经幢的建立及其在宋代的流播

为什么佛顶尊胜陀罗尼信仰能够与中国的"幢"相结合而发展为石质经幢，其原因就在《佛顶尊胜陀罗尼经》中。该经称：

> 佛告天帝：若人能书写此陀罗尼，安高幢上，或安高山，或安楼上，乃至安置窣堵波中。天帝，若有苾刍、苾刍尼、优婆塞、优婆夷、族姓男、族姓女，于幢等上，或见或与幢相近，其影映身，或风吹陀罗尼上幢等尘落在身上，天帝，彼诸众生所有罪业，应堕恶道、地狱、畜生、阎罗王界、饿鬼界、阿修罗身恶道之苦，皆悉不受，亦不为罪垢染污。天帝，此等众生为一切诸佛之所授记，皆得不退转于阿耨多罗三藐三菩提。②

意即如果能够书写尊胜陀罗尼，并将其置于高幢、高山、高楼上，或将其置于窣堵波（塔）中，则此人所有恶业皆可消除，免堕诸恶道。且不但书写、建幢者能够获此功德，即使能亲近或遇到此陀罗尼，甚至只要被经幢的影子映到身上，乃至于幢上的灰尘飘附身上，无论何人，都可以消除一切恶业。这正是佛顶尊胜陀罗尼信仰、尊胜陀罗尼功德最奇妙，最得人心之处。也是促使唐人热衷树立经幢的动因之一。唐文宗大和（827—835）时僧义林在其《尊胜陀罗尼幢记》中对陀罗尼经幢的宗教功能总括为：

---

① （唐）卫洵《佛顶尊胜陀罗尼经石幢赞并序》，载清王昶《金石萃编》卷六六，陕西人民美术出版社1990年影印版，第8页。
② 《大正藏》第19册，351b。

第五章　密教传持与宋元诸佛母的持奉

> 震摄魔魅，惊骇神鬼，灭除障累，增益胜福。①

因此，朝野上下，信奉者众，民间广泛流行建造尊胜经幢之民俗。仅清王昶《金石萃编》所收，起于则天朝天授元年（690）至大和八年（834），有陀罗尼经幢31种；起于开成元年（836）至唐末（900），有陀罗尼经幢35种；合计66种。现存尊胜经幢最早的实物，经孙启祥先生考证，认为是出土于河北井陉县的天护陀罗尼经幢。该幢建于唐开元十五年（727），"保存完整、年代准确，可以作为我国现存早期陀罗尼经幢的典型代表"，且"具备完善的幢座、幢身、幢顶，就目前所掌握的资料看，可以作为经幢最早的实物代表"。② 至于全国境内各地区经幢的朝代分布及留存的数量，现还无权威数据。孙启祥先生认为：

> 从现在全国各地保存的经幢来看，以唐代建造的最多，以地区而论，陕西是唐代全国佛教中心地区之一，保存的经幢最多。③

但以国务院公布的六批全国重点文物保护单位为例，这一批共公布尊胜经幢8处，其中多为宋时所建。④ 另据李玉昆先生统计，福建泉州现存佛顶尊胜陀罗尼经幢几乎全部为宋时所有。⑤ 这说明，时至宋代，佛顶尊胜陀罗尼信仰在民间仍甚为流行。河北赵州陀罗尼经幢，建于北宋景祐五年（1038），全部石造，高15米余，是现存经幢中体形最大的一座。造型华丽，雕刻精美，是典型代表作品之

---

① （唐）乂林《尊胜陀罗尼幢记》，载清陆心源《全唐文·唐文续拾》卷八，中华书局1982年版，第2259页。
② 孙启祥《天护陀罗尼经幢》，《中共石家庄市委党校学报》2012年第1期。
③ 同上。
④ 参见李彦、张映莹《佛顶尊胜陀罗尼经及经幢》，《文物世界》2007年第5期。
⑤ 详参李玉昆《泉州佛顶尊胜陀罗尼经幢及其史料价值》，载《佛学研究》2000年第1期。

一。故有学者认为:

> （陀罗尼经幢之）雕刻最繁，规模最大，则在宋金时代，如禹县幢、赵州幢、行唐幢和应县幢。[1]

有宋一代，立幢之风甚至还传播到西南边陲。如建于大理国时期（937—1253）的云南昆明地藏寺的大理国经幢（又名"地藏寺石幢""梵文经幢"，俗称"古幢"），为现存经幢中雕饰最为精美的一座，为袁豆光为超度鄯阐侯高观音之子高明生所立。上刻有慈济大师段进全撰写的《敬造佛顶尊胜宝幢记》及古梵文《佛说般若波罗蜜多心经》，记载了立幢的目的和经过。《造幢记》云"求救术于宋王蛮王，果成功于务本得本"，反映了鄯阐侯与宋王朝的密切关系，具有较高的史料值。

近年来，各地仍不断有经幢出土文物的报道。因此，我们有必要对全国经幢的历史与现状再做一次认真的统计。此外，即使唐代或陕西地区的经幢数量较多，但我们也必须重视唐以后以及其他地区的陀罗尼经幢及其所代表的佛教信仰形态。

随着佛顶尊胜陀罗尼信仰的流行，陀罗尼经幢形制结构日趋发展、日趋繁杂，雕刻装饰也日益华丽。同时，书于经幢上的内容也不断翻陈出新，其中，除刻有《佛顶尊胜陀罗尼经》之外，亦有刻《金刚经》《上生经》《佛母大孔雀明王经》《般若波罗蜜多心经》等。"唐人喜刻陀罗尼经，大中之后，或单刻咒，又降而刻诸陀罗尼。其余《金刚经》《心经》《观音普门品经》亦尚有刻本。"[2] 如建于唐高宗总章三年（670）的《释敬信造金刚经幢》，建于后晋天福八年（943）的《孟宾于造上生经幢》等。

入宋以后，情况依然如此，如常州太平兴国寺（后改称太平

---

[1] 单庆麟《通州新出土佛顶尊胜陀罗尼幢之研究》，《考古学报》1957年第4期。
[2] （清）叶昌炽《语石》卷四，上海书店1986年影印版，第83页。

寺），寺前有一对宋代经幢，东幢为"大孔雀明王经幢"，上所刻的是不空译《佛母大孔雀明王经》；西幢为"观音经幢"，上刻《观音经》。① 宋太祖开宝七年（974），华州别驾杜承训为报其父母"慈育之恩"所造的尊胜经幢，幢身所刻即《般若波罗蜜多心经》。② 1970年，在山东省嘉祥县马村乡山营村出土一座北宋绍圣四年（1097）石经幢，上亦刻有《般若波罗蜜多心经》。少数经幢则刻有《父母恩重经》《大佛顶首楞严经》等。

另外，还有个别经幢刻有《道德经》的，如河北易县城内即立有道德经幢，为八角柱体，上刻老子五千言，且有唐玄宗的御注。这也是道教借助经幢这一形制拓展影响的一种表现。中唐以降，镌刻《金刚经》《弥勒上生经》等经典的经幢数量渐增，如立于唐乾符四年（877）的山西五台山佛光寺经幢所刻为《弥勒上生经》，经幢的安置形态也有变化，如在福建泉州的承天寺、招庆禅院就安放有尊胜陀罗尼经幢。③

由上述可知，宋代建经幢极为普遍，经幢的内容已经不局限于佛顶尊胜陀罗尼信仰，向更广人的范围扩散。

（二）尊胜墓幢的建立与宋代丧葬习俗

经幢的幢盖和幢座往往有浮雕人物，各时代有不同风格，都极精美。其文字，或为汉文，或为梵文。经幢的雕刻内容虽然日益丰富，花纹装饰虽然日趋华丽，但经文所占比例却日渐减少。唐时经幢大多建于佛教寺庙；宋时，多有建于墓地的，亦有在刑场立幢的。

---

① 详参刘淑芬《经幢的形制、性质和来源——经幢研究之二》，载《"中央研究院"历史语言研究所集刊》第六十八本第三分（1997.09），第671页。
② 《华州别驾杜承训尊胜幢记》，载《八琼室金石补正》卷八二，文物出版社1985年版，第26页。
③ 参见李玉昆《泉州佛顶尊胜陀罗尼经幢及其史料价值》，载《佛学研究》2000年第1期。

佛教僧俗信徒在墓地建立的经幢，称为"墓幢"或"坟幢"，也有称"墓铭幢"的，一般安放在墓道、墓中或墓旁。最早的墓幢是唐玄宗开元二十年（732）四月九日，安兴宗兄弟三人将其亡父安孝臣、亡母同葬于洛阳邙山时所建。[1] 这种墓幢将尊胜经咒与塔铭合刻，为亡者超度荐福而立，一般由家族成员所造，宋代尤为风行，据清陆增祥《八琼室金石补正》收录宋代经幢 23 种，其中绝大部分为墓幢。究其原因，我认为主要有三点：第一，唐末五代以后，佛教的地狱观念已经与中国传统的死后世界相结合，形成以冥世十王为主要结构的冥王世界。人们认为，每个人死后，将会在一七乃至七七、百日、周年、三年，依照他生前的行为，接受冥世十王的审判，赏善罚恶。中国葬俗因此产生很大的变化，丧葬过程中出现的佛教威仪、斋僧等，无一不是为了同一个宗旨——使死者在"冥世审判"时免遭地狱之苦，以求往生佛国净土。中国"七七斋"丧俗即来源于此。宋人笔记俞文豹的《吹剑录外集》有一则评论云：

> 温公曰："世俗信浮屠，以初死七日至七七日、百日、小祥、大祥，必作道场功德，则灭罪升天。否则入地狱，受刲舂烧磨之苦。夫死则形朽腐而神飘散，虽刲舂烧磨，而安得知？"唐李舟云："天堂无则已，有则贤人生；地狱无则已，有则小人入。今以父母死而祷佛，是以其亲为小人为罪人也。"[2]

尽管上述评论是站在儒家立场批评佛教"冥世审判"观念的，但明确证明出当时"冥世审判"观念影响之大。第二，是佛顶尊胜陀罗尼经信仰本身所表现出的破地狱功能。如前所述，佛顶尊胜陀罗尼

---

[1] 刘淑芬《墓幢——经幢研究之三》，载《"中央研究院"历史语言研究所集刊》第七十四本第四分（2003.12），第 680 页。

[2] （宋）俞文豹《吹剑录全集》，古典文学出版社 1958 年版，第 124 页。

信仰认为,《佛顶尊胜陀罗尼经》,特别是尊胜陀罗尼的最大功德就是兼济生灵与亡者,其中特别强调尊胜陀罗尼的破地狱功能。佛陀波利译本志静序明言:此经"救拔幽显,最不可思议"① 正因为该经有这一种破地狱的功能,唐开元年间,还生发出为僧俗二界所倚重的破地狱的仪轨——"尊胜法"。② 所以,在墓地设立尊胜经幢,正是设立经幢者力图通过这一举动,以发挥佛顶尊胜陀罗尼信仰之破地狱功能。第三,是中国儒家传统的孝道思想的根深蒂固的影响。如建于宋太宗至道元年(995)的墓幢,立幢人将父母合葬于洛阳县杜泽里,并于题记中明言:

松楸方茂,丘垅正高。空思鞠育之恩,宁报劬劳之力,并赞云:孝子之礼,报效斯深;鞠育为念,劬劳在心。③

立幢人对父母养育之恩的拳拳之心,溢于言表。

在宋代社会普遍流行的地狱信仰的宗教文化大背景下,加之《佛顶尊胜陀罗尼经》本身所强调的破地狱功能及中国传统的儒家孝道思想等诸因素,使当时的人相信,诵持、刻造尊胜经咒,有助于亡者超升度脱,能使人生前"一切地狱恶业皆悉消灭",所以出现为亡者树立经幢于墓侧这一新的葬俗。

考古资料对这一葬俗有大量的记载。如宋太祖建隆元年(960),粤地刘氏为使亡夫能"超升业海"所造的即是"大悲尊胜陀罗尼幢"。④ 宋人祖乾德四年(966),李崇菀为其父彦超造陀罗尼经,记曰:"特立法幢,上祷金仙,福祐慈父。意者保延禄寿,

---

① 《大正藏》第 19 册,349b—c。
② 详参大村西崖《密教发达志》,台北华宇出版社 1986 年版。
③ 《杜泽里尊胜幢赞》,载《八琼室金石补正》卷八二,文物出版社 1985 年版,第 576 页。
④ 《刘氏为夫造尊胜幢记》,载《八琼室金石补正》卷八二,文物出版社 1985 年版,第 570 页。

被惠日以长荣。"① 江南名寺灵隐寺即立有两尊经幢，由吴越国王建于北宋开宝二年（969），原立于钱俶家庙奉先寺。幢身上刻有"随求即得大自在陀罗尼"和"大佛顶陀罗尼"经文。1988 年，南京出土一尊立于宋太宗太平兴国二年（977）的佛顶尊胜陀罗尼经幢，其幢首行题"佛顶尊胜陀罗尼"七字，以下刻陀罗尼咒语，咒后刻"南赡部洲大宋国升州右厢通贤坊清信弟子李承谦谨舍净财，收赎尊胜陀罗尼幢子壹尊，并上幡壹首，设五十僧斋，功德敬为亡弟六郎。今晨大祥，追荐生界"。② 知此经幢由佛教信徒李承谦为追荐"亡弟六郎"而设，墓幢亦为其施财"收赎"。

宋真宗景德二年（1005），郭重显为其母所造的墓幢，上题"奉为考妣二灵，特就坟所，于东南隅建尊胜大悲经幢一所，用表勤诚，荐拔生天之界。伏愿凭兹妙社，登佛刹之金城；托此良因，蹈仙宫之玉殿，尘沾罪灭，影拂福生"，并赞云："故镌尊胜，特写大悲。"③ "泉南佛国"福建省泉州地区南安市古城丰州桃源村桃源宫内，亦发现宋代墓幢一尊。宋仁宗天圣三年（1025），丰州城一葛姓富豪死后，其妻陈二十二娘为追荐其亡夫而建造了一座石质七层经幢，额首题有"奉为今上皇帝资崇佛幢一座"字样，第四层每面分行竖刻《加句灵验佛顶尊胜陀罗尼经》。该座经幢造型优美，雕工精致，是福建宋代佛教石雕艺术珍品之一。2000 年，洛阳出土一尊立于宋钦宗靖康元年（1126）的石墓幢，幢身八面刻"佛顶尊胜陀罗尼启请"和"加句灵验佛顶尊胜陀罗尼"，并刻有"维靖康元年（1126）岁次丙午三月朔丁卯十五日辛巳，孤子范伯鱼、伯言、伯思……伏为

---

① 向南《辽代石刻文编》，河北教育出版社 1995 年版，第 38 页。
② 王志高等《南京发现北宋佛顶尊胜陀罗尼经幢》，载《东南文化》1998 年第 4 期。
③ 《尊胜大悲幢赞》，载《八琼室金石补正》卷八二，文物出版社 1985 年版，第 576 页。

先妣太硕人赵氏建,伏愿乘兹妙、利速证菩提者".① 可知,赵氏亡后,其子范伯鱼等为超度其母亡灵速达西方极乐净土而建立墓幢。可见,造石幢刻经,目的是为亡者修福超度,为当时一种普遍奉行的一种宗教信仰。西南边陲,也有立于宋时的墓幢。1959年,发现于云南大理喜洲西隅弘圭山的墓幢,建于元亨十一年,相当于宋宁宗庆元元年(1195)。此幢由大理国彦贲赵兴明为追荐亡母而作,立于坟上,并记叙死者生卒年月,也具有墓碑的作用,由梵咒师金襴僧杨长生书、杨天王长雕。②

从总体看,宋代墓中或墓地安置的经幢比唐代更具世俗化,同时幢上所书各类真言密咒范围也不断扩大,而唐代频繁出现的《佛顶尊胜陀罗尼经》则较为少见。③ 有学者认为,"唐代经幢多兼刻序经咒,其后逐渐简化而无序。入宋以后,更趋陋俗,刻经者已寥寥无几,更有如此幢仅镌咒语者,谓之'真言幢'"④。其实,如前所述,这是经幢功能由尊胜经幢进而扩散的缘故。如这一时期的经幢,"白伞盖陀罗尼""大悲心陀罗尼""大随求即得大自在陀罗尼""大吉祥大兴一切顺陀罗尼"等均在书写之列。如江苏无锡惠山寺(宋时名为普利院)山门外的"大白伞盖神咒幢",上刻"大白伞盖神咒",建于宋熙宁三年(1070)。又如山西省壶关南村古墓山上的北宋元祐年间陶墓幢,其上刻"佛说金刚经纂净口业真言""佛说生天真言"等。⑤ 再如山东益都县有宋徽宗大观二年(1108)

---

① 黄吉君《洛阳发现佛顶尊胜陀罗尼北宋墓幢》,载《中原文物》2000年第3期。
② 孙太初《大理国彦贲赵兴明为亡母造尊胜墓幢跋》,载《考古》1963年第6期。
③ "会昌废佛"时,经幢损毁严重,但仍有大量遗存。在唐代流布的诸"陀罗尼经"中,深受影响的是《佛顶尊胜陀罗尼经》,现在流传下来的唐代经幢几乎刻的都是该经。据王玉青《陕西所见的唐代经幢》一文考证,境内所存142座经幢能确定为唐幢的有82座,从永昌年到咸通年间,幢身所刻多为《佛顶尊胜陀罗尼经》,载《文物》1959年第8期。
④ 王志高等《南京发现北宋佛顶尊胜陀罗尼经幢》,载《东南文化》1998年第4期。
⑤ 王进先、王永根《山西壶关南村宋代砖雕墓》,载《文物》1997年第2期。

为僧人奉俊所建的墓幢,即刻有"陀罗尼灭罪真言""生天真言""往生真言""宝楼阁真言""安土地真言"等。[1] 另外,尊胜墓幢兼刻他咒的,以刻《大悲咒》——即《千手千眼观世音菩萨广大圆满无碍大悲心陀罗尼》为最多。宋代李恕所建经幢上,便说明了何以将"尊胜咒""大悲咒"并刻的原因:"盖闻怀罪集福,莫急于尊胜陀罗尼、大悲心真言。"[2] 另外,还有邑社邑众合力立幢的,如宋太祖建隆四年(963),"真定府元氏县邑众等敬造尊胜石幢赞并序"[3]。亦有为多人建幢的,如立于宋神宗熙宁四年(1071)十月十三日的"若济等尊胜幢",即为孙五人为诸长辈立幢的。[4] 亦有不少僧俗人生前预造墓幢的,如宋太宗时青州别驾李恕就曾于宋太宗雍熙四年(987),预先为自己修建坟墓,并于墓旁树立尊胜经幢一所。[5] 宋徽宗政和元年(1111),青州水陆寺资圣禅院前住持僧文绪,为自己建造尊胜墓幢一所。[6] 凡此种种,反映了经幢信仰的种种新的变化。

宋世留存的有些墓幢上,"陀罗尼启请"大量出现。叶昌炽研究发现,经五代入宋,经幢"刻《经》者已寥寥无几,或无《经》而有'启请'"[7]。如宋徽宗大观四年(1110)十月二十五日,僧人法海迁葬其亡师奉俊于寺内护圣院,并立尊胜墓幢,上刻"加句

---

[1] 《益都县图志》卷二七《僧奉俊尊胜经幢》,载《石刻史料新编》第3辑第27册,台北新文丰出版公司1986年版,第76—77页。

[2] 《益都县图志》卷二七《宋李恕经幢》,载《石刻史料新编》第3辑第27册,台北新文丰出版公司1986年版,第57页。

[3] 《佛顶尊胜陀罗尼经序》,载《八琼室金石补正》卷八二,文物出版社1985年版,第570页。

[4] 《若济等尊胜幢题名》,载《八琼室金石补正》卷八二,文物出版社1985年版,第578页。

[5] 《益都县图志》卷二七,载《石刻史料新编》第3辑第27册,台北新文丰出版公司1986年版,第57页。

[6] 《益都金石记》卷三,载《石刻史料新编》第1辑第20册,台北新文丰出版公司1977年版,第8—9页。

[7] (清)叶昌炽《语石》卷四,上海书店1986年影印版,第78页。

第五章　密教传持与宋元诸佛母的持奉

灵验佛顶尊胜陀罗尼"并"启请"。①"启"是佛教信徒在念诵经典或陀罗尼之前奉请的启白，如不空译《佛母大金曜孔雀明王经》，在经文之前有"读诵佛母大孔雀经前启请法"。今所见最早经幢上的陀罗尼启请文，是宋太祖开宝四年（971），僧人弘正大师遗界记石幢上的"佛顶尊胜真言启请"。最早的俗人墓幢的启请文，是宋太宗雍熙四年（987）李恕为自己预建的墓幢。②

总之，佛教作为外来宗教意识形态，与中国传统文化交汇互融，经过消化、吸收，最终发展为中国古代文化的一个不可分割的重要组成部分，到唐代达到高峰。佛教既有以探究深奥的佛学为其主要特征的宗教哲学层面，也有表现极强现世利益的实用世俗化层面。世俗化的结果，则使得佛教文化渗透到社会民俗生活的各个层面，而丧葬习俗中墓幢的大量出现，是佛顶尊胜陀罗尼信仰世俗化的具体表现。深入探讨佛顶尊胜陀罗尼信仰，不仅是探讨中国丧葬习俗沿革的需要，也是研究当时社会信仰的重要途径。

形成并盛行于唐的佛顶尊胜陀罗尼信仰，入宋之后遍及大江南北，广泛传播于民间。各地留存的经幢，则更反映了佛顶尊胜陀罗尼信仰已经与中国的葬俗相结合，深入到民俗中，成为民众日常精神生活中极其普遍的宗教活动。因此，有必要对其进行更加深入的研究。佛顶尊胜陀罗尼信仰属于密教系统，关于中国的密宗，学术界有种种不同的观点。有的学者认为汉地密宗在武宗毁佛后，已临绝迹。也有学者主张"唐末五代的很长一段时期，地方势力分裂割据，战乱频仍，佛教的流传和发展受到了很大限制。但密宗仍然不

---

① 《益都县图志》卷二七，载《石刻史料新编》第3辑第27册，台北新文丰出版公司1986年版，第56—57页。
② 刘淑芬《墓幢——经幢研究之三》，载《"中央研究院"历史语言研究所集刊》第七十四本第四分（2003.12），第698页。

绝如缕，各地都有流传，仍有不少印度僧人入中国弘密，开坛灌顶，传法授徒，大都代有传人"①。我认为，会昌废佛以后佛顶尊胜陀罗尼信仰及尊胜经幢的广泛流行，为我们理解密教在中国的流传及其表现形态提供了新的思路。

第二节　孔雀明王信仰与宋元社会

在印度古代各地，无论大小二乘、僧俗二众，都非常盛行孔雀明王的修持文化。早在4世纪，孔雀明王经典即已传译于中土，其极具现世利益的功德，引得无数信众顶礼膜拜，持咒设坛，不一而足。无论是汉传密教、藏传密教，抑或是日本东密、台密等，都视其为非常重要的本尊修法之一。在印度、尼泊尔，中国西藏、中原内地，以及日本，广泛受到崇拜。

一、孔雀明王信仰的缘起、神格及法相

孔雀明王，密教本尊之一。梵名 Mahāmāyūrī Vidyārājñī，音译摩诃摩瑜利罗阇。意译作孔雀王、佛母孔雀大明王、佛母大孔雀明王等名，简称孔雀明王。孔雀明王就是光明之主的意思，拥有摧破烦恼业障的德性，通常是佛、菩萨在降妖除魔时愤怒的化身，大多面目狰狞可怕。据不空译《大孔雀明王画像坛场仪轨》云：

> 于内院中心，画八叶莲华。于莲华胎上画佛母大孔雀明王菩萨。头向东方，白色，着白缯轻衣。头冠、璎珞、耳珰、臂钏，种种庄严，乘金色孔雀王，结跏趺坐白莲华上，或青莲花上，住慈悲相。有四臂，右边第一手执开敷莲华，第二手持俱缘果，左边第一手当心掌持吉祥果，第二手执三、五茎孔雀尾。②

---

① 吕建福《中国密教史》，中国社会科学出版社1995年版，第432页。
② 《大正藏》第19册，440a。

第五章　密教传持与宋元诸佛母的持奉

依此《大孔雀明王画像坛场仪轨》所载，孔雀明王法相呈一面四臂之相，骑一只金色孔雀，故曰孔雀明王。明王非忿怒尊，现慈悲相，全名佛母大金曜孔雀明王。一般都是白色，穿白缯轻衣。有头冠、璎珞、耳珰、臂钏等装饰。四只手臂从右至左分别持敷莲花、俱缘果、吉祥果和孔雀尾。手中的四种持物，表示密教成就悉地的四种坛法，即敬爱法、调伏法、增益法、息灾法。莲花表敬爱，俱缘果表调伏，吉祥果表增益，孔雀尾表息灾。西藏流传的形象则呈三面八臂，坐莲华座，不乘孔雀。

在古印度，孔雀被认为是特异的禽类，有诸多不可思议事。如好食毒虫、毒草，且诸毒不能加害，反增其羽毛丰润光泽，胜诸他鸟、他兽的解毒能力；闻雷振声可成胎[①]；还有闻雄孔雀鸣叫，或与其影子相接触，亦可成孕。孔雀的特异性，也使得孔雀王经咒信仰浸染神秘色彩，在古印度非常盛行。佛经所载的金色孔雀（或称金翅鸟）显然不是普通的禽类孔雀，而是佛陀的化现，即为佛陀的化身。竺法护所译的《生经》卷五《佛说孔雀经第五十一》佛陀本生故事中有："佛告诸比丘：欲知尔时孔雀者，我身是也。"[②] 密教经典中亦有："此孔雀王者，大日如来化身是。"说明"孔雀""孔雀王"是佛陀的本身，后被世人称为孔雀明王。孔雀明王就是专食毒虫、毒草的孔雀之神格化神祇，南朝梁僧伽婆罗多译《孔雀王咒经》卷上：

> 彼孔雀王有时以此大孔雀明王不作咒诵，拥护安乐，而与多林孔雀女，从园至园，从苑至苑，从山至山，贪着于欲处，憍迷多痴闷，提携游行，放逸自憍，入一山穴。于彼长夜，怨

[①]　（后秦）道朗译《涅槃经》卷三五"譬如孔雀闻雷震声而便得娠"，经载《大正藏》第12册，570a。
[②]　《大正藏》第3册，100—103。

家怨友，常伺其便，以孔雀绳缚彼。孔雀王将至怨中，心自作念，唯此大孔雀明王有咒如是。①

上文记载了孔雀王与孔雀女欢游，为怨友所缚，以孔雀王咒得脱。可以想见本经的咒术力量。这类孔雀王故事在民间广为传诵。据说《孔雀王经》的流传，还与毗沙门天王崇拜有关，佛云："《孔雀王咒》，四天王所说，所随喜。"②

孔雀明王信仰的兴起，则缘起于《孔雀明王经》所载的一则故事。佛世时，有一位莎底比丘遭毒蛇所螫，不胜其苦。当阿难向释尊禀告之后，释尊乃说出一种可供祛除鬼魅、毒害、恶疾的陀罗尼，此即孔雀明王咒。此外，在久远以前，雪山有一金色大孔雀王，平素持诵该咒甚勤，因此恒得安稳。有一次，由于贪爱逸乐，与众多孔雀女到远地山中嬉游，而未诵该咒，因此为猎人捕捉。他在被缚之时，恢复正念，持诵该咒，终于解脱系缚，得到自由。释尊的这些开示，就是孔雀明王及其陀罗尼为世人所知的开始。这是一个可以消除鬼魅、毒害、恶疾的修持法门，即孔雀明王的法门，又称孔雀经法，为密教四大法之一。依据《佛母大金耀孔雀明王经》或《孔雀明王仪轨》，以孔雀明王为本尊所修之秘法。南朝梁僧伽婆罗译《孔雀王咒经》卷上：

> 阿难，北方名毗沙门，领药叉王，众数非一千万。前后围绕，守护北方天王。复有儿孙兄弟大臣军主吏民大众，以此大孔雀王咒，愿拥护守卫我某甲等，令见百春。说咒如是。③

唐不空译《佛母大孔雀明王经》卷上：

> 佛告阿难陀，若读诵此大明王经时，作如是语：此大孔雀

---

① 《大正藏》第19册，447c—448a。
② （南朝梁）僧伽婆罗译《孔雀王咒经》卷下，《大正藏》第19册，456c。
③ 《大正藏》第19册，449c。

第五章 密教传持与宋元诸佛母的持奉

明王，佛所宣说。愿以神力，常拥护我。饶益摄受，为作归依。寂静吉祥，无诸灾患。刀杖毒药，勿相侵损。我今依法，结其地界，结方隅界，除诸忧恼。寿命百岁，愿度百秋。①

同经卷下云：

> 阿难陀，若天旱时及雨涝时，读诵此经，诸龙欢喜；若滞雨即晴，若亢旱必雨，令彼求者随意满足。阿难陀，此佛母大孔雀明王才忆念者，能除恐怖、怨敌、一切厄难，何况具足读诵受持，必获安乐。②

由上述诸经可见，此法之主要作用为护国、息灾、祈雨、请雨、除病延寿、消除病恼、安产等世间利益。任何鬼神都不可违反此佛母大孔雀明王真言。同经卷下：

> 阿难陀，此佛母大孔雀明王真言，无能违越者；若天若龙、若阿苏罗……等，一切鬼神，亦无能违越者。及一切诸恶食者，亦不能违越此佛母大孔雀明王。③

《孔雀明王经》传入我国的时间较早，今存六部汉译本：本经异译本有姚秦鸠摩罗什译《孔雀王咒经》一卷④、失译人附秦录《大金色孔雀王咒经》一卷、失译人附秦录《佛说大金色孔雀王咒经》一卷、南朝梁僧伽婆罗译《孔雀王咒经》二卷、唐义净译《佛说大孔雀咒王经》三卷，及不空译《孔雀明王经》三卷等六本。其中不空译《孔雀明王经》，又名《佛母大金曜孔雀明王经》《佛母大孔雀明王经》《大孔雀明王经》《孔雀经》等异名。据不空译《佛母大金曜孔雀明王经序》："然此支那数朝翻译，民虽遭难尚未遍宣。即盖缘

---

① 《大正藏》第19册，421b。
② 同上，439a。
③ 同上，438a。
④ 学术界目前对这部经是否是鸠摩罗什所译尚存有争议。

往时译者，词质而文梗；润文者，阙方便之妙言。虽圣旨不乖。……盖唐、梵之言，穷五天之教。来于此国，敕令于大明宫，乃译此经，勒成三卷，题云《佛母大金曜孔雀明王经》矣。莫不广开佛日，高照重昏，秘密真诠，遍流同益。灵符既显，万障自祛。法药普施，业患永灭。愿此法灯常耀，总法界而清安。圣寿千春，保金枝而长茂。天龙警护，法化恒宣。佛敕流晖，尘劫不朽。"[1] 道出了译经的原委。此本最为流通，义净的两个译本，经文比较完整，也都非常通畅达意。尤其是义净在翻译《佛说大孔雀咒王经》之前，经典有阙，且流传不广，"但为旧经，译文有阙，致使神州不多流布。虽遭厄难，读者尚希。故今综寻诸部梵本，勘令委的，重更详审，译成三卷，并画像坛场轨式，利益无边，传之永代"[2]。可见，他的译经是综合诸部梵本而集大成。从上述六个本子的翻译来看，南朝梁僧伽婆罗译于516年的《孔雀王咒经》二卷本，为孔雀经的最早译本。前三者保留了该经更原始的形式，而后三者内容则明显有较大扩充。

经录中还记载有昙无兰译《孔雀明王经》一卷。另外，据南朝梁僧祐《出三藏记集》卷二《新集撰出经律论录》载，所谓孔雀王诸神咒实分《大孔雀王神咒》一卷和《孔雀王杂神咒》一卷，皆在"晋元帝时，西域高座沙门尸梨蜜所出"[3]。可见，晋时，又有帛尸梨蜜多罗译本，这样算起来就有九个译本。帛尸梨蜜多罗在南京建初寺开始了他的密教经典的翻译工作，他是最早将密教经典传入江南地区，开启了密教经典在江南地区传译及早期密教在中土的传播的先河，亦为盛唐密宗的形成和发展打下了基础。如果经录属实，那么可以说帛尸梨蜜多罗是佛经翻译史上最早传译"孔雀经"的

---

[1] 《大正藏》第19册，415a。
[2] （唐）义净译《佛说大孔雀咒王经》卷上，《大正藏》第19册，459b。
[3] （南朝梁）僧祐撰，苏晋仁点校《出三藏记集》，中华书局1995年版，第45页。

人。从东晋到盛唐间的三百多年时间里,"孔雀经"曾先后有过九次翻译,为所有密教经典翻译之最。其中帛尸梨蜜多罗最早参与且有过两次翻译,为孔雀经典在中土的流播打下基础。仪轨方面,不空译《佛说大孔雀明王画像坛场仪轨》一卷;义净译本附有《孔雀王坛场法式》一卷。另外还有《孔雀经等真言梵本》。又,据《至元法宝勘同总录》,元藏中尚有不空撰之《唐梵相对孔雀经》,现已佚而不传。

孔雀经典译出后,经抄写和刊刻流传,如在新疆库车佛塔就出土了鲍威尔写本《孔雀明王经》[1],有学者将此写本与现存本进行了比较研究,认为:"新疆库车佛塔出土鲍威尔写本中《孔雀明王经》的文本与现存《孔雀明王经》各文本内容进行比较研究,可以看出,《孔雀明王经》现存文本的来源是由一个较小的核心文本发展而来。……这一文本扩展过程从细节上生动地再现了密教的形成发展及其在中国的传播。"[2] 可见,写成于4世纪的鲍威尔写本《孔雀明王经》为现存文本的来源提供了实证。同时,也可看出《孔雀明王经》诸本传入中土后辗转流传,最后到了不空时代,综合成了内容丰富繁杂、仪轨详备的《佛母大金曜孔雀明王经》。随着孔雀明王信仰向世界各地的流播,各语种的孔雀经典不断问世,现已有梵、汉、藏、西夏、日、尼泊尔等多种文本存世。另外,还有藏文译本、西夏文、梵文贝本、梵文抄本译本留存。据有关学者统计:

> 藏文译本可知者有二,其一为北京版,崇祝寺天清番经局本,存《甘珠尔藏》中,乃直译梵文原名。其二为纳塘版,二

---

[1] 鲍威尔写本是1889年底由库车一些觅宝人在库车库木吐拉石窟附近的一座佛塔中挖掘出后,于1890年3月被在库车逗留的英属印度第17孟加拉骑兵团中尉哈密尔顿·鲍威尔购买下的一批古代梵语、婆罗谜文写本的总称。现藏于英国牛津大学博德利图书馆。
[2] 任曜新、杨富学《〈孔雀明王经〉文本的形成与密教化》,《陕西师范大学学报》2012年第5期。

种字句相差甚少。西夏文本藏中国国家图书馆。黑水城出土的西夏文佛典中，也有《孔雀明王经》写本。除上述诸本外，还有日本法藏馆藏11世纪梵文贝叶本；巴黎国立图书馆1749年的梵文抄本；巴黎亚洲学会藏抄本，此本不详其年代，应为近代本；英国所藏《五护》抄本，剑桥有9本，分属11世纪至17世纪；伦敦大英博物馆有3本，一本为11世纪本，二本为16世纪本；伦敦亚洲学会有2本，其一为1767年本，其二年代更为古老。此外，敦煌遗书中已知有3件，分别为《敦煌遗书总目索引》散120号（现藏中国国家图书馆，为义净译本）、散726号（现藏于日本大谷大学，为鸠摩罗什译本）和法藏P.2368（不空译本）。①

这些散见于世界各地的孔雀经文的发现，说明这一地区曾流传不同版本的孔雀经。"西夏的藏传佛教经典很多，如西夏文《佛母大孔雀明王经》等，有不少是藏传佛教的法事仪轨。"② 1988年后在B59窟发现了西夏文《种咒王荫大孔雀明王经》写本，有专家认为是从藏文翻译过来的，所以估计年代会稍晚些。

日本传持的密教中，孔雀明王信仰异常盛行。日本学界对孔雀明王信仰研究卓有成效。据王惠民先生考证：

> 日本对《孔雀明王经》的研究有据可查的是僧人灵云，曾于1868年对勘不空本、义净本而撰《佛母大孔雀明王经异同》。此本已为日本释藏（应指明治本）所录。③

日本学者对孔雀明王信仰的研究，既有宏观的研究整体研究，又有

---

① 详参任曜新、杨富学《〈孔雀明王经〉文本的形成与密教化》，《陕西师范大学学报》2012年第5期。
② 史金波《西夏的藏传佛教》，《中国藏学》2002年第1期。
③ 王惠民《论〈孔雀明王经〉及其在敦煌、大足的流传》，《敦煌研究》1996年第4期。

细致入微的微观研究,表现在对《孔雀明王经》的注疏方面,成果富赡。如日僧观静所撰《孔雀经音义》三卷,他如《孔雀经开题》《孔雀经并仁王经法》《孔雀明王小供养法》《孔雀明王法》等10余种。说明在日本,人们对《孔雀明王经》极为尊崇。上述诸经的传译与注疏,使得孔雀王经咒信仰渐次流行朝野。

随着孔雀明王信仰的流播,加之当时佛道的交融互汇,道教也吸收了密教的孔雀经,名之为《太上元始天尊说宝月光皇后圣母天尊孔雀明王经》,简称《孔雀明王经》。《道藏》有录入,撰人不详,约成于元代或明代,三卷。王惠民说:"道教中也有一部《孔雀明王经》,共三卷,全称是《太上元始天尊说宝月光皇后圣母天尊孔雀明王经》。""它是由佛教的《孔雀明王经》发展而来的。""道教《孔雀明王经》中就夹杂了许多佛教术语,并且还有咒语。"① 显示了二教的融合。道教《孔雀明王经》云:"此经功德,不可思议:此经能解铁围,此经能救患病,此经能离恶人,此经能除一切恶魔,此经能解咒诅恶业,此经能辟一切邪道,此经能禳一切水火灾难,此经能破诸大地狱,此经能护国土一切刀兵,此经能灭虫蝗,保护善人。""孔雀明王一部经,能令护国救凡民。谈演灵文消厄难,广开方便度众生。""皈命孔雀大慈尊,皈命天王诸圣真。消灾延寿降吉祥,人间天上演灵文。""誓愿救度,慈济无边,众生有难若称名,普护无穷而拯拔,救护群品,皈依莫尽,大悲大愿、大圣大慈、释天教主、孔雀明王、大天尊、圣母元君。"袭用痕迹一览无余。

二、孔雀明王信仰在宋元的传持

《孔雀明王经》是一部比较有代表性的杂密经典,系"五护秘经"之一。据宋施户所译《佛说守护大千国土经》卷下:

---

① 王惠民《论〈孔雀明王经〉及其在敦煌、大足的流传》,《敦煌研究》1996年第4期。

> 佛告诸比丘，我此经典总有五种眷属部类，如是次第：所谓《守护大千国土大明王陀罗尼经》《佛母大孔雀明王经》《尸多林经》《大随求陀罗尼经》《大威德神咒经》，如是等皆为一切如来降伏诸魔，调难调者，息诸众生种种灾变，护持佛法及诸国界，速疾法门。①

可见，此经在密教经典中的重要性。不空译《佛母大金曜孔雀明王经序》言：

> 《佛母大孔雀明王经》者，牟尼大仙之灵言也。总持真句，悲救要门，绾悉地之玄宗，息波澜之苦海。二十八部之神众，同誓护于斯经。……忽思古圣无上觉皇，演《陀罗尼》能超众苦。发声应念，系缚冰销。……多逢留难，异种魔生。修行者，被惑情迷，居家者，众邪为患；妖祇褫怪，常现灾祥。若不此经，何威能制？……

义净所译的《孔雀明王经》所附《须知大例》中提道：

> 经有大神力，求者皆验。……读诵求请，咸蒙福利，交报不虚。②

也强调了此经的威力及持诵此经的必要性。《孔雀明王经》与祈雨关系密切，据唐阿地瞿多译《陀罗尼集经》卷十一"祈雨法坛"：

> 又请有德有行精进众僧，及自清斋，香汤洗浴，着新净衣，入帐之内，转《大云经》《孔雀王经》《大云轮经》，六时绕坛，行道礼拜，助祈雨人。若能如是作法乞雨，三日得雨；若不得者，一七日内，必得大雨。③

---

① 《大正藏》第19册，593a。
② （唐）义净译《佛说大孔雀咒王经》卷上，《大正藏》第19册，459b。
③ 《大正藏》第18册，880b。

可见，该经在祈雨中的重要性。《孔雀明王经》传入我国的时间较早，相传4世纪就已传译于中土，今存6部汉译本。仪轨方面，不空译有《佛说大孔雀明王画像坛场仪轨》一卷等。这些也充分说明了孔雀明王在中国的流行。

早在东晋十六国时期，高僧帛尸梨蜜多罗就已译出孔雀经，孔雀王诸神咒开始流布，并广为传持。如《佛祖历代通载》：

> 殆自东晋尸利蜜已降，宣译秘咒。要其大归，不过祀鬼神、驱邪妄、为人禳灾释患而已。

密教以其经咒和仪轨显示出奇异面貌和独特的威力，更富于宗教的神秘性。诸咒中特别值得一提的是"孔雀王咒"，是当时甚为流行的经咒之一，相传持诵此咒能灭一切恐惧灾难烦恼。据史载，帛尸梨蜜多罗是江南一带传播陀罗尼咒术最著者，"善持咒术，所向皆验。初江东未有咒法，蜜传出孔雀王诸神咒，又授弟子觅历高声梵呗，传响于今"①。梁元帝萧绎在其《金楼子·立言》自序中亦提到他曾从法朗道人处受诵《孔雀王咒》等。② 此为孔雀明王信仰流布之发端。之后，相关经典被陆续译出，如南朝梁时僧伽婆罗译出《孔雀王咒经》二卷。

降及唐世，义净又译出《佛说大孔雀咒王经》三卷。随着密宗的形成，不空又译出《佛说大孔雀咒王经》三卷及《佛说大孔雀明王画像坛场仪轨》一卷，经中有艰涩的咒语、复杂的坛场结构等供养形式，为孔雀明王法所依凭。至此，孔雀明王信仰流播大江南北，持诵孔雀明王咒为僧俗二界所重。孔雀明王信仰首先在中原的长安一带展开。《宋高僧传》卷一《唐京兆大兴善寺不空传》中就

---

① （南朝梁）僧祐撰，苏晋仁点校《出三藏记集》，中华书局1995年版，第522页。
② "吾龀年之时诵咒，受道于法朗道人，诵得《净观世音咒》《药上王咒》《孔雀王咒》。"（梁元帝萧绎《金楼子》，《知不足斋丛书》本）

有关于不空依凭孔雀明王法祈雨之事的记录。此则故事是发生在天宝五年（746），不空又遍游五印度，再次返回长安，住净影寺，为玄宗灌顶。"是岁终夏愆阳，诏令祈雨。制曰：'时不得赊，雨不得暴。'空奏立孔雀王坛，未尽三日，雨已浃洽。帝大悦，自持宝箱赐紫袈裟一副，亲为披攡。仍赐绢二百匹。"① 后又赐号"智藏"。

唐末、五代之际，走向民间的密教异常发达，日僧成寻《参天台五台山记》卷六："瑜伽大教兴大唐，从宽补受灌顶人卅余人云。"② 从日僧的眼中亦可见当时密教信仰的兴旺。其中的孔雀明王信仰尤为兴盛，唐末、五代的密教高僧多有持诵《孔雀明王经》的，如释道舟，出家于灵武龙兴寺的孔雀王院，龙兴寺即为当时著名的密教寺院；释道贤，"持讽《孔雀王经》以为日计，末则受瑜伽灌顶法，持明之功愈多征应"③。

入宋以降，随着佛教世俗化的不断深入，密教之孔雀明王信仰也渐次走出皇宫内院，在民间广为流传。在密教中，孔雀明王是孔雀经法的本尊，具有祈雨、消除一切灾厄、带来安乐的神力，所以人们纷纷造像以祈求明王的保佑。佛教寺院持诵"孔雀经咒"，民间红白诸事亦皆诵持。孔雀明王的画像在民间流行，摩崖石刻多见孔雀明王和观音菩萨。历史上石刻孔雀明王经者不少，例如江苏常州市有太平寺，寺前有一对宋代经幢，东幢上所刻的就是不空三藏翻译的《佛母大孔雀明王经》部分真言咒语。云南大理弘圣寺塔（938—1253），镶嵌有青砖雕刻的大孔雀明王经咒。房山石经之《释教最上乘秘密藏陀罗尼集》卷六，篆刻了"孔雀经"中的五条真言咒语。据记载，房山石经还藏有辽代唐义净译《大孔雀咒王

---

① （宋）赞宁撰，范祥雍点校《宋高僧传》，中华书局1987年版，第8页。
② （日）成寻撰，王丽萍校点《新校参天台五台山记》，上海古籍出版社2009年版，第545页。
③ （宋）赞宁撰，范祥雍点校《宋高僧传》卷二五《后唐凤翔府道贤传》，中华书局1987年版，第642页。

第五章　密教传持与宋元诸佛母的持奉

经》及不空译《佛母大孔雀明王经》石刻全文。"大安塔成后,仁宗又赐近院官舍九十区,僦直充供。道坚又建二殿,夹峙于塔。又营《法华》《孔雀经》讽诵之殿于旁。"① 两宋之际,孔雀经木刻单行本逐渐盛行,其间插图版众多,书画内容丰富多彩,插图中多绘有孔雀经变故事。同时,供奉释迦牟尼佛,供奉孔雀明王成为显密同修之见证。崇奉孔雀明王和孔雀咒,使其在民间的发展势力渐行渐广,渐入显教日常内容。"孔雀咒"可以说已经成为在中土民间影响最广的密教经咒之一。孔雀明王信仰大行其道,相关记载史不绝书。玄极《续传灯录》记载延庆洪准禅师临终前"携磬坐土地祠前,诵《孔雀经》一篇,告别即归,安坐瞑目而逝"②。《林间录》卷上亦载此事。

世俗文学中亦有表现。如《夷坚志》三志辛卷二"古步仙童"记载:"我以生前曾诵《佛母咒》百万遍,上帝命往生西方。"③ 其中的《佛母咒》,即《佛母大孔雀明王经》,简称《孔雀经》,在印度佛教文化中地位显赫。而《孔雀经》也是早期翻译出的密宗经典之一。《出三藏记集》卷一三《尸梨蜜传》:"蜜善持咒术,所向皆验。初江东未有咒法,蜜传出孔雀王诸神咒,又授弟子觅历高声梵呗,传响于今上。"《夷坚志》乙志卷八"陈二妻"条记载金华县孝顺镇农民陈二妻,怀孕时到镇市大平寺,请僧于佛前许《孔雀明王经》一部,既而生男,久不偿初愿,遂双目失明;及暮秋,始践前约,第二年初春,双目如常,了无患苦。《夷坚志》丁志卷一九"江南木客":"南城尉耿弁妻吴,有祟孕,临蓐痛不可忍,呼僧诵孔雀咒,吞符乃下鬼雏,遍体皆毛。"《夷坚志》支景卷二"孔雀逐疠鬼"。神魔小说《西游记》第七十七回:"群魔欺本性　一体拜真

---

① 详参黄启江《北宋汴京之寺院与佛教》,《"国立"编译馆馆刊》第18卷第2期。
② (明)玄极《续传灯录》卷一六《福州延庆洪准禅师传》,《大正藏》第51册,573b。
③ (宋)洪迈撰,何卓点校《夷坚志》,中华书局1981年版,第1395页。

· 235 ·

如"中写道：

>　　自那混沌分时，天开于子，地辟于丑，人生于寅，天地再交合，万物尽皆生。万物有走兽飞禽，走兽以麒麟为之长，飞禽以凤凰为之长。那凤凰又得交合之气，育生孔雀、大鹏。孔雀出世之时最恶，能吃人，四十五里路把人一口吸之。我在雪山顶上，修成丈六金身，早被他也把我吸下肚去。我欲从他便门而出，恐污真身；是我剖开他脊背，跨上灵山。欲伤他命，当被诸佛劝解，伤孔雀如伤我母，故此留他在灵山会上，封他做佛母孔雀大明王菩萨。大鹏与他是一母所生，故此有些亲处。①

《封神演义》中的孔宣，被认为是上古洪荒时期生于天地之间的第一只孔雀，母亲是上古神鸟凤凰，又名玄鸟，传说"天降玄鸟而生商"。（《诗经·商颂·玄鸟》："天命玄鸟，降而生商。"）在凤凰涅槃后，孔宣代替母亲承担起保护成汤江山的职责。在金鸡岭大战中，被西方极乐世界准提道人降伏。

孔雀明王信仰的兴盛还表现在绘画和造像艺术方面。寺院、石窟中的变相画、造像就是其中重要的样式。密教中几乎所有的明王，都现忿怒相，唯独孔雀明王却现慈悲菩萨相，这在明王像中可说是极少数。密教兴起后，当时的画坛许多著名的画家都曾绘制过孔雀明王像。据《宣和画谱》记载，初唐画家阎立本绘有孔雀明王像。他如吴道子、卢楞迦、姚思元、杜倪、曹仲元等亦有孔雀明王画作问世（《宣和画谱》卷二、卷三，王维《南宋馆阁续录》卷三）。同时，有关孔雀明王壁画亦散见于各大寺院。如唐肃宗至德二年（757），成都大圣慈寺建成。据宋李之纯《大圣慈寺画记》记

---

① （明）吴承恩《西游记》，中华书局2014年版，第993页。

第五章　密教传持与宋元诸佛母的持奉

载:"举天下之言唐画者,莫如成都之多,就成都较之,莫如大圣慈寺之盛。……总九十六院、按阁、殿、塔、厅、堂、房、廊,无虑八千五百二十四间。画诸如来一千二百一十五,菩萨一万四百八十八,帝释、梵王六十八,罗汉、祖僧一千七百八十五,天王、明王大神将二百六十二,佛会、经验变相一百五十八,诸夹绅雕塑不与焉。"①以朝廷待诏及长安画坛名家为主的画壁多属密教神祇或变相画。其中就有张南本画"孔雀明王变相"。据宋黄休复《益州名画录》卷上"张南本"条载:"张南本者,不知何许人也,中和年寓止蜀城,攻画佛像人物,龙王神鬼……大圣慈寺……兴善院大悲菩萨、八明王、孔雀王变相,并南本笔。"竹溪院有《孔雀王变相》。②"后蜀孟昶设立画院,《五代名画补益》记当时名画,雕绘巧匠以四川较多,绘画艺术与南唐抗衡,不仅是全国两个绘画中心之一,也是密教造像最活跃的地区。"③

靖康之乱,宋室南迁,绍兴年间,各地开龛凿窟连年不断,其中就有孔雀明王、鬼子母,不空羂索观音、数珠手观音、如意轮观音等密坛曼荼罗龛。在西北敦煌地区开凿的石窟就是其中的代表。经"会昌法难"以后,密教转入民间传播,且范围更广泛了,全国各大佛教寺院中基本都有供奉孔雀明王。现存敦煌莫高窟壁画中不同时期的孔雀明王画像也说明了这一点。尤其是敦煌石窟,因地处边陲,受迫害的影响较小,密教信仰较为兴盛,其中壁画艺术较为突出。敦煌石窟壁画中描述孔雀明王的壁画就目前发现的来看,共计九幅。一幅属于中唐的,有三幅是五代,还有五幅是为宋代。其中五代一幅在榆林窟,其余都在莫高窟。莫高窟第144窟(中唐)

---

① 曾枣庄等主编《全宋文》卷二三八八,上海辞书出版社、安徽教育出版社2006年版,第99页。
② (宋)黄休复撰,何韫若注《益州名画录》,四川人民出版社1982年版,第33页。
③ 李巳生《川密造像艺术初探》,重庆大足石刻艺术博物馆编《2005年重庆大足石刻国际学术研讨会论文集》,文物出版社2007年版。

的孔雀明王画在东壁门南,应该属于胎藏界曼陀罗组成的一部分。孔雀明王僧人貌、天神相、无冠。一面四臂,这也是留存下来最早期出现的孔雀明王造像。莫高窟第 205 窟(五代)甬道顶部孔雀明王说法图像,一面四臂。右边第一手执开敷莲花,第二手持俱缘果;左边第一手执孔雀羽,第二手持吉祥果。实际上这是佛母大孔雀明王经变图,是孔雀经曼陀罗。这时的造像形式基本上遵循了仪轨的要求。这是五代(907—960)留存至今最早的孔雀明王画像。莫高窟第 208 窟(五代)的孔雀明王画在甬道顶中央,一面四臂。榆林窟第 33 窟(五代)甬道顶孔雀明王壁画,毁失大半,所以日文版《中国石窟·安西榆林窟》所附《安西榆林窟内容总录》失录。

有宋一代,孔雀明王画像明显增加。莫高窟第 133 窟(宋代)的孔雀明王像绘于甬道南壁,甬道北壁绘迦楼罗王。莫高窟第 165 窟(宋代)的孔雀明王像画在甬道顶中央,无眷属。莫高窟第 169 窟(宋代)甬道顶上的孔雀明王画像,保存比较完整。孔雀明王一面二臂,菩萨貌、慈悲相。孔雀立于莲上,无水池。左手持一支孔雀尾,右手有持物。莫高窟第 431 窟(宋代)的孔雀明王画像在甬道顶中央。孔雀立于池中莲花上,主尊一面六臂。甬道两边和孔雀明王像连接处,依次各画五佛坐像。此窟原建于北魏,前室窟檐上有太平兴国五年(980)重修的题记,孔雀明王像即绘于重修之时。莫高窟第 456 窟(宋代)的孔雀明王像画在盝形顶中央,孔雀立于池中莲上,主尊也为六臂,一左手提弓,一右手持果实,余臂持物不明,无眷属。

从上述造像来看,五代之前的孔雀明王像,基本上遵从了仪轨的要求画制。入宋以降,汉地流传的孔雀明王的造像,都没有按照仪轨要求作画,逐渐变异多样。除了一面两臂、一面四臂外,还出现了一面六臂、一面八臂,两面多臂、三面六臂、三面八臂等多种形式的造像。孔雀明王戴宝冠或化佛冠。另外,在众多的孔雀明王形象中,手中持物增加的类型,除原仪轨法定外,出现了密教法器如金刚杵、金刚铃、幡幢、月轮、佛手瓜、梵夹等,同时,还出现了诸如"弓箭""刀剑"等"武器"类持物,以表震慑降伏之功能。但也有造像手中没有持物的。这些都说明,五代之后,在汉地流传的孔雀明王造像,已经不完全是按照孔雀经仪轨所描述的那样了。

敦煌壁画中密教内容丰富,有156个洞窟保存了五代、宋初密教遗迹。敦煌莫高窟的壁画中绘有孔雀明王画像,这是现存历史上最早期孔雀明王画像,也是孔雀明王造像最多的地方。窟中孔雀明王像虽有九幅,但相对还是较少。壁画幅面较小,且内容简单、壁画位置多在甬道顶。敦煌壁画上有不少西夏、元时期的密教内容,但未见孔雀明王像。孔雀明王经曾在敦煌地区弘传,但从壁画的位置、面积、经文残卷等因素看,孔雀明王经尚未成为该地区密教弘法的主流。

在西南四川地区凿造的大足石窟群,也是宗教艺术的佼佼者。大足与北山为中心的十余处山崖中组合成群,构成祈福禳灾护国的道场。大足摩崖石刻造像,保留了中国唐、宋时期的精美石刻造像艺术。其中有诸多的佛母大孔雀明王造像,这在全国都是少见的。"大足石刻的孔雀明王像均集中在宋代,数量可观,并全是单独开窟供养,主尊高大。计有:北山155窟,宝顶山大佛湾13窟,石门山8窟,玉滩2窟,七拱桥4窟,以及今安岳县双龙乡的孔雀洞,共6处。"[①] 孔雀明王造像在宋代时期四川石窟中频繁出现,单独表现孔雀明王形象的为大足北山第155号窟和北塔(又名多宝塔)第36号窟(南宋)。其中大足石刻北山155窟,孔雀明王位于窟内正中,孔雀尾连接窟顶,四周可绕行。孔雀明王一面四臂,莲座孔雀

---

① 王惠民《论〈孔雀明王经〉及其在敦煌、大足的流传》,《敦煌研究》1996年第4期。

造型栩栩如生。窟内三面遍刻诸佛，共1066身，千佛围绕孔雀明王，造像顶天立地。根据唐不空译《佛母大孔雀明王画像坛场仪轨》，其中讲述以孔雀明王为本尊的孔雀明曼陀罗，其曼陀罗是以孔雀明王尊为中心，过去庄严劫三佛、贤劫四佛和未来佛四周围绕。这七佛代表过去、现在、未来之佛，亦是代表了一切佛，无量无边之佛菩萨围绕佛母大孔雀明王，共同组成孔雀经曼陀罗。北山155窟的这一场景，正是力图表现孔雀经曼荼罗之精华。孔雀明王造像基座上刻字"丙午岁伏元俊男世能镌此一身"。据推算，"丙午岁"应是1126年（北宋靖康元年）。伏氏家族是本地能工巧匠，世代凿窟雕像。这是大足石刻中有具体凿刻时间及雕工姓名的孔雀明王造像，显得弥足珍贵。

以佛母孔雀明王经变形式表现的有大足宝顶山大佛湾第13号窟、第31窟，石门山第8号窟，玉滩第2号窟，以及安岳孔雀场报国寺的一窟，均制作于宋代。其中尤以南宋时期开凿的大足两处经变形式的造像（宝顶山第13号窟与石门山第8号窟）保存最为完好，而且其经变内容雕刻丰富、精彩。宝顶山大佛湾第31窟，描绘的是"孔雀明王经变"图，依唐不空译《佛母大孔雀明王经》内容作画。其最左边描述的是"沙底比丘被蛇咬"的故事，并配有文字说明："大藏经云：有一苾刍名曰莎底，出家未久"，以下残缺。"沙底比丘被蛇咬"就是本经所述的孔雀明王信仰的缘起故事。西壁上刻像七尊，其中一神坐在飞翔孔雀上，讲述的是本经中"孔雀采女"的缘起故事。宝顶山大佛湾第31窟，是历史上保留至今最完整的"佛母大孔雀明王经变"图，石窟里还留下了很多宝贵的文字信息，为研究历史、佛教提供了诸多的帮助。大足石门山石窟造像分布于圣府洞和陈家岩两处，主要集中在圣府洞。圣府洞开凿于宋，有佛教和道教题材的造像十二龛窟，计两百余尊。北宋绍圣年间（1094—1098）已造孔雀明王、珂勒帝母等密教神祇。石门山第8号孔雀明王经变窟也在圣府洞之列,坐北向南。孔雀明王在洞窟正中,菩萨相,一面四臂。孔雀明王造像身后洞壁上,刻有"沙底比丘被蛇咬"的故事,后壁上还刻有"孔雀采女"的故事,这也是孔雀经文中的缘起故事。石门山第8号孔雀明王窟可能是密教道场。① 四川安岳县双龙乡有一处摩崖石刻名曰"孔雀洞"。孔雀洞坐西向东,正中雕刻佛母大孔雀明王造像,一面四臂。大足玉滩2窟孔雀明王一面两臂,头戴宝冠,着薄纱衣袍。大足石刻中大量以孔雀明王为主尊的洞窟显示了柳本尊、赵凤智等川密传承者对《孔雀明王经》的重视。

《孔雀明王经》是最早传入中土的密教经典。千百年来,演绎出关于孔雀明王故事的各种版本。在《西游记》里,在《封神演义》里,在大足石刻的雕像间,在敦煌壁画的故事里,在民间流传的说唱和戏舞唱词里,都有关于孔雀明王诸多的传说故事。

---

① 李珂珂《大足孔雀明王窟(龛)经变内容初探——宝顶山第13号龛与石门山第8号窟》。

第六章
密教传持与宋元鬼子母信仰

鬼子母是起源于印度的宗教神祇,在古印度犍陀罗造像中,鬼子母像也往往与佛陀同时出现。鬼子母在归属佛教系统之后,逐渐为印度人所接受,进而成为印度的生育神。其影响随着佛教在亚洲各国的流播而风靡一时。有学者认为:"诃利帝(鬼子母)信仰自犍陀罗起源,经佛教化后开始向外传播。大约4世纪小乘经《佛说鬼子母经》传入中国,8世纪初义净以律典的方式将完整的诃利帝神话引介中国,8世纪中期以后不空将密教化的诃利帝成就法译成汉文。"①

鬼子母信仰及其相关文化在汉传佛教中由来已久。据《真诰》记载,汉孝明帝"遣使者张骞、羽林郎秦景、博士王遵等十四人之大月氏国,采写佛经《四十二章》……实时起洛阳城西门外道北立佛寺,又于南宫清凉台作佛形像及鬼子母图"②。可见其图像在佛

---

① 李翎《不空所译诃利帝密典及图像的研究》,《艺术史研究》2016年第1期。
② [日]吉川忠夫、麦谷邦夫编,朱越利译《真诰校注》,中国社会科学院出版社2006年版,第298页。

教传入我国初期就已存在。当然，相关记载并未出现于其他史料之中，其真实性有待考证。但该信息至少能够说明在佛教传入我国初期阶段，鬼子母相关佛教经典及其艺术作品就已传入我国。

鬼子母初期形象特征可以从本土文献记载及实物资料两方面来加以验证。表现鬼子母题材的实物资料主要有人物造像及绘画两类艺术形式。考察鬼子母信仰及其传承，我们发现，在宋代以前，对鬼子母的信仰是与民间求子心理相结合的，其功能主要体现在生育、送子方面。自宋代开始，随着观音信仰的进一步普及，鬼子母作为民间生育、送子的功能逐渐被"送子观音"所取代，故有学者说："但我们可以猜想那个送子观音也是从鬼子母演变出来的。"① "在北宋晚期，这种怀抱婴儿的诃利帝母形象，才与送子观音产生某种融合，演变成送子观音、送子娘娘、胎神、为床神之说。"② 与此同时，以"鬼子母揭钵"为题材的戏曲或卷轴画等亦开始作为一个母题盛行起来。

有关鬼子母信仰的研究，肇始于20世纪30年代，赵邦彦发表了长篇论文《九子母考》③，日本学者小林太一郎踵事增华，发表了《支那における诃帝利——その信仰とその图像とに就て》一文，从图像学角度进一步分析鬼子母形象。④ 金冈秀友《鬼子母の思想の成立》一文，详述成立于印度西北古代宗教的鬼子母传说。80年代，日本学术界的宫崎英修又有相关专著出版《鬼子母信仰》。⑤

---

① 参见胡适《魔合罗》，收于《胡适古典文学研究论集》，上海古籍出版社1988年版，第639页。
② 王国建《"鬼子母"崇拜文化及其艺术形象变迁》，《郑州大学学报》2011年第4期。
③ 赵邦彦《九子母考》，《"中央研究院"历史语言研究所集刊》第2本，1931年。
④ ［日］小林太一郎《支那における诃帝利　その信仰とその图像とに就て》，《支那佛教史学》卷2第3号，1938年。
⑤ ［日］宫崎英修《鬼子母信仰》，东京：雄山阁1985年版。

目前学界内相关学者如李翎、车瑞、项裕荣、李连生、张总等先生对鬼子母都有一定深度的相关研究。其研究角度主要包括三大方面：一方面从鬼子母的宗教性质出发，以鬼子母的求子、护子功能为突破口，对其进行相关考察。主要讨论鬼子母与九子母、送子观音以及其他具有求子、护子功能的神祇之间的关系；另一方面则从"西游记"故事题材入手，研究鬼子母在文学作品中的演变。主要包括鬼子母与铁扇公主、红孩儿等人物之间关系的探究；第三，以图像学视角考察鬼子母雕像、绘画的形象特色与地域传播，主要集中于新疆、西藏等非汉传佛教地区。但目前学界对鬼子母在佛教典籍及其相关文学作品中本身的人物形象讨论还留有余地，有待更为详细的分析研究。事实上，鬼子母的形象在佛教典籍以及文学作品中有很大分歧。通过对鬼子母相关文献材料的梳理与归纳，我们发现在佛教文学中，总体上鬼子母形象多以"爱子""护子"为核心扩展流布，而在世俗文学作品中，则多以丑陋、暴力、情色作为鬼子母形象的代名词。

第一节　鬼子母经典的传译及其形象在佛典中的衍变

鬼子母，又名"诃梨帝母""诃利帝母"，是梵语 Hārītī 的音译，也译为可梨陀、哥利底等；意译为欢喜母、暴恶母、爱子母、功德天等。传入中土后，与中土文化交融互汇，又有"九子母"之称，俗称送子观音。《大不列颠百科全书》卷七："诃利帝母，鬼子母神，佛教神话中的女神。对鬼子母神的崇拜，从印度经过中亚和中国传入日本。"[1] 鬼子母原是婆罗门教中的恶神，后为释迦牟尼

---

[1] 《大不列颠百科全书》，中国大百科全书出版社2002年版，第455页。

第六章 密教传持与宋元鬼子母信仰

佛所化，成为佛教中护法神二十诸天之一，护持众生，由恶神而成善神。"暴恶"之称可谓名副其实，据《毗奈耶杂事》卷三十一所言："既取我男女充食，则是恶贼药叉。"以食人为生，称其为"暴恶母"，实不为过。之所以又称之为"欢喜母"，是据同经所言，此女出生之时，"容貌端严，见者爱乐"，故众夜叉都很欢喜，大家商议后就给她取名叫"欢喜"。又因其为五百鬼子的母亲，故俗称其为"鬼子母"。在佛经上，她又被称作"诃梨帝药叉女"。"药叉"即"夜叉"，意思是"能啖鬼""捷疾鬼"，有时作为一种恶魔出现，传入中国以后，成为恶鬼的代称。民间常称一些凶恶的女人为"母夜叉"，即取意于此。

鬼子母之名早在汉魏六朝时就已出现，如三国吴支谦所译《须摩提女经》中："降鬼诸神王，及降鬼子母。如彼啖人鬼，取人指作鬘，后复欲害母，然佛取降之。"① 在该经中，鬼子母是一个喜欢以人指做花环的吃人之鬼，形象十分血腥且恐怖，最后为佛所降服。《增一阿含经》卷二二亦录此偈。② 在《佛说观佛三昧海经·观相品》中，鬼子母及其子嗣是魔王波旬从属，他们听从波旬召唤，扰乱佛陀修行。可见鬼子母形象在最初的佛典中即被定性为恶鬼。同时，也是极具母爱的慈母，显示出鬼子母母性怜子的柔性一面。据失译人附秦录《别译杂阿含经》卷一五：

> 尔时尊者阿那律从佛游行，至彼摩竭提国鬼子母宫。时阿那律中夜早起，正身端坐诵法句偈及波罗延大德之偈，又复高声诵习其义及修多罗等。时鬼子母所爱小子，字宾伽罗，啼泣堕泪。时鬼子母慰抚子言："道人诵经，汝莫啼泣。"即说

---

① （东吴）支谦译《须摩提女经》，《大正藏》第 2 册，839b。
② 《大正藏》第 2 册，661c。

偈言。①

可见，鬼子母初期的形象是魔性与人性的矛盾体共具一身的存在。在《增一阿含经》中，鬼子母则与其他神灵一样，可以赐福于凡人，保佑其得子。月光长者为求子："求祷天神，请求日、月、天神、地神、鬼子母、四天王、二十八大神鬼王、释及梵天、山神、树神、五道之神、树木、药草，靡处不周，皆悉归命，见赐一男儿。"②鬼子母在该经中与其他神祇并列出现，其求子、护子的宗教功能初有显现。求子功能，也可从《大唐西域记》卷二《健驮逻国》中得到印证：

> 梵释窣堵波西北行五十余里，有窣堵波，是释迦如来于此化鬼子母，令不害人，故此国俗祭以求嗣。③

在唐朝不空所译《诃利帝母真言经》中亦言及其能有助妇人生育，故古印度寺院中对她的奉祀极盛。其余早期佛典如西晋竺法护译《普曜经》中提及鬼子母五百子等发誓供养太子，不过，鬼子母仅仅是一个听法、护法的随从，隋代那连提耶舍译《佛说莲花面经》中亦提到佛以钵制服鬼子母，但没有过多的具体的形象塑造。

鬼子母的形象如何呢？鬼子母在传入中土之前的印度，她的模样极为端庄秀丽，据佛经《大药叉女欢喜母并爱子成就法》中对她的画像、塑像有较为详细的描绘：

> 先于白氎上或绢素上，随其大小，画我欢喜母。作天女形，极令姝丽，身红白色天缯宝衣，头冠，耳珰，白螺为钏，种种璎珞，庄严其身。坐宝宣台，垂下右足……于其左右，并

---

① 《大正藏》第 2 册，480c。
② （东晋）瞿昙僧伽提婆译《增一阿含经》，《大正藏》第 2 册，683a。
③ （唐）玄奘、辩机著，季羡林校注《大唐西域记》，中华书局 1985 年版，第 254 页。

第六章 密教传持与宋元鬼子母信仰

画侍女眷属，或执白拂，或庄严具。①

古印度寺庙对鬼子母奉祀颇盛，常在门屋处或食橱边供养鬼子母以求福。鬼子母传到中国后，多与其他十九天排列在大雄宝殿佛祖的两侧，作为护卫天神。

随着鬼子母信仰在中土的流播，形象亦发生变化。如在宋元以来出现的宗教戏剧中，鬼子母形象多是负面的形象，有称其为"贱人""鬼形""魔母"等，如杨讷的戏文中皆称其为"贱人"。在南宋时期所行的各种施食法中，诸如"诃利帝此翻'恶贼'。盖是鬼子母，未受戒时，食王城男女，居人怨之，故作此目。今既护法，须当削去"②等说法比较流行。

有关鬼子母的经典，早在魏晋之际就有传译，如失译人附东晋录《七佛八菩萨所说大陀罗尼神咒经》卷四：

鬼子母夫，字德叉迦，鬼子母大儿，字唯奢叉，中者字散脂大将，小者字摩尼拔陀、耆首那拔陀，女字功德天。③

未详撰者、今附梁录《陀罗尼杂集》卷七亦有鬼子母传译。④ 鬼子母信仰及其相关经典传译在唐代达到高峰。唐义净所译《根本说一切有部毗奈耶杂事》第三十一卷以大篇量幅详细介绍鬼子母的眷属与身世。鬼子母出生于药叉家族，是一名药叉女：其父为药叉神娑多，其弟为娑多山。在古印度，女性药叉形象多为裸体，丰乳、细腰、肥臀，面带微笑，形象唯美。其雕像具有极强的生殖崇拜含义。这点在该经中亦有体现：

时娑多妻未经多时，遂有娠体，月满生女，容貌端严，见

---

① 《大正藏》第 21 册，286b。
② （宋）志磐《佛祖统纪》卷三三，《大正藏》第 49 册，321a。
③ 《大正藏》第 21 册，561a。
④ 同上，622c。

者爱乐。其女生时,诸药叉众咸皆欢庆,诸亲立字,名曰欢喜。

可见其形象极为美丽可爱,令人一见便心生欢喜,鬼子母的美貌第一次在该经中以烘托的手法表现出来。鬼子母婚后育有五百子,又证明其拥有极强的生育能力。在该经中,药叉家族还具有护国功能,能凭借自身神力营造出一片祥和净土:

王及诸人悉皆安乐:时降甘雨,苗稼善成;华果泉池,在处充满;常无饥俭,乞求易得。①

如此可爱又具有护国性的药叉女最终却成为食人恶鬼,针对这一转变,佛陀作出解释,说明鬼子母前世为牧牛女,与一同参与祈福活动的五百人跳舞导致流产,失去了孩子。所以,她用换来的五百枚果实对独觉发下毒誓,来世以该城中的小儿为食。该经与前两部佛经的不同之处在于增添了鬼子母的前世追述,使鬼子母在具有母性的同时又增添了一份复仇色彩,流产失子的细节亦使该人物的爱子属性与食小儿之间的矛盾拥有了一个极为悲伤痛苦却又较为合理的解释。该经结局是鬼子母皈依佛法后将自己的所有孩子布施给了僧侣,并在此之后使全城百姓兴起布施之心。但这种布施行为以及之后信徒询问佛陀此种情况的处理方式的情节或多或少表现出浓厚的佛教教理意味。针对鬼子母而言,她需要放下心中所存对前世的执念与嗔恨,放下对小儿的所持有的痴念与贪念,最终领悟佛法中"空"的精妙智慧。对于信徒而言,鬼子母皈依佛法,成为护法神之后,他们需按照鬼子母及其鬼子之需求祭祀供奉。如唐义净《南海寄归内法传》卷一"九受斋轨则"记载:

西方诸寺,每于门屋处,或在食厨边,塑画母形,抱一儿

---

① (唐)义净译《根本说一切有部毗那耶杂事》,《大正藏》第24册,360c。

子于其膝下，或五或三，以表其像。每日于前盛陈供食。其母乃是四天王之众，大丰势力。其有疾病无儿息者，飨食荐之，咸皆遂愿。①

可见，古印度寺院对鬼子母祭祀颇盛，常在门屋处或食橱边供奉鬼子母子像（包括画像和塑像），每日将饭食供于像前以祈福。义净在印度时为7世纪末期，此条记载真实反映了当时印度供养鬼子母的方式。鬼子母传入中土后，形象已被汉化，如在北京法海寺壁画中的鬼子母像，表现为人间的贵妇人形象，右手持宝扇，上绘浮云大海、红日白月，身穿大袖圆领的袍衣，脚着云头鞋，左手轻抚毕哩孕迦的头顶（毕哩孕迦，又名宾伽罗，鬼子母的爱子）。毕哩孕迦红绸束发，佩饰耳环、颈戴项圈，身着红袍，腰系玉带，双手合十，脚穿白底布鞋。鬼子母及爱子呈现在我们面前的是典型的世俗人物形象。据佛经记载，鬼子母是以美丽的天女形象示人的，其进入中国内地后，形象却有了变化，集中表现在雕像方面，如四川的巴中石窟，出现的是完全汉化的诃利帝母造像；大足石刻北山122号窟即诃利帝母窟，窟中所雕刻的"鬼子母"亦是一汉化的贵妇人形象，给人的感觉是位多子多福的世俗慈母形象，可见其已被完全世俗化了。因此，鬼子母信仰逐渐本土化的过程，也是其形象不断汉化的进程。后秦鸠摩罗什译《妙法莲华经》卷七：

> 尔时有罗刹女等，一名蓝婆，二名毗蓝婆，三名曲齿，四名华齿，五名黑齿，六名多发，七名无厌足，八名持璎珞，九名睾帝，十名夺一切众生精气，是十罗刹女，与鬼子母，并其子及眷属，俱诣佛所，同声白佛言："世尊！我等亦欲拥护读诵受持《法华经》者，除其衰患，若有伺求法师短者，令不

① （唐）义净撰，王邦维校注《南海寄归内法传校注》，中华书局1995年版，第50页。

得便。"[1]

由于鬼子母在《妙法莲华经》中誓言护持读诵者,故被以《妙法莲华经》作为立宗经典的宗派所崇奉,如在日本,天台宗、目莲宗等佛教宗派的一些寺院里就塑有"鬼子母"神像,供信者祭拜。

鬼子母信仰随着佛教传播到世界各地,在日本影响尤甚。鬼子母经典在日本广泛流传,据李翎先生研究:"806年,空海返回日本时请回了《诃利帝母经》,858年,圆珍回国时也将不空译《大药叉爱子成就法》请回。按佛经记载《大药叉爱子成就法》即《诃利帝母经》,因此,或者空海与圆珍相隔半世纪,请回的是同一部经。但事实上,从《大正藏》发表的图像看,两部经的像式和爱子图像都传入了日本。"[2] 据日本元庆寺沙门安然集《诸阿阇梨真言密教部类总录》收录有关鬼子母经如下:《诃利帝母经》一卷、《诃利帝母因缘经》一卷、《鬼子母经》一卷、《大药叉欢喜母并爱子成就法》一卷(亦名《诃利帝母法》,不空译)、《梵字欢喜母真言》一本。[3] 传入日本的有关诃利帝法就有5种,并对日本文化,尤其是佛教文化产生很大影响,鬼子母即属日本目莲宗神系。在日本文化中,"鬼子母"亦被称为"子安观音"或"子安神"。子安神崇拜对日本文学艺术产生过深远影响,在日本绘画史上就有许多鬼子母或子安神像,如元龟二年(1571),长谷川信春绘有《鬼子母神十罗刹女像》绢画,日本江户时代,亦有绘画名《鬼子母图卷》。之后,又与来自西方的圣母玛利亚难分彼此。"源自印度而传入中国的鬼子母,经历代汉化,已然从东汉、三国初期的胡人面容完全皈依成体态丰腴的中国妇女,在与观音融合之后,于17世纪竟然又

---

[1] 《大正藏》第9册,59a。
[2] 李翎《不空所译诃利帝密典及图像的研究》,《艺术史研究》2016年第1期。
[3] 《大正藏》第55册,1132c。

第六章　密教传持与宋元鬼子母信仰

和欧洲的圣母相遇，以致一度成为日本禁教时期玛利亚身分。"① 在东南亚以信仰小乘佛教为主的国家中也有广泛的信仰。

第二节　鬼子母故事在僧俗二界的流播

鬼子母的故事佛经中屡屡提及，《佛说鬼子母经》《大药叉女欢喜母并爱子成就法》《根本说一切有部毗奈耶杂事》等佛教经律竞相转载了佛度鬼子母皈依佛教，并最终成神的传说。其他与鬼子母相关的主要经论如次：《增一阿含经》卷二二、《金光明经》卷三、《金光明最胜王经》卷八、《杂宝藏经》卷九《鬼子母失子缘》、《根本说一切有部毗奈耶杂事》卷三一、《四分律名义标释》卷三四"鬼子母"条、《经律异相》卷九、《南海寄归内法传》卷一《受斋轨则》、《翻译名义集》卷二《八部》、《重编诸天传·鬼子母天传》，其他如《摩诃摩耶经》《大药叉女欢喜母并爱子成就法》等亦有涉及。《大正藏·图像卷》中如《白宝抄》《阿娑缚抄》《成菩提集》《白宝口抄》《觉禅抄》《图像抄》《别尊杂记》等对鬼子母本事亦有叙述，可资参考。

这是一个典型的劝恶从善的佛教故事，其中北魏吉迦叶译《杂宝藏经》卷九所收《鬼子母失子缘》、唐义净译《根本说一切有部毗奈耶杂事》卷三十一所见鬼子母夫妇的传说最为详尽，失译人今附西晋录《佛说鬼子母经》一卷则专演此事。该经是我国第一部以鬼子母为主体详述其相关经历的佛典。该经中，鬼子母常常偷食他人小儿，佛陀为感化鬼子母，解救城中小儿性命，令沙门趁其外出

---

① 谢明良《鬼子母在中国——从考古资料探索其图像的起源与变迁》，《美术史研究集刊》第 27 期，2009 年。

时偷取鬼子母所有的孩子。丢失孩子的鬼子母痛苦不已，为要回鬼子，她向佛陀悔罪求救，皈依佛法，最终佛陀归还了鬼子。该经记述了佛陀收服鬼子母的整个过程，并明确了鬼子母求子、护子的功能。在这部佛经中，对鬼子母失子后强烈的痛苦情绪与行为的多重渲染使其形象丰满立体：

> 是母便复行盗人子，来入舍中，不见其子，便舍他人子，不敢复杀。便行索其子，遍舍中不知其子处。便出行至街里遍城中不得，复出城外索不得，便入城行道啼哭。如是十日，母便狂，被发入市啼哭，自擗扑仰天，大呼为狂梁语，亦不能复饮食。

首先，从开始发觉爱子失踪的惊慌焦急，到长时间无处寻子的无助悲伤，佛经细腻地刻画了鬼子母的内心波动，并使之层层递进，突出其深切的爱子之情。在佛陀询问鬼子母孩子丢失时其身在何处，正做何事时，鬼子母又"默然不言""默然无语"，说明其心中已然知晓偷盗他人小儿为食的行为可恶可怖，鬼子母的这两处外在表现与心理活动突出该人物所具有的矛盾性——一方面拥有爱护己子的强烈母性，一方面却有偷食他人小儿的残忍无情，正因如此，佛陀采用"以彼之道还之彼身"的方式使之悔悟也显得更具针对性。第二，该经明确了鬼子母的护子功能。为了调和鬼子母自身的矛盾性，使其向善，佛陀敕令鬼子母"无子者来求子，当与之子"①，拥有保护他人财物的附属功能，并成为北方毗沙门天王的随从；其姐炙匿则负责保佑妇女生产顺利。鬼子母的主要宗教功能在该经中得以体现。

其后，北魏吉迦夜共昙曜所译《杂宝藏经》卷九《鬼子母失子

---

① 失译人附晋录：《佛说鬼子母经》，《大正藏》第21册，290c。

第六章 密教传持与宋元鬼子母信仰

缘》一篇也详述鬼子母皈依佛法的故事，原文如下：

> 鬼子母者，是老鬼神王般阇迦妻，有子一万，皆有大力士之力，其最小子，字嫔伽罗。此鬼子母凶妖暴虐，杀人儿子，以自啖食，人民患之，仰告世尊。世尊尔时，即取其子嫔伽罗，盛着钵底。时鬼子母，周遍天下，七日之中，推求不得，愁忧懊恼。传闻他言，云佛世尊，有一切智。即至佛所，问儿所在。时佛答言："汝有万子，唯失一子，何故苦恼愁忧，而推觅耶？世间人民，或有一子，或五三子，而汝杀害。"鬼子母白佛言："我今若得嫔伽罗者，终更不杀世人之子。佛即使鬼子母见嫔伽罗，在于钵下，尽其神力，不能得取，还求于佛。"佛言："汝今若能受三归五戒，尽寿不杀，当还汝子。"鬼子母即如佛敕，受于三归及以五戒。受持已讫，即还其子。佛言："汝好持戒，汝是迦叶佛时，羯腻王第七小女，大作功德。以不持戒故，受是鬼形。"①

与《佛说鬼子母经》相比，该经拥有更为丰富的信息：第一，鬼子母的眷属信息开始详备。该经开篇介绍鬼子母的丈夫为老鬼王般阇迦，其最小的儿子名叫嫔伽罗（即爱奴或爱儿）。而其自身前世在迦叶佛时代是羯腻王第七小女，拥有大功德，只因未能持戒，所以堕为鬼形。第二，"鬼母揭钵"之题诞生自该经："世尊尔时，即取其子嫔伽罗，盛着钵底……佛即使鬼子母见嫔伽罗在于钵下，尽其神力，不能得取，还求于佛。"佛陀通过激发鬼子母内在的焦急无助情绪，令其推己及人，心生悔悟，接受点化，最终皈依。唐义净《南海寄归内法传》卷一"九受斋轨则"亦有此类故事的记录：

> 施主乃净洗手足，先于大众前，初置圣僧供。次乃行食以

---

① （北魏）吉迦夜共昙曜译《杂宝藏经》，《大正藏》第2册，492a。

· 253 ·

> 奉僧众，复于行食末，安食一盘，以供诃利底母。其母先身因事发愿，食王舍城所有儿子，因其邪愿，舍身遂生药叉之内，生五百儿，日日每食王舍城男女。诸人白佛，佛遂藏其稚子名曰爱儿，触处觅之，佛边方得。世尊告曰："汝怜爱儿乎？汝子五百，一尚见怜，况复余人一二而已。"佛因化之，令受五戒，为邬波斯迦。因请佛曰："我儿五百，今何食焉？"佛言："苾刍等住处寺家，日日每设祭食，令汝等充餐。"①

在《根本说一切有部毗奈耶杂事》卷三一等经书中，亦记载了诃梨帝母的成神传说：

> 往昔王舍城中有独觉佛出世，为设大会。有五百人各饰身共诣芳园。途中遇怀妊牧牛持酪浆来，劝同赴园。女喜之舞蹈，遂堕胎儿。诸人等舍之赴园内，女独止而懊恼。便以酪浆买五百庵没罗果，见独觉佛来女旁，顶礼而供养之。发一恶愿曰："我欲来世生王舍城中，尽食人子。"②

明宝成编集的《释迦如来应化录》卷下"鬼母寻子"条所录鬼母寻子故事引用的是《杂宝藏经》中的《鬼子母失子缘》，情节内容略有出入。③ 实际上，这是一个典型的劝恶扬善的佛经故事。鬼子母念及自家儿女如掌上明珠，却视他人儿女如草芥粪土，有悖世间人伦。只有彰显"无缘大慈，同体大悲"的慈悲心，人类才能战胜自我，从而避免陷入无明。佛祖慈悲，略施小技，即令魔母皈依佛法。该故事宣扬的是佛法无边、邪不压正的道理。鬼子母因有痛失爱子的体验，在爱子失而复得并皈依佛教后，便誓言护佑小儿，旋即成为妇女儿童的保护神。

---

① （唐）义净撰，王邦维校注《南海寄归内法传校注》，中华书局1995年版，第50页。
② （唐）义净译《根本说一切有部毗奈耶杂事》，《大正藏》第24册，360c。
③ 《卍续藏》第75册，88c。

第六章 密教传持与宋元鬼子母信仰

上述"失子缘"故事使鬼子母故事拓展为更具情趣效果的情景戏剧，因此构成宋以后"揭钵"故事的底本而广为流播。但中国百姓却更喜欢将其视为送子娘娘、送子观音来单独礼拜，对她的身世是并不了解的。随着送子观音在社会上的广泛流传，后人又渐渐将鬼子母与妇女生育联系起来，并将其视为中国的送子娘娘了。一些佛教忏仪中亦录此功德，据清咫观记《法界圣凡水陆大斋法轮宝忏》卷九"一心奉请诃利底母真言曼荼罗法"：

> 若有女人不宜生子、妇人欲求子女、欲令人爱敬者、若有恶梦、夫妇不和、中毒、被囚禁、若欲治病、若得财物，甚至还可驱鼠。①

巴中南龛93号毗沙门天王造像龛附近的"诃利帝母龛"中，就有发愿求子，得子还愿的题记。

正因为这一域外鬼子母故事极具震撼力，有关鬼子母的题材也广为后人所书。在众多艺术表现样式中，佛教文学作品表现得尤为突出，如宋释正受编《嘉泰普灯录》卷二六"蒋山佛慧泉禅师二则"：

> 举：僧问夹山境话。法眼（云云）。师曰：诸禅德，法眼和尚话堕也不知。若不唤作境，待唤作甚么？既不能截断两头，致令后代儿孙递相咬嚼。便道：大地同根，万物一体，心外无法，法外无心。种种计较，一似梦中说梦相似。岂知鬼子母失却爱儿，无处寻踪；森沙神倒被蛇缠，眼中出血。②

鬼子母故事成为禅僧间的"话头"。如明释德清撰《憨山老人梦游集》卷三十二"题鬼子母卷"：

---

① 《卍续藏》第74册，1047a。
② 《卍续藏》第79册，450a。

> 我观鬼母，愚痴无比，只知贪他，不顾自己。己之所爱，不舍一丝，如何于他，绝无慈悲？一切母子，本同一体。若能等观，痴心早止。若非如来，拔其痴根。直至穷劫，尚堕沉沦。纵有神力，总出瞋痴。用不得处，方乃自知。爱力极处，痴心顿歇，镬汤炉炭，当下消灭。①

通俗小说《醒世恒言·郑节使立功神臂弓》中有"三门高耸，梵宇清幽。当门敕额字分明，两个金刚形勇猛。观音位接水陆台，宝盖相随鬼子母"一段文字。从这些记载来看，鬼子母故事一直在世面流行，并已成为人们喜闻乐道的专题，不但成为教界的"话头"，以教化众生，甚至成为坊间话语系统的"用典"。

在宋元时期，鬼子母的形象不但表现在文学艺术中，在其他艺术形式中，也可见表现该故事题材的作品。在绘画艺术方面，历代画家喜欢以佛陀度化鬼子母的故事作为题材作画。如宋以来许多画家都以该故事为题材进行创作。随着鬼子母信仰的普及，作为宗教宣传品，该题材亦广泛存在于各大寺院及石窟中。由于修鬼子母法的现世功德，天下寺院亦广为画壁或塑像。除《揭钵图》外，有关鬼子母的壁画像亦复不少。在唐代出现了不少擅长塑造或绘画鬼子母的名家，如唐段成式《酉阳杂俎·续集》卷五《寺塔记上》："光明寺中鬼子母及文惠太子塑像，举止态度如生。工名李岫。"② 同上卷六《寺塔记下》：

> 睿宗圣容院，门外鬼神数壁，自内移来，画迹甚异。鬼所执野鸡，似觉毛起。库院鬼子母，贞元中李真画。③

记载了唐代贞元中画家李真在招福寺库院所画的鬼子母像。中唐时

---

① 《卍续藏》第73册，694a。
② （唐）段成式《酉阳杂俎》，中华书局1981年版，第248页。
③ 同上，第260页。

期擅长仕女画的周昉，亦曾创作《九子母图》。① 纵观各类文献及造像等实物，唐代的鬼子母形象多为天女形，身旁有侍女。

入宋以降，此类题材的壁画着实不少。现存壁画在中原地区有：山西省繁峙县岩山寺（严山寺），原名灵岩院，现存文殊殿为金代遗存，其前殿东壁现存有绘于金代大定七年（1167）的壁画《鬼子母变相图》；山西高平开化寺大雄宝殿有金大定七年王道所绘《婴戏图》（即《鬼子母图》）；山西稷山县青龙寺绘有元代《三界诸神图》，其中有《鬼子母众图》；北京法海寺大雄宝殿存有明代正统年间的壁画《帝释梵天图》，其中有《鬼子母图》，它是作为壁画《帝释梵天图》组合中的一部分而绘制的；河北石家庄市西北郊的毗卢寺，其主殿壁画中绘有鬼子母形象，此画中的鬼子母双手持笏，身后有小儿；正定县隆兴寺明代《三尊天图》中有《鬼子母天图》；山西右玉县宝宁寺天顺年间水陆画中有《鬼子母罗刹诸神众》及《诃利帝母大罗刹诸神众》。西北地区亦有大量鬼子母画像遗存。

青海省瞿坛寺回廊处有大量的明代壁画保存，其中《鬼子母揭钵图》，青绿重彩。20世纪，德国考察队在新疆交河古城一佛寺中发现了绘于麻布上的鬼子母像式。同时，交河古城中亦发现有鬼子母锦画。在西南的四川亦留存大量有关鬼子母的画迹。据宋人黄休复《益州名画录》卷上："范琼画迹，见于大圣慈寺南廊下，有《鬼子母》。"② 另外，文人画中亦有鬼子母题材。如南宋李嵩《骷髅幻戏图》画面中哺乳妇人即鬼子母（现藏故宫博物院）。但文人画中表现鬼子母的多为"鬼子揭钵"题材，后文详述。

在各地石窟中亦发现有关鬼子母的壁画，在西北的新疆克孜尔

---

① 王群栗点校《宣和画谱》卷六，浙江人民美术出版社2014年版，第60页。
② （宋）黄休复撰，何韫若注《益州名画录》，四川人民出版社1982年版，第15页。

石窟中均出现了鬼子母形象①，"'鬼子母皈依佛'成为绘画题材，早在库车克孜尔石窟第一和第二期券顶因缘壁画中已出现。例如在第34、80、171窟等顶上菱形格画均有此故事的简略场面。"②"新疆地区遗存的作品突出的有两类：一种是独幅画像，其中一件出自吐鲁番的交河古城，一件出自和阗。另外一种就是克孜尔石窟中的壁画。克孜尔石窟壁画出现有鬼子母图像的共计7处；为第34、80、171、181、196、206窟。"③西北地区的敦煌，第445（盛唐）、159（中唐）、138（晚唐）窟中现存的壁画中出现有鬼子母的图像。1985年9月，龟兹石窟研究所在库本吐拉的85窟中发现一幅鬼子母的壁画。④

鬼子母在造像艺术方面表现得亦尤为突出。石窟中亦出现了大量鬼子母造像。有关鬼子母的造像在古印度就有遗存，"由于佛教的鬼子母是根源于印度西北犍陀罗地区之危害小儿疫疠的地方传说，并约于1至3世纪出现了诃帝利造像。"⑤"印度地区阿旃陀石窟第2号石窟所现鬼子母是目前笔者发现的最早的造像。"⑥ 现今中国境内较早的鬼子母造像的遗留，以5世纪后半的山西云冈石窟第9窟鬼子母造像，以及6世纪克孜尔石窟所见鬼子母造像两处为代表。作为女性夜叉形象的鬼子母，最早的造像实例为山西云冈石窟第9窟后室南壁西侧下层"鬼子母失子因缘"像。一些佛教忏仪亦

---

① 对克孜尔壁画的年代问题至今尚没有明确的判定，根据其壁画风格和碳14的测量，一般认为年代在6世纪中期。《从壁画证据看鬼子母在古代中国的演变》。
② 王国建《"鬼子母"崇拜文化及其艺术形象变迁》，《郑州大学学报》2011年第4期。
③ 李翎《以鬼子母图像的流变看佛教的东传——以龟兹地区为中心》，《美术史研究》2008年第4期。
④ 刘铭恕《龟兹库木吐拉发现的鬼子母壁画》，《西北史地》1996年第1期。
⑤ 谢明良《鬼子母在中国——从考古资料探索其图像的起源与变迁》，《美术史研究集刊》2009年第27期。
⑥ 李翎《以鬼子母图像的流变看佛教的东传——以龟兹地区为中心》，《美术史研究》2008年第4期。

第六章　密教传持与宋元鬼子母信仰

收录此事，如清咫观记《法界圣凡水陆大斋法轮宝忏》卷二：

> 一心奉请《佛说鬼子母经》。鬼子母喜盗食人间儿子，佛令比丘取其多子藏之，化令见佛受法，立愿保护世间。①

由此，使得鬼子母故事在僧俗二界广泛流播。克孜尔石窟鬼子母造像计七处。云冈石窟及克孜尔石窟两处是目前学界公认的现今中国境内时代最早的鬼子母造像。

宋元时期，鬼子母造像主要集中出现于西北的敦煌石窟、西南的四川巴中石窟、大足石刻等地。西北的敦煌石窟，据李翎先生考证：

> 现存的第445（盛唐）、159（中唐）、138（晚唐）窟中的壁画中出现有鬼子母的图像，但窟中壁画的鬼子母像多作为天龙八部众中的神灵出现，像式呈狰狞鬼相抱一小儿，从以上三窟看，像式完全一致，没有作为善像妇人出现的鬼子母。②

西南地区亦有大量遗存。如四川巴中石窟，鬼子母造像主要见于南龛第68、74、81号龛。其中第68龛龛外可见阴刻于南宋绍兴年间（1131—1162）的题记，其中有"奉佛杨俊夫妇重装□金圣母像"铭文，可知鬼子母于宋代已有"圣母"称号，这龛造像，为四川省境内目前所知年代最早的鬼子母摩崖造像。

此外，宋代的鬼子母像于大足石刻之北山、石门山、石篆山、玉滩、福安桥等处都可见到。如大足石门山第9号龛、大足北山第289号龛、大足石篆山第1号龛都被命名为"诃利帝母像"。这时的鬼子母造像，无论在造像风格上还是在相貌上，都带有浓郁的犍陀罗造像艺术的痕迹。犍陀罗地处印度与中亚、西亚地区的交汇处，

---

① 《卍续藏》第74册，973c。
② 李翎《以鬼子母图像的流变看佛教的东传》，《美苑》2008年第4期。

在历史上曾受古希腊的长期统治,故希腊文化对其影响较大。因此,这一地区的佛教艺术兼具印度和希腊的风格。佛教传入中原后,这一犍陀罗风格的佛教造型艺术对中国新疆、敦煌、云冈等地的石窟造像艺术产生了巨大的影响。

第三节 "鬼子揭钵"故事的形成与演绎

在上述整个鬼子母故事中,最具震撼力的是"鬼子揭钵"情节,广为流播。有学者指出:

> 宋代流行的揭钵故事,将鬼母神话中并没有被译经僧强调的一个情节,演绎为生动而夸张的大冲突,为都市人们的休闲娱乐和想象提供了释放空间,成为戏曲、绘画,甚至可能是晚期宝卷创作的题材。"揭钵"在戏剧和绘画方面的突出表现,说明鬼子母已由藏内的佛教神灵,主管生育、送子的崇高之神,转变为民间的一个娱乐形象、宗教教化完全演变为消遣。①

"鬼子揭钵"在佛教文学中都有表现。宋行霆述《重编诸天传》卷下有赞曰:

> 诃利帝南鬼子母,四王所统为药叉。父名欢喜居凡地,夫乃圆满德叉迦。亲生千子阎浮果,半居人世半天魔。女功德天吉祥者,长男立字号唯奢。妹名浮陀摩尼钵,主领财产及舡车。小儿爱奴偏护惜,或号之为尼跋陀。由兹鬼众数无量,食人男女日偏多。我佛化之以方便,取子琉璃钵覆遮。遍往四天

---

① 李翎《鬼子母揭钵故事的流传与图像》,《世界宗教文化》2014年第1期。

第六章 密教传持与宋元鬼子母信仰

无觅处，却来佛所愿回邪。既授三归持不杀，令僧施食饱河沙。旁招千子咸兴善，却依佛宇护禅那。人有新产令无害，求男女者裔其家。此实一切鬼之母，敢因法会荐香花。①

清世宗《御选语录》卷十三"鬼子母揭钵图"：

> 鬼母失儿情太戚，天上人间求未得。钵盂指示空瞎形，尽其神力不能出。回光省过大归依，刹那母子重相识。重相识，迟八刻，自家怀里抱婴儿，何必向如来膝下殷勤觅？②

则将鬼子母寻子故事演绎得情真意切，动人心魂。

鬼子母故事早在魏晋之际即已传入中国，目前可知最早讲述该故事的始自失译人附西晋录的《佛说鬼子母经》。南朝齐昙景所译《摩诃摩耶经》（一名《佛升忉利天为母说法经》）所录故事与《佛说鬼子母经》情节相仿。在故事中添加"鬼子揭钵"情节的，则源自北魏吉迦夜共昙曜所译《杂宝藏经》卷九《鬼子母失子缘》。本故事与后来故事的大体框架是一致的，但后出者凸显了"鬼子揭钵"情节。可见，"鬼子母揭钵"故事在唐前已基本定型，但参与重述、再现者，基本都是佛教文献，故事似乎尚未在世俗社会广泛流传开来。可以说，尽管唐前"鬼子揭钵"情节已经定型并传入中国，并流行起来，但主要是在教界系统内部流传，对于当时的世俗大众而言，鬼子母还是一位法相庄严的女神。

鬼子母故事中"鬼子母揭钵"的情节不仅为后来的僧俗二界的文学创作提供了丰富素材，更是众多艺术家较为喜爱的创作题材。北宋时期，文献中才明确有《鬼子母揭盂》壁画的记载，这也是时代最早的记录。据宋人笔记孟元老撰《东京梦华录》卷三《相国寺

---

① 《卍续藏》第88册，431c。
② 《卍续藏》第68册，598c。

万姓交易》记载：

> 大殿两廊，皆国朝名公笔迹。左壁画炽盛光佛降九曜鬼百戏，右壁佛降鬼子母揭盂（钵）。①

由北宋都城汴梁相国寺中有宋高益所画《佛降鬼子母揭盂》壁画，可知鬼子母皈依佛教的题材在当时已用"揭钵"这个情节来描绘。其故事对寺庙建筑装饰也有一定的影响，在佛教传播中具有重要作用。但文献缺少壁画内容的具体描述，随后《鬼子母揭钵图》手卷画开始出现。诚如学者所言："《揭钵图》卷即是在由北魏经文逐渐发展且世俗化成宋朝情节较丰富的传说以及相关的寺院壁画的基础上而出现的。"②"北宋大相国寺殿廊所画'揭钵图'可能是后世手卷、壁画等'揭钵图'的图本来源。"③

这类故事自宋代开始不仅流向民间，文人亦很青睐，有关《鬼子母揭钵图》的手卷画有实物流传至今；而且据研究，此类手卷绘画的摹本和摹款本甚多。明代王世贞对此提到他的见闻：

> 余所闻，鬼子母揭钵图，宣和秘殿所藏，后有赵文敏、吴文定、沈启南诸跋，为宜兴吴大本物归之，陆太宰全卿后人分宜幸相家，至籍天府，今亦落人间矣。陆公复有元朱君理所摹，绝精转之。④

清王士禛《池北偶谈》即言："《揭钵图》，凡见数本。"据李翎先生研究所得："《揭钵图》自宋代出现以后，历代各种画本，记载或传世者不下40多件，可见其确实在民众中流行过。"⑤如据宋刘道醇

---

① （宋）孟元老撰，邓之诚注《东京梦华录》，中华书局1982年版，第89页。
② 乐愕玛《〈揭钵图〉卷研究略述》（下），《美术研究》1997年第1期。
③ 李翎《政治的隐喻：岩山寺金代鬼子母经变》（上、下），《吐鲁番学研究》2015年第2期。
④ （明）王世贞《弇州续稿》卷一五六，《四库全书》本。
⑤ 李翎《鬼子母揭钵故事的流传与图像》，《世界宗教文化》2014年第1期。

第六章　密教传持与宋元鬼子母信仰

《五代名画补遗》"塑作门第六"就记："有刘九郎，以塑九子母像名动天下"；宋郭若虚《图画见闻志》卷三载宋武宗元"善画佛道人物"，有《鬼子母图》传于世。《宣和画谱》卷四载宋代"高益于相国寺画《佛降鬼子母揭钵》"；雍熙端拱年间的画家侯翌有"《鬼子母像》一帧存世"，由内府收藏；中兴馆阁储藏宋人画迹中有程坦画《鬼子母图》。另，《古今图书集成·博物汇编·艺术典》记录有宋李龙眠的《摹古鬼子母揭钵图》，明显演绎自佛经故事。对鬼子母卓有研究的李翎先生说：

> 对于揭钵主题的研究主要表现在绘画上。美国学者Julia k.Murray于20世纪80年代的研究《鬼子母的表现和在中国绘画中"揭钵图"的主题》，分析了国外所藏大量的揭钵图卷。法国留学生乐愕玛的硕士学位论文《揭钵图卷研究》，考察了现藏有关揭钵图的真伪。①

纵观世界各地公私收藏的《揭钵图》卷，共有近30卷，有的是纸本，有的是绢本；有的是白描，也有的是重彩。

有关此类题材的画作，早在五代时就有画家关注，清代顾复在《平生壮观》中详细描绘了一幅五代时人所创作的《揭钵图》：

> 《揭钵图》，人物二寸，绢素极细，设色甚工……小于（即嫔伽罗）作叫号欲出之状，鬼子母作悲恸白投之状，侍从诸女作捧持安慰之状。欲钵之揭也，令无数山魈水魅而各逞其许许之状……后青纸上泥金书《鬼子母经》一卷。②

有宋一代，这一题材受到画家的广泛青睐。如现藏于美国波士顿博物馆，托名北宋知名画家李公麟（号龙眠居士）的《宝积经变

---

① 李翎《鬼子母揭钵故事的流传与图像》，《世界宗教文化》2014年第1期。
② （清）顾复《平生壮观》卷六，上海人民美术出版社1962年版，第90页。

相——鬼子母救子图长卷》，就是当时的佼佼者。另据明刘若愚《酌中志》中的一则记载：

> 一日先监偶购宋人所画《鬼子母揭钵图》手卷，内有楷书金字《宝积经》。鬼子母失子缘由一百六，名人题跋甚多。[1]

又说明此类题材的画作不仅数量众多，还拥有广泛的流传渠道和众多的收藏者。明徐树丕《识小录》三记：

> 今骨董家有《鬼子母揭钵图》，云出自李龙眠。适见冯观察元成有诗咏之，为录之，诗曰："尝读《宝积经》，其语何奇诡。魔气盛东方，鬼母生鬼子。一产五百徒，宾伽史最异。八臂三其目，虎爪兼狼齿。阴兵恣凭陵，攫人飨脑髓，残害且无算。"[2]

蒙元之世，此类题材的画作，亦代有传人，据明道霈《为霖道霈禅师餐香录》卷下"题揭钵图"：

> 马法秀东王公家，藏元人钱舜举所画《鬼子母揭钵图》，极其精妙。经云："母有万子，皆为鬼王，凶狞暴恶，日食人子，人民不堪，往白于佛。佛取其幼子宾迦罗，藏于钵底。母率诸鬼子，所谓草木神、舍宅神、山神、石神、禽虫神等，悉皆奔赴，各展神力，挽其天车，求宾迦罗而不可得。其惮惶之状，哀恋之情，极其肖似。因思鬼子母，日杀人子啖之而不厌，一旦失其己子，推求寻觅，号天泣地，无所不至。及见世尊，但令其推爱子之心，以爱人之子，当下杀心即灭，矢志归戒，证须陀洹果，且发大愿，福庇群生。凡国中人民无子，从我求子者，悉皆与之。"以此观之，转凡成圣，只在一念之间

---

[1] （明）刘若愚《酌中志》，北京古籍出版社1994年版，第38页。
[2] 李翎《鬼子母揭钵故事的流传与图像》，《世界宗教文化》2014年第1期。

第六章 密教传持与宋元鬼子母信仰

而已,何难之有哉?此卷不独绘画之妙,其警世之意良深。秀公蓄此,以遗子孙,岂无意哉?敬为识诸卷末。①

它如现藏于北京故宫博物院的创作于元时的《揭钵图》,作者不详,卷首有清倪灿行书图名:

《揭钵图》真迹。世传《揭钵图》所在都有,然赝本甚多。惟此卷神气古穆,用笔精妙,其为善本无疑,真可宝藏也。康熙癸亥秋七月雁园倪灿题。

癸亥为康熙二十二年(1683),后有倪灿书《宝积经》中相关揭钵经文。② 王振鹏有画作《鬼子母揭钵图》(现藏故宫博物院)影响很大,后世有多种摹本。在元代此类绘画题材中,著名佛画家朱玉所绘《鬼子母揭钵图》长卷(浙江省博物馆收藏本),是其中的传世杰作。全卷构思精巧,动静结合,人物衣饰纹理细腻,兵革旗鼓逼真。笔法老道,神采飞扬,当为元代工笔人物画中的上乘之作。清初《佩文斋书画谱》等文献中明确记载,朱玉《揭钵图》卷的真迹仅有两本存世。朱玉的《揭钵图》卷其实是临摹李公麟本。李公麟本原为宋代宣和皇家秘藏,到了元代先归宜兴人吴大本收藏,后转归大收藏家陆全卿所有。李本在陆家期间,朱玉临摹了两个本子,上述画作即是其中之一。

有明一世,此类题材亦成为当时名家的选择,如仇英即创作有《揭钵图》(现藏于美国弗利尔美术馆)。另,美国大都会博物馆亦藏有《揭钵图》卷,但作者不详。朱元璋在位期间,根据《碛砂藏》

---

① 《卍续藏》第 72 册,629c。
② 手卷《揭钵图》画中经名误题为《宝积经》或《香积经》。画作所录的《宝积经》中有关鬼子母因缘经文,检现存藏经中的《宝积经》中并未录有此类因缘故事,不知所据为何本。另,上述托名北宋李公麟的《宝积经变相——鬼子母救子图长卷》亦同。李翎先生已于《鬼子母揭钵故事的流传与图像》(《世界宗教文化》2014 年第 1 期)揭示于先。

• 265 •

的内容，曾刊刻《洪武南藏》。后来这部经书的雕版被焚毁，所以流传下来的很少。1934年，在四川崇庆县上古寺发现了这部书，其中《金刚经》扉页有《鬼子母揭钵图》版画（现藏国家图书馆），版画中的鬼母子和群魔夸张的形象，与佛祖的安详、宁静形成鲜明的对比，是一幅很有意义的佛经版画长卷。《揭钵图》在佛教题材绘画中青史留名，在中国古代美术史上占有重要地位。

第四节　鬼子母在文学作品中的形象演化

早在"鬼子母"信仰传入我国内地之前，中国民间宗教中就已经有"九子母神"之说。"九子母"始见于《楚辞·天问》，有"女歧无合，夫焉取九子？"之句。《天问》中的女歧是类似女娲的女祖，是生殖崇拜文化的产物，并演化为中国流传的九子母，成为文学艺术热衷表现的内容。南北朝时期，刘宋宗懔《荆楚岁时记》载："四月八日，长沙寺阁下有九子母神，是日，市肆之人无子者，供养薄饼以乞子，往往有验。"可见，南北朝时，已有称鬼子母为九子母了，并将鬼子母视为祈子的神祇供养。

另据宋郭若虚《图画见闻志》卷三：五代韩幹有画作《九子母》图；宋"武宗元有《九子母》传世"。自佛教传入后，"九子母"由于在多子这一点上的相似，特别是随着佛教的兴盛，自唐前期开始，又逐渐与佛教中的鬼子母传说相混淆，遂成为一体。但究其原始，中国传统文化中的九子母当然不是印度佛教的鬼子母。但九子母与鬼子母多子的特点相近，且都是生育安产之神，在外形塑造上又十分相似，两者不谋而合，所以随着佛教的兴盛，自唐前期开始，在中国内地的传播衍变过程中，二者合体的趋势开始出现，并逐渐将鬼子母与九子母混同。闻一多在《天问疏证》中把鬼子母与九子母等同，并与送子观音信仰联系起来，"九子母，释典作鬼子母，九、鬼、歧一声之转。女、母古字亦每相乱，故九子母一变而为歧母，再变为女歧……要之，歧母即女歧，九婴即九子，皆古民族推源论中之神话人物……"[①] 早在西晋时，送子观音的信仰已经传播开来，到了宋元之际，送子观音的信仰即已深入人心。作为佛教系统中的鬼子母、观音与中国本土的与生殖崇拜信仰关联的九子母相结合，并在中国得到了广泛的传播，其形象也随之中国本土化。源自印度的鬼子母形象在中国发生了一系列的演变，成为外来文化本土化的典型案例。

由上述可知，鬼子母的形象是伴随着佛教在中国的流播而进入中土民众的视野之中，鬼子母信仰的超大功利性，使得她不仅被民众所接受，同时也与中国传说中的九子母结合起来，最终演变为被广泛信仰的送子观音。由"九子母""鬼子母"的融汇到送子观音的演变形成，既反映了外来宗教与本土信仰的交融互汇，也是佛教在亚洲各地世俗化发展的结果。

按照佛教说法，人生皆苦，修行的目的是为了跳出"六道轮回"，求得解脱。佛法中有许多提法与中国传统的儒家的忠孝思想相违。因此，从传入之日起的两汉至唐宋，传统的儒家思想与释家的异域观念曾有过多次激烈的论争。儒、释两家在论争中不断融合，出现了某种程度的儒释合流，以致发展到后来的儒、释、道三教交融互汇。佛教中的许多护法菩萨也被不断汉化，出现了掌管人间生育的菩萨，鬼子母即是其中之一。鬼子母通过佛教典籍的不断传译与信徒解读，由佛教里众多护法随从中的一员，逐步成为一个成熟的、具有独立神格的宗教人物。传说中"鬼子母神"相当灵验，不但护持佛法，也成为妇女、儿童的保护神，因此获得了广大

[①] 闻一多《天问疏证》，上海古籍出版社1985年版，第12页。

信徒的供奉与信仰。在中国民间,即将其作为送子娘娘而供奉。在有些寺院中,其造像为汉族中年女性,且其身旁环绕着一群孩子,手抚孩子,或怀抱一子,慈祥端庄。随着鬼子母故事的广泛流传,也逐步融入了文学作品之中,为我国传统的文学创作增添一抹别样的奇趣色彩。

早在两晋时期,鬼子母信仰就已在民间流传。唐道世编纂的《法苑珠林》"感应缘"部分收录了一则故事,记东晋咸和八年(333),原居历阳后移居安徽芜湖的张应,因妻得病,乞作佛事而"秉火作高座及鬼子母座",致妻病"寻即痊愈"。唐法琳《辩正论》中亦引《张应》这则故事;宋李昉《太平广记》卷一一三、一六一亦收有《张应》。此类故事在清弘赞辑《六道集》卷一《天道》"历阳"所记尤详:

> 张应者,本事俗神,鼓舞淫祀。咸和八年,移居芜湖。妻得病,应请祷备至,财产略尽。妻法家弟子也,谓曰:"今病日困,求鬼无益。"乞作佛事,应许之。往寺中见竺昙铠,昙铠曰:"佛如愈病之药,见药不服,虽见无益。"应许当事佛。昙铠与期,明日往斋。应归,夜梦见一人长丈余,从南来入门。曰:"汝家狼藉,乃尔不净。"见昙铠随后,曰:"始欲发意,未可责之。"应既眠觉,便炳火作高座,及鬼子母座。昙铠明往,应具说梦,遂受五戒,斥除神影,大设福供,妻病即除愈。①

从这则故事亦可推断,鬼子母传说至迟于六朝初期业已传入江南地区。上述所引,写的是晋时张应因为妻子生病,故请和尚来家讲经说法,同时,还在家中专门设了"鬼子母座"。这表明,当时妇人

---

① (清)弘赞辑《六道集》,《续藏经》第88册,113a。

第六章　密教传持与宋元鬼子母信仰

生病,邀请鬼子母来,对之"大设福供",已成为风俗,这些小说材料中的细节描写,也进一步说明唐以前鬼子母即已成为妇女守护神兴盛于民间了。从这些坊间流传的小说来看,早在晋代,鬼子母的信仰已经传入中土,这也可能是关于鬼子母信仰在中国流传最早的记录。之后,鬼子母信仰在更大范围内流传,据刘宋时刘敬叔《异苑·陈虔》所载:

> 陈虔,字君度。妇庐江杜氏,常事鬼子母,罗女乐以娱神。①

从《异苑》这则故事中可以看到,南北朝的宋时,已经有妇女虔诚地祭祀印度传来的鬼子母了。此时,传入中国的鬼子母,仍旧作为妇女、儿童的守护神在民间传承。

到了隋唐及五代时期,鬼子母在文学作品中呈现出美丽的妇人形态,或是护佑信徒的神者的形象。《太平广记》卷四一"黑叟"条记载一则故事,耐人寻味:一位画艺精湛,行止如神的画家,在一夜之间于寺庙内精心绘制出了精美的鬼子母壁画像,此像顿时"灿烂光明,俨然一壁",然而一无名黑叟却"直上魔母堂,举手锄以斫其面",认为画家并没有画出鬼子母美丽的姿态,甚至都不如黑叟之妻美艳可爱。黑叟之妻"薄傅粉黛,服不甚奢,艳态媚人,光华动众"②,令众人叹服。

又如《太平广记》"南中行者"条中,少年每晚被一个附在鬼子母神像上的精怪所迷惑,而这个精怪的模样便是个美妇人。黑叟以自己妻子的美貌作为衡量画工描绘鬼子母技艺的高低,而依附在鬼子母的神像之中的精怪也是美貌妖艳,能够诱惑少年,可见当时在寺庙中流传的鬼子母雕塑与画像大多是美艳且可爱的妇人形象,

---

① (宋)李昉《太平广记》卷二九二,中华书局1961年版,第2324页。
② (宋)李昉《太平广记》卷四一,中华书局1961年版,第260页。

所以众人甚至连精怪都自然而然地以美丽与否作为评判与鬼子母相似与否的标准。

当然，鬼子母不仅美艳可爱，更能护佑信徒。《太平广记》"黑叟"条中鬼子母保佑皇甫政的妻子陆氏获得子嗣；而"张应"条中，张应通过供奉鬼子母，则使其身患重病的妻子得以痊愈。在这些作品中，鬼子母是以一种护佑神的形象出现的，且功能强大，十分灵验。然而，由于文化差异问题，加之之前所犯诸多恶行，夜叉出身的鬼子母有时仍被民间视作恶鬼，凶恶残暴。唐五代小说中亦有鬼子母事迹记载。如唐王仁裕的《玉堂闲话》、唐孟棨《本事诗》等，孟棨《本事诗》"嘲戏"条尤为精妙："中宗朝，御史大夫裴谈崇奉释氏。妻悍妒，谈畏之如严君。尝谓人：'妻有可畏三：少妙之时，视之如生菩萨。及男女满前，视之如九子魔母，安有人不畏九子魔母耶？及五十、六十，薄施妆粉或黑，视之如鸠盘荼，安有人不畏鸠盘荼？'"① 虽然这本是对夫人端庄、貌美又多变可畏的奉承之词，也是为自己"惧内"所作的开脱，但很显然鬼子母与此类女性之间是十分具有可比性。除其与鬼子母一样拥有众多子嗣与强烈的母爱之外，女性的悍妒与鬼子母吃人时的凶狠也极为相似。

事实上，在相关史料记载中，有众多因主母悍妒而致使小妾、女仆惨死的事例，其阴狠手段确实不逊于鬼子母。《太平广记》"报应类"中记录了大量此类故事，令人闻之恶寒。由此可见鬼子母传说在中国的影响。在宋代，《大唐三藏取经诗话》继承佛典基本内容，让鬼子母与其子建立了鬼子母国。该国国外荒无人烟，寸草不生；国内则皆是三岁小孩，不言不语。唯有国王（即鬼子母）热情款待了玄奘法师一行七人。故事的前半段为读者展现出的是一幅全

---

① （唐）孟棨《本事诗》，古典文学出版社1957年版，第24页。

第六章　密教传持与宋元鬼子母信仰

国诡异、沉寂的图景，而后半段鬼子母对佛门弟子的热情款待以及赠诗则饱含浓厚的佛理意味。从宋《大唐三藏取经诗话·入鬼子母国处》所录鬼子母故事来看，可知当时流传有关鬼子母的传说内容不一，和佛典文献所录相比，内容丰富、情节多样。唐宋时期是鬼子母信仰最为兴盛的时期，其文学作品中的鬼子母形象也多美艳端庄，富有神性。

由上述可知，鬼子母信仰至迟在两晋之际传入，坊间演绎的主要是鬼子母前世或吃人因缘以及送子或守护儿童的功德。

入宋以降，人们关注的焦点不再是鬼子母送子、护子等，而是佛经故事中不太张扬的"揭钵"题材，即题为《鬼子母揭钵》的内容，并极尽渲染。这是因为当时宋代的城市生活异常丰富，以及人们对娱乐的要求提高，中国古代戏剧也于此时成熟，由于其故事的流行，艺术家便创作了于经典中并没有特别强调的情节"鬼子母揭钵"。"鬼子母揭钵"故事唐以前即已传入中国，目前可知佛典中最早讲述该故事的是北魏吉迦叶译《杂宝藏经》卷九所收《鬼子母失子缘》，该故事与后来类似故事的情节，大体是一致的。可见，"鬼子母揭钵"故事框架在唐前基本确定，但故事的情节与内容基本都是佛教文献参与重述、再现，故事本身似乎尚未在世俗社会广泛流传开来。

宋元时期，"鬼子母揭钵"故事已经从教界内部向坊间流出，进入世俗流通领域，并由多种文本形态重述、再现，但主要表现在戏曲方面。有关"揭钵"情节的中土文献记载，至今发现最早的记录即为元末钟嗣成著《录鬼簿》中所录元吴昌龄的《鬼子母揭钵记》杂剧，可惜此剧本已失传。元杂剧《鬼子母揭钵记》就是描写鬼子母的典故，在宋元时期出现，但早期作者已无从查找，据庄一拂《古典戏曲存目汇考》有《鬼子揭钵》："此戏未见著录。《九宫正始》引注：'元传奇。'《宋元戏文辑佚》本，存残曲一支，本事

· 271 ·

出《宝积经》。"① 宋元时期的这类无名氏作《鬼母揭钵》剧本，依托的是唐僧西天取经的故事。

另有明代徐于室、钮少雅《汇纂元谱南曲九宫正始》，记载有"元传奇《鬼子揭钵》"。可见在当时，"鬼子母揭钵"故事相比于其他佛教故事，可说是颇为流行。传抄于明万历二年的《迎神赛社礼节传簿四十曲宫调》中录有《鬼子母揭钵》杂剧和《齐天乐鬼子母揭钵》哑队戏节目单，故《鬼子母揭钵》在宋元应是经常演出的流行剧目。此《传簿》传抄朝代虽晚，其内容来源却很早，据专家考证，其中多反映宋元民俗风情。元杂剧《鬼子母揭钵记》情节与佛经故事大体类似，看来佛经故事本身的情节性，使得演绎鬼子母的故事成为可能。宋元南戏中也有无名氏所作《鬼子母揭钵记》，今存曲两支。宋金队戏《迎神赛社礼节传簿四十曲宫调》中，已有"鬼子母"名目，凡三见。唯独未失传戏曲性的作品是传为元末明初杨景贤《西游记杂剧》第十二出，即《鬼母皈依》。李翎先生认为：

> 当时"揭钵剧"的戏文应该首先来自宋代的"诨经"，人们以一种戏谑的态度对待某些佛经，这些"诨经"用语便直接影响到戏文的成形。②

"诨经"是宋代说经的一种，往往讲一些佛经中的笑话，以一种游戏、轻慢的态度对待佛典。同时，进一步强调：

> 唐代的变文是宋元时期"评话"和后来所有说唱文学的前驱，"宝卷"是从变文和宋代的"说经"发展而来的。因此，

---

① 庄一拂《古典戏曲存目汇考》，上海古籍出版社1982年版，第53页。
② 李翎《政治的隐喻：岩山寺金代鬼子母经变》（上、下），《吐鲁番学研究》2015年第2期。

第六章 密教传持与宋元鬼子母信仰

笔者相信，有关鬼子母的俗文学作品在宋代一定出现并流行过。①

明代徐就秋撰《玉芝堂谈荟》卷十三"摄鬼子置瑠璃钵"：佛经称鬼子母有子五百，在人间食人精血殆尽，佛悯之，摄其小子置瑠璃钵中，母求佛出其子，不得，则竟魔力与其魔众举此钵，四百九十九子各以所从鬼兵数万，排山倒海，以击佛，枪刃矢石所抵皆化为莲花。这种文学性的描写，相关作品大同小异。

但随着"鬼子母揭钵"剧不断演绎，自元代始，小说、戏剧中的鬼子母逐渐走下神坛，成为情色、丑陋与暴力的代名词。如《水浒传》第二十四回《王婆贪贿说风情　郓哥不忿闹茶肆》形容媒婆本领的一篇韵文中以"略施妙计，使阿罗汉抱住比丘尼；稍用机关，教李天王搂住鬼子母"② 这样的俏皮话，以夸张的手法表现王婆说服潘金莲、西门庆的好口才，亦说明王婆所撮合的男女的关系是非正常的。《续金瓶梅》则以"风火来烧，白牙象战败鬼子母"③ 来描绘薛姑子与黑胖和尚的交媾过程。明代《雍熙乐府》《三刻拍案惊奇》与《后水浒传》中，不约而同地使用"鬼子母"来比拟人物的丑陋。《雍熙乐府·一枝花》中，丑妓是"黑颈项刮得下垢腻，黄头发扭得下腥油。笑谈间，风生席上狐臊臭"，因此作者说她"与那女夜叉姊妹成姑舅，鬼子母家属是对头"。④

《三刻拍案惊奇》中的钱仰峰之女则是"面皮靛样，抹上粉犹是乌青；嘴唇铁般，涂尽脂还同深紫。稀稀疏疏，两边蝉翼鬓半黑

---

① 李翎《政治的隐喻：岩山寺金代鬼子母经变》（上、下），《吐鲁番学研究》2015 年第 2 期。
② （明）罗贯中、施耐庵著《水浒传》，人民文学出版社 2005 年版，第 315 页。
③ （清）丁耀亢著，陆合等校点《金瓶梅续书三种》，齐鲁书社 1988 年版，第 26 页。
④ （明）郭勋辑《雍熙乐府》第 8 册，国家图书馆出版社 2013 年版，第 77 页。

半黄；歪歪踹踹，双只牵蒲脚不男不女"，因此"人人尽道鸠盘荼，个个皆称鬼子母"。①《豆棚闲话》中，明末天下大乱，许多游手好闲的无赖之徒各占山头，自立为王，其中就有绰号为"鬼子母"的董国贤，而《续金瓶梅》中，一伙土匪打家劫舍，对土匪老巢的描写即是"杀人不请旨，此地不讲王章；报应不畏天，现世即成地狱。罗刹城中鬼子母，修罗宫里太岁君"②。

究其原因，大约离不开以下三点：第一，鬼子母是佛教神祇之一，在民间有着长久的历史性与广阔的地域性的信仰；第二，鬼子母是繁育子嗣的象征，具有性含义，加之明清小说的进一步世俗化发展，在对情色场景描写时，尤其针对非正当男女之间的性关系的描写时，创作者会习惯性采用鬼子母作为此类事件的代名词之一。第三，鬼子母偷食人子的习性为人所厌恶痛恨，人们逐渐将其内在的负面习性外化为外貌上的丑陋，因而其亦成为暴力与丑陋的代名词之一。

该时期较为特殊的是"西游记"系列题材中的鬼子母形象，也就是将鬼子母故事与当时流行的西游故事关联起来。相对于其他文学作品，"西游记"系列的鬼子母形象则显得更加多元立体。早在宋代，作为《西游记》成书重要底本的话本《大唐三藏取经诗话》第九章中即有"入鬼子母国处"，但情节内容已与佛经故事大异其趣。徐朔方先生的《论〈西游记〉的成书》正好也考察了鬼子母的人物形象，认为其已经渗入了《大唐三藏取经诗话》，并进而悄无声息地融入了《西游记》的相关情节之中。③ 元吴昌龄《西游记》杂剧中有《鬼子母揭钵记》残曲，惜已亡佚。元末明初杨讷（杨景

---

① （明）梦觉道人、西湖浪子辑，卫绍生、张建航校《三刻拍案惊奇》，中州古籍出版社1996年版，第63页。
② （清）丁耀亢著，陆合等校点《金瓶梅续书三种》，齐鲁书社1988年版，第499页。
③ 徐朔方《小说考信编》，上海古籍出版社1997年版，第322页。

贤）所著《西游记杂剧》第十二出"鬼母皈依"一场，其故事高潮部分即为"鬼子母揭钵"一折，其中的鬼子母形象与佛经中的大不相同。当鬼子母知道自己孩子被佛陀关押时，直接一句：

> 颇耐瞿昙老子无礼，将我孩儿盖在法座下。更待干罢？鬼兵那里？随我去揭钵盂去来。①

没有任何惊慌悲伤的表现，相反可谓是信心满满，气势汹汹，甚至隐约带有一丝江湖色彩。紧接下来，鬼子母以"斗鹌鹑""紫花儿序"两段唱词大骂佛陀欺辱弱小、假慈伪善，其愤恨恼怒，言辞泼辣之态可见一斑。在这样的人物设计基础之上，该剧的"揭钵救儿"已转变为鬼子母与佛陀之间势力上的较量与斗争，而非佛经中点化与皈依的过程。两人之间有来有回，战斗激烈。最终，鬼子母法力不济，输给了佛陀。在这一折中，亦提及观世音菩萨唤出哪吒与鬼子母相斗这样的情节。诚如有学者所言：

> 自宋代开始，随着观音信仰的广泛传播，鬼子母作为妇孺守护神和生育神的地位逐渐被取代，其在民间的"神性"色彩也逐渐淡褪，作为"邪魔外道"的早期身世被挖掘出来，成为通俗文艺乐于表现的对象，"揭钵"故事逐渐在世俗社会中流传开来，并以凶悲女魔形象，以"揭钵救子"为标签，再次进入"西游"故事群。元末明初杨景贤《西游记杂剧》是目前可见最早演述该故事的戏本。②

可见，在宋元之际，"鬼子揭钵"故事已在世俗社会广泛传播开来。

有学者认为："元代吴昌龄作有揭钵剧，《录鬼簿》（曹本）著录有'鬼子揭钵'残曲，但剧本已佚。元末明初杨的《西游记》杂剧

---

① 隋树森编《元曲选外编》，中华书局1959年版，第663页。
② 赵毓龙《以"鬼子母揭钵"为例看原生"西游"故事的聚合机制》，《求是学刊》2014年第6期。

第三本第四折《鬼母皈依》。吴剧与此相似,或杨本此折系因袭吴作处。"① 又据相关学者考证,鬼子母一角在"西游记"系列题材故事中逐渐演变为"铁扇公主"这一人物。② 其演变源头主要来自其子红孩儿。《西游记杂剧》中,唐僧师徒路过荒郊深山,遇见红孩儿,唐僧被红孩儿捉去,孙悟空求助观音,观音又求助佛祖,佛祖点名红孩儿由来:

> 不知此非妖怪,这妇人我收在座下,作诸天的,缘法未到,谓之鬼子母,他的小孩儿唤做爱奴儿。③

这将原本并无关联罗刹女铁扇公主与鬼子母合并成为一人,并在之后的"西游记"系列创作中逐步融合扩展为牛魔王家庭。在吴承恩版本的《西游记》中,铁扇公主是婚姻不幸,夫离子散,但其依旧秉承妇德,洁身自好的一个凡间女子形象。牛魔王对其评价是"家门严谨,内无一尺之童",可谓贞洁自爱,恪守妇道;在她看来,"男儿无妇财无主,女子无夫身无主",丈夫是唯一的依靠。因而当假牛魔王来至其住处时,铁扇公主"忙整云鬓,急移莲步,出门迎接",并且满心欢喜地设茶备筵,殷勤侍奉。面对牛魔王两年多的冷淡,她没有流露出丝毫的怨愤,只是满腹幽怨且略带撒娇地说了一句:"大王,燕尔新婚,千万莫忘结发,且吃一杯乡中之水。"④ 低声俯就,深情款款。

---

① 王森然遗稿《中国剧目辞典》,河北教育出版社 1997 年版,"鬼子母揭钵记"条。
② 赵毓龙《以"鬼子母揭钵"为例看原生"西游"故事的聚合机制》一文认为:"鬼子母揭钵"故事在西游本事发生前即已传入中国,且已基本定型,但鬼子母与西游故事的首度聚合,是以"善相"介入的,直到宋元时期才以"恶相"再度聚合,并与铁扇公主故事扭结、重叠。虽然百回本没有吸纳该故事,但在杨本杂剧和《升平宝筏》等西游戏中得到了保留和进一步完善。文载《求是学刊》2014 年第 6 期。该文中较为详细地考察了鬼子母演变为罗刹女的整个过程,故在本文中不再赘述。
③ 隋树森编:《元曲选外编》,中华书局 1959 年版,第 663 页。
④ (明)吴承恩《西游记》,人民文学出版社 2009 年版,第 727—731 页。

与其他作品相比，吴版《西游记》中的铁扇公主被定位于婚姻生活的大框架之中，刻画出一个恪守女德，贤良温婉的女性形象。但面对孙悟空前来借扇，由于之前红孩儿一事，罗刹女心生怨恨，一听孙悟空之名"便似撮盐入火，火上浇油；骨都都红生脸上；恶狠狠怒发心头"，大骂孙悟空，愤怒说道："我那儿虽不伤命，再怎生得到我的跟前，几时能见一面？"① 其愤怒之情、思子之悲跃然纸上，与我国传统文化中的妇人并无二致。

第五节　鬼子母信仰的密教化

随着佛教发展到大乘密教阶段，鬼子母经典一无例外受到密教化的影响。"诃利帝信仰最早密教化，体现在《牟梨曼陀罗咒经》中，此经在经藏中为失译人附梁录。这个记载可能是所知诃利帝最早出现在密教经典中。如果说 5 世纪，完整的诃利帝神话才最终完成，那么不久后，随着密教的流行，诃利帝这个古老的地区神在 6 世纪即随之密教化了。"② 从密教经典传译现状来看，全初唐时期，在菩提流支所译《不空羂索神变真言经》《如意轮陀罗尼经》《广大宝楼阁善住秘密陀罗尼经》等一系列密教经典中，鬼子母形象出现的频率逐渐增多，并拥有较为重要的地位，正式成为密教经典中不可或缺的神祇之一。

至盛唐阶段，随着密教的判教立宗，形成当时极有影响力的密宗，作为密教开宗的代表人物，"开元三大士"之一的不空三藏通过编译《大药叉女欢喜母并爱子成就法》一卷，与《诃利帝母真言经》一卷两部密教经典，将鬼子母形象完全密教化。不空在短短的

---

① （明）吴承恩《西游记》，人民文学出版社 2009 年版，第 717 页。
② 李翎《不空所译诃利帝密典及图像的研究》，《艺术史研究》2016 年第 1 期。

时间内翻译了两部鬼子母经,大力宣传此神,其目的一是迎合密教对女神崇奉的需要,其次是密教护国的需要,并由不空将其提升为护国神灵,如《转法轮菩萨摧魔怨敌法》,就是一部护佑国家、护卫国王的经典。在此之前,《妙法莲华经》《摩诃摩耶经》《护命法门神咒经》等经典中便存有鬼子母为护法或祈福而念诵咒语的相关情节,如失译人、附东晋录《七佛八菩萨所说大陀罗尼神咒经》卷四:

> 我鬼子母,字那蜜卑。今当说神咒拥护众生,除其邪见,令得正见。费损家财,设有膳馐,此世间魍魉鬼,不如祀狗用备守。我今为汝说正真,但用华、香、酥、乳、麋,致意恭敬下天神,令其所求悉皆得。……鬼子母所说神咒,能令众生拔邪,救济危厄,盗贼王难,无不解脱。所求男女,皆悉端正,婚娶产生,怨家债主,悉得解脱,无不安隐。①

后秦鸠摩罗什所译《孔雀王咒经》中亦有祈请鬼子母及其他诸神到来的相关仪式。《陀罗尼杂集》则提到鬼子母之子散脂大将与密教的密切关系:

> 散脂鬼神最胜,经号僧慎尔耶药叉大将……《陀罗尼杂集》云:鬼子母有三子:长名唯奢文,次名散脂大将,小名摩尼跋陀《疏》云:应言散脂修摩,此翻为密。谓名密行、密智、密理、密此。四密义具见经中。非深位大权,安称斯号。②

可见不仅是鬼子母本人,其子也与密教有着极为深刻的关系。以上内容可谓鬼子母形象密教化的初步阶段。不空三藏所编译的两部密

---

① 《大正藏》第 21 册,561a。
② (宋)宗晓述《金光明经照解》,《大正藏》第 20 册,509c。

第六章　密教传持与宋元鬼子母信仰

教经典，则是在之前相关典籍记载的基础之上，着重强调鬼子母作为独立神格的宗教功能，将其所念不同咒语、所作不同修行方式，以至所获不同成就——对应，加以详细说明并大力推广，使鬼子母密法更易为民众所接受并施行。

在密教里专设以鬼子母神为本尊，所修密法为鬼子母成就法的一种修行方法，即"诃利帝母法"，为密教所专有。所谓成就法，指的是修行者通过仪轨修持，获得"成就"，即一种神秘力量，是修行者成为"成就者"的方法。成就者若得到成就，可以获得诸种利益，如所求如意、所念即得等。获得成就的方法，主要是通过真言、手印和护摩等一系列宗教实践，其核心即咒法，也即如法念诵真言和陀罗尼。鬼子母成就法众多，有真言、陀罗尼、手印和像式，而且还出现了观想，但其主要功能还是在于为祈祷妇女顺利生产、消灾除病、和谐婚姻、兴旺子嗣、增添财产等方面。在妇女生产时修持此法，称为诃利帝母法会，修法时专念《诃利帝母真言经》（一卷，唐朝不空译）。有关这一密法，佛教忏仪中亦有专门说明，据清悞观记《法界圣凡水陆大斋法轮宝忏》卷九：

> 行鬼子母法，可得诸种现世利益。妇人欲求子女，修此法，即有胎孕。可令人爱敬，可除恶梦，可除夫妇不合，可得财物，可治病，可解毒，若被囚禁，或口舌，可修此法得解脱。可驱老鼠。①

和谐婚姻方面如经书云：

> 又法夫妻不和者，彼所受用衣服等物或所食之物，密加持二十一遍，与彼人受用，勿令知觉，必得相顺。②

---

① 《卍续藏》第 74 册，1047b。
② （唐）不空译《大药叉女欢喜母并爱子成就法》，《大正藏》第 21 册，287b。

子嗣和财产方面如经书云：

> 又法女人欲得男女者，月经后澡浴，取黄乳牛母子同色者，构乳一升置银器中。以右手无名指搅乳，诵真言加持一千八十遍，然后取服。至七日内则得有胎。……又法百草花一一加持散身上，得千人衣食。又法日诵真言烧苏合香七日，见地下金藏，以种种花果饮食坛中供养。日日如是，得一切财宝。①

可见，鬼子母密教化后，它的宗教功能仍然以生育求子为主，但已从初期单纯的求子和护佑儿童方面，发展成为祛病、求财、求和谐婚姻等方面。传入西藏的鬼子母信仰亦有密教化的成就法内容，且有别于中原的鬼子母信仰。另外，讨论鬼子母与大黑天的组合也是鬼子母密教化之后的主要话题。②

鬼子母造像有两种：一种是天女形，另一种是忿怒鬼形。在密教经典中，鬼子母所呈现出的，是一个美丽、端庄、慈爱的贵妇形象，唐不空译《大药叉女欢喜母并爱子成就法》中详细描绘了她的画像与塑像，亲切慈爱，端庄大方，极具神性。鬼子母貌美、慈爱之形最终拥有了一个具象化的操作标准。密教经典中，鬼子母的译名多为"欢喜""诃利帝"等这样带有异域色彩的名字，但由于其诸多的现世功能，鬼子母及爱子的成就法图像还是得以广泛流传，说明这一信仰在当时是颇为盛行的。

南宋时期的四川石窟造像都属于密教造像。著名的重庆大足石刻就有众多此类形象的鬼子母神像。引起学界广泛关注：

> 密教护法神诃利帝母又称九子母，北宋张夷"法门寺重修

---

① （唐）不空译《诃利帝母真言经》，《大正藏》第21册，289b至290b。
② 详参李翎《不空所译诃利帝密典及图像的研究》，《艺术史研究》2016年第1期。

第六章　密教传持与宋元鬼子母信仰

九子母记"中所说构图和情节与经文基本吻合，并再现于大足北山石窟中更有多种变体、殿堂式、庭院式以及诃利帝母夫妻共一龛等样式。①

如北山地区第 122 号石窟即是诃利帝母窟。窟中所雕造的鬼子母形象已完全汉化，是一典型的中国古代贵妇人的形象：头戴凤冠，身着圆领袍衣，脚穿云头鞋，坐于中式龙头椅子，怀抱一子。左右有侍女相伴。窟的左壁有一抱持一小儿的肥胖乳娘。全窟共刻九个小儿，有坐有立，俏皮可爱，栩栩如生。这座"诃利帝母窟"又称为"送子殿"，窟门口还刻有一副对联："祥麟不祚无缘嗣；威凤偏临积善家。"伴随着佛教世俗化的渐进，鬼子母信仰必将跟从求子祈福风气而定格出一个世俗化的形象。另外，在北宋绍圣年间（1094—1098），在石门山区造像不断，如第 9 号石窟，石篆山的第 1 号石窟和玉滩部分的第 3 号石窟中就雕造有鬼子母神像，都是以北山地区为标准雕造的。有学者经考证认为：

> 靖康之乱，宋室南迁，绍兴年间开龛凿窟连年不断。水月观音、孔雀明王、珂勒帝母，不空羂索观音、数珠手观音、如意轮观音等密坛曼荼罗龛，凿造在大足与北山为中心的十余处山崖中组合成群，构成祈福禳灾护国的道场。②

其后的佛经记载与图画雕刻，基本遵循该模板，不再拥有太多的内容扩充和形象变化。

综上所述，由于佛陀教化，鬼子母在佛教典籍中的形象变化是一个由丑到美、由恶向善的过程。另外，在印度，鬼子母形象业已完成形象嬗变及世俗化过程，即从罗刹女到妇女、儿童的守护神的

---

① 李巳生《川密造像艺术初探》，重庆大足石刻艺术博物馆编《2005 年重庆大足石刻国际学术研讨会论文集》，文物出版社 2007 年版。

② 同上。

蜕变。这一点亦可从义净《南海寄归内法传》、玄奘《大唐西域记》中记载的材料得以证明。与此同时，佛经借助"鬼子揭钵"这一母题把该人物由一个极富人性化、拥有悲伤经历、极具母爱的多元化夜叉逐步剥离抽象为一个独立神格，在密教兴盛的推动之下，进一步赋予其浓厚的宗教性质。

　　佛经中的鬼子母形象流变是一个由丑及美的宗教性升华过程，对中国文化影响很大。鬼子母接受佛陀教化，由恶贯满盈的魔母转身成为护佑孩童，美丽慈爱的神祇。密教相关典籍更是赋予其众多成就法，使其能多方位庇护信徒。文学作品中的鬼子母形象变化则是由神性逐步退回人性的世俗化过程。其所具有的生育功能使其成为情色的代名词；其皈依之前的恶劣行径又使其成为暴力与丑恶的代名词。可以说，鬼子母形象的宗教性升华过程正是佛教传入我国的一个历史缩影，而文学作品中鬼子母形象的世俗化则是佛教被汉化的表现之一。这也正是本文研究的意义所在。两者的交融为我们带来更为丰富的人物形象与艺术作品，成为取之不尽、用之不竭的宝库。

第七章
密教传持与宋元大黑天信仰

自古印度婆罗门时代,大黑天神已作为宗教神祇开始接受供奉。佛教创立后,将其吸纳,成为佛教的护法神。随着印度大乘佛教晚期密教的形成并广泛传布,密教化的大黑天也开始流行起来,同时,其神格、法相也在相应发生变化。大黑天神是伴随佛教而传入中土的,在与中土传统文化交融互汇的过程中,在不同的历史阶段、不同的地域,其形象与神格亦发生了衍变。又因其特殊的神格魅力,宗教影响力也在不断提升,同时,在政治上也有着举足轻重的特殊地位。8世纪,中国南方供养着与大唐高僧义净《南海寄归内法传》中所记相似的印度大黑天神。宋元之际,随着密教的世俗化、民间化的不断深入,作为密教护法神之一的大黑天信仰在大江南北广泛传播,影响深远。

第一节 大黑天信仰的缘起、神格及法相

大黑天,梵语 Mahākāla,音译摩诃迦罗、莫诃哥罗、嘛哈噶

拉、摩诃葛剌、摩诃伽剌、玛哈噶拉、马哈剌、马哈哥剌等。意译为大黑、大时。又称摩诃迦神，或摩诃迦罗神、摩诃迦罗天、大天神、大黑神、大黑天神。

大黑天的原型源于印度教神话中三大主神之一的"湿婆"（Shiva），后为密教所吸收而成为佛教的护法神。湿婆音译为摩醯首罗，意译为大自在，或大自在天。亦有译为"摩夷首罗"的，如《杂譬喻经》："异道所奉神，名摩夷首罗。一头四面八目八臂，诸鬼之最足可畏者。"在古代印度，作为主体宗教的印度教有三大主神：大梵天、毗湿奴和湿婆，各具职能。大梵天为创造神，其次是毗湿奴，或称为"那罗延天"，掌管维护。最后是湿婆，是主管毁灭与再生之神，又是专治疾病之医神与财富之神，故而受到众生的推崇与崇拜。湿婆拥有强大的破坏力，又象征生殖能力的"再生"的能力。[①] "印度教认为毁灭即是再生，故表示生殖力的男性生殖器'林伽'是湿婆创造力的具体象征。印度各地的湿婆庙和私宅湿婆神龛多供奉林伽，而极少供奉湿婆的人形像。性力派教徒更在胸前佩戴林伽标志，以祈湿婆庇佑。"[②] 它在三位主神中间因其强大的破坏力与再生力而最被推崇和崇拜。在印度，湿婆是一位具多重色相的宇宙大神，有慈悲相、忿怒相（降魔相）、舞王相、苦行相，还有与雪山女神相拥的双身相，以及象征梵天、毗纽天、大自在天（即湿婆）三位一体的三头六臂相等等。三者先后被佛教吸收后成为佛教的护法神。

---

① 8世纪，印度宗教改革家商羯罗对婆罗门进行了一系列改革，确认了大梵天、毗湿奴和湿婆三位一体的三大主神，及它们的种种化身，从而最终完成了婆罗门教向印度教的过渡。原来的婆罗门教组织松散，经商羯罗宗教改革后，印度教开始出现各种有组织的教派。印度教最早的教派是湿婆派，产生于8世纪，创始人是商羯罗。大约在10世纪，在孟加拉和阿萨姆地区从湿婆派中分裂出一支以崇拜女神为主的派别，他们与本土的生殖崇拜传统相结合，形成了以后的性力派。
② 邱雅芬《论大黑天信仰与中日神之渊源》，《学术研究》2010年第1期。

第七章　密教传持与宋元大黑天信仰

密教吸收后也同样是护法神，在唐代密宗中被称为"大自在天"。"在印度图像传统中，大自在天，音译又作摩醯首罗，有三目八臂，乘白牛，住于色界。原为婆罗门教之主神湿婆，司暴风雷电。进入佛教后，即成为佛教之守护神，称为大自在天，住在第四禅天。"① 印度佛教密教化后，湿婆名称发生相应变化，并渐次出现在相关密教经典中。不空奉诏译《金刚恐怖集会方广轨仪观自在菩萨三世最胜心明王经》：

> 若诵一洛叉，一切天梵王、摩醯首罗、那罗延，俱摩罗七母天及迦楼罗等，皆大踊跃，则当入一切曼荼罗三昧耶，一切真言皆得成就。②

《佛母大孔雀明王经》卷上："摩醯首药叉，止罗多国住。"③ 摩醯首罗在古印度民间具有大神通，据《阿育王传》卷七：

> 有一善咒婆罗门，语诸婆罗门言："诸贤但从我后，却后七日，我当以咒力作摩醯道罗，身飞行到王宫门。汝等皆当步从我后，我能使其人作供养，汝等都得。"诸婆罗门皆共然可。到七日头善咒婆罗门，即自咒身化作摩醯道罗，于虚空中飞到王门头。④

不但善于飞行，而且亦能供食。"摩醯首罗"即湿婆，与大梵天、那延罗天三大原印度教主神共入曼荼罗供养。据《十二天供仪轨》所述，密教化的湿婆现忿怒相，面有三眼，两牙外突，身现青色，左手持劫波杯（骷髅杯），右手执三戟剑，上身以骷髅为璎珞，宝

---

① 李翎《〈大随求陀罗尼经〉的流行与图像》，严耀中编《唐代国家与地域社会研究》，上海古籍出版社 2008 年版。
② 《大正藏》第 20 册，10b。
③ 《大正藏》第 19 册，422c。
④ 《大正藏》第 50 册，129a。

冠上有二仰月，坐骑为白牛。后秦鸠罗什译《大智度论》卷二："摩醯首罗天，秦言大自在。八臂三眼，骑白牛。"① 《重编诸天传·摩醯首天传》："夫三目八臂，骑白牛，执白拂，有大威力，能倾覆世界，举世以尊之。"② 可见，三目八臂，骑白牛，是摩醯首罗的标志性特征。另外，还有左右手分别举日、月二神，也是其独特之处。

此天又为药叉王，为波罗奈国的守护神。据不空译《佛母大孔雀明王经》卷中："大黑药叉王，婆罗拏斯国。"③ 据说大黑天神又是毗卢遮那佛（大日如来）的化身，是毗卢遮那佛为了降服各类魔鬼而化现的忿怒身。据唐僧一行《大日经疏》卷十：

> 摩诃迦罗，所谓大黑神也，毗卢遮那以降伏三世法门，欲除彼，故化作大黑神。④

这也是他受到广泛崇拜的另一个原因。唐神恺译《大黑天法》：

> 所谓大黑神也，毗卢遮那以降伏三世法门，欲除彼故化作大黑神。⑤

日本的东密亦认同此说，认为此尊系大日如来降伏恶魔所示现的忿怒药叉形天神，位居诸大护法神之首。⑥ 所以说，大黑天也是日本一系密教都相当重视的修法对象。

笈多王朝时（4世纪—6世纪），大黑天作为战神已经在印度存在。5世纪时，中印度已建有大黑天神庙。据5世纪印度著名诗人

---

① 《大正藏》第25册，73a。
② 《卍续藏》第88册，427c。
③ 《大正藏》第19册，423a。
④ 《大正藏》第39册，687b。
⑤ 《大正藏》第21册，355c。
⑥ 参见沈卫荣《初探蒙古接受藏传佛教的西夏》，《西域历史语言研究集刊》第1辑，科学出版社2007年版，第273—286页。

第七章 密教传持与宋元大黑天信仰

迦梨陀娑的描述：大黑天肤色黝黑，手持三叉戟，展现在我们面前的是威风凛凛的战将。大黑天神至少于7世纪末叶在印度的供奉已相当普遍。唐高宗咸亨二年（671），西行求法的义净在其《南海寄归内法传》中就有记载，在印度许多佛教寺院供奉有大黑天神。到了11世纪，大黑天在印度佛教中的地位很快提高，印度僧人编纂大黑天仪轨。大黑天造像数量剧增，现存印度大黑天神像多为11世纪—12世纪波罗王朝时的作品。大黑天的神话传说主要源于《摩诃婆罗多》及《往世书》等。关于黑天，印度文献中最重要的是《薄伽梵歌》。印度教在5世纪时已经建立了大黑天图像的基础，7世纪时佛教的大黑天像已经出现，可惜现存的大黑天神像多为11、12世纪的雕像，较文献所载的大黑天像晚了数百年，虽然它们无法充分地反映印度大黑天信仰与图像发展的全貌，可是也表现了印度大黑天的一些重要特征。

大黑天神因"护拥所有地居众生，举事皆胜"，是一方的保护之神，他"性爱三宝，护持五众"，并能"治使人疾病之鬼"而受到广泛崇拜。他除了作为密教的守护神被供奉之外，还具有战斗神、食厨神、冢间神与福德神四种神格。

其一，此神统领无量鬼神眷属，擅长隐形，游行空中，有魔幻药术，因此，可在战时护佑那些有所祈求的芸芸众生，故自古以来以战神祭祀。据唐良贲奉诏述《仁王护国般若波罗蜜多经疏》卷下：

> 乌尸尼国国城之东有林，名奢摩奢那，此云尸林。其林纵广满一由旬，有大黑天神，是摩醯首罗变化之身，与诸鬼神无量眷属，常于夜间游行林中，有大神力多诸珍宝，有隐形药，有长年药。游行飞空，诸幻术药与人贸易，唯取生人血肉，先约斤两而贸药等。若人欲往，先以陀罗尼加持其身，然往贸

易；若不加持，彼诸鬼神乃自隐形，盗人血肉，令减斤两，即取彼人身上血肉，随取随尽，不充先约，乃至取尽一人血肉。斤两不充，药不可得。若加持者，贸得宝贝及诸药等，随意所为，皆得成就。若向祀者，唯人血肉，彼有大力。即加护人，所作勇猛，斗战等法，皆得胜也，故大黑天神即斗战神也。①

唐神恺译《大黑天法》亦录同则故事。② 宋僧净源撰集《仁王经疏》卷三：

> 摩诃迦罗，大黑天神。上句梵音，下句唐言。翻大黑天也，斗战神也。③

大黑天以战神的特性还深受内地封建统治者信奉。

其二，此神具有使食物充足之功，因此，在印度各大寺院及我国的江南地区，人们常常在灶间供奉大黑天像，以祭祀、供养。唐义净《南海寄归内法传》卷一"九受斋轨则"：

> 又复西方诸大寺处，咸于食厨柱侧，或在大库门前，雕木表形……为神王状……每将油拭，黑色为形，号曰莫诃哥罗，即大黑神也。古代相承云：是大天之部属，性爱三宝，护持五众，使无损耗，求者称情。但至食时，厨家每荐香火，所有饮食随列于前，曾亲见说《大涅槃》处般弹那寺，每常僧食一百有余。春秋二时礼拜之际，不期而至僧徒五百，临中忽来，正到中时，无宜更煮。其知事人告厨家曰："有斯仓卒，事欲如何？"于时有一净人老母而告之曰："此乃常事，无劳见忧。"遂乃多燃香火，盛陈祭食，告黑神曰："大圣涅槃，尔徒尚在。四方僧至，为礼圣踪。饮食供承，勿令阙乏。是仁之力，幸可

---

① 《大正藏》第33册，490a。
② 《大正藏》第21册，355c。
③ 《卍续藏》第26册，566a。

第七章　密教传持与宋元大黑天信仰

知时。"寻即总命大众令坐,以寺常食,次第行之,大众咸足。其餐所长,还如常日,咸皆唱善,赞天神之力,亲行礼觐,故睹神容,见在其前,食成大聚。问其何意?报此所由。淮北虽复先无,江南多有置处。求者效验,神道非虚。大觉寺目真鳞陀龙,亦同斯异矣。①

当时东南亚及我国江南一带,自古以来民间厨房和仓廪多供奉其塑像。日本亦是沿袭此风,日本诸寺根据《南海寄归传》所说,盛行于库厨安置二臂大黑天像,之后演变为七福神之一。大黑天便成了财福神,亦称厨房神,且形态也发生变化,极具世俗特征。现代的日本,大黑天神是"七福神"之一,成为日本人最喜爱的财神,笑容可掬,慈眉善目,他完全摆脱了作为战神的令人惊怖的愤怒相,这是大黑天进入日本后的又一次"变相"。②

其三,此神也是佛教徒在坟场中祀奉的神祇之一。相传他常守护亡人坟墓,故又得名冢间神。据东晋鸠摩罗什译《佛说仁王般若波罗蜜经》卷下:

> 大王!昔有天罗国王,有一太子欲登王位,一名班足。太子为外道罗陀师受教,应取千王头以祭冢神。③

同样故事,唐不空译《仁王护国般若波罗蜜多经》卷下《护国品》:

> 大王!昔天罗国王,有一太子名曰斑足,登王位时,有外道师名为善施,与王灌顶,乃令斑足取千王头,以祀冢间摩诃迦罗大黑天神。④

两则相同的故事,有关"冢间神"这一情节,前者只是说"祭冢

---

① 唐义净撰,王邦维校注《南海寄归传校注》,中华书局1995年版,第51页。
② 邱雅芬《论大黑天信仰与中日神之渊源》,《学术研究》2010年第1期。
③ 《大正藏》第8册,830a。
④ 同上,840b。

· 289 ·

神",并未明确认定为"冢间神",到了唐不空时,就明确认定"冢间神"即"摩诃迦罗大黑天神"。这一细节足以说明5世纪的鸠摩罗什时代大黑天信仰还未形成,只是到了唐代方才兴盛起来。唐良贲奉诏述《仁王护国般若波罗蜜多经疏》卷下:

> "乃命斑足取千王头,以祀冢间摩诃迦罗大黑天神。"解曰:"言冢间者,所住处也;言摩诃者,此翻云大;言迦罗者,此云黑天也。上句梵语,下句唐言。大黑天神,战斗神也。若礼彼神,增其威德,举事皆胜,故向祀也。"[①]

按唐朝良贲的注疏,冢间是大黑天的住所。其四,相传此神及其眷属七母女天,能予贫困者以大福德,故显教以之为施福神而盛传。

大黑天的法相有多种,一般分为单面二臂、单面多臂、多面多臂相。有单面二臂,单面四臂、六臂;多面四臂、六臂、八臂、十六臂等。作双身状的大黑天,本尊拥抱着般若明妃等。有关大黑天的法相,是随着佛教传播的不同阶段而发生演变。大黑天信仰的初期,表现为神王形。其形象为手持金囊,其身黑色,流行于7世纪末的印度,到8世纪初的中国南方,这种神王形大黑天的供奉,说明直到7世纪的末期,印度大黑天还没完全密教化。

随着密教的流行,大黑天受到密教的崇奉,尊其为护法神祇,密教化的大黑天护法神信仰大行其道,此时的大黑天法相表现作忿怒形或双身形,三只眼,其身现黑色或蓝色,现大怖畏相,坐在圆座上,头发上竖,三面六臂。右第一手执偃月刀,二执骨念珠,三执小鼓。左第一手执天灵盖,二执三叉戟,三执金刚绳,左右方之上双手握住一张展开的象皮,为密宗道场所供奉。随着佛教世俗化的不断深入,大黑天信仰依附中原地区的风俗民情,出现了凡人形

---

① 《大正藏》第33册,490a。

第七章 密教传持与宋元大黑天信仰

的大黑天形象,头戴圆帽,背负一囊,手持小槌,足踏米袋。最终演变成以求生祈福为愿望的"童子相"玩偶:磨合罗。

在修法时,诸相依不同目的而各异,忿怒形多用在作降魔法时;凡人形则用在求福德之时。初唐义净《南海寄归内法传》卷一"九受斋轨则":

> 雕木表形,或二尺、三尺,为神王状,坐抱金囊,却踞小床,一脚垂地。每将油拭,黑色为形,号曰莫诃哥罗,即大黑神也。①

不空译《金刚恐怖集会方广轨仪观自在菩萨三世最胜心明王经》:"大黑大也,披象皮,横把一枪,一头穿人,头一头穿羊。"② 上面描述的大黑天形象都比较简洁。唐释神恺《大黑天法》中对三面六臂大黑天神的形象描述如下:

> 青色三面六臂。前左右手横执剑,左次手执人头,右次手执羊牝,次左右象皮张背后,以骷髅为璎珞也,故本云黑浅色也。③

慧琳撰《一切经音义》卷十描述的是八臂大黑天的形象:

> 摩诃迦罗(梵语也,唐云大黑天神也),有大神力,寿无量千岁。八臂,身青黑云色,二手怀中横把一三戟叉,右第二手捉一青羖羊,左第二手捉一饿鬼头髻,右第三手把剑,左第三手执羯吒冈迦(梵语也,是一骷髅幢也),后二手各于肩上,共张一白象皮如披势,以毒蛇贯穿骷髅以为璎珞,虎牙上出,作大忿怒形,雷电烟火,以为威光。身形极大。足下有一地神

---

① 《大正藏》第 54 册,209a。
② 《大正藏》第 20 册,11c。
③ 《大正藏》第 21 册,355c。

女天，以两手承足者也。①

希麟集《续一切经音义》卷五：

> 摩诃迦罗大黑天神，唐梵双举也。此神青黑云色，寿无量岁。八臂，各执异仗，贯穿骷髅以为璎珞，作大忿怒形，足下有地神女天，以两手承足者也。②

从上述三面六臂、八臂之相的描述来看，传入中土的已是密教化的大黑天神了。

大黑天是印度教诸神中最广受崇奉的一位神祇，被视为毗湿奴的第八个化身，是诸神之首。他原是古印度的战神，进入佛教后，颇受密教崇奉。相传他统领无量鬼神眷属，善于飞行和隐身，又有幻药之术，故能在战时护佑众生，所以被供奉为战神。大黑天的战神神格还深受内地封建统治者信奉。元朝时藏密开始传入内地后，大黑天的战神神格得到了忽必烈的崇信，成为蒙古军队的保护神。

第二节 大黑天信仰在宋元的流播

三国两晋南北朝时期，佛教传入中国，并走上了本土化的历程，成为适合中国人的宗教。此时，汉地佛教皆为显教，大黑天在显教的传播中，鲜见其踪迹。大黑天自唐代传入中土以后，渐次在中土大地流播，主要集中在江南一带，民间厨房多祀此神，日本亦复如是。密宗形成后，大黑天被纳入密宗神殿，成为密教护法神一员。入元以降，其神格发生变化，各地多以战神祀之。随着藏传密教流布地域的不断扩大，其踪迹遍于中国的大江南北，边陲于阗、

---

① 《大正藏》第54册，366b。
② 同上，953c。

第七章　密教传持与宋元大黑天信仰

敦煌、云南、西藏，以及国外的尼泊尔和日本等地。满清之世，大黑天重又成为国家的重要护法神，一直延续至晚清。在印度、日本和中国的西藏地区，大黑天神像广泛雕塑于各大寺院及宫殿之中，随处可见。

一、大黑天信仰在宋代的流播

大黑天在传至唐代时，从相关唐密经典来看，并未推崇"大黑天"神，在今天与日本东密、台密相关的寺院和经卷中，看到的是"大自在天"，而非"大黑天"的称谓，这充分说明北宋，或者之前的唐、五代时期，汉地并没有大黑天的概念。密宗神祇众多，不推崇"大黑天"神确为事实，但说当时还没"大黑天"的概念，并不妥当。如初唐时，义净在其《南海寄归内法传》中将其译为"莫诃哥罗，即大黑神也"。密宗形成后，不空将其译为"摩诃迦罗大黑天神"。唐神恺译《大黑天法》中称："大黑天神者，胎藏界梵号云摩诃迦罗天，亦云大黑天神。"[①] 从翻译角度来看，唐前还未能形成大黑天信仰，"大黑天"之名只是入唐后开始流行。

从目前留存的佛典文献来看，在5世纪时的佛教经典之中，大黑天尚为外道，乃战斗神，亦称冢间神。此职能散见佛教典籍，不为民众所知而供奉。从遗存的造像等实物看，唐宋前在中土流行的还只是摩醯首罗，所谓大黑天神的化身。主要以图像形式存在，且基本上是集中在西北边陲西域一带，显然是直接受到来自印度教的影响。如新疆克孜尔石窟（大约形成于7世纪）中的第189、198、234窟中的造像，其中摩醯首罗天与其妻乌摩是并列出现的。摩醯首罗天与其妻乌摩的关系，据善无畏译《大圣欢喜双身大自在天毗那夜迦王归依念诵供养法》：

> 大圣自在天，是摩醯首罗大自在天王，乌摩女为妇，所生

---

① 《大正藏》第21册，355c。

有三千子。其左千五百，毗那夜迦王为第一，行诸恶事，领十万七千诸毗那夜迦类；右千五百扇那夜迦，持善天为第一，修一切善利，领十七万八千诸福伎善持众。此扇那夜迦王，则观音之化身也，为调和彼毗那夜迦王恶行，同生一类成兄弟夫妇，示现相抱同体之形。其本因缘具在大明咒贼经。①

细述了摩醯首罗天与其妻乌摩的家族关系。高昌回鹘时期，柏孜克里克第20窟中的摩醯首罗天，云冈石窟第7、8两窟前室入口拱门甬道上，东侧刻有摩醯首罗天，为三面八臂骑牛的神像。②"自北魏至初唐，无论中原还是西域，摩醯首罗一直是坐于卧牛背上的形象。如北魏时期的云冈石窟第8窟，莫高窟第285窟西壁正龛北侧绘有摩醯首罗，三头六臂坐于卧牛之上。"③ 同类题材的艺术品，在云冈石窟和新疆和阗佛寺遗址中亦有发现。开凿于西魏大统四年至五年的敦煌石室的第285窟，是莫高窟最早有明确题记的洞窟，其中有三面摩醯首罗天图像，绘于西壁中央大龛与北侧小龛壁面，是中国现存较早的摩醯首罗天形象。进入唐世，摩醯首罗天有些变化，即出现了菩萨装式样的摩醯首罗天像。如莫高窟第332窟（初唐）西壁绘有一身着菩萨装的形象，榜题"摩醯首罗天之像"。南宋时期的行霆《重编诸天传》中就记载有两种不同风格的摩醯首罗形象：

> 今古画像作两种不同。一作菩萨相，但三目八臂，执拂持铃、杵、并尺，结印合掌；一作药叉之形，赤发鬈起，三目八臂，执弓箭等，至今二像不同。④

---

① 《大正藏》第21册，303b。
② 陈清香《云冈石窟多臂护法神探源——从第8窟摩醯首罗天与鸠摩罗天谈起》，2005年云冈国际学术研讨会论文集（研究卷），2005年7月。
③ 丛振《论〈梵像卷〉中的摩醯首罗天》，《山西大同大学学报》2015年第4期。
④ 《卍续藏》第88册，427c。

第七章　密教传持与宋元大黑天信仰

盛唐以降，摩醯首罗天已处于从属地位，被置于经变画的边角上。如莫高窟第 148 窟（盛唐）东壁门上千手千眼观音经变右上角画一形象；第 360 窟（中唐）南壁西起一铺释迦牟尼佛曼陀罗壁画中的摩醯首罗天，绘于画面左下角；361 窟（中唐）东壁门南侧上方千手千钵文殊经变画左右下角，绘有摩醯首罗天王；第 14 窟（晚唐）北壁千手千钵文殊菩萨经变画中，有一身三目、六臂、骑白牛的摩醯首罗天形象，此即摩醯首罗天；榆林窟第 36 窟（五代）南壁绘千手千眼观音经变中的摩醯首罗天。

入宋以降，有关摩醯首罗的佛教经典亦有传译，如宋初入境中土的天竺高僧施护所译的《佛说守护大千国土经》卷上：

> 摩醯首罗，其天四臂，具大威力。亦复统领六十俱胝药义及步多鬼神众俱。①

相关此神的造像亦有大量表现。如法藏宋代太平兴国六年（981）绘绢画《千手千眼观音经变》中的摩醯首罗天，位于观音左侧，旁有榜题"摩醯首罗守护我会"。大足石刻，柏孜克里克石窟中的摩醯首罗位于千手千眼观世音菩萨经变之中。② 这说明大黑天还不能列入主流密教信仰中。南渡后，情况有所变化，单幅的摩醯首罗像出现了。据《绘事备考》："胡彦龙画之传世者：摩醯首罗天像一，北方毗沙门天王像一……"③ 山西宝宁寺所藏明代水陆画第十一部分为摩醯首罗天。绢本。亦有女相摩醯首罗，首都博物馆藏有《摩醯首罗尊天像》，绢本，图中摩醯首罗即为女相。④

作为印度教中的摩醯首罗天形象，不仅影响了佛教，是佛教的护法神，同时也影响了祆教，是祆教的神祇之一。据唐杜佑《通

---

① 《大正藏》第 19 册，581a。
② 丛振《论〈梵像卷〉中的摩醯首罗天》，《山西大同大学学报》2015 年第 4 期。
③ 同上。
④ 吕德廷《论"菩萨相"类型的摩醯道罗天形象》，《敦煌学辑刊》2012 年第 3 期。

· 295 ·

典》卷四〇"大唐官品"中提到"萨宝符祆正",并对"祆"作了注释:"祆者,西域国天神,佛经所谓摩醯首罗也。武德四年,置祆祠及官,常有群胡奉事,取火咒诅。"① 唐韦述《两京新记》"布政坊"条亦有相关注解:

  西南隅胡祆祠(原注:武德四年所立,西域胡天神,佛经所谓摩醯首罗天也)。②

北宋董卣《广川画跋》、南宋姚宽《西溪丛语》中也有类似的记载。从敦煌以至长安、洛阳兴建了大量的祆祠,供奉祆教诸神。③ 姜伯勤先生《中国祆教艺术史研究》一书中,有专章讨论了作为祆神的摩醯首罗天的问题。另外,在娼妓文化习俗中,"娼妓不仅拜二郎神、老郎神,还拜祆神"④。对于粟特祆教神殿中出现的多臂神造像,大多都认为是受到印度教造像的影响。但是,这种影响的轨迹是经印度教直接进入祆教的,抑或是经由其他宗教,诸如佛教等进入的,学术界目前尚无定论。

  初唐之际,民间已形成了带有密教色彩的风俗,其中就有对大黑天神的崇拜。据义净的《南海寄归内法传》记载,大黑天信仰已流播于中土江南一带,"淮北虽复先无,江南多有置处。求者效验,神道非虚。大觉寺目真邻陀龙亦同斯异矣"⑤。可见,7、8世纪时,我国江南地区的大黑天的信仰已"多有置处",循天竺之制将大黑天供奉于食堂、寺院或私宅中。不过,这一时期大黑天信仰在中原地区的发展时间甚短,所供奉的也只是具有厨房神神格的大黑天,

---

① (唐)杜佑《通典》,中华书局1995年版。
② (唐)韦述《两京新记》,《丛书集成初编》本。
③ 张元林《敦煌、和阗所见摩醯首罗天图像及相关问题》,《敦煌研究》2013年第6期。
④ 邱雅芬《论大黑天信仰与中日日之渊源》,《学术研究》2010年第1期。
⑤ (唐)义净撰,王邦维校注《南海寄归传》卷一"受斋轨则"条,中华书局1995年版,第52页。

没有留下太多的遗迹，故未能形成主流信仰。唐开元年间，"开元三大士"善无畏、不空和金刚智先后传入密教一门，译经布道，密宗由是而兴。9世纪，不空奉诏所译《金刚恐怖集会方广轨仪观自在菩萨三世最胜心明王经》曰："摩诃迦罗天像前，苏末那揾三甜，护三洛叉已，现为使方为成辨于一切。"注曰："大黑天也，披象皮横把一枪，一头穿人头，一头穿羊。"按典籍所言，大黑天已经转变为密教的护法神。大乘佛法原就有需依天神护法才能久住人间的说法，是以得证。唐朝密教的传入，输入了大黑天作为密教护法神的形象，但是影响并不大。其后，不空的弟子神恺又著《大黑天神法》列述历代所记大黑天，以作补充。一行撰《大毗卢遮那成佛经疏》卷十中亦有疏解："于世人所说大极，属摩诃迦罗，所谓大黑神也。毗卢遮那以降伏三世法门，欲除彼故，化作大黑神，过于彼无量示现。"① 自此之后，从朝廷到百姓，凡虔信密教，必有大黑天供奉，是以神恺兴起了汉地大黑天的崇拜。大黑天便是如此作为密教护法神在汉地广受供奉。

有宋一代，大黑天信仰并不普遍，在千手千眼观音等众多信仰中仍处从属地位。

二、大黑天信仰在元代的流播

元朝开国之始，藏传密教即传入内地，蒙古人将这一密教继承下来，弘扬光大，并定为国教。随着藏传密教的传入，中土大地的宗教环境发生巨大变化。由于统治者大力扶持藏传密教，帝王、帝后等皇室大多数成员都从帝师灌顶、受戒，历代统治者对帝师也是唯命是从，帝师的地位、权威很高，直接左右着国家的各项政策，这使得藏传密教已完全成为当时宗教的主导力量。在藏传密教中，除了"佛、法、僧"三宝之外，还有"上师、本尊、护法"称为

---

① 《大正藏》第39册，687b。

"三根本"。而皈依三宝、三根本称为"六皈依"。其中护法为修行事业的根本,神圣且重要,开拓佛行事业必须仰仗护法威德,借以除去内外一切扰乱与障碍,所以得以自在顺畅。印度晚期的密教,从尼泊尔传到中国西藏,又遍及蒙古及中国东北,形成独特的有别于日本密教系统的藏传密教。可以说,藏传密教较完整地保存了印度密教原貌。

大黑天,藏传密教名之为麻曷葛剌、摩诃葛剌、麻哈嘎拉、玛哈嘎拉等,为护法之主尊,是藏传密教中的极其重要的护法神,因而他作为密教护法神进入元朝宫廷,首先得到了元世祖忽必烈的崇信,并成为以下历代崇奉之神。大黑天神被朝廷列入祀典,推向全国,春秋两季在各地享受祭祀。大黑天作为藏传佛教的护法神,其职能备受重视,一直作为军神被供奉,成为藏密当中重要的修法对象。由于藏民对佛教的笃信与虔诚礼拜实践,而大黑天作为护法神具有护持正法的重要意义,所以后来大黑天的地位进而从护法神上升到了本尊的地位,这也就是在藏密之中大黑天是重要修法对象的原因了。

藏传密教完全接受了来自印度密法中供养的大黑天神法相,认为大黑天是毗卢遮那佛(大日如来)降魔时呈现出的忿怒相,抑或称其为观世音菩萨显化的大护法,有多种变体,反映了印度佛教与印度密教的融合。大黑天是藏密非常推崇的护法神。若向大黑天坛城本尊顶礼、供养的人,身、口、意可以得到大黑天的加持护佑,能够获得一切成就。正因为如此,大黑天在藏传密教中颇为重要,其身形颇多,性质皆异,在中国内地流行的藏传密教之大黑天,常见有四形:(1)二臂大黑天,一面二臂。主要是保护喜金刚行者。此神由帝师八思巴传入元朝宫廷,成为世祖以下历代崇奉之神,至明朝后,又辗转入满洲。(2)四臂大黑天,传为胜乐金刚之化身。主要护持大手印行者。(3)六臂大黑天,有黑、白等。(4)白色六

第七章　密教传持与宋元大黑天信仰

臂大黑天，为财神之一。① 唐宋时期显教所传持的大黑天形象多为慈悲相，元代宫廷内所传持的则是威力无边的大黑天忿怒相。虽然对于大黑天的身形有一部分是在西藏产生的，但都较好保存了其原来的自身特点。正如有学者所言：

> 按藏传佛教传统，麻哈嘎拉即大黑天是藏传佛教特别流行供奉的一尊神灵，同样在蒙古人心里这尊神灵也十分流行，他代表着战争的胜利。早在蒙元时期，麻哈嘎拉就是元朝皇室的护法神，是蒙古族的战神，是胜利的象征。元代每遇战事出征时，都要祭祀此神，以示旗开得胜。元朝败亡后，这种信仰流传至蒙古草原。②

元朝从京师到地方都曾修建过专门祭祀大黑天神的神庙，连宫廷内亦有大黑天神的塑像。大黑天是藏传佛教最重要的护法之一，既是佛教护法，又是战神。

藏密麻曷葛剌形象之东传，源于帝师八思巴。达仓察巴·班觉桑布于1434年撰集的《汉藏史集》上篇第二十三节《伯颜丞相的故事》："上师（八思巴）遣尼泊尔人阿尼哥，犹如幻化之工匠般，出力在巨州地方兴建一座神殿，内塑护法摩诃葛剌主从之像，由上师亲自为之开光。"③ 还有，忽必烈在大圣寿万安殿塑大黑天神像，表明他对密教的虔诚皈依。蒙古人开始把大黑天当作军神，保佑蒙古打败南宋。藏传密教将其视为战神，精诚供奉，大黑天像已成为朝野上下最为流行的佛教护法神之一。至元七年（1270）十二月，建大护国仁王寺，由八思巴得意弟子胆巴担任护国寺住持。其正殿

---

① 李安宅遗著整理委员会《李安宅藏学文论选》，中国藏学出版社1992年版。
② 自德勒格编著《内蒙古喇嘛教史》，内蒙古人民出版社1998年版，第134页。
③ 详参朱耀廷《忽必烈在六盘山皈依佛门与大元帝师制度》，《西夏研究》2010年第1期。

塑有麻曷葛剌神像，三头六臂。①

大黑天信仰在统一天下的过程中，确实起到关键作用。据元代念常《佛祖历代通载》卷二二记载：

> 初，天兵（指蒙古兵）南下，襄城居民祷真武。降笔云："有大黑神，领兵西北方来，吾亦当避。"于是列城望风款附，兵不血刃。至于破常州，多见黑神出入其家，民罔知故，实乃摩诃葛剌神也。此云大黑，盖师（胆巴）祖父七世事神甚谨，随祷而应，此助国之验也。②

蒙古军队攻南宋襄阳、樊城，六年而不能克。至元十年（1273），胆巴等作法请大黑天神为助，元军遂克襄、樊。战后，胆巴奏准，在涿州建大黑天神庙，并祷祀作法，助元军攻灭南宋。"至元十二年（1275），殿宇即完，师手塑梵像，斋万僧以庆贺之。"另有一则史料记载了大黑天显神威的灵验。据元代念常《佛祖历代通载》卷二二载：

> 元贞元年（1295），皇上遣使诏师（胆巴国师）问曰："海都军马犯西番界，师于佛事中能退降否？"奏曰："但祷摩诃葛剌，自然有验。"复问曰："于何处建坛？"对曰："高梁河西北瓮山有寺，僻静可习禅观。"……于是建曼拏罗，依法作观。未几，捷报至，上大悦。……壬寅二月，帝幸柳林遘疾，遣使诏云："师如想朕，愿师一来。"师至幸所，就行殿修观法七昼夜，圣体乃瘳。③

此神殿的建成，八思巴起到关键作用，他让尼泊尔工匠阿尼哥在距

---

① 详参张冰冰《元代摩诃葛剌崇奉溯源》，《云南师范大学学报》2012年第6期。
② 《大正藏》第49册，725c。
③ 同上。

离大都不远的涿州建立神殿，塑摩诃葛剌神像，面朝南宋所在方向，并亲自为之开光，命弟子胆巴在此修法，以佑助蒙古大军取得胜利。① 其后，每逢战争，元朝皇帝必祷祀大黑天神求佑。《元史》记载，元贞年间（1295—1297），"海都犯西番界，成宗命（胆巴）祷于摩诃葛剌神。已而，捷书果至"②。之后，元成宗得病，胆巴又为他向摩诃葛剌神祷疾，不久成宗病愈。战捷与病愈都大大加强了统治者对于大黑天的坚信崇拜，所以元成宗大赏国师，大倡大黑天信仰。此后，大黑天的崇拜日渐兴盛，由国师胆巴提倡，逐渐在中国各地建立祠庙。传说蒙古军队把战胜南宋军队的功劳归于大黑天护法，《佛祖历代通载》《元史》《汉藏史集》都记载了这一传说。经由这些神异的故事，对摩诃葛剌的崇拜成了元代自上至下相当普遍的信仰。

元朝诸帝笃信藏传佛教，尤其与萨迦派关系极为密切。以八思巴为首的元代诸国师、帝师几乎都来自萨迦派。据《萨迦五祖全集》记载，1257年，元世祖忽必烈时，帝师八思巴前往佛教圣地五台山朝拜巡礼，以千两黄金铸造了一尊摩诃葛剌神像，诏奉祀于五台山，成为元代蒙古帝王和萨迦派共同供奉的护法神像。摩诃葛剌为藏传密教的护法神之一，是萨迦派高僧顶礼膜拜的"内属神"。八思巴又向世祖推荐弟子胆巴。胆巴"始于五台山建道场，行秘密咒法，作诸佛事，祠镇江摩诃伽剌……皇元一统天下，西蕃上师至中国不绝，操行谨严，且智慧神通，无如师者。……延祐三年（1316）□月立石。"③ 赵孟頫《大元敕赐龙兴寺大觉普慈广照无上帝师碑》为胆巴国师立传，其中反复强调的是祠祭麻曷葛剌屡彰神

---

① 达仓宗巴·班觉桑布著，陈庆英译《汉藏史集》，西藏人民出版社1986年版，第172页。
② （明）宋濂《元史》卷二〇二《释老传》，第4519页。
③ 《元赵孟頫书胆巴碑》，文物出版社1982年版。

异事。《清实录》亦详录此事。胆巴国师以大黑天法助蒙人多次战斗得胜。因此自元至明清，大黑天供养一直盛行不衰。① 英宗朝，亦非常注重大黑天神供奉。据元佚名撰《元代画塑记》"佛像"条记载，延祐七年（1320）四月，英宗即下诏：

> 于兴和路寺西南角楼内，塑马哈哥剌佛及伴绕神、圣画十护神，全期至秋成……正尊马哈哥剌佛一，左右佛母二尊，伴绕神一十二，圣画三扇，高一丈五尺，阔一丈六尺。②

另外，在一些敕建佛寺中，在供奉已故帝、后等人遗容的神御殿中，也奉祀大黑天神。可以说，大黑天神"在宫廷和一些由喇嘛教僧侣掌握的寺院中都很风行"，元朝历代皇帝"对此神都极为崇奉"，大黑天神成为元朝的护国神。③

在杭州西湖东岸吴山中的宝成寺，现存有三尊一铺的大黑天造像，这是国内唯一有绝对纪年的大黑天摩崖石刻造像，弥足珍贵。据神龛侧壁所刻题记："朝廷差来官骠骑卫上将军左卫亲军都指挥使伯家奴，发心喜舍净财，庄严麻曷葛剌圣相一堂，祈福保佑宅门光显，禄位增高，一切时中吉祥如意者。至治二年。"可知，这三尊大黑天造像塑于至治二年（1322）。至治三年（1323）十二月，泰定帝曾敕功德使阔儿鲁等人"塑马哈吃剌佛像于延春阁之徽清亭"。④ 上都（址在今内蒙古锡林郭勒盟正蓝旗）、中都（后改称兴和路，址在今河北张北）的宫殿、佛寺中，也供奉大黑天神。大黑天不仅是元朝的战神，也是护国神。元朝皇帝受戒的戒坛以大黑天为护法。据元末明初人陶宗仪的《南村辍耕录》卷二"受佛戒"条记元代皇帝即位前，须于供有麻曷葛剌像之戒坛受戒："累朝皇帝

---

① 《清实录》第2册《太宗实录》卷四三，第565页。
② （元）佚名撰《元代画塑记》，《广仓学窘丛书》1916年影印本，第21页。
③ 陈高华《元大都》，北京出版社1982年版，第110页。
④ （明）宋濂《元史》卷二九《泰定帝纪一》，中华书局1976年版，第642页。

第七章　密教传持与宋元大黑天信仰

先受佛戒九次，方正大宝……今上（指元顺帝）之初入戒坛时，见马哈剌佛前有物为供。"① 即指此。可见麻曷葛剌像与元皇帝关系密切。宫中延春阁是皇帝与群臣议政、宴乐的重要场所，附属的徽清亭也塑奉大黑天神。

大黑天信仰在西北地区亦很盛行，表现在这里曾传译与大黑天有关的经典。在《俄藏黑水城文献》中就发现有多篇与大黑天修法有关的写本，如《大黑根本命咒》《慈乌大黑要门》《大黑求修并作法》《吉祥大黑修法》《大黑赞》等，据沈卫荣先生考证：

> 元朝十分流行的大黑天（摩诃葛剌）崇拜在《大乘要道密集》中我们并没有找到直接的文献依据，但这样的依据却出现在黑水城出土文书中。在俄藏黑水城文献和以后陆续在黑水城发现的汉文文书中出现了大量有关大黑天崇拜的修法、庆赞和密咒，其中有的源出于西夏，有的则是元朝的作品。这证明大黑天崇拜也是在西夏时代就开始传入并流行起来的，元代蒙古人如此迅速地接受藏传佛教信仰，特别是如此普遍地流行大黑天崇拜显然有其深厚的西夏背景。②

这些西夏时代的出土文献，足以说明在西夏时代始，西北地区的黑水城确实曾经广泛地流传过大黑天崇拜。据《魏书·释老志》，"敦煌地接西域，道俗交得其旧式，村坞相属，多有塔寺"③，一方面强调了这里的佛教影响之大，同时也说明了敦煌在连结东西文明方面独特的地理和文化地位。敦煌地区亦有大量大黑天的绘画或造像的发现。据学者研究，敦煌摩醯首罗天图像在壁画、绢画中多见，

---

① （元）陶宗仪《南村辍耕录》卷二《受佛戒》。
② 沈卫荣《西夏、蒙元时代的大黑天神崇拜与黑水城文献——以汉译龙树圣师造〈吉祥大黑八足赞〉为中心》，《贤者新宴》第 5 辑，上海古籍出版社 2007 年版，第 153—167 页。
③ （北齐）魏收《魏书·释老志》卷一一四，中华书局 1974 年版，第 3032 页。

· 303 ·

大多出现于表现密教类观音或文殊菩萨的经变画中。最早者约6世纪前半，最晚至11或12世纪。四川大足地区亦有摩醯首罗天造像。①

有元一世，摩诃葛剌的地位超越其他护法神。摩诃葛剌神直接渗入平民百姓群体的宗教信仰之中，视为保护神。各地除图绘或雕造摩诃葛剌像外，又通过文学作品来展示他的神威。正因为摩诃葛剌在举国上下的神圣地位，在民间产生并盛传着许多有关该神及其寺庙的传说故事。其实这是历史事实和文学想象相结合的产物。② 帝师八思巴极力推崇大黑天，还著有《摩诃葛剌颂》《摩诃葛剌及其伴神颂》《摩诃葛剌神像雕塑法》等作品。元代萨迦派高僧搠思吉斡节儿用蒙古文创作了《摩诃葛剌颂》，通篇赞颂摩诃葛剌神的勇猛形象及无边威力。"《摩诃葛剌颂》的作者搠思吉斡节儿为萨迦派高僧，曾被封为国师，任神职于成宗、武宗、仁宗和英宗四朝。"③

在元代，朝野上下都流传此类祝祷摩诃葛剌神而战胜敌人，取得胜利的传说故事。这些作品的出现，主要"由于开光、庆赞和祀祷摩诃葛剌神像的需要，有人创作了佛赞诗歌，这些传说故事和佛赞作品不仅是元代蒙古族佛教文学化的组成部分，而且也在元代蒙古等民族佛教文学中占有一定地位。"④ 元柳贯撰有《护国寺碑》："初，太祖皇帝肇基龙朔，至于世祖皇帝，绥华斜戎，卒成伐功，常隆事摩诃葛剌神，以其为国护赖，故又号大护神，列诸大祠，祷

---

① 吕德廷《论大足石刻中的摩醯首罗天形象》，《四川文物》2014年第3期。
② 那木吉拉《论元代蒙古人摩诃葛剌神崇拜及其文学作品》，《中央民族大学学报》2000年第4期。
③ 同上。
④ 那木吉拉《元明清时期蒙古人的摩诃葛剌神崇拜及相关文学作品研究》，《中国藏学》2001年第1期。

第七章 密教传持与宋元大黑天信仰

辄响应。"① 元代诗人张昱《辇下曲》："北方九眼大黑煞，幻形梵名麻纥剌。头带骷髅踏魔女，用人以祭惑中华。"清厉鹗《樊榭山房集》卷五中有《咏麻曷葛剌像》，其中《麻曷葛剌佛并序》中考述麻曷葛剌甚为精详，全文如下：

> 麻曷葛剌佛在吴山宝成寺石壁上，覆之以屋。元至治二年（1322）骠骑卫上将军左卫亲军都指挥使伯家奴所凿。……元时最敬西僧，此其像设狞恶可怖，志乘不载，观者多昧其所自，故诗以著之："寺古释迦院，青滑石如饴。何年施斧凿，幻作梵相奇。五采与涂饰，黯惨犹淋漓。……红兜交膜拜，白伞纷蘸蕤。琅琅纽铃语，逢逢扇鼓驰。到今数百祀，眩惑生凄其。但受孔子戒，漫书《胆巴碑》。访古为此作，聊释怪谍疑。"②

这篇描写有关摩诃葛剌造像及修持仪轨文章相当精准，说明作者也对此相当谙熟。

大黑天信仰影响民俗方面的表现，莫过于民间于农历七月七日为乞巧之用所供的"磨合罗"了。"磨合罗"亦写作"魔合罗""磨喝乐"等，是唐、五代、两宋时期非常著名的民间玩具，其外形是一个男孩坐或者站立在莲花当中，后来也衍变成为孩童手持莲花等各种形象，也含有求子的寓意。古代妇女在七夕乞子的风俗，早在唐时就已有记载。唐薛能在《吴姬》诗中写道："身是三千第一名，内家丛里独分明。芙蓉殿上中元日，水拍银盘弄化生。"③ 就是七夕乞子习俗的最早记载。到了宋代，这一习俗更为流行，且衍生出

---

① 李修生主编《全元文》卷七九八，江苏古籍出版社1999年版，第348页。
② （清）厉鹗《樊榭山房集》，诗词集卷五，浙江古籍出版社2019年版，第124—125页。
③ 《全唐诗》卷五六一，中华书局1999年版，第6576页。

各种称谓。如宋孟元老《东京梦华录》卷八:"七月七夕,潘楼街东宋门外瓦子、州西梁门外瓦子、北门外、南朱雀门外街及马行街内,皆卖磨喝乐,乃小塑土偶耳。"① 这是关于"磨合罗"较早的记载。2009 年 8 月《扬州晚报》中有篇关于"磨合罗"的文章,记述了有关"磨合罗"的详细信息。尽管文中写磨合罗起源于扬州,但是实际上磨合罗何时出现在中原并不可考。周密《武林旧事》卷三"乞巧"条:

> 七夕节物,多尚果食、茜鸡,及泥孩儿号"摩睺罗",有极精巧,饰以金珠者,其直不赀。②

南宋末至元初的陈元靓在《岁时广记》卷二六中的记述:

> 磨喝乐南人目为巧儿。今行在中瓦子后市街众安桥,卖磨喝乐最为旺盛,惟苏州极巧,为天下第一。③

宋金盈之《醉翁谈录》卷四:

> 京师是日多博泥孩儿,端正细腻,京语谓之摩睺罗。小大甚不一,价亦不廉。或加饰以男女衣服,有及于华奢者,南人目为巧儿。④

南宋赵师侠《鹊桥仙·丁巳七夕》:"摩孩罗荷叶伞儿轻,总排列、双双对对。花瓜应节,蛛丝卜巧,望月穿针楼外。不知谁见女牛忙,谩多少,人间欢会。"⑤ 上述"磨喝乐""摩睺罗""摩孩罗",都是相通的,只是梵语的译音不统一所导致文字上的区别。

"大黑天"亦被称为"摩睺罗"。据元郑肖南《心史》载:

---

① (宋)孟元老撰,邓之诚注《东京梦华录注》,中华书局 1982 年版,第 208 页。
② (宋)周密《武林旧事》,西湖书社 1981 年版,第 43 页。
③ (元)陈元靓《岁时广记》,明万历三十一年(1603)钱塘胡氏刊本。
④ (宋)金盈之撰《醉翁谈录》,清蒋维基茹古精舍抄本。
⑤ 唐圭璋编《全宋词》,中华书局 1965 年版,第 2091 页。

第七章 密教传持与宋元大黑天信仰

> 幽州建镇国寺，附穹庐。侧有佛母殿，黄金铸像……后又塑一僧，青面裸形，右手擎一裸血小儿。赤双足，踏一裸形妇人。颈环小儿骷髅数枚，名曰"摩睺罗佛"。[1]

从这一记载中可以看出，郑肖南所介绍的幽州镇国寺佛母殿中的塑像即是大黑天神，名曰"摩睺罗佛"。这是大黑天神的又一称谓。"摩睺罗"与在唐宋译经中通用的"摩诃迦罗"，都是梵音，发音接近，会不会就这样被记录下来了呢？

"魔合罗"音同"摩诃迦罗"，正是由于这个施巧的女魔合罗的名字和那战斗神摩诃迦罗大黑天神相同，而渐次由"魔合罗"所取代，并在内涵上又引出了乞巧之用。可以说，"中国两宋时七夕节上备受宠爱的'磨喝乐'，亦是大黑天的变相之一，是湿婆原形与中国'童子崇拜'信仰的完美结合"[2]。

据胡适所言，元朝民间小儿女于七月七日供"魔合罗"，为乞巧之用，其神为美女像，似观音仪，之后竟成了送子观音。他请教了专研究大黑天的日本学者上田恭辅，得出结论，此"魔合罗"是由大黑天演变而来。[3] 在日本学术界，持此观点的学者尚有高桥盛考、小林太市郎等。以研究民俗戏曲见长的学者吴晓铃先生在其《耍孩儿剧种小考》一文中，认为："'耍孩儿'即'魔合罗'，'魔合罗'是印度梵文名词'大黑天'的音译"的说法。

元时，中原大多时日皆显教盛行，显教所传大黑天乃财福之神，是时继续施其财福，转为施巧乃至送子，这种施福的转变，也在情理之中。还有，大黑天本身亦具女身形。据南齐那连提耶舍译《大方等大集经》卷五五《分布阎浮提品》所载：

---

[1] （南宋）郑思肖《心史·大义略叙》，明崇祯十二年张国维刻本，《四库禁毁丛刊》集部第 30 册，北京出版社 2005 年版，第 660 页。
[2] 邱雅芬《论大黑天信仰与中日神之渊源》，《学术研究》2010 年第 1 期。
[3] 《胡适文集》卷五，古典文学研究（上），人民文学出版社 1998 年版。

> 今以波罗奈国付嘱善发乾闼婆千眷属……大黑天女五百眷属,汝等护持养育波罗奈国。①

佛祖托付大黑天女与善发乾闼婆等俱护持养育波罗奈国。如果再联系大黑天作为湿婆的化身,其神格再一次演变为女身,甚至送子,也不无可能。正如有学者所言:

> 磨喝乐即是大黑天神的中国化形象之一,这亦导源于大黑天神所蕴含的生殖力与中国传统的"童子崇拜"观念相契合之故。由于无论大黑天神的湿婆原形,抑或中国的童子都代表阳气,象征旺盛的生殖力,因此,以生殖力为媒介,林伽在中国变身为小偶人,成为充满了性与生殖意象的七夕的宠儿。②

在我国显教盛行的汉地,大黑天由最初义净在《南海寄归内法传》所记的施财福的厨房神,演变为元朝七夕节善男信女乞巧供奉的女神"摩合罗"。此时厨房神由施财福于众,转而施巧,甚至送子,就连身形也从男像变为女像了。

第三节　大黑天信仰与云南"阿吒力教"

唐初,印度密教传入大理。当时传入大理的密教,与本土信仰、当地文化相互混合而形成一种名为"阿吒力教"的信仰。这种信仰,与密教之信仰方式较为接近,因此,称之"滇密",意谓此为有别于西藏密教的云南密教。这样滇密就不可避免地有其一定的特殊性。此外,除了密教的传入产生了阿吒力教,汉族所信仰的显

---

① 《大正藏》第13册,364b。
② 邱雅芬《论大黑天信仰与中日神之渊源》,《学术研究》2010年第1期。

第七章　密教传持与宋元大黑天信仰

教诸宗也陆续传入大理,但是其影响远不及密教对云南的影响。滇密,萌芽于晋,初兴于唐(南诏),盛行于宋(大理国),至元代大盛。明以后因历遭朝廷禁止,趋于式微。滇密的初传路线主要有两条:一曰天竺道,一曰吐蕃道。印度密教的输入是滇密的重要一源。在7世纪初就已从阿萨姆经上缅甸传入云南,形成滇密,即阿阇梨教,又称阿吒力教,滇湎古道早已开辟,据史载,初唐时就有大量印度僧人经此道进入云南大理地区。

另外,还有来自西藏(吐蕃)的僧人。密教自8世纪中叶,陆续经西藏传入南诏以后,流布将近百年,在大理白族地区兴盛一时。当然,也有来自内地中原的影响。"从密教在南诏的流布和发展看,摩诃伽罗大黑天神的'始立庙肖像祀之,其灵赫然'的时期,只可能是密教兴盛的南诏晚期,也就是南诏劝丰佑王督信密佛,广建寺庙的执政时期。"①《云南通志》卷一载元至正初王升撰《大灵庙碑记》曰:"蒙氏威成王尊信摩诃伽罗大黑天神,始立庙肖像祀之,其灵显赫然。世祖以之载在祀典,至今滇人无问远迩,迂水旱疾疫,祷之无不应者。"

云南大理地区大黑天信仰是在南诏晚期时密教传入开始的。云南大黑天信仰十分盛行,各县土主庙颇多,虽然所供之神非一,却以祀大黑天神为多。据学者考证:"保山城西北四十里有栖贤山,山南有一座大黑天神寺,始建于东汉,寺之初名不获考,南诏时改名'报恩寺'。据寺中《报恩寺梵刹记》碑载,寺中'所供佛众即摩诃迦罗七转王神等',并说滇中寺庙'供大黑天神,犹其遗制'。就是说,云南的大黑天神寺,此为始祖。"②总体来看,大理地区的庙宇、寺院古代供奉的第一大神是大黑天。"摩诃伽罗大黑天神,

---

① 赵橹《〈大黑天神〉考释》,《民间文学论坛》1983年第4期。
② 王海涛《云南大黑天神》,《中国历史博物馆馆刊》1993年第1期。

本来是印度密教所供养的护法神之一，但自8世纪中叶以后，经西藏传入南诏，就逐渐中国化了，失去其本来的密教意味，演化为土族或白族地区的本主神。"①《云南府志》卷一六："大灵庙在城隍庙东中，即土主庙。神为摩诃伽罗，蒙氏城滇时建庙。"阿吒力教"以血食享祀，民间尤敬畏之，村邑立祠。疾疫祷祝，初谓之大灵庙，后乃目为土主也"②。

从上述大黑天神在大理地区地位的变化可以看出，大黑天神初传入滇地仍为佛教密宗的护法神供奉。只是此后由于大黑天对于"疾疫祷祝"颇为灵验，就"大灵庙"之名即可见其灵验之一斑了，是以乡间信仰转而变为地方保护之神，以白族、彝族、汉族为主的滇人遂以大黑天作为土主供奉。

大理地区现存有《大黑天神仪轨》（残卷）。据侯冲先生考证：《大黑天神仪轨》（残卷）是写在大理国写本宗密撰《大方广圆觉修多罗了义经疏》残卷的背后。此残卷可能是从中原传入大理地区的、中原早已失传的大黑天神仪轨，或从大黑天神伪经和直接从印度传入大理地区的《大黑天神仪轨》编撰出的著作。③

云南各地大黑天神的造像或画像一般是：三头六臂或八臂，或骑乘白牛，全身青黑，青面獠牙，狰狞可怖，显示极度夸张的忿怒相。同时，可根据手中所执法器大致可判断大黑天的归属："持三戟叉、持念珠、持剑等是密宗大黑天的特征；至于持印、金铃、乾坤等，又是大黑天作为本主的独立特征。"④云南地区大黑天神造像大多不存。现存最早一通在大理州剑川石宝山甲子寺石窟的峭壁

---

① 赵橹《〈大黑天神〉考释》，《民间文学论坛》1983年第4期。
② 方国瑜《云南佛教之阿吒力派二三事》，《滇史论丛》第1辑，上海人民出版社1982年版。
③ 张锡禄《唐宋南诏大理国时期白族佛教密宗的仪轨》。
④ 田鸿《大理地区信仰大黑天神源流考说》，《云南大理佛教论文集》，佛光出版社1991年版。

第七章 密教传持与宋元大黑天信仰

上,为唐中期的产物。在昆明市禄劝县柏树乡的"密达拉"山的峭壁上,也雕有一尊巨像,榜题"大圣摩诃迦罗大黑天",此像雕于大理国时期。目前所见大黑天像主要集中在云南大理、西藏高原以及甘肃敦煌这三个地方。剑川石钟山石窟、禄劝三台山摩崖,安宁曹溪寺、晋宁观音洞元代壁画等处,都有大黑天造像的遗存。大理时期的《张胜温画卷》中的摩醯首罗天形象也与大足石刻中的属于同种形式。

1253 年,忽必烈攻克大理,结束了段氏 300 年的统治政权,从此进入蒙元时代。元初滇人仍持大黑天信仰,出现了"无闻远迩,遇水旱疾疫,祷之无不应者"的景象,但"绝不是唐宋以来的延续,而是自元忽必烈时期出现的现象"。① 即所信奉的是摩诃葛刺,已是藏传密教的大黑天信仰了。

综上所述,同是大黑天,在不同的历史阶段,不同的地域,其所承担的职能相异巨大,这是各个时代、各个地域的文化相互融合、渗透的结果。固然,同一事物在不同文化的国家中,其发展相异在所难免;但是,即便在同一个国家中的不同地域,同一大黑天其发展结果如此差异,就不由引人深思。

---

① 那木吉拉《元明清时期蒙古人的摩诃葛剌神崇拜及相关文学作品研究》,《中国藏学》2001 年第 1 期。

第八章
密教传持与宋元摩利支天信仰

  摩利支天菩萨是佛教护法神二十诸天之一，也是密教部具有殊胜功德的护法神祇，经言修持摩利支天法门，会得到隐身、避害等诸种现世利益。汉传佛教中的摩利支天信仰始自南北朝时期《摩利支天经》的传译，标志着其信仰自南北朝时期开始在中国流传。唐宋时期不断有新译本问世，推动了摩利支天信仰和图像的发展，受到当时社会各阶层，尤其是唐皇室的推崇，并东传至日本。
  入宋以降，随着世俗化而不断融入民间，朝野上下，勤加敬信。唐末及宋辽金时期，战争频繁，人们流离失所，饱受战乱之苦的人们，渴望得到神灵保护，摩利支菩萨便因为具有种种保护人的功能而受到爱戴。
  元明时期，摩利支天的影响进一步拓展，随着摩利支天与本土宗教道教的融合而进入道教神祇系统，渐趋本土化，形成斗姥元君信仰，成为佛道融合的极佳例证。摩利支天菩萨在释道二界广宣流布，宫廷、坊间亦演绎了大量与之相关的护持灵验传说，古今中外，感应实例比比皆是，平添神秘色彩，摩利支天形象更加深入人

第八章　密教传持与宋元摩利支天信仰

心，影响尤为深远。

近十年来，有关摩利支天的研究，虽已逐渐增多，但相对于摩利支天信仰的重要性，以及摩利支天神格及与斗姆、民间宗教关系的研究，仍存有许多拓展的空间。

第一节　摩利支天的缘起、神格与法相

摩利支天，一名摩里支天、摩梨支天、摩利止天、末利支天、大摩利支天，一般尊称其为摩利支菩萨、大摩里支菩萨、摩利支提婆、末利支提婆、摩利支佛母、光明佛母，或称摩利支天母、威光天母，简称摩利支、摩梨支、末利支等。亦有译为摩利支药叉（见唐义净译《佛说大孔雀咒王经》）、摩利支大仙（见不空译《佛母大孔雀明王经》）、晱摩利子（见唐义净译《金光明经》）等专属个别译经人的使用，但流播不广。《摩利支天经》："有天名摩利支，有大神通自在之法。"《佛说大摩利支菩萨经》卷一："摩利支菩萨陀罗尼，能令有情在道路中隐身，非道路中隐身，众身中隐身，王难时隐身，水火盗贼一切诸难皆能隐身，不令得便。"意译作阳焰、阳炎、威光等，如隋阇那崛多译《佛本行集经》卷三一："摩梨支，隋云阳焰。"宋宗晓述《金光明经照解》卷下："摩利支天，此翻阳焰。"[1] 所谓阳焰，即太阳本体自燃所释放出来的火焰，此天不可见、不可捉；火不能烧，水不能漂，犹若阳焰；所谓威光，即具有大威德之光明，以其形相不可见，不可取，故名。又曰华鬘，此即以天女形相命名。

此天原本是古代印度婆罗门教的神祇，其名号早在印度史诗

---

[1]　《卍续藏》第 20 册，521c。

《罗摩衍那》中已经出现。在印度教的重要经典《薄伽梵歌》之中，此天神是男性，是创造神大梵天的七子之一，又系七大仙人中迦叶波仙人之父，为古代印度庶民所膜拜。佛教在形成之初吸收了大量婆罗门教等其他宗教的神祇，将其改造并吸纳为护法神，归结到毗卢遮那佛下，列于天部护法神二十诸天的第十六位，成为帝释天的部属，属于佛教天部中的一位菩萨，称为"行日月前，救兵戈难摩利支天"[1]，具有护身、隐身、得财、降雨、免兵厄等功德。梵天之子由此进入佛教，但为何演化为女神，无法考证。今日印度那烂陀寺仍存有摩利支天古神像。[2]

另外，据日本学者高修田所著《印度、南海的佛教美术》记载，印度克尔蒂哈尔出土一尊9世纪帕拉时期的摩利支天石像（现藏于拉克那博物馆）。在印度，摩利支天信仰肇始于何时，史无明载。一般认为，摩利支天信仰的流行是在密教兴起之后。在印度现存的造像例中，最早的摩利支天造像大致可以追溯到9世纪，而以10世纪为盛，11世纪的造像则略见衰微。宋天息灾所译《一切如来大秘密王未曾有最上微妙大曼拏罗经》中说摩利支天是观自在菩萨部所作的变化相，亦有经典记载其为多罗菩萨（度母）的化身。

摩利支天为佛教的守护善神，日光的化身。根据佛典文献及现存实物造像可知，摩利支天法相多种。摩利支天作为类似太阳神的女神，在印度有着广泛的信仰。摩利支天的形象十分常见，除了传统的两臂样式之外，三面八臂像在造像中出现较多。传统的摩利支天，其象征标识为手执无忧树枝和金刚杵，身色为黄色或红色，坐骑为一头野猪，或七头野猪拉的宝车。摩利支天主要有两种法相：一种是执扇的天女形庄严相，有二臂与多臂、多面之化现，有三面

---

[1] （明）宝成编集《释迦如来应化录》下，《卍续藏》第75册，105b。
[2] ［日］望月新亨主编《望月佛教大辞典》，东京世界圣典刊行协会1958—1961年版，第4764页。

第八章 密教传持与宋元摩利支天信仰

六臂,每面两臂,左手在胸前持天扇,右手下垂,骑着猪的天女形象出现;另一种是三面多臂的忿怒像,有三面六臂或八臂,每面各有三目,正面寂静而略含微笑,右面深红,半喜憎相,左面忿怒相,或作猛猪面相,口出利牙,面目可憎,或骑乘于野猪之上,或坐于七野猪拖车之上。常见者多为二臂像、三面六臂像或三面八臂像等等,头顶有毗卢遮那佛之宝塔,正面头为菩萨相,慈眉善目,左面为猪貌、獠牙外吐,右面为童女相;各手分持金刚杵、钩、线圈、绳索、无忧花等各种法器,骑乘于七野猪所拖之宝车之上。左面的各手执无忧树、羂索及弓弦;右面的各手执金刚杵、针、箭,多以天女形现世,或坐或立于莲花之上。摩利支天菩萨所示现的各种法相,是为教化不同根器的众生,亦配合不同修法的用途而化现。摩利支天形象经典中描绘甚详,如唐阿地瞿多译《陀罗尼集经》卷十中所述:

> 若人欲得供养摩利支天者,应用金、若银、若赤铜、若白檀、若赤檀等,随力所办作摩利支天像。其作像法,似天女形,其像左手屈臂向上,手腕当左,乳前作拳,拳中把天扇,扇如维摩诘前天女把扇,于扇当中作西国卍字,字如佛胸上卍字,字四曲内,各作四个日形,一一着之。其天扇上作焰光形,右手申臂,并申五指,指头垂下,身长大小一寸二寸,乃至一肘,其中最好者一二寸好。[①]

据不空三藏所译《佛说摩利支天经》记载,摩利支天法相如下:

> 若欲供养摩利支菩萨者,应用金、或银、或赤铜、或白檀香木、或紫檀木等,刻作摩利支菩萨像,如天女形,可长半寸或一寸二寸已下,于莲花上或立或坐,头冠璎珞,种种庄严,

---

① 《大正藏》第18册,870b。

极令端正。左手把天扇，其扇如维摩诘前天女扇，右手垂下，扬掌向外，展五指作与愿势，有二天女各执白拂侍立左右。①

唐不空译《末利支提婆华鬘经》：

> 佛言若有人欲行此法者，一切法中此法最胜。若人欲得供养末利支天者，应用金、若银、若赤铜、若白檀、若紫檀，应作末利支天形像。其造像法，一似天女形，身长大小一寸、二寸、三寸，乃至一肘，其中最胜者一寸、二寸为好。②

唐代译经所示造像法大同小异。至宋代译经，后出转详，据宋天息灾译《佛说大摩利支菩萨经》卷二所述之摩利支天三面六臂法相：

> 复有成就法，观想月轮之中有摩里支菩萨，坐身紫金色，放金色光，着青衣及青天衣，种种庄严，六臂三面，各有三眼，顶戴宝塔。……左手执弓、线及无忧树枝，右手执箭、针、金刚杵。若能如是观想，佛言所作不虚，一切所欲无不成就。……山中间有一月轮……于月轮中乘猪车而立。身作金色，六臂殊妙，三面各三眼，一面作猪相。顶戴宝塔，着黑衣及青天衣，右手持金刚杵，有大光明及箭、针；左手持弓、线及无忧树枝。③

同经卷七所述之摩利支天三面八臂法相：

> 观想自身，亦成摩里支菩萨，深黄色亦如阎浮檀金色，或如日初出之色，顶戴宝塔，着红天衣、耳环、腕钏、宝带、璎珞，种种庄严，八臂三面三目，唇如曼度迦花色，放大光明，于宝塔内有毗卢遮那佛。戴无忧花鬘，左手持羂索、弓、无忧

---

① 《大正藏》第 21 册，261a。
② 同上，256a。
③ 同上，268c。

第八章　密教传持与宋元摩利支天信仰

树花枝及线；右手持金刚杵、针、钩、箭。……出舌颦眉，令人怕怖；右面深红如莲花宝色，出最上光明，慈颜和悦，如童女相。手作毗卢印，乘彼猪车，立如舞蹈势。①

宋志磐《佛祖统记》卷四七：

> 诵时想菩萨作天女形，璎珞庄严，坐莲华上，左手执天扇，右手垂掌向外，作与愿势。若欲见天真身求胜愿者，诵满十万遍佛言。此天常行日月前，日月所不能见。我因知此天名，得免一切厄难。②

另据宋行霆编《重编诸天传》：

> 复有观想法，想菩萨身作忿怒，有三面，面有三目。一作猪面，利牙外出，舌如闪电，为大恶相，身出炎焰，偏袒青衣，身黄金色，种种庄严。臂有其八，右手持金刚杵、金刚钩；左手持弓、无忧树枝、羂索，顶戴宝塔，立月轮内，右足如舞蹈势，左足蹈冤家。经中八臂执捉不同，或云左手持弓索、无忧树枝及线，右手执金刚杵、箭。……然此等皆有所谓而对治之耳。③

由此可知，摩利支天应为天女形，三面二目，六臂或八臂，手持金刚杵、针、钩、箭、索等，立于猪车上。如果他是以多面广臂的形象出现，那么菩萨的三面，一定是面相各异，其中必有一面是猪面，尖嘴獠牙，龛作塔形，即如《佛说大摩里支菩萨经》所说之变形。此外还有多种其他形象。在《成就法鬘》中，就有十六个成就法描绘出摩利支天的六个不同形象。

---

① 《大正藏》第21册，284b。
② （宋）志磐《佛祖统纪》，载《大正藏》第49册，423c。
③ （宋）行霆《重编诸天传》卷下，《卍续藏》第88册，432b。

摩利支天在藏地颇受重视,又被称为"光明佛母""光明天母""积光佛母"等。在藏传佛教中,摩利支天菩萨有二十多种主要的化相,包括立相的、坐相的、骑猪的、坐在车上的、一面二臂的、三面六臂的及三面八臂的,等等,但其原本现相是三面八臂相,这个化相的其中一面是猪面,骑在一辆由七头猪所拉的金车上。① 常见的法相有一面二臂、三面六臂以及三面八臂等。还有一种愤怒相,有三面六臂或八臂,每面各有三目,骑乘于野猪上,或坐于七头野猪拖车之上;左手执无忧树、绢索及弓弦;右手执金刚杵、针、箭与金刚斧。

此天身具无上大神通自在力,最显著的特点就是善于隐身,常在日前疾走如矢,巡行天下,能为人消除障难,增进利益;专司护国安民之事,且能救兵戈等厄难。唐不空译《佛说摩利支天经》曰:

> 有天名摩利支,有大神通自在之法。常行日前,日不见彼,彼能见日。无人能见,无人能知,无人能害,无人欺诳,无人能缚,无人能债其财物,无人能罚,不畏怨家,能得其便。②

释迦牟尼佛在舍卫国祇树给孤独园开示摩利支天法门时自云:"此天常行日月前,日月所不能见。我因知此天名,得免一切厄难。"可以说这是一位能够自我隐遁形迹,为众生避害驱障、获大利益的保护神。同时,于兵家又有"降伏冤兵之法"③。修持摩利支天菩萨法门具足息灾、增益、怀爱及降伏四法之功德,能满足持念者所求种种心愿。此尊所行之法,被称为是能解救盗贼怨敌、险路怖畏

---

① 李翎《摩利支天信仰与图像》,《中国美术馆》2013 年第 4 期。
② 《大正藏》第 21 册,260b。
③ (宋)行霆《重编诸天传》卷下,《卍续藏》第 88 册,432b。

第八章 密教传持与宋元摩利支天信仰

最上乘之法,能排除远行道路上的险阻,阻隔怨敌、盗匪,王禁祸事,平息动乱,消弭诽谤等一切忧患之最上方便。以此天为本尊所修之法,称摩利支天法,可消除诸种病苦,旱灾时祈雨,水灾时止雨,是护身、隐身、得财、诤论胜利等息灾祈福之法。若能勤加如法虔敬修习,均可获得不可思议的神奇效验,一切灾难皆得解脱。

据唐不空译《佛说摩利支天经》:

> 如是我闻,一时薄伽梵,在室罗筏城逝多林给孤独园。……佛告诸苾刍,若有知彼摩利支天名常忆念者,彼人亦不可见,亦不可知,亦不可捉,亦不可缚,亦不可害,亦不可欺诳,亦不为人债其财物,亦不为人之所责罚,亦不为怨家能得其便。若有善男子、善女人,知彼摩利支天名求加护者,应作是言:我知摩利支天母有大神力,我今归命,愿护我身,无人能见我,无人能知我,无人能捉我,无人能缚我,无人能害我,无人能欺诳我,无人能债我财物,无人能责罚我,亦不为怨家能得其便。……尔时世尊说此陀罗尼已,告诸苾刍,若有受持此经法者,应作是愿:王难中护我,贼难中护我,行路难中护我,于失道旷野中护我,水火难中护我,刀兵军阵难中护我,鬼神难中护我,毒药难中护我,恶兽难中护我,毒虫难中护我,一切怨家恶人难中护我,佛实语护我,法实语护我,僧实语护我,天实语护我,仙人实语护我。一切处一切时,愿常护我弟子。①

另据唐不空译《末利支提婆华鬘经》中亦不厌其烦地反复陈说勤加修持的福报:

> 王难中覆护我,贼难、行路难,失路旷野,昼日夜中,水

---
① 《大正藏》第21册,260b。

难火难、罗刹难、荼鸡支俩鬼难、中毒药难,佛语真实、法语真实、僧实语、天实语、仙人实语覆护我。①

它如不空所译之《佛说摩利支天陀罗尼经》②《摩利支天经念诵法》、唐阿地瞿多译《陀罗尼集经》卷十所收录的"《佛说摩利支天经》一卷"③,等等,所述功德,内容大同小异。宋代译经,后出转详,但万变不离其宗,如宋天息灾译《佛说大摩里支菩萨经》卷一:

> 尔时世尊告苾刍众言,有一菩萨名摩里支,而彼菩萨恒行日月之前,彼之日月不能得见菩萨,今此菩萨而不能见,亦不能捉,不能禁缚,火不能烧,水不能漂,离诸怖畏,无敢轻慢,诸恶冤家,皆不得便。汝诸苾刍,我昔知彼摩里支菩萨摩诃萨名号,亦不能见,不能捉,不能禁缚,火不能烧,水不能漂,离诸怖畏,无敢轻慢,一切冤家,皆不能侵。若有苾刍知彼菩萨名号,如上诸恶不能得便,亦复如是,即说陀罗尼。……复说摩里支菩萨陀罗尼。能令有情在道路中隐身,非道路中隐身,众人中隐身,王难时隐身。水、火、盗、贼,一切诸难,皆能隐身,不令得便。④

同经卷二:

> 又复有烦恼者、非烦恼者为作拥护。有迷闷者、非迷闷者,亦皆拥护,乃至象王、师子、龙虎之难,一切时中,常作拥护。……复有成就法,观想虚空中日,于日中有宝塔。……身色如金光,似初出之日,亦如聚火,唇如曼度迦色,偏袒赤

---

① 《大正藏》第 21 册,256a。
② 同上,260b。
③ 《大正藏》第 18 册,870a。
④ 《大正藏》第 21 册,262a。

第八章　密教传持与宋元摩利支天信仰

天衣，以腕钏、耳环及宝带等种种庄严。顶戴毗卢遮那佛，及戴无忧花鬘。八臂三面各三眼，左手持索弓无忧树枝线，右手执金刚杵针箭钩。正面善相微笑，作黄白色，眼目修广，清静端正，作大勇猛相。左为猪面容作瞋怒，亦甚丑恶，色如大青宝光，如十二日轮。颦眉出舌，令人怕怖。右面深赤色，如最上莲华宝，炽焰如火。……结毗卢大印乘猪车。①

以上译经所述摩利支神力，无边，多种多样，正如《重编诸天传》卷下"摩利支天传"条所记："旧译有《摩利支天经》一卷，大宋新译有《大摩里支菩萨经》七卷，广略虽不同，而言此天神用不异。"②

实际上，摩利支天信仰之所以能广为流传，与摩利支天咒的弘扬有极大关系。依经典所述，如不空三藏译《摩利支天经念诵法》云：

南无释迦牟尼佛、南无摩利支天菩萨，我弟子归命三宝摩利支天菩萨，愿护我身，无人能见我，无人能知我，无人能捉缚加害我，无人能欺诳责罚我，无人能债我财物，不为怨家能得其便。即说最上心真言曰："唵！摩利支娑缚贺。"王难中护我，贼难中护我，失道旷野中护我，水火刀兵中护我，鬼神毒药难中护我，恶兽毒虫难中护我，一切怨家恶人难中护我。佛实语护我，法实语护我，僧实语护我，天实语护我，仙实语护我，一切处、一切时，愿常护我。弟子娑缚贺。

唐阿地瞿多译《陀罗尼集经》卷十"《佛说摩利支天经》一卷"：

持此咒者，面向百逾阇那，一切鬼神、恶人无能得其便

---

① 《大正藏》第 21 册，266a。
② （宋）行霆《重编诸天传》卷下，《卍续藏》第 88 册，432b。

者；若于难中行时，晨起诵前身咒，咒一掬水，四方散洒，及洒自身。若衣襟、若衣袂、若袈裟角，一咒一结，总作三结，即往难中行，连续诵咒而行，所有一切事难军防主者，悉皆迷醉，都无觉知之者。①

唐地婆诃罗译《咒三首经》"利支天咒三"条："诵此咒极护人身，当日别三时，各诵一百八遍。"② 前引诸经，广宣摩利支天咒的殊胜世界功德及行法。有宋一代，随着天息灾七卷本的译出，诸咒迭出，尤其强调咒术的法力。正如《重编诸天传》所言：

> 其经中新译七卷之者，广出诸咒，能令有情隐身于路，或水、火、王难、盗贼、军阵，皆可隐身，令不得便。……若人诵持神咒，则能隐身路上，水火、王难、盗贼、军阵，皆不得便。诸咒之中有六字最上心真言，曰："唵！摩里支婆缚贺。"别明成就法，令行人想彼菩萨，坐金色猪身上，着白衣，顶戴宝塔，左手执无忧树枝。复有群猪围绕，作此观已，若速出道路。如有贼等大难，以手执自身衣服，念心真言七遍，遍加持衣角，复结彼衣角，冤贼等难不能侵害。③

不空译《佛说摩利支天经》记载，凡依法诵摩利支菩萨根本及心真言：

> 不限遍数，但虔诚至心，必获菩萨威神加护，一切怨家、恶人悉不能见，一切灾难皆得解脱。④

同上：

---

① 《大正藏》第18册，870a。
② 《大正藏》第21册，640b。
③ （宋）宗晓述《金光明经照解》，《卍续藏》第20册，521c。
④ 《大正藏》第21册，261a。

第八章　密教传持与宋元摩利支天信仰

> 一心斋戒，净治一室，以香泥涂地，七日七夜诵持是摩利支天陀罗尼咒……行时书写是陀罗尼。……所经诸阵，一切怨贼，并皆息刃，一切诸恶，不能加害，悉皆退散，无敢当者。若遇疾病，当请一净戒比丘及比丘尼，优婆塞、优婆夷，如前净治一室……一切病鬼，皆生慈心，放于病人，即得除差。若遭县官所拘录者……一切厄难，无不灭除。①

可见，所有的功德都是在咒法的实施下发生作用的。此天之印咒，以隐形法为其至极。按密教所传，如能虔诚依法修持摩利支天法，获得成就，不但能消灾去厄，增进利益，而且一切天魔、恶鬼、外道，都无法觅得修法者的行踪。持咒的流行，都与中古时代中国佛教的世俗化与功利化过程密不可分。

摩利支天信仰的流播，也是伴随着相关摩利支天的汉译密教经典的传译而律动。《摩利支天经》属杂部密教经典，起源于中印度地区。经典汉译传持，依《大正藏》所录如下：最早一部似乎为失译附梁录的《佛说摩利支天陀罗尼咒经》一卷（一说菩提留支译）②，是《摩利支天经》多个译本中最早、最简洁的版本，是流传于中土的佛经中，最早谈及摩利支天的，影响深远，敦煌藏经洞出土的写本均以之为底本。进入唐代，阿地瞿多译《陀罗尼集经》卷十收《摩利支天经》一卷，此时所译，篇幅简短。随着密宗的形成，相关经典倍增，不空译《末利支提婆华鬘经》一卷、《佛说摩利支天菩萨陀罗尼经》一卷、《佛说摩利支天经》一卷、《摩利支菩萨略念诵法》一卷，还有失译人《摩利支天一印法》一卷。

跨入宋世，密教经典的翻译仍很兴盛，相关经典的翻译以天竺

---

① 《大正藏》第 21 册，262a。
② 张小刚《敦煌摩利支天经像》，《2004 年石窟研究国际学术会议论文集》（上），上海古籍出版社 2006 年版。

天息灾于北宋雍熙三年（986）所译《佛说大摩利支菩萨经》七卷为代表，该经内容最为详备，最为著名。其译本中摩利支天法至此也起了相当大的变化，所含咒法亦最多。更为重要的是，宋仁宗极其青睐此经，特亲赐圣教序冠于经首，以畅其行。统治者的推崇应该对当时及此后摩利支天信仰的进一步传播起到了作用，所以志磐云：

> 摩利支天经，藏中凡三译，唯本朝天息灾本咒法最多。仁宗亲制《圣教序》以冠其首，虽未闻行其法者，而菩萨之缘已开。①

学界对天息灾的译经特点和风格给予了极高的评价：

> 天息灾译经最大的特点是解说了三面六臂像和三面八臂像的造像法以及曼荼罗的作法、仪轨等，而且还大幅度地增加了与诸种危难对应的各种成就法以及帧像的制作法、护摩法、息灾增益敬爱降伏四法、起坛法等。……作为密教的摩利支天，她的流行应该归功于天息灾译出的《大摩里支经》。这些新图像新经典在敦煌的流行，与10世纪末印度僧天息灾、法天以及施护等人在中原弘传密教、翻译密典有着直接的关系。②

摩利支天名最早出现在北魏菩提流支所译的十二卷本《佛说佛名经》，及失译人的三十卷本的《佛说佛名经》中，称之为"摩梨支"。这时的摩梨支是作为世界名或佛名出现的，如"南无摩梨支佛"③，"南无摩梨支世界难胜佛国土"④，而不是后来的菩萨或诸天成员。上述诸经中的"摩利支天"的译名，北朝时期的《佛说佛名

---

① 《大正藏》第49册，第456页。
② 刘永增《敦煌石窟摩利支天曼荼罗图像解说》，《敦煌研究》2013年第5期。
③ 《大正藏》第14册，154c。
④ 同上，163a。

第八章 密教传持与宋元摩利支天信仰

经》及隋阇那崛多译《佛本行集经》中均译作"摩梨支"。不空诸经中作"摩利支",宋天息灾在译经中作"摩里支"。上述经典中,摩利支天主要是出现在密教经典中,盛唐时代,不空是翻译摩利支天相关经典最多的高僧。有关摩利支天经文,有唐一代所传译的都极短小,仅为一卷本。到了宋世,经天息灾的翻译,篇幅已扩增至七卷。因不空所译《摩利支天经》较为简洁明了,故宋后广为流通的是不空译本。① 据唐行琳集《释教最上乘秘密藏陀罗尼集》卷二十九,尚有《摩利支天女根本陁罗尼》《摩利支天女心陀罗尼》《摩利支天女息灾陀罗尼》《摩利支天女除一切毒陀罗尼》。②

西夏的藏传佛教经典很多,如西夏文《圣摩利天母总持》等,有不少是藏传佛教的法事仪轨。③ 这个时期,摩利支天信仰不仅流传于中国,亦影响日本。据日本入唐求法僧空海《御请来目录》、圆行《灵岩寺和尚请来法门道具等目录》、圆仁《入唐新求圣教目录》《惠运禅师将来教法目录》《智证大师请来目录》、宗睿《新书写请来法门等目录》,他们归国时还将各类摩利支天经典、造像带回,促进了摩利支天信仰在日本的传播。如据日人编《诸阿阇梨真言密教部类总录》卷下"诸世天部第十三""摩利支天法五"载相关经典尚有,《梵字摩利支心并根本真言》一本、《梵字摩利支心真言》一本。④ 亦见《入唐新求圣教目录》卷一收录。⑤

《大正藏》"图像部"还收录有日本僧人所撰多种摩利支天仪轨,可见摩利支天的信仰亦流行于日本密教。如日本天台宗僧安然

---

① 据姚广孝题记郑和所刻《佛说摩利支天菩萨经》言:"佛说摩利支天经,藏内凡三译。惟宋朝天息灾所译者七卷,其中咒法仪轨甚多,仁宗亲制《圣教序》以冠其首。然而流通不广,以广流通者,惟此本乃唐不空所译,其言简而验,亦多应菩萨之愿力。"
② 《房山石经》第28册,263a。
③ 史金波《西夏的藏传佛教》,《中国藏学》2002年第1期。
④ 《大正藏》第55册,1132c。
⑤ 同上,1078c。

撰有《摩利支天秘法》与《摩利支天要记》等著作，从中可见摩利支天已成为日本密教的护法神。另外，在日本各寺院中收藏有唐本佛经。如在日本大阪天野山金刚寺中发现一件译经，据方广锠先生考证，"从行文看，金刚寺本应该是由失译本及不空译本摘抄改编而成"①。这可以看出当时摩利支天信仰在民间的普遍游行。

敦煌所出的密宗文献中有大量有关摩利支天经典的抄经，作为经典，在敦煌流行的时代也是 10 世纪，主要在归义军统治时期，反映了当时民众的心愿。据张小刚先生统计，敦煌藏经洞出有《摩利支天经》写本 20 余份，分别为：S.0699、S.2059、S.2681、S.5391、S.5392、S.5531f、S.5618d、S.5646b、P.2805d、P.3110a、P.3136c、P.3759b、P.3824e、P.3912a、Дx00213b、Дx00927d、北来 98（8241）b、甘博 016c、上博 48·19、散 0460。②除了《摩利支天经》外，敦煌还有佚经《摩利支天修法》1 件，卷号 S.4059。这些数据显示摩利支天信仰在唐代有某种程度的流传。摩利支天有着极强的现世利益，敦煌写经中表现得淋漓尽致。如 P.3136《佛说摩利支天经》写经中记载了时人的心愿："于行路中护，非行路中护我；昼日护我，夜中护我；于恶怨家中护我，王难护我，贼难护我，一切处一切时护我。"

另外，P.3824《摩利支天经》、S.2059《佛说摩利支天菩萨陀罗尼经》写经中也都有类似的记载。③另外，在内蒙古地区也发现有《摩利支天经》传抄于世，如在内蒙古巴林右旗庆州白塔中发现有《佛说摩利支天经》写经一册。④摩利支天信仰在敦煌社会各个阶层中流传，反映了敦煌佛教的世俗化与功利化，也是中国古代摩

---

① 方广锠《敦煌遗书与奈良平安写经》，《敦煌研究》2006 年第 6 期。
② 张小刚《敦煌摩利支天经像》，《2004 年石窟研究国际学术会议论文集》（上），上海古籍出版社 2006 年版。
③ 详参黄永武《敦煌宝藏》，台北新文丰出版公司 1988 年版。
④ 德新等《内蒙古巴林右旗庆州白塔发现辽代佛教文物》，《文物》1994 年第 12 期。

利支天信仰的一个重要组成部分。

有明之世,仁孝皇后甚至自创梦感摩利支天经典,陈说此天功德无边,如《大明仁孝皇后梦感佛说第一希有大功德经》卷下:

> 尔时摩利支天菩萨,即从座起,顶礼佛足,右绕三匝,而白佛言:"大悲世尊,我于如来得大神通自在力,常行日月天前所不能见,我则能见。无人能见,无人能知,无人能执,无人能缚,无人能害,无人能欺诳。若复有人常忆念者应亦如是,愿常于恐怖苦难之处护诸有情,若盗贼、水火、刀兵、毒药、疾病、饥馑、天龙、鬼神、人及非人,冤家恶兽,不令为害。若一切众生有能持诵此经及神咒者,我当守护,令其成就,永无灾障,远离诸难,身垢清净,速证圣果。"①

上行下效,这也进一步助推了摩利支天信仰广布大江南北。

有元一代,曾对汉藏译经进行过对勘,在《至元法宝勘同总录》卷五就载有:唐不空译《佛说摩利支天经》一卷、宋天息灾译《佛说人摩里支菩萨经》七卷;勘藏文《甘珠尔》,有《圣摩利支陀罗尼》《幻化摩利支出现续中出现仪轨王》《圣摩利支坛城仪轨摩利支出现续一万二千颂中所出七百仪轨心》三卷,皆同于宋天息灾所译本。

第二节 摩利支天信仰的传持与影响

从佛经翻译史上来看,早在6世纪的南北朝时,《摩利支天经》经典已有传译。经中描述摩利支天常行日月前,尤其是摩利支天所具备的隐身这一神通,加之其持咒的功利性,在遭遇灾难时只要一

---

① 《卍续藏》第1册,358a。

心持念摩利支天咒,能隐身免厄,保其平安,这是摩利支天信仰在中国流行的关键原因。相关的宗教艺术品也有创作,当时的名画家如陆探微、张僧繇等亦染笔摩利支天画像,说明在佛教众护法中摩利支天已受到关注,可惜当时并未引起太多的注意。如李翎先生所言:

> 中国崇奉摩利支天菩萨者,多为王官贵人,尤为皇室所尊奉。据史料所得,摩利支天菩萨像似乎是历代官府中较常见佛像之一,这应该与其极具有护国护王之政治色彩有关。自南朝《摩利支天经》传译中土以后,至南宋之前,未见广泛流传于社会大众,多盛行于皇室或官宦之中。①

直到 8 世纪中叶,在唐"开元三大士"之一的不空的推动和皇室权贵的支持下,摩利支天信仰终于在中国开花结果,摩利支天像也应运而生。其中不空功不可没,他除了翻译经典以外,还积极推进摩利支天的崇拜,他将摩利支天像作为献给代宗皇帝的生日礼物就是最好的证明。摩利支天咒具有护国护王的功德,正如经上所记:"国王大臣、一切人等,有诸难时,诵此陀罗尼,远离诸难。"② 唐玄宗可能受过摩利支天护身要法,代宗宝应元年(762),不空为"皇帝祝佛顶陀罗尼一本",为王子御护被时。不空为代宗授摩利支天法,是因为此法可以御护皇身延长圣寿,亦可护佑国祚。③ 摩利支天法长期以来多为皇室、官宦或武将之家所奉持。甚至在西北边陲敦煌已有摩利支天感应的记载,其中特别值得注意的是写经 S.2059④,浙江山阴县人敦煌文士张俅抄写的《佛说摩利支天菩萨

---

① 李翎《摩利支天信仰与图像》,《中国美术馆》2013 年第 4 期。
② 《大正藏》第 21 册,260c。
③ 详参陈玉女《明代的佛教与社会》,北京大学出版社 2011 年版,第 35 页。
④ 黄永武编《敦煌宝藏》第 15 册,台北新文丰出版公司 1988 年版,第 608 页。

第八章　密教传持与宋元摩利支天信仰

陀罗尼经一卷并序》[①]；还有一件写经 B.3110《佛说摩利支天陀罗尼咒经》[②]，在其跋尾题有"清信弟子节度押衙李顺子一心供养"等字，正可说明当时在那个地区已存在摩利支天信仰。类似的写本还有 S.5391 等，这些都是当时西北地区崇奉摩利支天信仰的遗存。但目前在僧俗二界各类典籍及出土文物中较少见到关摩利支天信仰的痕迹，可见，摩利支天在当时并未形成多大影响。至唐后，因密宗的兴起方使摩利支天的信仰大盛其时。

入宋以降，更多的密教诸神进入民间祭祀范围，其中摩利支天影响尤甚，特别是南宋，摩利支天信仰则广为传持，尤以皇室、官宦之家最为崇奉。可以说宋代是中国摩利支天菩萨信仰发展的关键时期，尤其是宋初天息灾译出《佛说大摩里支菩萨经》七卷，极大地丰富了此菩萨信仰和图像的内容。据《金石萃编》卷一百二十四："乾德六年（968）十月十五日，汝南袁正己书《宋佛说摩利支天经》，由前摄节度推官刘知讷施石，李奉珪画像，施主徐知舜建，其经（《摩利支天经》）永在监内留传。"[③] 这则材料记载了宋太祖时，京兆府国子监内竖立"佛说摩利支天经造像"碑一座，上刻写"《摩利支天经》永在监内流传"字样，碑文右上方还刻有摩利支天菩萨二尊像。官府内置摩利支天碑，其意自明。北宋朝，与摩利支天菩萨关涉最著者非宋仁宗莫属。仁宗对摩利支天经典情有独钟，甚至亲自为天息灾所译《佛说摩利支天菩萨经》"制《圣教序》以冠其首"，可见其对这一经典的偏好。文人士大夫的笔墨中亦可见

[①] 该抄经中记载，在唐懿宗咸通元年（860），张俅亲述其奉行摩利支天法的感应。由于自己"内览此经，便于白绢上写得其咒，发心顶戴"，不幸遭遇——化解，最后自言："此皆菩萨加持力也。固为此序，将劝后人。"参阅颜廷亮《有关张俅生平及其著作的一件新见文献——〈佛说摩利支天菩萨陀罗尼经序〉校录及其他》。
[②] 黄永武编《敦煌宝藏》第 126 册，伯 3136 号，台北新文丰出版公司 1988 年版，第 383 页。
[③] （清）王昶《金石萃编》，陕西人民美术出版社 1990 年影印版。

他们对摩利支天菩萨的敬信,如北宋大文豪苏轼就曾经为摩利支天菩萨经书撰写跋文。① 天竺高僧亦云集中原两京,译经弘道。天息灾七卷本《佛说大摩利支天经》的译出,助推了摩利支天信仰的广泛流布。上述记载就是刻石立摩利支天像的经纬,说明当时摩利支天信仰已广结善缘,为时人所接受。中土撰述所载亦可见摩利支天信仰为僧俗二界所重。如宋宗晓述《金光明经照解》卷下所载一事:

> 熙宁中,明智师游学永嘉忠公之室。一日,告归忠曰:"子归,必绍延庆法席。余尝梦摩利支天,欲为位于道场。"殆归,果尸是刹二天预位,从是忏法加召,天下像设,亦取则事,见《明智塔记》。然此经诸天名目俱显,独不言摩利支天,今因而载之,庶崇奉者得其实也。②

明释明河《补续高僧传·义解篇》卷三"中立传":

> 中立,鄞之陈氏子,母梦日轮入怀,遂有娠。夜不三浴,则啼号不止。九岁出家,受经一诵,永忆不忘。师在永嘉扶宗,谓曰:"吾尝见摩利支、韦驮于梦中,求护法。"他日幸于南湖忏堂置其位,及师主席,乃立像自师始。陈莹中,尝赞师曰:"严奉木叉,坚持净虑,以身为舌,说百亿事。"师谥号明智。③

清周克复纂《法华经持验记》卷下"宋明州释中立"条亦载

---

① 《全宋文》卷一九四〇《跋所书摩利支经后》有云:"侄安节于元丰庚申六月大水中,舟行下峡,常持此经,得脱险难。明年十二月至黄州,见轼,乞写此本持归蜀。眉阳苏轼书。"《全宋文》第89册,上海辞书出版社、安徽教育出版社2006年版,第374页。
② 《金光明经照解》,《卍续藏》第20册,521c。
③ 《卍续藏》第77册,381b。

第八章 密教传持与宋元摩利支天信仰

此事。①

建炎元年（1127），宋室南渡，摩利支天信仰尤为兴盛。台湾学者陈玉女认为：

> 南宋以后，由于中原战乱频仍，依赖摩利支天菩萨的信众渐趋转盛。就信仰状况而言，南宋因处偏安局面，故建康、永嘉等江南一带对于奉诵摩利支天经咒的需求，有顿时增多的景象……摩利支天菩萨以其护国、护王、护身，又极具战士特质，不仅为帝王所喜，也为将士所好。②

据宋志磐《佛祖统纪》卷四七所载两则故事足以说明：

> 建炎元年，上驻跸维扬。初，隆祐太后孟氏，将去国南向，求护身法于道场大德，有教以奉摩利支天母者。及定都吴门，念天母冥护之德，乃以天母像奉安于西湖中天竺，刻石以纪事。③

隆祐太后孟氏在"将去国南向，求护身法于道场大德"之时，就有人"教以奉摩利支天母"，以保佑安稳。及定都吴门，隆祐太后感念天母的冥护，乃以天母像安奉于中天竺寺。

同上：

> 建炎二年三月，唐州沁阳尉李珏遇北虏入寇，挟仆单骑走。夜匿道旁空舍，闻车过声遣仆问："唐州贼何在？"见车中人长丈余，面蓝色，惊而返。珏即乘马追及之，前致敬曰："珏避寇至此，敢问车中何所载？"其人曰："此京西遭劫死人名字，天曹定籍。汝是李珏，亦其数也。"珏大怖告曰："何法

---

① 《卍续藏》第 78 册，83c。
② 陈玉女《明代的佛教与社会》，北京大学出版社 2011 年版，第 46 页。
③ 《大正藏》第 49 册，423b。

可免,愿赐指教。"人曰:"能旦旦念摩利支天菩萨七百遍,向虚空回向天曹圣贤,则死籍可销,可免兵戈之厄。"珏方拜谢,驾车者疾驰而去。自是不辍诵持,转以教皆得免难。①

据上述两则传说故事,志磐感慨道:

> 当高宗之南渡也,隆祐受教大德获奉像之应,李珏请命神人致称名之功,至矣哉!威德悲愿,殆与圆通大士俱不思议。释迦自云:我因知此天名,得免一切厄难。信菩萨远本,又在释迦之先也。今兹中原多故,兵革未销,士夫民庶有能若终身若全家行此解厄至简之法,吾见天母之能大济于人也。②

志磐所"述",道出了当时兵荒马乱之年,民众对摩利支天护佑的期盼。摩利支天的护佑功能,在两宋交替之际,动荡不安的年代,对百姓而言,无疑是一种绝佳的心理防护工具。同上卷五二"祈祷灾异"条又重提此事:"高宗、孟后去国南向,奉摩利支天像以护身;李珏避虏,遇乘车人,教持摩利支天尊号,获免兵厄。"③ 这两则摩利支天菩萨感应实例在当时影响极大,中土撰述多有提及。如宋宗晓所述《金光明经照解》卷下就记有类似故事,踵事增华,以梦牵出此事,极尽虚构之能事。旧经后有记曰:

> 相州有人夜梦一鬼牵车,群猪绕之,车中尽是文书。人问其故,鬼答曰:"此合杀兵戈之籍也,看之皆是人名。"鬼曰:"欲得免杀,当持《摩利支经》。"其人因请斯经,至诚受持,不数月间,果有兵戈,独得免脱。④

《重编诸天传》卷下"摩利支天传"条亦转录此事:

---

① 《大正藏》第 49 册,423c。
② 同上,423c。
③ 同上,456a。
④ 《卍续藏》第 20 册,521c。

第八章　密教传持与宋元摩利支天信仰

此经七卷之文乃宋朝太宗皇帝时西天译经三藏天息灾所译，印咒坛场，文其周备，太宗皇帝御制《圣教序》以冠其首。故祈福之处参入天位，然印本旧译。经后附入感应，乃相州有人夜梦群猪绕一车，车中尽是文字，一鬼牵其车，因问其鬼。鬼曰："此乃合杀戮兵戈之籍。"其人看之，尽录人之姓名。遂问曰："有名字如何得免？"鬼曰："有《大摩利支天经》，若能诵之，并称天名，可得免也。"及觉，遂请其经。及日持圣号，不数月，果有兵危，而得免之。若尔则不思议力诚可依凭，得不崇心以祈求安兵革者乎？赞曰："有天号曰摩利支，行日月前谁见之？水火兵难及恐怖，一切冤魔难执持。身相乃作黄金色，颜如童子挂青衣。顶戴宝塔或端坐，手执无忧花树枝。或执莲华或八臂，前后围绕乃群猪。或执弓箭金刚杵，钩索等物示灵仪。或复正面金光聚，或如满月或颦眉。现以三面面三目，种种威容各对治。咒法观想令成就，冤魔销散免灾危。由我皇朝经再译，遍令佛宇建灵祠。每有感通垂化迹，持名诵咒伏慈威。"①

摩利支天母作为密教神祇，隋唐时期传入中土，随着密教的世俗化而进入了民间的信仰范围。摩利支天不仅能驱灾降福，而且与人的生死关联在一起，只要持诵此咒，即可逢凶化吉，这在当时动荡年代，深得朝野上下的信奉。

南宋时期的社会环境，促使摩利支天咒在中土获得较多信众的持诵，而江南一带似成为摩利支天菩萨信仰较为普及的地区。随着南渡人士度过动荡岁月之后，祈愿偏安稳定的心情，对此咒、信仰的需求也会逐渐提高。

南宋末年，家铉翁为真谷居士陈彦祥《题摩利支天像下方》一

---

① （宋）行霆《重编诸天传》卷下，《卍续藏》第 88 册，432b。

文:"大明中天,万象毕露,不可以形色求也。菩萨空诸有相,心体湛明,与道为一。是故行乎日之前,我能见日,不为日所照。我能见日,以有形有色而见也。日不能照见,于我虚空无体,不可以形色求也。""真谷居士陈君某奉摩利支天香火五六十年,逢威履险,常若菩萨在其上,在其左右。晚岁来归,彩绘慈容,益加严事。"① 记述信奉摩利支天菩萨持咒免灾之景况。与此类似的故事还有金元好问《续夷坚志》卷二"摩利支天咒"条载诵摩利支天咒免兵祸故事:

> 忻州刘军判,贞祐初,闻朔方人马动,家诵摩利支天咒。及州陷,二十五口俱免兵祸,独一奴不信,迫围城始诵之,被掳四五日,亦逃归。南渡后,居永宁,即施此咒。文士薛曼卿记其事。②

足见金元期间摩利支天咒仍流传民间,可以推知当时摩利支天信仰仍流行于北方山西一带,而这些难民南渡之后,仍然信仰摩利支天。"自唐到明,不同区域、阶层的人都有信奉摩利支天的记录。整体来看,摩利支天信仰在中国并不算普遍,其信仰形态主要是抄经、诵咒等,而功能则是护佑、免灾等。"③ 南宋时,随着有关摩利支天菩萨灵验故事的流传和高僧的弘扬,也促使摩利支天菩萨信仰蓬勃发展。

上述可知,自南朝梁、唐,延至北宋,从文献记载的信仰实例看来,上层的皇室、权贵是摩利支天菩萨信奉的主体,摩利支天菩萨信仰并未在民间广泛普及,多见行于皇室或官宦之中。自宋室南迁以后,由于中原战乱频仍,依赖摩利支天菩萨的信众渐趋转盛。

---

① (宋)家铉翁《则堂集》卷二,《永乐大典》本。
② (金)元好问《续夷坚志》,中华书局2006年版,第34页。
③ 谢世维《早期斗姆摩利支天文本探讨:以〈先天雷晶隐书〉为中心》,《成大中文学报》2014年第47期。

第八章　密教传持与宋元摩利支天信仰

此期,摩利支天信仰在民间日渐繁盛,深入民间,表现在民间文学中,如元代《西游记》杂剧中猪八戒出场时自我介绍说其是"摩利支天部下御车将军",说明猪八戒艺术形象的形成也受到了摩利支天的影响。

因摩利支天在众护法中的特殊地位,之后所订制的佛教忏仪中,亦多请摩利支天神加持。"从宋代开始摩利支天成为天台宗供养的诸天之一。四明尊者知礼在《金光明最胜忏仪》的奉请文中加入了摩利支天等天神。"① 它如《法界圣凡水陆大斋法轮宝忏》卷九:

> 此菩萨有大神通,长行日前,日不见彼,彼能见日,无人能见,无人能知。若有知彼摩利支天名,求加护者,应作是言:我某甲,知摩利支天母,有大神力,我今归命,愿护我身,亦无人能见我、能知我,乃至捉缚诳害我,损财物,遇冤家。②

清弘赞集《供诸天科仪》"奉请诸天"条之"南无光明会上护法诸天菩萨":

> 心奉请行日月前、救兵戈难、护国佑民摩利支尊天。惟愿暂离天阙,与诸大眷来赴凡筵,不舍慈悲,光临法会。香华请,香华请。③

南宋时期,政局动荡,民不聊生,使得摩利支天信仰在中土获得广大信众的信奉,而作为佛教重镇的江南一带也成为摩利支天信仰的重要传持地区。

---

① 周叔迦《二十四诸天考》,《周叔迦佛学论著集》(下集),中华书局1991年版,第698—704页。
② 《法界圣凡水陆道场法轮宝忏》,《卍续藏》第74册,1043b。
③ 《卍续藏》第74册,637c。

· 335 ·

延至明清，摩利支天信仰仍大行其道，大航海家"三宝太监"郑和在下西洋前，曾修持摩利支天法门，并刊印流通《摩利支天菩萨经》。明成祖永乐元年（1403），姚广孝跋尾题记郑和刊印《摩利支天经》云：

> 《佛说摩利支天经》藏内凡三译。惟宋朝天息灾所译者七卷，其中咒法仪轨甚多，仁宗亲制《圣教序》以冠其首，然而流通不广。以广流通者惟此本，乃唐不空所译。其言简而验，亦多应、菩萨之愿力，岂可得而思议耶！于戏！李珏问神人，称名而免难；隆祐奉圣像，致礼而获福。况能依佛所说，诵此经者哉！今菩萨戒弟子郑和法名福善，施财命工，刊印流通，其所得胜报，非言可能尽矣。福善一日怀香过余、请题，故告以此。永乐元年岁在癸未秋八月二十又三日，僧录司左善世沙门道衍。①

郑和热心于刊印佛经，他所刊刻的版画《佛说摩利支天经》，是明代永乐年间单刻佛典中的版画的代表作。史载，郑和共有七次下西洋，都能平安出入。这不仅和当时的航海技术、环境有关，另据其本人所述，正是因为他修持摩利支天法，得到摩利支天菩萨的护佑才得以顺利出游。据清太泉录《为霖道霈禅师餐香录》卷上：

> 雪溪上座，诞日设斋，请上堂。雪溪上座，平生屡感异梦，一切皆验，无一虚者。年四十七岁时，因患眼，梦见摩利支天，手持日月，放大光明，眼得不坏，自是以来，礼供诸天，甚为虔恳，且更施金作佛，施药治病，一切福事，踊跃力行，然一一皆自梦心流出。且道：此梦为是实为非实？若道是实，分明是梦；若道非实，凡事皆验。这里定当得明白，则知

---

① 《朱棣实录》卷二一，国家图书馆藏有郑和刻本、姚广孝跋尾的《佛说摩利支天经》。

第八章 密教传持与宋元摩利支天信仰

现前身心,世界一切万法,亦复如是。所以云:三世诸佛是梦,历代祖师是梦,六道含灵是梦。雪公今日六旬初度,又请山僧,升梦座,说梦法,开梦众,只如破梦一句,作么生。咄!青天白日,大家莫瞌睡。①

清咫观辑《修西闻见录》卷四"常熟某氏妇事述":

丁丑六月,有送摩利支天像于梼茶之妙香庵者,晤徐君三人,好佛法,言其戚缪沈氏者,常熟人也,有义母焉,生平好供养三宝,病中感梦,因为夫詈,而自力于修行。其夫恶口谤之,受嚼舌之报而死。沈氏愈精进,临终预知时至,具斋邀亲友,自居首座,谈笑而逝。平生能前知,有火灾,命预作纸屋以代之,家人以为痴,纸屋故不全,后果有火,独焚其未有纸屋之数楹。②

清心圆《掐黑豆集》卷八"杭州仁和圆照茅溪行森禅师":

师云:"摩利支天大烦恼,问枯木无花几度春,断云犹挂树梢头,是何意旨?"③

将摩利支天作为丛林习常参禅的话头,可见摩利支天的影响力。加持摩利支天法,可消灾免难,逢凶化吉,遇难成祥,这一宗教信仰共识已得到信众广泛的认同,因此,自古及今,有关摩利支天菩萨救人于水火,使信者趋利避害的感应事例不胜枚举。鉴于摩利支天的影响,在世俗文学中亦有化用,如元阙名撰《摩利支飞刀对箭》杂剧④,其中摩利支天,就化用为官名封号。

摩利支天信仰的另一表现是散见各地的摩利支天绘画、造像等

---
① 《卍续藏》第72册,604a。
② 《卍续藏》第78册,406a。
③ 《卍续藏》第85册,352a。
④ (明)赵玄度集《孤本元明杂剧》,中国戏剧出版社1958年版。

艺术样式。摩利支天菩萨像，大致可归纳为三大类型：天女像、三尊像、三面多臂摩利支天菩萨像。初期绘画、造像多依据阿地瞿多与不空译本，故多绘塑"天女形"摩利支天，据《宣和画谱》卷一记载，北宋宫廷藏有南朝著名画家陆探微、张僧繇及五代著名画家曹仲元绘"摩利支天菩萨像二"①。其中曹仲元所绘画像，包括之后不空向唐代宗所进雕像，应均属此类。"唐代或日本存天女执扇形摩利支天可能出自不空译本，而藏传的多面多臂形，可能与天息灾译本和成就法所记摩利支天身形有关。"②

大江南北，营造摩利支天像者更是流行，造像材料或石、或金、或铜、或檀木不等。自唐世始，造像已渐成风气。据《代宗朝赠司空大辨正广智三藏和上表制集》载，上表中物什就有"白檀摩利支像、雕白檀摩利支像一躯"③。

宋元之际，散见各地的摩利支天造像，是这一信仰的外在表征。依据经典，造像可得殊胜功德。据唐不空译《佛说摩利支天经》：

> 作此像成，戴于顶上，或戴臂上，或置衣中，以菩萨威神之力不逢灾难，于怨家处决定得胜，鬼神恶人无得便。④

在中原地区的各大寺院中，发现多尊摩利支天像，如山西大同善化寺大雄宝殿金代二十四天彩塑中有摩利支天像。石家庄毗卢寺，上海玉佛寺、龙华寺，北京法海寺、碧云寺、妙应寺，芜湖广济寺等寺院中均绘塑有明清时期的摩利支天像。⑤

---

① 俞剑华标点注释《宣和画谱》，人民美术出版社1964年版，第74页。
② 李翎《摩利支天信仰与图像》，《中国美术馆》2013年第4期。
③ 《大正藏》第52册，829c。
④ 《大正藏》第21册，261a。
⑤ 张小刚《敦煌摩利支天经像》，《2004年石窟研究国际学术会议论文集》（上），上海古籍出版社2006年版。

第八章　密教传持与宋元摩利支天信仰

在西南地区重庆大足，绍兴年间，凿窟开龛，连年不断。现存有大量两宋之际雕塑的摩利支天造像，其中甚至还有专门供奉摩利支天而开的曼荼罗龛，凿造在大足与北山为中心的十余处崖壁中，构成了祈福禳灾，护国护王的密教道场。据考证，摩利支天像在大足的出现与北山石刻的重要赞助人冯楫有关。

学者陈玉女认为，摩利支天信仰的传持得力于唐宋帝王及皇室的推崇，尤其在唐代"安史之乱"以后，以及南宋"靖康之乱两个动乱时期，摩利支天因其消灾解难避兵祸的法力成为皇室成员的护身神。宋代持奉摩利支天的皇室成员首推隆祐太后。靖康之变后，在叛军和金兵的接连追杀中，隆祐太后离开东京开封，南逃至南京，后又逃至江西，最后在临安安定卜来。南渡之前，太后求得摩利支天像以护身，一路历险，最终幸免于难。为感恩其冥护之德，太后在西湖畔天竺寺塑像供奉。在朝为官的四川人冯楫与隆祐太后多有交往，或许正是受到隆祐太后的影响，冯楫将摩利支天信仰与造像带到了四川"。① 大足北山造像是依天息灾新译的《大摩里支菩萨经》所述而造："摩甲支天女，身如阎浮檀，金光明如日，顶戴宝塔，着红天衣，腕钏耳环，宝带璎珞，及诸杂花种种庄严，六臂三面三眼光明耀，唇如曼度迦花，于顶上宝塔中有毗卢遮那佛。"② 大足石窟北山多宝塔第33号龛有三头六臂的摩利支天女像，造像于宋绍兴十八年（1148）；于北山大佛湾第130号窟有最引人注目的宋代八臂摩利支天女像。另外，在安岳华严洞石窟华严洞中亦见此像。③ 从遗存的图像来看，宋代摩利菩萨像较唐代更加多彩多姿，虽然依旧可见唐式持扇的大女造型，但以多面多臂为主

---

① 陈玉女《佛说摩利支天经》信仰内涵初探——从郑和施刻《佛说摩利支天经》谈起，《麦积山石窟艺术文化论文集》，兰州大学出版社出版2004年版。
② 赖天兵《杭州飞来峰藏传佛教造像题材内容辨析》，《义博》，1999年第1期。
③ 刘长久等《大足石刻研究》，四川省社会科学出版社1985年版，第392页；胡文和《四川道教佛教石窟艺术》，四川人民出版社1994年版，第233—236页。

流,我国四川北宋后期石窟中已流行此像;南宋末,又吸收一些道教元素,出现了手擎日、月的摩利支菩萨像。

江南的杭州地区的飞来峰亦有摩利支天的造像,杭州飞来峰第70和79龛现存有元代的摩利支天像。①"飞来峰的摩利支天为早期身相,一面二目二臂,右手作与愿手印,左手当胸作说法手印并持无忧花枝,左脚结半跏趺,右脚屈伸踏在前面的猪背上,游戏坐于莲花座上。座下设有七头猪拉的车驾,只有一头猪,猪也没有承载莲花座的重量,只是雕在莲座前方。"②据明吴之鲸撰《武林梵志》卷五"中天竺寺"条,"在稽留峰北,隋开皇十七年,僧宝掌建。宝掌以唐高宗显庆二年住浦江,化去,自称度世一千七十二年,故兹山中尚有千岁岩,吴越王改崇寿院。政和四年,改曰天宁万寿永祚禅寺。南渡初,有摩利支天菩萨像。"③绍兴末年,高宗梦中感应,特迎请护国摩利支天像,供奉于杭州中天竺法净寺。因祈雨灵验,赐额为"天宁万寿永祚禅寺"。高宗时,隆祐太后奉"摩利支天母",以为大宋能够安居杭州,实出于天母的冥护。④

中国现存最早的摩利支天像出自西北地区的敦煌。敦煌石室中共有摩利支天画像和造像九处,分为两类:一类是根据唐代不空译经,所塑的是行于日前的天女形的摩利支天像;另一类是根据宋代天息灾译经,所塑的是后期密教信仰中的摩利支天像,出现在西夏统治敦煌中的中晚期。据张小赐统计,在敦煌"天女形"摩利支天像,计六幅,其中藏经洞所出纸画三幅,编号为 CH.00211、

---

① 详参张小刚《敦煌摩利支天经像》,《2004 年石窟研究国际学术会议论文集》(上),上海古籍出版社 2006 年版。
② 谢继胜《杭州飞来峰藏传石刻造像的风格渊源与历史文化价值》,《西藏研究》2003 年第 2 期。
③ 《大藏经补编》第 29 册,584b。
④ (明)心泰编《佛法金汤编》卷一四:"绍兴末年,上因感梦,迎请护国摩利支天像,奉安中天竺寺,以为雨旸祈祷,仍改寺额曰天宁万寿永祚禅寺。"《卍续藏》第 87 册,431a。

第八章　密教传持与宋元摩利支天信仰

MG.17693、EO.3566，壁画三幅（莫高窟第 8 窟南壁一幅、榆林窟第 36 窟前室西壁两幅）。① 敦煌石窟中的摩利支天曼荼罗及其造像共有三例，即榆林窟第 3 窟北壁东侧、东千佛洞第 5 窟、莫高窟第 3 窟主尊造像。这些壁画或造像是根据宋代天息灾译《佛说大摩里支菩萨经》绘制的。研究结果表明，宋代天息灾等印度高僧在中原弘传密教翻译密典，不但给予中原的宋代密教以直接的影响，而且还对西夏时代的敦煌佛教产生了深远的影响。② 另外，据张小刚推断，敦煌遗书 P.3999 创作于"10 至 11 世纪"，这一与前代图像毫无关联的摩利支天像与北宋天息灾新译的《佛说大摩里支菩萨经》密切相关。另外，在西北的黑水城遗址出土有摩利支天像的西夏唐卡。1180 年左右张胜温为大理国利贞皇帝段智兴所绘《大理国梵像卷》（今藏台北故宫博物院）中有"南无摩梨支佛母"像。

明代以后，此类造像仍很兴盛。如明代永乐元年（1403）三宝太监郑和施刊本《佛说摩利支天经》，此经扉画绘刻有摩利支天像。西藏古格王朝都城寺院的白殿遗址中出有 15 世纪末至 16 世纪初的摩利支天像。③ 在辽宁省博物馆保存着一面三眼四臂摩利支天铜像，该像为人面女尊像，座下雕刻五猪而不是七猪，制作于 16 世纪。

此外，唐五代天女形的摩利支天像在敦煌之外还有相当数量保存在日本寺院中，在《大正藏》图像部中可以见到。摩利支天像传到日本较早，据《灵岩寺和尚请来法门道具等目录》，知在唐朝开成四年（839），日本僧人圆行从中国携回"摩利支天菩萨像一躯"。今日本寺院藏《胎藏旧图样》《图像钞》《别尊杂记》与《阿娑缚抄》

---

① 张小刚《敦煌摩利支天经像》，《2004 年石窟研究国际学术会议论文集》（上），上海古籍出版社 2006 年版。
② 同上。
③ 金维诺《古格王朝的寺院艺术》，北京图书馆敦煌吐鲁番学资料中心、台北《南海》杂志社合编《敦煌吐鲁番学研究论集》，书目文献出版社 1996 年版，第 14—23 页。

等书中收有摩利支天画像多幅。①

从上述摩利支天像遗存可知,自唐代以来,摩利支天像广泛流传,历代都有摩利支天像的绘制与雕造,形式多样,材质各异,即有金铜质、石质雕像,又有泥塑像;既有纸画像,又有壁画像等,且分布全国各地。在这一传播过程中,至少有两次活动对摩利支天信仰的普及起到作用。一次在唐代宗时期,"遂逢降诞之辰,更遇金轮之日",不空进"雕白檀摩利支像一躯(此云威光),梵书《大佛顶陀罗尼》一本","伏惟陛下寿诞宝祚,尊像有威光之名;以陛下百王为首,真言有佛顶之号"② 另一次是在南渡初年,孟太后南奔时,曾奉摩利支天像以护身,后安其像于西湖中天竺寺,《佛祖统纪》卷四十七记载其事。这个时期还有一个显著的特点是,汉传密教与藏密及滇密中的摩利支天的融合,即由于佛教的进一步民间化,属于不同密教派别的摩利支天信仰之间的差别,也逐渐模糊。无论是汉传密教,还是藏密或滇密、东密中都有摩利支天像的流传。③

鉴于造像的种种功德,也形成了送摩利支天像的习俗。据清咫观辑《修西闻见录》卷四"常熟某氏妇事述"所记,于丁丑六月,"有送摩利支天像于饼茶之妙香庵者"。④ 有的甚至漂洋过海,东传日本,据日本安然集《诸阿阇梨真言密教部类总录》卷下"诸图像部第二十""诸尊曼荼罗"图四所记就收录有"摩利支天菩萨像一躯。"⑤ 摩利支天信仰亦有祈雨习俗相结合,尤为皇家所重。摩利支天具有祈雨功德。宋天息灾译《佛说大摩里支菩萨经》中多处详

---

① 张小刚《敦煌摩利支天经像》,《2004年石窟研究国际学术会议论文集》(上),上海古籍出版社2006年版。
② 《代宗朝赠司空大辨正广智三藏和上表制集》卷一,《大正藏》第52册,第829页。
③ 云南大理张胜温绘"南无摩梨支佛母"像属于滇密系统。
④ 《卍续藏》第78册,406a。
⑤ 《大正藏》第55册,114a。

第八章　密教传持与宋元摩利支天信仰

细记载了祈雨轨则，如卷三：

> 复有成就法降伏恶龙，若国土大旱，必有恶龙，制伏云雨，侵损苗稼。今此经中有最上真言三摩地，名曰大雨，若人持诵，即得大雨，滋益一切苗稼及草木等，皆令增长。①

鉴于摩利支天的特异功能，其影响亦远播南亚、中亚、东亚等地区。由于密教带动摩利支天信仰的流行，在今尼泊尔境内仍可看到许多摩利支天的雕像，有的二臂，有的三头八臂，有的三头六臂。而三头中有一头是猪头。至于拖车的野猪，有时一头，有时五头，最常见的则为七头。基于摩利支天的护难功能及其神出鬼没，由唐朝传入日本后为东密所重，一度又有人将其比附为战神，成为武士的守护神，专为武士所信奉，密家所传，在密教体系中也有极高的地位。据李能辑述《朝鲜佛教通史》上编：文宗仁孝王（王徽）二十年九月庚辰，"幸妙通寺，设摩利支天道场"②。说明摩利支天信仰已在朝鲜半岛流行。

摩利支天信仰源于古印度，传播于印度不同宗教传统，并传递到中亚、东北亚、东南亚等地，形成不同的形象与信仰，是泛亚洲跨文化的信仰现象。

第三节　道教斗姆元君与密教护法神摩利支天的融合

斗姆元君，简称"斗姆"。斗姆，又称斗姥、斗母。斗指北斗众星，姆即母也。斗父、斗母之说，应起于宋世，唐及唐前无此说。斗姆即是紫微大帝、（天皇大帝），以及北斗七星之母，地位极

---

① 《大正藏》第21册，第263页。
② 《大藏经补编》第31册，342a。

其崇高。斗姆共有九子,其中长子、次子分别为"四御"中的"天皇大帝(勾陈大帝)"和"紫微大帝",其余七子为"北斗七星君",即:贪狼星、巨门星、禄存星、文曲星、廉贞星、武曲星、破军星。北斗七星掌管着人的生辰,只要虔诚持奉管辖他们的星神,就能得到该星神的护佑。今所见与斗父、斗母之相关经典,较早者为《正统道藏》所收的二经《玉清无上灵宝自然北斗本生真经》和《太上玄灵斗姆大圣元君本命延生心经》。在《太上玄灵斗姆大圣元君本命延生心经》里,对斗姆元君作了相当详尽的描述:"能阳能雨能变化,救灾救难救刀兵。祠嗣就生麒麟子,祈名金榜就题名。商贾者,利加增,祈求父母得长生。子孙得荣盛,夫妇寿康宁。万邪自皈正,诸恶化为尘。"根据《道藏》书中所说,其法相是三目、四首、八臂。斗姆是道教所尊奉的一位与众不同的先天大神,被尊称为"先天道姥""象道之母""大圆满月光王""东华慈救皇君天医大圣""九灵太妙白玉龟台夜光金精祖母元精"等。道教中的朝斗科仪中,斗姆也被尊奉为主神。

入唐以降,北斗信仰摆脱了南北朝时期的低迷,重新崛起并广纳信众。北斗信仰也正是在唐代佛教全面盛行并影响中国以后被佛教所接受,成为道佛交融的一个典型。北斗信仰影响到佛教,班班可考,如在佛教经典中北斗七星都有佛菩萨一一对应的应化身。据《佛说北斗七星延命经》记载:

> 南无贪狼星,是东方最胜世界运意通证如来佛;南无巨门星,是东方妙宝世界光音自在如来佛;南无禄存星,是东方圆满世界金色成就如来佛;南无文曲星,是东方无忧世界最胜吉祥如来佛;南无廉贞星,是东方净住世界广达智辨如来佛;南无武曲星,是东方法意世界法海游戏如来佛;南无破军星,是东方琉璃世界药师琉璃光如来佛。若遇行年灾

第八章 密教传持与宋元摩利支天信仰

厄，礼此经七拜。①

可见，到了唐代，北斗信仰不仅在道教中流行，也深深地影响了佛教。中土和尚及印度来华的僧人，根据中土唐时社会流传的北斗七星君等信仰，杜撰成经典及科仪。

有唐一代，有北斗九皇信仰而无斗姆信仰。入宋以降，道教徒才确定了以斗姆作为信仰中心。有关斗姆信仰的生成与展开，台湾学者萧登福对此有过深入的考察，他认为中国自古虽已有北斗崇拜，但直到宋代才出现斗母的观念，其中又以《无上玉清灵宝自然北斗本生真经》（简称《北斗本生真经》）以及《太上玄灵斗姆大圣元君本命延生心经》（简称《斗姆心经》）为主，两经基本相同。② 依据现今所存资料，道教的斗姆信仰，确实始见于宋代。《北斗本生真经》《斗姆心经》中有将斗姆称为"中天梵炁斗姆元君紫光明哲慈惠太素元后金真圣德天尊"，将斗姆说成是天竺人，均显示了道佛的交融互汇迹象。

当时编纂的道藏中收录了若干有关斗姆的经典文献，除以上两部道经外，尚有《北斗二十八章经》《斗姥大道九皇真经》《紫微宝诰》等。如宋代道经《紫微宝诰》中有"法号金轮炽盛，道称玉斗玄尊"句，正是斗姆法流入佛门的明证，佛教《佛说大威德金轮佛顶炽盛光如来消除一切灾难陀罗尼经》便是讲释迦如来在净居天中为诸天人宣说礼斗禳星消灾之法。金轮炽盛者，即金轮炽盛如来，道门中即为北极紫微大帝，紫微大帝乃斗姆第二子，这样看来，斗姆法传承的脉络就很清晰了。由此可见，道教与密教二教之间，即已存在相当密切的关系。斗姆与摩利支天的融合，正是建立在这样

---

① 《大正藏》第 21 册，426a。
② 萧登福《试论北斗九皇、斗姆与摩利支天之关系》，《"国立"台中技术学院·人文社会学报》2004 年第 3 期。

的基础之上。道教中有关斗姆的来历与造型的经典,又再次显示了道教与佛教密宗之间的互通相融。尽管宋代的斗姆和密教的摩利支天尚未明显地融合在一起,但从斗姆神的某些特征、功能等,以及《北斗本生真经》和《九光经》这样的经典来看,斗姆一神的出现,和宋代的密教,已有极密切的关联。

斗姆与摩利支天信仰的结合,最晚应当不会逾越元代中期,最早则可上溯至元初,甚至是宋末。关于促使斗姆与摩利支天二神结合的教派为何,目前所见元代有关斗姆的道经,就只有《先天雷晶隐书》及《先天斗母奏告玄科》二部。而此二经,无论是从其内容法术,还是从其传承师派来看,皆同属神霄派的典籍。由此可以断定,将斗姆与摩利支天二神结合在一起的,正是身处江南的神霄派道士。①

有元一代,随着儒释道三教长期的汇通,密教世俗化影响的不断深入,摩利支天作为密教世俗化比较典型的密教神祇,渐次融入源于宋代的斗姆神谱,斗姆和密教的护法神摩利支天最终被附会成一神,在道教诸神灵当中,具有鲜明独特的地位。此时的斗姆信仰受到了密教摩利支天信仰的较多影响,如《道法会元》卷八三所载"斗母心咒",与密教所传"摩利支天真言"完全一样,斗姆的全称为"主法斗母摩利支天大圣",其法相为三头八臂,手擎日、月、弓、矢等,驾火辇,辇前有七头白猪,也与摩利支天法相相似。②此时的摩利支天可以说是跨越佛道两教文化的菩萨,其中涉及道教北斗信仰。而此时的斗姆元君的圣号全称已演绎为"先天斗姥紫光金尊摩利支天大圣圆明道姥天尊""摩利支天大圣先天斗姥

---

① 萧进铭《从星斗之母到慈悲救度女神——斗姆信仰源流考察》,《道教神祇学术研讨会论文集》Ⅳ,台北保安宫出版2011年。
② 《道法会元》卷八三,《正统道藏》第48册,艺文印书馆1977年版,第39260—39261页。

元君"等,在《道藏》所收录的《先天斗姆奏告玄科》中,称呼斗姆的名号为"虚无妙道十极高真梵龙汉天君紫君紫光金尊至德天后摩利支天大帝""九天雷祖大帝大梵先天乾元巨光斗姆紫光金尊圣后天后圆明道母天尊"等。此时的道教斗姥元君吸收了印度教跟佛教中摩利支天的形象。此天威力极大,上管三十六天罡星,下管七十二地煞星,二十八宿皆为此天所管辖。正是摩利支天菩萨长期的流传,使得道教亦青睐此天,借取己用。随着时代的发展演变,其神格内涵,亦不断的繁衍、变迁。愈到后来,其神格亦愈加庞杂。

对于斗姆信仰之源流及与佛教摩利支天关系,论述最为详尽的,当为萧登福的《试论北斗九皇、斗姆与摩利支天之关系》一文。此文在潜心研究佛道经典文献基础之上,较精细地剖析了斗姆信仰在宋元二朝的发展演变情形,以及与佛教摩利支天的密切关系,对于斗姆信仰的探讨,颇有开创之功。萧登福先生结合元末编定的道经《道法会元·先天雷晶隐书》及明万历间刊印的《续道藏·漆字号》所收的《先天斗母奏告玄科》两部道经,同时,再举元杂剧《摩利支天飞刀对箭》,认为斗母和摩利支天混而为一关系的形成,应是在元末。[①] 按元代道经《道法会元》卷八三《先天雷晶隐书》对斗姆的描述:"斗母摩利支天大圣,三头八臂,手擎日、月……"这里的斗姆俨然就是密教护法神摩利支天的化身。可以说,到了元末,斗姆信仰与密教的摩利支天完全结合在一起。以上两部道书均已将"摩利支天"正式列为斗姆名号之一,出现了斗姆即摩利支天的形象。

萧进铭先生则提出不同看法。他根据上述两部斗姆与摩利支天密切联系的经典《先天雷晶隐书》与《先天斗母奏告玄科》中的传

[①] 萧登福《试论北斗九皇、斗姆与摩利支天之关系》,《"国立"台中技术学院·人文社会学报》2004年第3期。

承人物展开论证,认为两者之间的关联当在元中叶,最早亦可推至元初或宋末。① 谢世维先生通过考证认为"《先天雷晶隐书》是以神霄为基础的新整合法术系统。这种整合可能在元代中、末时期才完成,而斗姆摩利支天也是在此背景下,于元代中期才出现。之所以会以斗姆摩利支天为主神来整合这些神霄系统,是因为斗姆摩利支天已经是一个被接受的信仰神祇,很可能已经在法术当中被运用,因此推断斗姆摩利支天在元代中期已经流传"②。

《先天斗姆奏告玄科》是《续道藏》中唯一收录的斗姆科文,科文中还包括了一连串的梵音密咒,又称元始天尊为"元始上帝毗卢遮那大圣主",把元始天尊和《华严经》中毗卢遮那佛视为一体。之后的道经中多将斗姆与摩利支天完全混为一谈了。如《先天神后斗姆元尊大道九皇真经》:

> 指修山中,有九异人,乘云车,能御空驾炁,乃北洲域单越周御国王之子。其姥摩利支,西洲天竺国人,有大神通,出则阳炎,能游行四海,往来印度。知北洲域单越周御国王辰祭从好善,因与之生圣子九头。摩利支以万为姓,号泰阳。天姥教九子之以法……兄弟各居一方而治,又曰居方氏,人皇在中区设教,宣化八方。

《玉清无上灵宝自然北斗本生真经》:

> 是时,斗姆告真人曰:"……吾语汝。吾即,摩利支天万泰阳也。天皇之前,吾已出世,地皇之先,吾住西洲天竺国,运大神通,往来印度,继见北洲郁单越周御国王辰祭从,心慈

---

① 萧进铭《从星斗之母到慈悲救度女神——斗姆信仰源流考察》,《道教神祇学术研讨会论文集》Ⅳ,台北保安宫出版 2011 年版。
② 谢世维《早期斗姆摩利支天文本探讨:以〈先天雷晶隐书〉为中心》,《成大中文学报》,2014 年第 47 期。

第八章 密教传持与宋元摩利支天信仰

好善，因往助之；觅净土，筑垣阙，持书戊己之宫，实养金胎之室，一团神气，三次超脱。为生圣嗣九头。"

《九皇斗姥说戒杀延生真经》：

九皇斗姥金轮开泰元君、头挽螺髻、身披霞绡……，会三登上真于摩利支天、谈生天生地之道、阐不生不灭之真。

神明的左、右手分别持着了道教与密宗的修行法器，正体现了道密双修的形象。由元末经明至清，甚至民国后所编成的道书中，所见者大都是混摩利支天与斗母为一体。如清世所编《道藏辑要》、近人胡道静等主编《藏外道书》所收与斗姆相关之道经一无例外。其中的道教感应记故事所述尤为清晰，使我们能大致了解到民间对斗姥及礼斗的情况。他们相信斗姆是从天竺国而来。道经所载的此则故事，早已在教界及民间广为流传，更出现有大量朝拜、礼斗姆的科仪，如明代道经《先天斗母奏告玄科》中载录详尽。

在中土，自元末以后，则摩利支和斗母，被混合为一，形成了摩利支即斗母，斗母即摩利支的宗教样态。斗姆摩利支天圣像与佛教摩利支天的法相一致，同时其长咒与短咒也完全沿用佛教摩利支天的本咒与心咒。斗姆的出现是重视星斗崇拜的道教对佛教摩利支天信仰的改造和进一步阐释发展的结果，两者确有一定的联系。当然，密教界认为斗姆元君是源于摩利支天的信仰，道教界则认为斗姆元君是元始天尊本身的阴炁所结，化身西天竺，为摩利支天菩萨。

无论两教界如何解说，斗姆信仰的流行，"其源头应来自佛教的摩利支天，是典型的一个佛道文化相融、交涉的结果"[①]。斗姆与摩利支天合体的宗教确认，说明了中国的摩利支信仰与印度的不

---
① 李耀辉《从斗姥与摩利支天的融合看佛道文化的交涉》，《中国道教》2011 年第 4 期。

同，有了新的体会和文化特色，是道佛交流结果。元代斗姆与摩利支天二神的结合，除了从神讳及形象可充分说明之外，从持诵的咒语及修行的方法中亦可得见。《先天雷晶隐书》及《先天斗母奏告玄科》所列天母心咒，与佛教摩利支天神的咒语，完全一致；而前者所见之"金光秘字"及存想自身化为天母的修行方法，与密教的"种字法"及"观想本尊法"，也若合符节。佛教摩利支天神及其相关修持法，与道教斗姆的完全结合，实昭然若揭。①

道教将斗姆和密教的摩利支天融合为一，并非元世一蹴而成，其源可肇自唐代一行以瓮掩北斗，北斗化为七猪的神话传说。北斗信仰，在唐世十分兴盛，甚至连当时的佛教也受到了道教《北斗经》的影响。在密教里，猪为摩利支天之坐骑，关系密切，所以便联想到斗姆即摩利支天。北斗化七猪的神话传说，盛行于唐末宋初，传言与唐玄宗时的一行禅师有关。一行禅师，正是唐代那位把密教北斗信仰和中国北斗信仰兼容并蓄融为一体的高僧、《先天斗母奏告玄科》所祈请的祖师。据《宋高僧传》的记载，唐僧一行为我国古代著名的天文学家，藏内有关星斗的密教经典，皆为其所译，如《宿曜仪轨》《七曜星辰别行法》《北斗七星护摩法》等。这位大师当然是相信"北斗七星"的神威力，方才修持翻译。据唐郑处诲所撰《明皇杂录·补遗》篇中所记载的一则传奇：大中九年（855），一行年幼家贫，常常得到邻居老妪的帮助。后来唐玄宗对一行言听计从的时候，老妪的儿子杀了人，想请一行去向皇帝讲情，一行起初说：要钱可以十倍奉还，但君上的法律难以求情，老妪大骂一行忘恩负义而去。后来，一行使叫两名心腹家奴到某个废园去等候，看到什么动物是七只一群的就抓回家。结果两个人抓到

---

① 萧进铭《从星斗之母到慈悲救度女神——斗姆信仰源流考察》，《道教神祇学术研讨会论文集》Ⅳ，台北保安宫出版 2011 年版。

第八章 密教传持与宋元摩利支天信仰

七头猪。一行把猪全放在瓮里封好,写上梵文咒语。这一抓,当晚天上的北斗七星就不见了。第二天,皇帝为天上没有北斗的异象担忧,一行乘机劝惊动了的皇帝大赦天下以消灾。当皇帝把包括邻居老媪儿子在内的犯人都放了的时候,一行又悄悄放走七头猪,于是北斗七星又照耀了。

北斗化七猪这个故事,在晚唐时显然已普遍流行,《酉阳杂俎》《集说诠真》等都相继转载。到了宋世,这个故事依然为人所津津乐道,《太平广记》卷九二、《佛祖统纪》卷二九、《旧唐书》《佛祖历代通载》《宋高僧传》等僧俗二界文献中均载录一行有把北斗"七星"化身为猪并隐藏起来的异术,虽文字略有不同,但内容相近。

道教的北斗信仰是受到中土的密教高僧所重视,移植和吸收到密法中去。但是,唐朝虽重视传统道教的北斗信仰在民间的影响,把它和密教北斗护摩功能结合,却未曾有任何佛、道经文提及斗姆或摩利支天化身之说法。或许正是摩利支天的说法和一行对密教北斗崇拜的尊崇及有关"北斗化猪"的传奇附会,以及佛道修行者对修行法门的体会,衍生出"斗姆与摩利支天一体"的信仰。另外,民间信仰将摩利支天与猪关联起来,将其视为中国固有的猪神化身,并进一步与北斗信仰联系起来,使密教中本来与北斗星辰毫无关系的摩利支天菩萨也成了斗姆的化身。另外,在元末杨景贤的杂剧《西游记》中,猪八戒的前生也成了"摩利支天御车将军";到了明代小说《西游记》中,猪八戒的前身才被定型为"天蓬元帅"。天蓬正是北斗的第九星,即内弼星的星号,《道藏》中的一些经文亦以"天蓬"称呼内弼星。无论是道经,抑或是世俗文学都反映出摩利支天与猪神的内在关联。其中的影响链,偶然中也有必然。

综上所述,摩利支天最初为印度的地方神,后为佛教吸收成为天部的菩萨。南北朝时,有关摩利支天经典传译于中土,渐次为中原地区所认识。摩利支天的信仰于唐代开始在中国流传,至元代开

· 351 ·

始与道教斗姆信仰产生结合现象，最后在佛道文化的交融互汇下，摩利支天更与道教的星斗信仰内的斗姆相结合。元代及明代初中期前，斗姆和密教的摩利支天一神，完全融合在一起，这是斗姆信仰的一个重要衍变，由于道教神霄派道士的居间利用，而使斗姆与密教的摩利支天女神融合为一，成为雷部的至上尊神。同时，在宗教间互相移植和发展的过程中，斗姆与摩利支天的合体得到宗教确认，形成斗姆摩利支天的形态，并发展出一系列经典文本，今天我们在道教宫观内斗姆（姥）殿或太岁元辰殿内所见到的斗姆正是在长期的相融交汇中形成的。这一融合过程也说明了中国的摩利支信仰与印度的不同，有了新的体会和文化特色，是道佛交流结果。另一方面，一脉相承于东土大唐的日本密教，亦影响着日本忍者武士，他们所崇拜的"战神"，就是摩利支天所衍变的结果。

第九章
密教传持与宋元秽迹金刚信仰

宋代是一个佛教世俗化不断深入的时代，其中密教信仰不断向民间世俗生活广泛渗透，成为当时精神生活中一项重要内容，大江南北无不熏染其风，江南地区影响尤甚，可窥密教信仰之一斑。江南地区自古尚鬼敬神，此时此地的信仰更是佛、道、巫相互浸染。秽迹金刚作为密教神祇，而巫、道皆有运用，其在宋代江南的信仰形式一定程度上反映出当时江南地区的民众信仰状况。

第一节 秽迹金刚的缘起、神格及法相

秽迹金刚，亦称除秽金刚，全称大威力乌枢瑟摩明王（或称"大力威怒金刚乌刍史么"，各经音译或稍有不同）。梵文Ucchusma，音译为乌刍涩摩、乌枢沙摩、乌枢瑟摩、乌素沙摩、乌枢沙摩，又作乌刍沙摩明王、乌刍瑟摩明王等；意译为受触金刚、火头金刚、不坏金刚、不净金刚、厕神，字面意义为"忿怒除

秽""焚烧秽恶"。唐慧琳《一切经音义》卷三六:"除秽忿怒尊,旧译名不净金刚,或名秽迹金刚,并拙译不正,有同毁骂圣者,其实义不然。或名火头金刚,亦非正译。梵云乌荼涩摩,义译云焚烧秽恶,此圣者以深净大悲,不避秽触,救护众生,以大威光犹如猛火烧除烦恼妄见,分别垢净、生灭之心,故名除秽。又梵名摩贺么罗,唐云'大力',以大悲力犹如炽火,烧除秽恶生死业缘,故名'大力'也。"① 希麟集《续一切经音义》卷七:

> 乌枢瑟摩,梵语或云乌荼沙摩,旧译云秽迹金刚,此言有失,似毁于圣者也。新翻为除秽忿怒尊,谓以金刚慧现威怒身降伏难调秽恶有情故也。②

还有译成"秽积金刚"的,出自唐不空译《摄无碍大悲心大陀罗尼经计一法中出无量义南方满愿补陀落海会五部诸尊等弘誓力方位及威仪形色执持三摩耶幖帜曼荼罗仪轨》:"又秽积金刚,为不空成就佛忿怒,自性轮金刚业也。秽积即乌刍涩摩菩萨也。"

从以上经文可以证明"秽积金刚"亦为五方五佛北方的不空成就佛所化现的忿怒身,而"秽积金刚"与"乌刍涩摩明王"亦是同尊同体。敦煌石室中亦有其抄经,如伯 3047 号背面《秽积金刚显神通大陀罗尼》《秽积金刚法禁百变》《秽积金刚神符变病及延年法》卷下,计三部。③ 秽迹金刚亦称"火首金刚""火头金刚",意为以火烧却一切烦恼污浊而达清净之地。"火头金刚"一名,出自唐代善无畏所译《阿吒薄俱元帅大将上佛陀罗尼经修行仪轨》"十九者,降伏树精,使火头金刚……"。至于最有名及为人熟知的"火头金刚"则典出唐代般剌密谛法师所译之《大佛顶如来密因修证了义诸

---

① 《大正藏》第 54 册,545c。
② 同上,963c。
③ 黄永武主编《敦煌宝藏》,台北新文丰出版公司 1986 年影印,第 126 册。

菩萨万行首楞严经》卷五：

> 乌刍瑟摩，于如来前，合掌顶礼佛之双足，而白佛言："我常先忆久远劫前，性多贪欲。有佛出世，名曰空王，说多淫人，成猛火聚。教我遍观百骸四肢，诸冷暖气，神光内凝，化多淫心，成智慧火，从是诸佛皆呼召我，名为火头，我以火光三昧力故，成阿罗汉。心发大愿，诸佛成道，我为力士，亲伏魔怨。佛问圆通，我以谛观身心暖触，无碍流通。诸漏既销，生大宝焰，登无上觉，斯为第一。"①

敦煌壁画中亦有火头金刚像，如莫高窟 14 窟南壁"千手千眼观音变"中（晚唐）。秽迹金刚具大慈悲心，他的本愿就是要护持清净正法，庇护众生，不受任何淫污之害。据唐佛陀多罗译《大方广圆觉修多罗了义经》：

> 尔时，会中有火首金刚、摧碎金刚、尼蓝婆金刚等八万金刚，并其眷属，即从座起，顶礼佛足，右绕三匝，而白佛言："世尊，若后末世一切众生，有能持此决定大乘，我当守护，如护眼目。乃至道场所修行处，我等金刚，自领徒众，晨夕守护，令不退转。其家乃至永无灾障，疫病消灭，财宝丰足，常不乏少。"②

在古印度也曾被婆罗门教当作火神阿耆尼（Agni）的别名。除秽金刚是佛教的一位殊胜本尊，据大足石窟所标示的铭文为：大除秽迹金刚。不空译《金刚恐怖集会方广轨仪观自在菩萨三世最胜心明王经》："行人每于便痢处，忆念秽身真言。"③ 还有《十一面观自在念诵仪轨经》也曾说："入一切触秽处，加护自身，用触身忿怒乌

---

① 《大正藏》第 19 册，127a。
② 《大正藏》第 17 册，921c。
③ 《大正藏》第 20 册，12a。

乌沙摩印。"①

至于秽迹金刚的由来,据唐阿质达霰(唐言"无能胜将")译《秽迹金刚说神通大满陀罗尼法术灵要门》:

> 一时佛在拘尸那国力士生处跋提河边娑罗双树间,尔时如来临入涅槃。是时有无量百千万众天龙八部人非人等,啼泣向佛,四面哽咽,悲恼而住。尔时复有诸天大众释提桓因等,皆来供养,唯有螺髻梵王,将诸天女,依于四面围绕而坐,前后天女千万亿众,共相娱乐。闻如来入般涅槃而不来觐省。时诸大众为言:"今日如来临般涅槃,是彼梵王何不来耶?其王必有我慢之心,而不来至此,我等徒众驱使小咒仙,往彼令取。"作是语已,策百千众咒仙,到于彼处。乃见种种不净而为城堑,其仙见已,各犯咒而死。时诸大众,怪未曾有,复策无量金刚,亦令持咒而去。……是时如来愍诸大众,即以大遍知神力,随左心化出不坏金刚,即于众中从座而起,白大众言:"我有大神咒能取彼梵王。"作是语已,即于大众之中显大神通,变此三千大千世界,六返震动,天宫、龙宫、诸鬼神宫皆悉崩摧。即自腾身,至梵王所,以指指之,其彼丑秽物变为大地。尔时金刚至彼报言:"汝大愚痴,我如来欲入涅槃,汝何不去?"即以金刚不坏之力,微以指之,梵王发心,至如来所。②

据宋僧志磐撰《佛祖统纪》卷四亦记此事,情节大同小异:

> 如来临入涅槃,诸天大众皆来供养,唯螺髻梵王不来觐省。时诸大众恶其我慢,使百千咒仙往彼令取。乃见种种不净

---

① 《大正藏》第 20 册,143a。
② 《大正藏》第 21 册,158b。

第九章　密教传持与宋元秽迹金刚信仰

而为城堑，犯咒而死，复策无量金刚持咒而去，乃至七日无人取得。大众悲哀说偈，如来即以大遍知神力，随左心化出不坏金刚，于大众中显大神通，三千世界六反震动，即腾身至梵王所，指彼秽物变为大地。报梵王言："汝大愚痴，如来欲入涅槃，汝何不去？"即以金刚不坏之力，微以指之。梵王发心，至如来所。①

明宝成编集的《释迦如来应化录》卷下"佛现金刚"条亦转录此事。② 螺髻天王为何能破众仙之咒？并为中土士人所接受呢？

有关这一法术，其实在中国民间亦有遗存。在中国民间的禁忌文化中，便是最怕污秽，杀鬼用狗血，破咒用屎尿，而男女之事，也是污秽。历史上义和团、白莲教让妇女站在城墙上裸体对敌，也是"以秽破法"的遗迹。因此，秽迹金刚法在理念上也易为士人所接受、信奉。秽迹金刚由释迦牟尼佛左心化现。有关其化现，诸经众说纷纭。同事据《密迹力士大权神王经偈颂》：

> 如来于涅槃台左胁，化现秽迹明王三头八臂，降伏螺髻梵王，说咒划四大宝印书符，四十二道结，五指印契，普利有情。③

可见，秽迹金刚是从释迦牟尼佛左胁化现，为密教重要神祇。由其本事可知"秽迹金刚"是为释迦佛化身，为佛之三轮身：自性法身、正法轮身、教令轮身当中北方羯磨部的教令轮身。秽迹金刚法相计有二臂、四臂、六臂、八臂四种造型，以三头八臂为最常见，顶上化佛，右头为红色、左头为白色。八臂缠金龙，其中右边第四手执一月牙戟，焰光莘莘，现忿怒相，具大威力。戟是中国独有的

---

① 《大正藏》第49册，166c。
② 《卍续藏》第75册，98a。
③ 《大正藏》第32册，777a。

兵器，印度无此物——这是秽迹金刚的汉化特征。历代以来，僧俗二界，持咒行法者甚众。

持念秽迹金刚咒可得殊胜功德，不可道尽，因为咒乃佛的秘密，具有无量无边的功德，唐阿质达霰译《大威力乌枢瑟摩明王经》卷上：

> 尔时薄伽梵金刚手菩萨摩诃萨，如狮子顾，作此瞻视，唱如是言："大部多主！我今说乌枢瑟摩秘密曼荼罗法，若暂闻者，一切事业皆悉成就。不有非时夭横，但诸恶事，皆不及身。毗那夜迦，伺不得便，一切众生之所爱敬，一切怨敌常皆远离，一切密言皆得成验。诸金刚法，任运当成，一切不祥，即得解脱，一切吉庆，常当加护。若持此明满十千遍，即同登坛，具足灌顶。"①

唐阿质达霰译《秽迹金刚说神通大满陀罗尼法术灵要门》：

> 若有世间众生，被诸天恶魔一切外道所恼乱者，但诵我咒十万遍，我自现身，令一切有情随意满足，永离贫穷，常令安乐……若有善男子、善女人，欲救疗万病者，诵上咒四十万遍，见有病者治之有验。无问净与不净，随意驱使，我当随从，满一切愿。②

在《大佛顶首楞严经》中，释迦牟尼佛让菩萨及阿罗汉们介绍各自悟道的因缘，第十八位起身介绍者即大力威怒除秽金刚：

> 乌刍瑟摩于如来前，合掌顶礼佛之双足，而白佛言："我常先忆，久远劫前，性多贪欲。有佛出世，名曰空王，说多淫

---

① 《大正藏》第 21 册，142c。
② （唐）阿质达霰译《秽迹金刚说神通大满陀罗尼法术灵要门》，《大正藏》第 21 册，158b。

第九章　密教传持与宋元秽迹金刚信仰

人，成猛火聚，教我遍观，百骸四肢，诸冷暖气，神光内凝，化多淫心，成智慧火。从是诸佛，皆呼召我，名为火头。我以火光三昧力故，成阿罗汉，心发大愿：诸佛成道，我为力士，亲伏魔怨。佛问圆通，我以谛观，身心暖触，无碍流通，诸漏即销，生大宝焰，登无上觉，斯为第一。……若有世间众生，被诸天恶魔一切外道所恼乱者，但诵我咒十万遍，我自现身，令一切有情，随意满足，永离贫穷，常令安乐。"①

由此可见，淫欲心重的乌刍瑟摩，按照空王佛的教诲，集中心思，谛观身中冷暖之气，用此方法将淫心化成智慧之火，三昧火光外延升腾，因此被诸佛称为"火头"，也由于这种火光三昧的力量，终于契入佛道，证得阿罗汉果，并且发愿化现力士、护持佛法、亲伏魔怨。

修持秽迹金刚法时须供养金刚橛杵，在唐阿质达霰所译之《秽迹金刚禁百变法经》中，曾记载以秽迹金刚橛杵修法之事：

若诵一切诸咒，先须作坛。若诵我此咒者，即勿须作坛。但刻一跋枳"金刚橛杵"，于佛塔中，或于静室中，用香泥涂地，随其大小，着种种香华供养，安枓坛中。咒一百八遍，其杵即自动，或变作种种异物，亦勿怪之。更诵咒一百八遍，其杵自去地三尺以来，或五六七尺，乃至一丈以来。持法之人，即须归依、忏悔、发愿，我于彼中即现"真身"。随行人意所愿乐者，并皆速得如意，我即与授"菩提之记"，即得身心解脱。先须诵十万遍满，然后作法，若课未充，不得效验……

同系经典当中，由元代广福大师僧录管主八所撰之《密迹力士大权神王经偈颂》亦有记载秽迹金刚橛杵之事：

---

① 《大正藏》第19册，127a。

沈笺檀木工巧跋折罗，宝杵执持杵像曼拏心。香华灯涂果蔌饮食奉，供养释迦忿怒大神尊。香水和泥雕塑慈悲像，百种庄严美器安杵像。虔诚结印不动十万遍，杵摇水涌那时方明证。杵像放光言语及神变，大觉慈尊左心化现出。①

入唐伊始，有关秽迹金刚的主要经典及仪轨即开始传译，最早译本是阿地瞿多于 652 到 654 年间所译的《佛说陀罗尼集经》卷九《金刚乌枢沙摩法印咒品》一卷。之后的重要译者是唐代北天竺僧人阿质达霰（唐言"无能胜将"），据唐圆照《贞元新定释教目录》卷一四："《大威力乌枢瑟摩明王经》二卷（或三卷，亦云《乌苔涩摩经》）、《秽迹金刚说神通大满陀罗尼法术灵要门》一卷、《秽迹金刚法禁百变法经》1 卷，右 3 部 4 卷，其本见在，北天竺国三藏沙门阿质达霰于安西译。"开元二十年（732），"因法月三藏贡献入朝，附上件经至于京邑，不及得入《开元目录》，准敕编入《贞元新定释教目录》"②。上述记载可知，阿质达霰于 732 年在安西龟兹国分别译出了《金刚恐怖集会方广轨仪观自在菩萨三世最胜心明王大威力乌枢瑟摩明王经》3 卷、《秽迹金刚禁百变法经》一卷、《秽迹金刚说神通大满陀罗尼法术灵要门》1 卷等③，开元二十年，该经由法月及其弟子利言带到了大唐长安。可见，法月是秽迹金刚经典引入汉地、进献给唐朝宫廷的重要人物。因为来不及收入《开元释教录》，因而收入《贞元新定释教目录》。自此，大圣秽迹大明王法弘传到了中土大唐。"崇善寺本中发现了一部经，是影印本未收入、且未言缺本待访的经，即武字函第十二册的《佛说密迹力士大

---

① 《大正藏》第 32 册，780。
② 《大正藏》第 55 册，878b。
③ 《秽迹金刚说神通大满陀罗尼法术灵要门》亦有别本流通，据《密迹力士大权神王经偈颂》记："后宋曾稽沙门智彬，将此经重行校勘治定，补阙流通，题曰《佛入涅槃现身神王顶光化佛说大方广大圆满大正遍知神通道力陀罗尼经》。"

第九章 密教传持与宋元秽迹金刚信仰

权神王经》一卷。系北天竺国三藏阿质达霰（唐言无能胜将）奉诏译。"① 之后，输波迦罗译《苏婆呼童子请问经》3卷。

开元年间，"开元三大士"入唐，创立密宗，翻译了大量密教经典，其中不空奉诏译《大威怒乌刍涩么仪轨经》一卷、《底哩三昧耶不动尊圣者念诵秘密法》《底哩三昧耶不动尊威怒王使者念诵秘密法》3卷、《摄无碍大悲心大陀罗尼经计一法中出无量义南方满愿补陀落海会五部诸尊等弘誓力方位及威仪形色执持三摩耶幖帜曼荼罗仪轨》1卷、《蕤呬耶经》3卷；善无畏译《阿吒薄俱元帅大将上佛陀罗尼经修行仪轨》3卷。

有宋一代，此类经典亦有大量传译，宋法护奉诏译《佛说出生一切如来法眼遍照大力明王经》2卷；施护译《佛说一切如来金刚三业最上秘密大教王经》7卷、《佛说无二平等最上瑜伽大教王经》6卷；天息灾译《一切如来大秘密王未曾有最上微妙大曼拏罗经》5卷；法贤译《佛说瑜伽大教王经》5卷、《佛说幻化网大瑜伽教十忿怒明王大明观想仪轨经》1卷。

入元以降，密教经典的传译已结束，但仍有秽迹金刚相关的佛经文学语言方面的作品，如管主八撰《密迹力士大权神王经偈颂》1卷，《乌刍涩明王仪轨梵字》1卷。据元智昌《密迹力士大权神王经偈颂序》："历代以来，持咒行法者僧俗甚多，未达信受奉行先二师同译。后宋曾稽沙门智彬，将此经重行校勘治定，补阙流通，题曰《佛入涅槃现身神王顶光化佛说大方广大圆满大正遍知神通道力陀罗尼经》。"南宋释智彬重新校勘《秽迹金刚》经典，补缺后流通。

在日本，相关著述亦不少。如静然撰《行林抄》82卷；赖瑜撰《秘钞问答》22卷；赖瑜撰《薄草子口诀》21卷。另外，还有一些秽迹金刚的资料，散见于各种论著中如《觉禅钞》《别尊杂记》

---

① 何梅《山西崇善寺藏〈碛砂藏〉本的价值》，《宗教学研究》2000年第1期。

· 361 ·

《阿娑缚抄》《白宝口钞》《尊容钞》，等等。另据《新书写请来法门等目录》记录，尚有失译人《秽迹金刚神妙经》一卷。

以上诸译经，有学者认为："现存秽迹金刚经典中只有《大威怒乌刍涉么仪轨经》与《大威力乌枢瑟摩明王经》比较可能是印度中亚传来的密法，其他则可能是在敦煌安西一带被制作出来。"① 这一结论未免武断，但有些经典，在那个年代，造伪也是事实。如唐阿质达霰译《秽迹金刚禁百变法经》1卷，为秽迹金刚的符印法，借用道教符印不说，单以"急急如律令"为咒语，那是再明显不过的了。

北宋天台宗十七祖四明知礼大师《金园集》卷中载秽迹金刚放生仪轨，天台宗传承秽迹金刚法，并将秽迹金刚咒列入放生仪轨中。据宗晓编《四明尊者教行录》卷一：

> 法师应于放生之处，不近不远，敷座而坐，若有徒众，亦于其旁列位坐之，各以慈眼悲心视诸众生，念其沉沦深起哀愍，复念三宝有大威力能救拔之。作是观已，法师当执水盂默念想云，一心奉请：大秽迹金刚圣者潜降道场，加持此水，有大功勋，洒沾异类，令其身心清净，堪闻妙法。即默诵秽迹真言一七遍，再三洒之。②

南朝梁释志公尝撰《水陆仪轨》，直到南宋志磐将《水陆仪轨》加以重新考订，此时已将"秽迹金刚咒"编入"结界"时首尊祈请的金刚大圣。《水陆仪轨》卷一在开坛结界后，首尊即先请"秽迹金刚"圣者，其次再请"大威德忿怒甘露军荼利等十大明王并诸眷属"等。之后，明莲池大师又重新"补仪"一次，"秽迹金刚咒"

---

① 谢世雄《密法、道术与童子：秽迹金刚法与灵官马元帅秘法中的驱邪法式研究》，《国文学报》2012年第51期。
② 《大正藏》第46册，863a。

第九章　密教传持与宋元秽迹金刚信仰

亦是重要咒语。直到清真寂大师又重新仪润汇刊了一次《水陆仪轨》。在《药师如来观行仪轨法》中，秽迹金刚位于被祈请为"二十八部金刚藏王"中的第三尊。在《大方广菩萨藏文殊师利根本仪轨经》中，秽迹金刚是众多出席集会的明王之一。在顶轮王大曼荼罗中，秽迹金刚位于《顶轮王大曼荼罗灌顶仪轨》中的"第三院"。另外，秽迹金刚也是水陆法会祈请的对象，如《法界圣凡水陆大斋法轮宝忏》《法界圣凡水陆大斋普利道场性相通论》中均有记载。密教法事亦使用秽迹金刚咒作护摩。据宋法天奉诏译《妙臂菩萨所问经》卷三"召请钵天说事分第八"：

> 持诵行人即于坛所，读诵《吉祥伽陀》或《大力明王经》，及《三摩惹经》及秽迹忿怒明王真言，乃至大乘诸陀罗尼而发遣之。

同卷"妙臂菩萨所问经说胜道分第十"：

> 行人便须再以稻花白芥子酥蜜相和，即诵赤身大力明王真言，及秽迹忿怒明王真言等作护摩，前不吉祥相自然不现，一切消灭。[1]

禅宗佛事亦无例外，须受持秽迹金刚咒。如永明延寿大师日修"一百零八种"佛事，其中第八十九种是"受持秽迹金刚陀罗尼，普愿法界一切众生，所向之处，身心内外境界，悉皆清净"[2]。

第二节　秽迹金刚信仰在宋元的流播

"秽迹金刚"一名最早出自唐代阿地瞿多所译《佛说陀罗尼集

---

[1] 《大正藏》第18册，756b。
[2] 详见释延寿《智觉禅师自行录》，即《永明延寿禅师自行录》，《卍续藏》第111册，164a。

· 363 ·

经》卷九《金刚乌枢沙摩法》，之后阿质达霰译出《秽迹金刚说神通大满陀罗尼法术灵要门》1卷及《秽迹金刚禁百变法经》1卷。自两经将其译出传世，"秽迹金刚"的尊号便不胫而走，风行于唐代民间。

秽迹金刚法乃是以秽迹金刚为修法本尊的密教法门，自唐代阿质达霰译出《秽迹金刚禁百变法经》《秽迹金刚说神通大满陀罗尼法术灵要门》和《大威力乌枢瑟摩明王经》后，以"秽迹金刚"为修法本尊的密教法门的"秽迹金刚法"即开始盛行于世。唐玄宗时，朝人多持诵此咒，灵验非一，朝廷以为惑众，遂特下诏削除十咒字。自"开元三大士"入唐以来，密教更加系统化、体系化，密教信仰在唐代空前繁盛，随着阿质达霰经典译出之后，秽迹金刚之法即开始盛行于世，广布大江南北，修持此法的人不在少数。自"会昌法难"后，唐代密法转以秘密方式流传于各佛寺之间，而秽迹金刚更与禅宗有大因缘，历代祖师多秘密修持秽迹金刚法。

钱塘菩提寺慧持法师，"过蜀中高德，教授除秽金刚全咒法。诵及二年，大有感验，令杵升空，随意而往"。慧持大师持除秽金刚咒，感金刚杵飞空。据《密迹力士大权神王经偈颂》云：

> 虔诚结印不动十万遍，杵摇水涌那时方明证，杵像放光言语及神变。大觉慈尊左心化现出。……神王灵感持诵得法语，设一盆器满盛清净水，诵我秘章昼夜不断声，水涌杵动光明神通证。

另一位是清虚法师，据《宋高僧传》卷二五《唐梓州慧义寺清虚传》：

> 又持火头金刚咒僧，时所宗重。众谓之曰："君咒力无双，能宿彼否？"曰："斯焉足惧。"于是赍香火入坐持咒。俄而神出以手揽足，投之涧下，七日不语，精神昏倒。虚闻之曰："下趣鬼物敢尔？"即往彼如常诵经，夜闻堂东有声甚厉，即念十一面

第九章　密教传持与宋元秽迹金刚信仰

观音咒。又闻堂中似有两牛斗，佛像皆振，咒既亡效。①

五代闽国时期，泉州地区不仅有密宗寺庙，也有密宗传人雪峰义存禅师传秽迹金刚法。雪峰大师法名义存，雪峰为其号，真觉则是僖宗皇帝所颁之谥号，佛教中常称以"雪峰""雪峰（义）存""义存真觉大师"等，义存之名反而较少单独使用。根据《祖堂集》卷七、《宋高僧传》卷一二等禅宗史料的记载，雪峰于唐穆宗长庆二年（822）出生于福建泉州南安县，俗姓曾；示寂于后梁开平二年（908），世寿八十七，法腊五十九。从佛教史的眼光来看，称雪峰为福建闽南一带佛教（尤其禅宗）的始祖实不为过。以雪峰法嗣之兴盛、法子之多，弟子遍及福建乃至中原，无论在佛教里、政治社会各方面的势力，都有着极崇高的地位。其门下四十八子或法嗣五十五人中，多的是全国性的大师级人物，就福州一地而言，著名的福州十大寺几乎都是雪峰门下所传。唐末五代永明延寿禅师以秽迹金刚咒为日课之一，唐印度"中观派"僧寂天法师用秽迹金刚法降伏外道。除教界高僧传布秽迹金刚法外，秽迹金刚亦成为当时佛教绘画、造像的题材。如《益州名画录》卷上记载，范琼居士，唐代蜀人，以善绘佛像名世，作《乌瑟瑟磨像》，设色未半而卒，后之妙手，无敢继成者。又如麦积山石窟第 78 窟壁画，绘有火头明王。

密教自唐代兴盛，于"会昌法难"遭受重击，但在宋朝的休养恢复中又重现高潮。宋朝伊始，宋太宗就下诏令保护残毁佛寺，又建译经院，至真宗、仁宗等不遗余力。"宋代译经的主要部分是密宗经典"②，而宋时来华的天竺僧人天息灾、施护、法天所译之经也多是密典。另宋代有关密教僧人神异之术、密教神祇应验事迹，

---

① （宋）赞宁撰，范祥雍点校《宋高僧传》，中华书局 1987 年版，第 630 页。
② Jan yun-hua, *Buddhist Relations Between India Sung China*, *History of Religions*, Vol. 6, No. 1, and No. 2. 转载自严耀中《汉传密教》，学林出版社 1999 年版，第 38 页。

及寺庙内所供密教尊神，在各种文献中也多有记载。两宋时期密教信仰尤以江南为盛。"江南"地区各个朝代所划范围均不一，或长江中下游地区，或苏南与杭嘉湖平原地区，钱大昕言："今人所谓江南，古之江东也。"① 本文所谓江南即此也，江南"是浙、赣、闽三省以及苏南、皖南，淮南的缘江部分也可算在内"②。这一地区的各类寺庙之中多供有密教神祇，例如侯官县神光寺中有尊胜真堂、大悲院、迦毗罗神等密迹。③ 显教僧人亦多持密，如释师蕴（宋天台山般若寺），"金华人也……唯韶师默而识之，谓人曰：蕴公痴狂，吾不测其边际焉。因有疾，求僧作忏悔文，诵经及密咒各论几百藏为度，方知其密持之不懈"④。民众也信奉密教，"太守李裁者，信州人。每夕焚《尊胜陀罗尼》以施鬼神……则尊胜之利于幽冥，盖不可不信矣"⑤。

这一地区的密教诸多信仰中，秽迹金刚信仰显得异常活跃。如秽迹金刚的印符大行于世，这与东南沿海一带的民间信仰"妈祖"有关。"妈祖"名为林默娘，宋太祖元年（960），生于南方一小海岛上，十六岁时从一口古井中得到了一批印章画符，可能是以前修秽迹金刚法的人遗留下来的，林默娘依止秽迹金刚法修得神力。另一位是南宋僧道济禅师，即济颠和尚，他是宋代临济宗杨岐派僧。道济禅师有段吟唱说："我的筋斗，非同小可，只教那'阿弥尊者'哈哈笑，则我这'秽迹金刚'狠狠妆，俺与你打杀无常。"由此我们更进一步得知道济禅师与秽迹金刚的因缘。妈祖和济公这两个民

---

① （清）钱大昕著，陈文和等校点《十驾斋养新录》，江苏古籍出版社 2000 年版，第 225 页。
② 严耀中著《江南佛教史》，上海人民出版社 2000 年版，第 2 页。
③ 中华书局编辑部编《宋元方志丛刊》第 8 册《淳熙三山志》卷三三，中华书局 1990 年版，第 815 页。
④ （宋）赞宁撰，范祥雍点校《宋高僧传》卷二三，中华书局 1987 年版，第 600 页。
⑤ （宋）庄绰撰，萧鲁阳点校《鸡肋编》卷中，中华书局 1983 年版，第 44 页。

第九章　密教传持与宋元秽迹金刚信仰

俗人物都曾修秽迹金刚法。在西南地区的四川一带，有宋一带，秽迹金刚信仰也甚为流行，有许多实物遗存，如造像、绘画等。如秽迹金刚就成为"大足石窟"的十大明王之一，"秽迹明王"位于21号摩崖的底层。秽迹金刚亦进入佛教文学，宋元语录的题材如《穆庵文康禅师语录》"秽迹金刚像"条：

> 舍那化身释迦，宝华台光明赫赫；释迦现形秽迹，瞻部洲倾伏魔邪。物物纯真，头头显密。大慈悲，饮以九酝之醴；大忿怒，沃以甘露之浆。煅圣镕凡，全机妙用。世出世间而作大饶益，佛前佛后而广著功勋者也。①

《月江正印禅师语录》卷下"秽迹金刚"条：

> 三首示以三观法门，八臂示其八方御侮，显百千诸佛之威权，救一切众生之疾苦，即胜热婆罗门火聚，即无厌足王刀锯。闻者魔外潜踪，见者寒毛卓竖。行此道持此法，现此形立此坛者。谁是同俦，释迦觉雄，观音龙树。②

上述秽迹金刚信仰在世俗文学中也表现得很突出。如南宋文言志怪小说《夷坚志》中更是多记有关密教信仰之事。《夷坚志》为志怪小说集，取材繁杂，跨域广泛，其中属江苏、浙江、江西、福建四省的故事最多，其次是湖南、四川、广东等地，从故事分布可以看出《夷坚志》所载故事多在江南地区。《夷坚志》中多涉持密之事，故事中明确记载的密教咒术有大悲咒、秽迹咒、楞严咒、宝楼阁咒、炽盛光咒、龙树咒、佛母咒、佛顶心陀罗尼等，其中出现最多的为大悲咒、秽迹咒和楞严咒。还有一些故事中提到密咒但未言明所用何咒，例《夷坚志》甲志卷九《惠吉异术》篇载有僧"能咒水

---

① 《卍续藏》第71册，403c。
② 同上，142a。

起疾",《夷坚志》乙志卷九《刘正彦》篇有僧"诵降鬼神咒"。《夷坚志》所载内容,也一定程度上反映出宋代江南地区的密教信仰。

秽迹金刚之法在《夷坚志》中出现了十一次,分别为甲志卷一八《杨靖偿冤》、甲志卷一九《秽迹金刚》、乙志卷一四《全师秽迹》、丙志卷五《小令村民》、丙志卷六《福州大悲巫》、丙志卷一二《僧法恩》、丁志卷四《戴世荣》、支景卷五《圣七娘》、支癸卷四《张知县婢祟》《夷坚志》三志己卷二《姜店女鬼》《夷坚志补》卷一五《雍氏女》。秽迹金刚之法在《夷坚志》中出现的次数仅次于大悲咒,且这十一处秽迹法故事皆位于江南地区,可见秽迹法在宋代江南地区的盛行。秽迹金刚经典言及秽迹咒曰:"若有众生请愿受持此咒者,我常为给使者令所求如愿。"[①] 秽迹咒配以各式仪轨能如人种种愿,愈病延寿,益智得富贵,止盗贼、水火,辟五兵,驱魅伏鬼,摧山竭海,枯树生枝,枯泉出水,妻妾贞洁,牲畜不走失疫病、恶狗不伤人等等。宗教给民众以心理安慰,民间信奉者更希冀宗教于现实,秽迹神力无所不能,大到人力所不能,小到恶狗不伤人,秽迹金刚信仰的盛行与其神力息息相关。

《夷坚志》故事所涉秽迹法多为驱鬼魅妖邪之事,且多有应验,《全师秽迹》篇记江西乐平人许吉先,买"大侩"的程氏宅以居。住了几年后,鬼瞰其室,或时形见,自言我黄三江一也,居此数年,终死于此,今当与君共住此屋。先家常遭鬼物捉弄,先迎术士作法驱逐,不甚效。后来听说附近凤林寺僧人会持"秽迹金刚咒"降服鬼怪,于是许吉先请僧人来作法。僧人受请先于寺舍结坛诵咒七日夜。后来到许吉先家,手持一秽迹金刚像,命一童子立室中观伺,谓之开光。没多久,见一位大神"持戈戟幡旗,沓沓而入,一

[①] (唐)阿质达霰译《秽迹金刚说神通大满陀罗尼法术灵要门》,《大正藏》第21册,158b。

第九章 密教传持与宋元秽迹金刚信仰

神捧巨纛,题其上曰:'秽迹神兵'"。在周边步行百匝,怪鬼立刻屈伏。等"大神"离开后,怪鬼也跟着离开。僧人说,明日床后大柜旁,会涌出牛角一双,这才是真的离去。果然隔天就在大柜旁看见一双牛角,从此许吉先家鬼祟遂绝不至。①

《福州大悲巫》篇讲福州有位巫师名大悲,以持诵秽迹金刚法,为人治鬼魅蛊毒甚验。当时在里民家有位处女忽然怀孕,父母亲诘问原因,也不知所以然。结果他们就去找大悲巫师来处理,大悲巫师才刚到,邻家一小儿突然开门撞入,跳跃一会后,就投入屋前的池水中,一直到傍晚都不见这小儿出来。隔天,邻家又有一儿也如此投入池水中。结果两位儿子的父亲相聚准备要抓大悲巫师送官门,大悲巫师说,先让我施展"秽迹金刚法术",你们的儿子就会从池水出来。大悲巫师口中诵"金刚咒",听到好像有千万个人声从池水中发出来。一会儿,两个儿子就从池水中出现,一位小子用绳子系缚着大鲤鱼,另一位小儿从大鲤鱼后面鞭打着上岸,等拖上岸时,大鲤鱼已经死了。两位小儿都一如平常样,毫发无伤,大悲巫师就拿一个"瓦砖瓶子"放在少女的腹上,念"金刚咒",用棍杖打碎瓦砖瓶,少女的肚子当下就消去,原来肚子内装的就是池水中的鲤怪!②

《秽迹金刚》篇僧若冲以秽迹金刚法寻得盗贼所匿银两:"漳泉间人好持秽迹金刚法,治病禳禬,神降则凭童子以言……即仗剑出,或跃或行,忽投身入大井,良久跃出,径趋寺门外牛粪积边,周匝跳掷,以剑三筑之,瞥然仆地。逾时童醒,问之莫知,乃发粪下,见一砖桌兀不平,举之银在其下,盖窃者所匿云。"③ 这里提到贼人把银两藏于"牛粪"之下,秽迹法与牛粪的相遇不是偶然,

---

① (宋)洪迈撰,何卓点校《夷坚志》乙志卷一四,中华书局1981年版,第304页。
② (宋)洪迈撰,何卓点校《夷坚志》丙志卷六,中华书局1981年版,第417页。
③ (宋)洪迈撰,何卓点校《夷坚志》甲志卷一九,中华书局1981年版,第171页。

"牛粪"暗含着秽迹金刚法之仪轨。密教中常以牛粪涂地作坛、用牛粪护摩,"以净牛粪和檀香涂圆坛,以种种杂宝庄严坛"①,"能满所求事,又取以乌牛粪护摩"②。秽迹金刚仪轨中亦有牛粪之轨,"复次画像法,用氎径方两肘,依口酬价,乃以牛粪摩坛,竖𦄼于内,以赤花饮食供养"③。

《夷坚志》"张知县婢祟"篇,此篇虽不是讲以秽迹法驱治妖魔之事,但提到梁绲诘问作祟石狮:"'汝曾在谁人家作过?'谢曰:'固有之,只是过公宅门不得。有秽迹神兵一千万数,罗列遮护,岂敢正眼觑着?'盖梁氏素事此神甚严敬也。"④ 可见秽迹神力。

《杨靖偿冤》篇杨靖病,临平镇僧持秽迹法为其驱除复仇冤鬼,奈冤孽太重,僧去后,鬼物复来夺杨命;《小令村民》篇有行者为小令村民驱斥鬼物;《圣七娘》篇女巫圣七娘以秽迹法为姜廷言预知母与弟消息;秽迹法虽多有应验,然亦有不应验者;《戴世荣》篇所记戴世荣是江西建昌新城的富贵人家,家有妖物作祟,先请巫者作法,巫被二圆石打中脚踝。后来听说有位志通僧人,善持"秽迹金刚咒",志通持秽迹咒结坛作法,亦遭湿沙漏颈攻击,后来始知此为一"马头赤鼠"精怪。后"赵氏以所受张天师法箓铺帐顶,裂而掷之地,竟不起。"最后戴世荣疽溃而死。⑤《姜店女鬼》篇,姜家对面空屋女鬼出没,有客程三擅持秽迹咒,结法印诵咒,女鬼大笑而退,"父老云:'此女祟出没今二三十年,屡经术士法师摄治,只是大笑暂隐,不过百日,依然如初云'"。⑥ 从这两则故事

---

① (唐)不空译《药师如来念诵仪轨》,《大正藏》第19册,29b。
② (唐)金刚智译《金刚峰楼阁一切瑜伽瑜祇经》卷下,《大正藏》第18册,267c。
③ (唐)阿质达霰译《大威力乌枢瑟摩明王经》卷上,《大正藏》第21册,143c。
④ (宋)洪迈撰,何卓点校《夷坚志》支癸卷四,中华书局1981年版,第1251—1252页。
⑤ (宋)洪迈撰,何卓点校《夷坚志》丁志卷四,中华书局1981年版,第569—570页。
⑥ (宋)洪迈撰,何卓点校《夷坚志》三志己卷二,中华书局1981年版,第1314页。

第九章 密教传持与宋元秽迹金刚信仰

来看，有些妖鬼邪法深厚，秽迹之法虽未能起效，巫、道之法也不能制服。

《雍氏女》篇，建康酒库专知官雍璋女被"邪物"黄衫少年所缠，雍璋"呼道士行法逐治，甫入门，已倒悬于梁。又呼僧诵《秽迹咒》，正跌坐击磬，不觉身悬空，行室中数十匝"。后遇道人杨高尚，少年知是真法师，欲逃未果，为其制服，雍家乃知黄衫少年盖北阴天王之子。① 黄衫少年谓杨高尚为"真法师"，也揭露出两宋江南地区有僧、巫、道弄虚作假的事情，僧、巫、道比比皆是，但所持法术是否正统值得商榷，存在着许多以钱财利益趋流而为僧、为巫、为道的现象。佛教徒以普度众生为己任，而世俗社会中的僧人鱼龙混杂，僧侣团体也不尽纯洁。《僧法恩》篇讲明州僧法恩，初以持秽迹咒著验，郡人颇神之，后竟与不逞之徒合流，"举兵尽戕官吏及巨室，然后扫众趋临安"，后事未成，"坐不轨诛"。②

宋阙名《异闻总录》卷四载录方子张持秽迹咒破古墓鬼的故事：

> 方子张，家居秀州魏塘村，其田仆邹大，善刀镊，尝有人唤之云："某家会客，须汝为戏。"邹谢曰："吾所能只唱挽歌，尔何所用？"曰："主人正欲闻此曲，当厚相谢。"邹固讶其异，然度不可拒，密携铃铎置怀袖以行。即至，去居甚近，念常时无此人家，而屋又窄小，且哀挽非酒席间所宜听，益疑焉。将鼓铎而歌，坐下男女二十余人同词言曰："吾曹皆习熟其音调，无庸此以相溷也！"乃徒歌数阕，皆击节称善，欢饮半酣。又问曰："更能作何艺？"曰颇解持大悲秽迹神咒，皆曰非所须

---
① （宋）洪迈撰，何卓点校《夷坚志补》卷一五，中华书局1981年版，第1690—1692页。
② （宋）洪迈撰，何卓点校《夷坚志》丙志卷一二，中华书局1981年版，第470—471页。

也。邹灼知其鬼物，探铎振杵，高声诵咒，未数声，阴风肃然，灯烛什器皆不见，举目正黑。望屋顶小窍，略通人，而月光穿漏，尚可睹物，局身侧出，仅得见。明日审其处，榛棘蒙茸，盖一古墓耳。

《异闻总录》载录一则邹巫解秽雷物、神授鞭印的故事：

> 宋宁宗时，新淦县有雷击物，为产妇所触，不得上升。时邹巫能诵解咒，有神请曰："为诵解秽咒千遍，当有以报。"邹诵千遍，神授鞭印各一，曰："祈晴顺用印，祈雨倒用印。用鞭画空，雨止画处。"神忽不见，雷升天矣。邹平生喜食鸭，尝过其女，留杀鸭为黍。时女晒菱于庭，天有雨势，女欲收而后馔，曰："雨当无损于菱。"须臾大雨，邹望空四向而画，独庭无雨。由是远近之人招之祈祷，如法用印，无不立应。年九十余卒，鞭印亦亡。今乡人祀之于玉筍山承天宫前庙中，但号邹公而已。

金元好问《续夷坚志·经不坏身》：

> 福海寺心法师行瑜伽法，持秽迹咒，里人有疾，请师治之。夜梦鬼使曰："此人为上帝所谴，吾奉天符行药，师毋往也。"梦觉，则忘之矣。次早往疾家，方噀水，水则自内流出，方悟昨梦，已不及事。行持未罢，师疾已作，急回，已不可救。越三日化，止见两手、两脚、舌根如赤铜色。续附童云："诵咒有功，舌根不坏；握诀有功，手根不坏；步罡有功，脚根不坏。"岂若金刚不坏身欤！

《佛祖统纪》卷二七：

> 显超，博州人，亲授金总持三藏秽迹持咒之法，济病解冤，计所得施利五万缗。入永寿常住，后病中见佛菩萨前迎，

第九章 密教传持与宋元秽迹金刚信仰

莲花遍满,技乐杂奏,弟子皆告留法师住世救苦,净土变相渐渐隐没,乃复住十五年,行咒救人。一日,天乐异香,佛及众圣如前迎接,即面西跏趺而化。①

《西舫汇征》卷上"显超"②、《净土圣贤录》卷四亦转录此事③。宋僧显超大师持秽迹咒感应净土变相,并持诵秽迹金刚咒利益众生,感应神验,每每以咒济病解冤,待老病时,弟子们恳求大师住世救众生,大师答应,又复住世十五年,仍以持诵"秽迹金刚咒",救度众生。

另外,一些出土文物也说明了宋代秽迹金刚信仰的盛行。如1964年5月18日,在浙江省温州市出土了一件刻有佛经铭文的宋代瓷碑,瓷碑铭文正面刻有"开宝三年太岁庚午……□僧道徒……",背面刻"南无……苏噜跋罗……卢遮那心乳海真言……那谟三曼哆……秽迹金刚说神通大满……水得清净唵咈咶……微吉微么那栖鸣……"等内容。④ 可知此碑刻于北宋开宝三年,在当时是祈愿护佑石桥永固、辟邪驱恶的镇邪之物。

入元以降,管主八(广福大师)作《密迹力士大权神王经偈颂》,广行流通,自利利他。由智昌大师为这一秽迹金刚法偈颂作序,普劝流通。序文说:

> 盖闻瞿昙演教,普利含生,历代诸师,三分科经,谓序分正宗分流通分。……今广福大师僧录管主八,归命三宝,独心内典,集成偈颂,补阙流通,亦曰《密迹力士大权神王经》,广行遍布。后有持咒行法之者,了明前后经旨,详而行持,自

---

① 《大正藏》第49册,280c。
② 《卍续藏》第78册,370c。
③ 《卍新纂续藏经》第78册,258a。
④ 详参温州市文物管理委员会《温州西郊出土北宋瓷质碑铭》,《考古》1965年第3期。

利利他，福报无穷，集此功勋。①

极力弘扬秽迹金刚法，使得秽迹金刚信仰在元代亦很盛行。如始建于元至元八年北京白塔寺白塔，其中原有秽迹金刚像。山西五台山还现存有一个秽迹金刚的古道场，其中有本尊秽迹金刚像。此像又称"九头十八臂黑金刚菩萨"，应属秽迹金刚的变身像。一说为文殊菩萨的"三十二相"之一，即文殊的金刚像之一种。

世俗文学亦有表现。另外，在元末小说《水浒传》第五十七回《三山聚义打青州众虎同心归水泊》中，提到"火首金刚"句：

> 捉了鲁智深。你便是那吒太子，怎逃出地网天罗；火首金刚，难脱龙潭虎窟。

第九十四回《关胜意降三将　李逵莽陷众人》亦提到"火首金刚"句，云：

> 你便火首金刚，怎逃地网天罗；八臂那吒，难脱龙潭虎窟。

从上述资料来看，"火首金刚"在元朝不只流行，还流传入当时的民间小说中。

秽迹金刚信仰在日本也极为流行，此秽迹金刚法在日本又称呼为"乌枢沙摩变成男子法"。② 尤其在曹洞宗和临济宗派的禅僧中兼修此法者众。在南宋时期，中国禅宗一门曹洞宗由日僧道元传回了日本，就一直以秽迹金刚为禅门道场厕所旁的护法神。临济宗人亦如是修法。当时的临济宗僧无住在其所著《杂谈集》卷七中云："'乌刍沙摩'之真言，可于'东司'特诵咒……鬼若有恼人之事，则彼有守护之誓也。"可见南宋时期的日本，二宗门均将秽迹金刚

---

① 《大正藏》第 32 册，777a。
② 详参密教辞典编纂会《密教大辞典》，台北新文丰出版公司 1979 年版。

置于厕所旁。

第三节　秽迹金刚与宋代江南道法、巫术

佛教自汉代传入我国之后，在发展的过程中不断吸收中国文化的元素，逐渐中土化，已异趣于印度佛教。同时，本土宗教道教，对佛教的中土化产生了重要的影响，佛道之间既存在着相互斗争，也存在着相互借鉴、渗透与融合。佛教进入民间后，民间信众更是把佛、道糅合，如《野叟曝言》第一百六回："南无狮子吼菩萨，南无大势至菩萨，南无地藏王菩萨，吾奉九天应元雷声普化天尊，急急如律令敕。"① "急急如律令"为道家念咒驱使鬼神所用之末语，此处却将其与佛教菩萨合在一起，佛道杂糅，显而易见。道教尤其对密教影响之大："密宗坛仪最大的为胎藏界和金刚界两大曼荼罗，而此两大曼荼罗，都是深受自道教的影响，其中金刚界九会曼荼罗，甚且是直接仿袭道教九宫神坛而来。"② 密教还深受道教星斗崇拜的影响，不空译《七星如意轮秘密要经》、金刚智译《北斗七星念诵仪轨》、灌顶阿阇梨述《北斗七星护摩秘要仪轨》、金俱吒撰《七曜攘灾决》都是受到了道教北斗七星崇拜的影响，《佛说北斗七星延命经》更是以北斗七星一一对应药师七佛。

鉴于本土宗教道教源于巫术的特点，道教在传播的过程中特重法术。诚如谢世雄所言：

> 法术是一种宗教实践，其中涉及信仰者的宗教认同，仪式

---

① （清）夏敬渠撰，文强点校《野叟曝言》第一百六回，中华书局 2004 年版，第 965 页。
② 萧登福著《道教与佛教》，台北东大图书股份有限公司 1995 年版，第 33 页。

> 专家的仪式操作与展演，法术的有效性与灵验性、人观与宇宙观等诸多层面，因此在一个共享的文化层面当中，法术能够在其有效性与灵验性前提下，借用不同的宗教资源，转化为一套有效的宗教展演模式，并在特定的社会层面中被仪式专家所使用，而发挥一定的治疗功能。①

唐宋期间，佛教与道教交融互汇，在诸多领域都有法术的交流、借用与转化，并从而形成了道教丰富而多元的法术文化。

就秽迹金刚信仰对道教的影响而言，两者的交融互汇显而易见。如道教的张天师祛病符法用的是秽迹金刚法中降妖、祛病的内容，道教的符印里用的是秽迹金刚明王咒。张天师祛病符法，载于《广玉匣记》，是按农历的日期用符祛病之法。如：初一日病者，东南路上得之，是神使客死鬼作祟。头疼作寒热，起坐无力，吃食无味。用黄纸五张，东南方四十步逆之，即愈。画符，吞一道，门上贴一道，吉。凡书符者，叩齿三通，含净水一口，向东方噀之，咒曰（默念）："赫赫扬扬，日出东方。吾敕此符，普扫不祥。口吐三昧之火，服飞门邑之光。捉怪使天蓬力士，破疾用秽迹金刚。降伏妖怪，化为吉祥。急急如律令，敕！"同时，秽迹金刚的经典在汉地传译过程中，其中也富含中国传统文化内容，尤其是道教文化的影响，如《秽迹金刚禁百变法经》中有关道教的符印文化的影响相当明显，甚至被人怀疑它是伪经了。南宋道士谢守灏所著的《太上老君混元圣纪》及《太上混元老子史略》："老君遭北斗降魔，故称秽迹金刚。"亦见《佛祖统记》记载。② 足见"秽迹金刚"至少在南宋前就已被融入道法中，而广为道士所持诵作法。

---

① 谢世雄《密法、道术与童子：秽迹金刚法与灵官马元帅秘法中的驱邪法式研究》，《国文学报》2012 年第 51 期。
② （宋）志磐《佛祖统记》卷四〇，《大正藏》第 49 册，372a。

第九章　密教传持与宋元秽迹金刚信仰

下面以《夷坚志》为例释之：

据《夷坚志》甲志卷一九《秽迹金刚》说漳泉间人持秽迹金刚法时"神降则凭童子以言"，用来"治病禳禬"，乙志卷一四《全师秽迹》："命一童子立室中观伺，谓之开光。"上述行使的秽迹金刚法仪式中童子是一重要的媒介。可见，福建一带所流行的秽迹金刚法就是以童子降神为主的法术。入宋以降，江南尤其是福建一带，以童子附体的方法行使秽迹金刚法的法术非常盛行。此法术的特色是以孩童为灵媒，用以问事、医病，推测最早传入时流传于唐代宫廷，于唐末武宗毁佛后，逐渐转向民间发展，与道士、民间的法术仪式相结合，成为民间流传的一种法术。

我国在很早的时候就已有用童男女通鬼神的仪式，"周世在祭祖时，常以孙辈童男女为尸，象征所祭之祖，而施行祭仪……汉武帝令八岁童女三百人，于通天台上起舞祷祀以招仙。"[①] 道教形成后吸收了中国的传统文化，道教仪式中童男女遂处处可见，其作用多为驱遣邪鬼、导引亡魂升天等。佛教运用童子的记录较早见于《幽明录》：

> 石勒问佛图澄："刘曜可擒，兆可见否？"澄令童子斋七日，取麻油掌中研之，燎旃檀而咒。有顷，举手向童子，掌内晃然有异。澄问："有所见否？"曰："唯见一人，长大白皙，有异望，以朱缚其肘。"澄曰："此即曜也。"其年，果生擒曜。[②]

佛图澄以童子为媒介让石勒得见刘曜可擒的预兆。后则多出现于唐代的密教经典中，如："若人欲作那伽阿练那法，取烟支好墨

---

① 萧登福著《道教与密宗》，台北新文丰出版公司1993年版，第148页。
② （南朝宋）刘义庆编集《幽明录》卷五，文化艺术出版社1988年版，第174页。

胡麻油，和研涂童子手指甲之上，向日咒之，即见种种善恶境界。"①"咒童子、童女问吉凶，其人即自下语，令道所病鬼姓名，即知是何等之病。"② 佛教密教法术中的阿尾奢法与秽迹金刚法，都是借用童子以凭附神祇来占问诸事的，善无畏尚译有《苏婆呼童子请问经》。佛道之运用童男女法乃是其相互影响作用的结果。

两宋江南地区的秽迹金刚法与崛起于北宋的道家天心法也有一定的联系。《夷坚志》支戊卷第五《任道元》篇：

> 任道元者，福州人……行天心法，甚著效验……任与其妻侄梁绲宿斋舍，绲亦好法，夜梦神将来告曰："如有求报应者，可书香字与之，令其速还家。"……（任道元）谓绲曰："吾得梦极恶，已密书于纸，俟请商日宣法师来考照。"商至曰："是非我所能辨，须圣童至乃可决。"少顷，门外得一村童，才至，即跳升梁间，作神语曰："任道元，诸神保护汝许久，而乃不谨香火，贪淫兼行，罪在不赦。"任深悼前非，磕头谢罪。又曰："汝十五夜所说大段好。"任百拜乞命，愿改过自新。神曰："如今复何所言，吾亦不欠汝一个奉事，当以为受法弟子之戒，且宽汝二十日期。"言讫，童堕地而醒，懵然了无所知……③

这则故事载商日宣法师所用"考照"，与秽迹法之"童子降神问事"（若令童子沐浴涂紫檀香，衣以新衣璎珞，牛粪涂坛，遍散赤花，令头戴赤花鬘，加持赤花七遍，令捧而掩目，焚安悉香，结娜拏印加持，本尊降问事④）如出一辙。另从这则故事可知梁绲亦

---

① （唐）阿地瞿多译《佛说陀罗尼集经》卷一一，《大正藏》第18册，884a。
② （唐）不空译《北方毗沙门天王随军护法真言》，《大正藏》第21册，226b。
③ （宋）洪迈撰，何卓点校《夷坚志》支戊卷五，中华书局1981年版，第1089—1090页。
④ （唐）阿质达霰译《大威力乌枢瑟摩明王经》卷中，《大正藏》第21册，149c。

第九章 密教传持与宋元秽迹金刚信仰

好天心法,《夷坚志》支癸卷第四《张知县婢祟》:

> 张邀商日宣法师同梁绳治之,梁先行,诘问曰:"汝曾在谁人家作过?"谢曰:"固有之,只是过公宅门不得,有秽迹神兵一千万数,罗列遮护,岂敢正眼觑着?"①

妖祟石狮不敢进梁绳家,皆因梁绳家有秽迹神兵保护,《任道元》篇所说神将,盖《张知县婢祟》石狮所说之"秽迹神兵"。这反映了其时民间密法之流传状况,也证实了密教是与巫道相结合的可能性,同时也揭示了密法在民间的一种转变现象。由此可见当时的天心道法多有借鉴密教秽迹金刚之法,密教与道教在宋代江南地区的互相融合与渗透,可见一斑。

远古时期,人类对于大自然的认知有限,古人认为巫觋有着沟通天地与交流鬼神的功能,对神秘自然力量的畏惧与崇拜,使巫觋这一群体应运而生。上古时期,巫风浓郁,巫觋享有崇高的政治和社会地位,虽然随着社会的发展与思想的进步,巫觋的地位逐渐衰落,但巫觋在中国社会中一直延续不断。"中国佛教与巫术具有内在的天然联系,早在佛教传入之初的汉代,佛教传教士就开始用占卜、治病、预测未来等方式来讨好中国民众了。"② 密教与巫觋皆诵咒语,密教传入我国之后,巫术与佛教的联系更加密切。

江南地区自古尚巫敬鬼,巫风炽盛,宋时江南地区又密教盛行,导致此时江南的巫术与密教相互浸淫。其中江南巫觋多诵秽迹金刚咒,《夷坚志》支景卷五《圣七娘》:

> 建炎初,车驾驻跸扬州。中原士大夫避地来南,多不暇挈家。淄川姜廷言到行在参选,以母夫人与弟孚言已离乡在

---

① (宋)洪迈撰,何卓点校《夷坚志》支癸卷四,中华书局1981年版,第1252页。
② 刘黎明《宋代民间巫术研究》,四川大学博士学位论文,2002年,第204页。

道，久不得家书，日夕忧恼。邦人盛称女巫圣七娘者行秽迹法通灵，能预知未来事。乃造其家，焚香默祷。才入门，见巫盖盛年女子，已跣足立于通红火砖之上，首戴热鏊。神将方降，即云："迪功郎，监潭中南岳庙。"姜跪问母与弟消息，"更十日当知，又三日可相见。"姜闻语敬拜，积忧稍释。恰旬日，果得书。又三日，家人皆至。姜悲喜交集，厚致钱往谢。一切弗受，唯留香烛幡花而已。姜后为工部侍郎，每为客道此。①

圣七娘作为女巫帮人预知未来事时，却用了秽迹金刚之法，但也对秽迹金刚法有所改动，如秽迹金刚神降童子之身，圣七娘则以自己来代替童子请神降临。《夷坚志》丙志卷六《福州大悲巫》：

> 福州有巫，能持秽迹咒行法，为人治祟蛊甚验，俗呼为大悲。②

此处之巫觋竟然诵持密教秽迹金刚咒，并且被称为"大悲巫"，"大悲巫"之"大悲"应是取自"大悲咒"，可见巫术受密教浸染之深，从另一个方面也说明了当时密教的信仰盛况。宋代江南地区佛、道、巫，相互影响、相互借鉴，秽迹金刚之法更是三者相互浸淫的见证。

福建道教"闾山派"以秽迹金刚为本尊主神，其法术可追溯到东晋的许逊（许真君）。唐、宋年间，与密教的"瑜伽密咒"和道教的"正一符箓派"相结合而发展成一支新兴教流。李玉昆先生考证说：

> 泉州能"瑜伽"者自景彬始，大中祥符中，地震逾月，州

---

① （宋）洪迈撰，何卓点校《夷坚志》支景卷五，中华书局1981年版，第919页。
② （宋）洪迈撰，何卓点校《夷坚志》丙志卷六，中华书局1981年版，第417页。

第九章 密教传持与宋元秽迹金刚信仰

> 人大恐，守舒贲延彬禳之，为"瑜伽会"三日，地遂如故，所以称景彬为"彬瑜伽"。①

这说明在北宋时有位景彬大师就曾采用"佛教密咒仪轨"，来融合"道坛科仪"的方式来禳灾除震。融入密教"瑜伽密咒"后的"闾山派"，扩展至福建、浙江、江西、广东、湖南及台湾等地，成为我国"南方民间道教"最有影响的道派。至今在广大民众间仍有深远的影响。另外，还有为密教秽迹金刚咒作注的道书。据闵一得所编《古书隐楼藏书》所收录的三十五种道书中，就有《密迹金刚神咒注》一卷，这是道教"全真龙门派"为密教秽迹金刚咒做的注解，内容就是阐释密教秽迹金刚咒的由来。原文如下：

> 谨按释《藏》载，此神咒盛行于李唐之际，其经有二卷，述载文佛世尊当涅槃后，螺髻梵王不来吊唁，乃复肆令部下，摄彼佛国优婆夷、比丘尼邪淫无度，灭坏佛教。世尊感之，随左心化一力士，三头六臂，梵王悔悟，密迹力士乃为摩顶受戒，复为佛众说此经咒，流为"密部第一妙法"，名曰"密迹金刚神咒"。人能持诵，力士誓愿赴护，悉如彼愿。以其出自佛心，故曰"密迹"。以能破秽，故又曰"秽迹神咒"云。②

而且该宗道士多以持诵"秽迹金刚咒"为主，亦喜欢展现神异灵验之迹，其徒多半为行迹诡异，身怀绝技的江湖奇人。

有宋一代，随着密教的不断世俗化与民间化，异常活跃的民间宗教开始大量吸收佛道的理论与实践，不断壮大自己，瑜伽教就是其中重要的一支。瑜伽教，其前身为瑜伽行派，是古代印度佛教的一个学派，其理论于唐代传入中国。嗣后，于唐宋间流传福建，与

---

① 李玉昆《亦佛亦道的法主公》，泉州市区道教文化研究会编《泉州民间信仰研究》，1996 年内部版，第 45 页。
② 胡道静等《藏外道书》，巴蜀书社 1994 年版。

民间巫、道融合，形成亦道亦佛的宗教形态。[1] 瑜伽教形成的过程，也正是密教经"会昌法难"及之后的兵乱等影响，由贵族上层流布转向民间流播，并在民间流行中不断地被世俗化的过程。瑜伽教的形成，是一个最初以佛教理论为其基础，渐次吸收多元宗教形态衍变的过程，同时，也可以说它又是宗教世俗化的一个典型案例。瑜伽派的世俗化主要体现在其吸收的各路神灵的通俗化。其中比较典型的表现是其从密教中所吸收的如秽迹金刚、深沙神等神灵。这些神灵在印度宗教中古已有之，如其中的秽迹金刚，为释迦的化身，从释迦的左心化现，具有三头六臂，神力非凡。其原型为降螺髻梵王，经世俗化后成为伏魔之神。宋谢显道编《海琼白真人语录》卷九：

> 耜问："今之瑜伽之为教者，何如？"答曰："彼之教中谓释迦之遗教也。释迦化为'秽迹金刚'，以降螺髻梵王，是故流传。此教降服诸魔，制诸外道，不过只三十三字金轮'秽迹咒'也。然，其教虽有龙树医王以佐之焉。外则有香山、雪山二大圣，猪头、象鼻二大圣，威雄、华光二大圣，与夫那叉太子、顶轮圣王及深沙神、揭谛神以相其法，故有诸金刚力士以为之佐使。……今之邪师杂诸道法之辞，而又步罡掐诀，摇铃撼铎、鞭麻蛇、打桃棒，而于古教甚失其真。"[2]

这是南宋白玉蟾道士在回答弟子时的解说。瑜伽教在传布的过程中，其教法特征表现在法术形态上，与巫术有极其密切的联系。宋代在漳泉一带曾盛行此法，称之"秽迹金刚法"，兴行于佛、道坛中。如《夷坚志》"秽迹金刚"条对此法术有详细描述。[3] 此不仅

---

[1] 叶明生《试论"瑜伽教"之衍变及其世俗化事象》，《佛学研究》1999（年刊）。
[2] 《道藏》第33册，第114页。
[3] 洪迈撰，何卓点校本《夷坚志》甲志卷一九，中华书局1981年版，第171页。

反映了其时瑜伽法之盛行状况,也证实了早期瑜伽教是与异域密教和中土传统巫道相结合的可能性。

上述所说的"瑜伽教派"的形态,正如白玉蟾道士所说的:以"秽迹金刚、秽迹金刚咒"为"瑜伽教派"的宗主,再以"龙树"医王佐之。外则有"香山"(观音)、"雪山"(五显大帝),形成一个完整的神祇谱系。

宗教的世俗化是多元文化融汇聚合的结果,宋代江南地区秽迹金刚信仰盛行,秽迹金刚不仅以本身所属密教信仰的形式出现,还与道教、巫觋多有联系,佛、道、巫三者在江南地区互相浸渗影响。江南地区尚鬼敬神,密教的持咒、仪轨与巫觋的咒语、道教的仪式,都是快速帮人驱鬼消灾的形式,民众的信仰促进了三者的融合与吸收发展。宋代是一个多元化的时代,佛教世俗化、道教平民化、民间信仰也趋于多样,秽迹金刚信仰是宋代江南地区信仰多元化发展的折射。

参考文献

一、古籍文献

《大正藏》，台北新文丰出版公司1983年影印。

《大藏经补编》，台北华宇出版社1991年版。

《卍续藏》，日本藏经书院版，台北新文丰出版公司1994年影印。

黄永武主编《敦煌宝藏》，台北新文丰出版公司1986年。

慈怡主编《佛光大辞典》，北京图书馆出版社1989年影印版。

胡道静、陈耀廷主编《藏外道书》，巴蜀书社1994年版。

（南朝梁）慧皎撰，汤用彤校注《高僧传》，中华书局1992年版。

（宋）赞宁撰，富世平点校《大宋僧史略校注》，中华书局2015年版。

（唐）慧祥撰，陈扬炯等校注《古清凉传》，山西人民出版社1989年版。

（唐）义净著，王邦维校注《南海寄归内法传校注》，中华书局

1995年版。

（唐）慧立等《大慈恩寺三藏法师传》，中华书局1983年版。

［日］圆仁《入唐求法巡礼行记》，上海古籍出版社1986年版。

林世田等《敦煌密宗文献集成》，全国图书馆文献微缩复制中心2000年版。

白化文等主编《中国佛寺志丛刊》，江苏广陵古籍刻印社1996年版。

《赵孟頫胆巴碑》（影印本），上海书画出版社2008年版。

（唐）李筌著，张文才等译注《太白阴经全解》，岳麓书社2004年版。

林万传《明清民间宗教经卷文献》，台北新文丰出版公司1999年版。

季羡林等《大唐西域记校注》，中华书局1995年版。

（宋）普济撰，苏渊雷校《五灯会元》，中华书局1984年版。

史金波等主编《俄藏黑水城文献》，上海古籍出版社1996年版。

（宋）司马光《资治通鉴》，中华书局2009年版。

（宋）马端临《文献通考》，浙江古籍出版社1988年版。

（明）宋濂等《元史》，中华书局1976年版。

（清）徐松辑《宋会要辑稿》，中华书局1957年版。

（清）厉鹗《大事纪续编》，《四库全书》第289册。

陈高华等点校《元典章》，中华书局2011年版。

北京大学南亚研究所编《中国载籍中南亚史料汇编》，上海古籍出版社1994年版。

方国瑜主编《云南史料丛刊》，云南大学出版社1998年版。

杨绳信《事物异名校注》，山西古籍出版社1993年版。

陈述辑校《全辽文》，中华书局1982年版。

阎凤梧主编《全辽金文》，山西古籍出版社2001年版。

曾枣庄等主编《全宋文》，巴蜀书社1988年版。

（宋）黄休复撰，何韫若等注《益州名画录》，人民美术出版社1963年版。

（宋）郭若虚《图画见闻志》，人民美术出版社1964年版。

（清）董诰等编《全唐文》，中华书局1983年版。

吴钢主编《全唐文补遗》，三秦出版社2005年版。

（清）王昶《金石萃编》，陕西人民美术出版社1990年版。

向南主编《辽代石刻文编》，河北教育出版社1995年版。

（元）熊梦祥著，李致忠等辑佚点校《析津志辑佚》，北京古籍出版社1983年版。

（宋）洪迈《夷坚志》，中华书局1997年版。

（宋）陶宗仪《南村辍耕录》，中华书局1997年版。

山西师大戏曲文物研究所编《中华戏曲》，山西人民出版社1987年版。

二、专著

万晴川《房中文化与中国古代小说》，作家出版社2001年版。

万晴川《中国古代小说与方术文化》，中国社会科学出版社2004年版。

万晴川《巫文化视野中的中国古代小说》，中国社会科学出版社2003年版。

万晴川《命相·谶应·占卜与中国古代小说研究》，中国文联出版社2000年版。

王尧《西藏文史考信集》，中国藏学出版社1994年版。

苏晋仁《佛教文化与历史》，中央民族大学出版社1998年版。

班班多杰《藏传佛教思想史纲》，上海三联书店出版社1992

年版。

萧登福《道教与密宗》，台北新文丰出版社1993年版。

萧登福《道教星斗符印与佛教密宗》，台北新文丰出版社1993年版。

萧登福《道教术仪与密教典籍》，台北新文丰出版社1994年版。

敦煌文物研究院《敦煌莫高窟供养人题记》，文物出版社1986年版。

蔡巴·贡噶多吉著，东嘎·洛桑赤列校注，陈庆英等译《红史》，西藏人民出版社1988年版。

阎文儒《中国石窟艺术总论》，广西师范大学出版社2003年版。

吴世昌《罗音室学术论著》，中国文艺联合出版公司1984年版。

松巴堪布·益西班觉著，蒲文成等译《如意宝树史》，甘肃民族出版社1994年版。

陈振远主编《藏传佛教造像》，天津人民艺术出版社，1995年版。

王士伦等著《西湖石窟探胜》，上海人民出版社1982年版。

王子云《中国雕塑艺术史》，上海人民美术出版社1988年版。

扎雅·诺丹西绕著，谢继胜译《西藏宗教艺术》，西藏人民出版社1989年版。

史金波《西夏佛教史略》，宁夏人民出版社1988年版。

达仓宗巴·班觉桑布著，陈庆英译《汉藏史集》，西藏人民出版社1986年版。

敦煌文物研究院《敦煌莫高窟供养人题记》，文物出版社1986年版。

吴裕成《生肖与中国文化》，人民教育出版社出 2001 年版。

刘长久、胡文和等编著《大足石刻研究》，四川省社会科学院出版社 1985 年版。

赵国华《生殖崇拜文化论》，中国社会科学出版社 1990 年版。

宋兆麟《生育神与性巫术研究》，文物出版社 1990 年版。

王威《性的历程》，湖北人民出版社 2010 年版。

复旦大学文史研究院编《"民间"何在？"谁之"信仰》中华书局 2009 年版。

[法]海瑟·噶尔美著，熊文彬译《早期汉藏艺术》，中国藏学出版社 1994 年版。

[日]田中公明《敦煌密教と美术》，京都法藏馆 2000 年版。

[日]镰田茂雄著，郑彭年译《简明中国佛教史》，上海译文出版社 1986 年版。

[日]岩崎日出男《道教与密教》，《讲座道教》4《道教和中国思想》，东京雄山阁 2000 年版。

[日]坂出祥伸《道家道教的思想秘方术的研究》，汲古书院 2009 年版。

[日]野上俊静著，释圣严译《辽金的佛教》，《中国佛教史概说》，台北商务印书馆 1993 年版。

[日]二阶堂善弘《道教·民间信仰元帅神的变容》，关西大学出版部 2006 年版。

[日]松本浩一《宋代的道教和民间信仰》，汲古书院 2006 年版。

[日]赖富本宏《中国密教的研究》，东京大东出版社 1979 年版。

[日]《三教交涉论丛》，京都道气社 2005 年版。

[日]三轮善之助《子安观音と鬼子母神》，不二书房 1935

年版。

［日］宫崎英修编《鬼子母神信仰》，东京雄山阁出版 1985 年版。

［日］田边胜美《毗沙门天の诞生》，吉川弘文馆 1999 年版。

［日］田边胜美《毗沙门天王像の起源》，东京山喜房佛书林 2006 年版。

［日］羽溪了谛著，贺昌群译《西域之佛教》，商务印书馆 1999 年版。

［日］田边胜美《毗沙门天の诞生》，吉川弘文馆 1999 年版。

［日］中野美代子著，王秀文译《西游记的秘密》，中华书局 2002 年版。

［日］大村西崖《密教发达志》（上下册），蓝吉富编《世界佛教名著译丛》（第 74 册），台北华宇出版社 1986 年初版。

［日］水野弘元《佛典成立史》，台北东大图书公司 1996 年版。

［日］立川武藏、赖富本宏编《中国密教》，春秋社 1999 年版。

［日］弥永信美《大黑天变相——佛教神话学Ⅰ》，京都法藏馆 2002 年版。

［日］大岛建彦编《大黑信仰》，东京雄山阁 1990 年版。

［日］宫崎英修编《鬼子母信仰》，东京雄山阁 1985 年版。

［日］田边胜美《毗沙门天王像の起源》，东京山喜房佛书林 2006 年版。

［日］小川贯弋《佛教文化史研究》，京都永田文昌堂 1973 年版。

［日］弥永信美《观音容变谭》，京都法藏馆 2002 年版。

［俄］舍尔巴茨基著，宋立道译《小乘佛学》，《大乘佛学》，中国社会科学出版社 1994 年版。

［美］魏勒《性崇拜》，中国文联出版公司 1988 年版。

［法］烈维著，冯承钧译《孔雀经与正法念处经研究》，华宇出版社1986年版。

［俄］孟列夫著，王克孝译《黑城出土汉文遗书叙录》，宁夏人民出版社1994年版。

［英］卡纳《人类的性崇拜》，海南人民出版社1988年版。

［美］索甲仁波切著，郑振煌译《西藏死亡书》，中国社会科学出版社1999年版。

［美］林德·海耶克《寻找食人部落》，陕西师范大学出版社1999年版。

［英］海顿《南洋猎头民族考察记》，上海文艺出版社1989年版。

［英］弗雷泽著，徐育新等译《金枝》，大众文艺出版社1998年版。

［英］约翰·布洛菲尔德著，耿升译《西藏佛教密宗》，西藏人民出版社1990年版。

泰勒著，蔡江浓编译《原始文化》，浙江人民出版社1988年版。

廖奔《宋元戏曲文物与民俗》，文化艺术出版社1989年版。

陈允吉《佛教与中国文学论稿》，上海古籍出版社2010年版。

樊锦诗主编，敦煌研究院编《敦煌研究院学术文库：敦煌吐蕃统治时期石窟与藏传佛教艺术研究》，甘肃教育出版社2012年版。

康保成《傩戏艺术源流》，广东教育出版社。

《印度·中国·日本三国佛教史略》，中国佛教协会经书印赠处1994年版。

罗照辉《东方佛教文化》，山西人民出版社1986年版。

王国维《蒙鞑备录·黑鞑事略笺证》，文殿阁书庄1936年版。

李南《胜乐轮经及其注疏解读》，中国社会科学出版社2005

年版。

张国刚《佛学与隋唐社会》，河北人民出版社 2002 年版。

宿白《藏传佛教寺院考古》，文物出版社 1996 年版。

蒲慕州《墓葬与生死：中国古代宗教之省思》，中华书局 2008 年版。

蒲慕州《追寻一己之福：中国古代的信仰世界》，上海古籍出版社 2007 年版。

余英时《东汉生死观》，上海古籍出版社 2005 年版。

霍旭初《西域佛教考论》，宗教文化出版社 2009 年版。

朱英荣《龟兹石窟研究》，新疆美术摄影出版社 1993 年版。

魏长洪等《西域佛教史》，新疆美术摄影出版社 1998 年版。

王平《中国古代小说文化研究》，山东教育出版社 1996 年版。

杜希宙《中国历代祭礼》，北京图书馆出版社 1998 年版。

何星亮《中国自然神与自然崇拜》，上海三联书店 1992 年版。

詹鄞鑫《神灵与祭祀》，江苏古籍出版社 1992 年版。

徐华龙《中国鬼文化》，上海文艺出版社 1991 年版。

刘晔原等《中国古代的祭祀》，商务印书馆国际有限公司 1996 年版。

陈明达《古建筑与雕塑史论》，文物出版社 1998 年版。

罗哲文《中国古塔》，文物出版社 1983 年版。

严耀中《汉传密教》，学林出版社 1999 年版。

严耀中《江南佛教史》，上海人民出版社 2000 年版。

周绍良《印度宗教与中国佛教》，中国社会科学出版社 1988 年版。

夏广兴《密教传持与唐代社会》，上海人民出版社 2008 年版。

杜继文《汉译佛教经典哲学》，江苏人民出版社 2008 年版。

李利安《观音信仰的渊源与传播》，宗教文化出版社 2008

年版。

季羡林《中印文化关系史论文集》，三联书店1982年版。

金克木《印度文化论集》，中国社会科学出版社1983年版。

季羡林《佛教与中印文化交流》，江西人民出版社1990年版。

林承节《中印人民友好关系史：一八五一——一九四九》，北京大学出版社1993年版。

薛克翘《佛教与中国文化》，华侨出版社1995年版。

薛克翘《中国与南亚文化交流志》，上海人民出版社1998年版。

薛克翘《中印文化交流史话》，商务印书馆1998年版。

薛克翘《中印文学比较研究》，昆仑出版社2003年版。

许崇灏《中印历代关系史略》，独立出版社1942年版。

杜继文主编《佛教史》，江苏人民出版社2006年版。

白文固《中国僧官制度史》，青海人民出版社1990年版。

刘长东《宋代佛教政策论稿》，巴蜀书社2005年版。

周心慧《中国古代佛教版画集》，学苑出版社2002年版。

戴藩豫《中国佛典刊刻源流考》，北京图书馆出版社1995年版。

古子文《深入藏地：徒步西藏十万公里纪实》，中国社会科学出版社2002年版。

刘立千编译《印藏佛教史》，民族出版社2000年版。

刘仲宇《道教法术》，上海文化出版社2002年版。

富育光《萨满教与神话》，辽宁大学出版社1990年版。

罗玄机《江湖方术探秘》，新疆大学出版社1993年版。

卿希泰主编《中国道教》，知识出版社1994年版。

姚周辉《神秘的幻术——降神附体风俗研究》，广西人民出版社2004年版。

罗香林《唐代广州光孝寺与中印交通之关系》，中国学社1960年版。

刘敬圻等《异质文化的碰撞：二十世纪"佛教与古代文学"论丛》，黑龙江人民出版社2015年版。

李小荣《敦煌密教文献论稿》，人民文学出版社2003年版。

刘长久《中国西南石窟艺术》，四川人民出版社1998年版。

班班多杰《藏传佛教思想史纲》，三联书店上海分店1992年版。

陈庆英《元朝帝师八思巴》，中国藏学出版社1992年版。

丁汉儒等《藏传佛教源流及社会影响》，民族出版社1991年版。

张星烺《中西交通史料汇编》，中华书局2003年版。

方豪《中西交通史》，上海人民出版社2008年版。

胡朴安《中华全国风俗志》，中州古籍出版社影印本1990年。

陈启新《中国民俗学通论》，中山大学出版社1996年版。

吕大吉《宗教学通论新编》，中国社会科学出版社1998年版。

向斯《中国帝王的隐秘生活》，甘肃人民出版社2006年版。

安和、李海涛《欢喜佛之迹》，西北大学出版社1993年版。

金雅声、[俄]谢甾诺大士编《俄藏黑水城艺术品》，上海古籍出版社2011年版。

夏鼐等《中国石窟》，文物出版社1997年版。

侯冲《云南与巴蜀佛教研究论稿》，宗教文化出版社2006年版。

吕澂《西藏佛学原论》，商务印书馆1933年版。

索南才让《西藏密教史》，中国社会科学出版社1998年版。

唐景福《中国藏传佛教名僧录》，甘肃民族出版社1991年版。

纳塔《金鬘》，内蒙古人民出版社1989年版。

释东初《中国佛教近代史》(上下册)，东初出版社1974年版。
苏晋仁《佛教文化与历史》，中央民族大学出版社1998年版。
乌丙安《中国民间信仰》，上海人民出版社1996年版。
金泽《中国民间信仰》，浙江教育出版社1995年版。
张亮采《中国风俗史》，商务印书馆1911年版。
贾二强《唐宋民间信仰》，福建人民出版社2002年版。
李富华《中国民间宗教史》，台北文津出版社1994年版。
丁山《中国古代宗教与神话考》，上海文艺出版社1988年影印本版。
侯杰《世俗与神圣——中国民众宗教意识》，天津人民出版社2001年版。
高国藩《中国民俗微探》，河海出版社1992年版。
孙昌武《佛教与中国文学》，上海人民出版社2007年版。
方立天《中国佛教与传统文化》，上海人民出版社1985年版。
任继愈主编《中国佛教史》，中国社会科学出版社1988年版。
吕建福主编《密教的思想与教法》，中国社会科学出版社2012年版。
段玉明《指空——最后一位来华的印度高僧》，巴蜀书社2007年版。

三、论文

(一) 期刊论文

赵良声《莫高窟第61窟炽盛光佛图》，《西域研究》1993年第4期。

马云华《清宫大白伞盖佛母信仰研究》，《故宫博物院院刊》2007年第5期。

何孝荣《试论元朝皇帝崇奉藏传佛教与大都敕建佛寺》，《文史》2009年第3期。

龙晦《大足石刻中的明肃皇后、何利帝母、九子母与送子观音》,《中华文化论坛》2003年第1期。

杨静《从壁画证据看鬼子母在古代中国的演变》,《苏州工艺美术职业技术学院学报》2012年第4期。

[日]田边胜美《鬼子母神和石榴》,《大和文华》,101(1999)。

[日]小林太一郎《支那における诃帝利—その信仰とその图像とに就て》,《支那佛教史学》,卷二第3号,1938年。

[日]田代有树女《摩诃迦罗夫について—发祥と图像学的考察》,《名古屋造形艺术短期大学研究纪要》,13(1990)。

[日]长沼贤海《大黑天的形容及信仰的变迁》,正·续编,长长沼贤海《日本宗教史的研究》,东京教育研究会1928年版。

赵邦彦《九子母考》,《"中央研究院"历史语言研究所集刊》第二本,1931年。

李翎《以鬼子母图像的流变看佛教的东传——以龟兹地区为中心》,《美苑》2008年第4期。

万晴川《明清小说中的占星术》,《南昌职业技术师范学院学报》1999年第4期。

万晴川《论房中术与对明清小说的影响》,《晋阳学刊》2000年第1期。

万晴川《论藏传密宗思想对明清小说性描写的影响》,《江西师大学报》2000年第1期。

齐鸿浩《黄龙县小寺庄发现宋代石窟》,《文博》1988年第2期。

孙悟湖《元代汉地佛教与藏传佛教之交流略述》,《西藏研究》2002年第4期。

王路平《唐宋元时代贵州佛教述论》,《中华传统文化与贵州地域文化研究论丛》,2008年第2期。

王永宽《论河图洛书与远古物象崇拜》,《中州学刊》2006年6月。

才让《藏传佛教中的关公信仰》,《中国藏学》1996年第1期。

陈述石《从兴城白塔峪塔看辽代佛教的密显圆通思想》,《北方文物》2012年第2期。

陈述石《兴城白塔峪塔地宫铭刻与辽代晚期佛教信仰》,《辽金历史与考古》第4辑,辽宁教育出版社2013年版。

杨学政《密教阿吒力在云南的传播及影响》,《云南社会科学》1992年第6期。

谢道辛《大理地区佛教密宗梵文碥刻与白族的佛顶尊胜信仰》,《云南民族大学学报》2004年第1期。

刘弘《凉山佛教密宗石刻的初步研究》,《四川文物》1994年第4期。

霍杰娜《辽墓中所见佛教因素》,《文物世界》2002年第3期。

彭建兵《北凉时期敦煌民间杂密信仰问题考察——以北凉石塔为中心》,《敦煌学辑刊》2009年第4期。

刘黎明《宋代民间密宗信仰——以〈夷坚志〉为中心的初步考察》,《江西社会科学》2004年第2期。

李德成《元仁宗藏传佛教管理探微》,《世界宗教研究》2011年第6期。

黄春和《元明清北京宫廷的藏传佛教造像艺术风格及特征》,《法音》2001年第1期。

萧登福《试论北斗九皇、斗姆与摩利支天之关系》,《"国立"台中技术学院人文社会学报》2004年第3期。

霍巍《西藏西部佛教石窟壁画中的波罗艺术风格》,《考古与文物》2005 年 4 期。

赵良声《莫高窟第 61 窟炽盛光佛图》,《西域研究》1993 年第 4 期。

赖天兵《杭州元代飞来峰石刻造像艺术》,载《中国藏学》1998 年第 4 期。

孙昌盛《西夏方塔塔心柱汉文题记考释》,《考古与文物》1997 年第 1 期。

石世梁《金刚乘佛教流传的几点质疑》,《西藏研究》1990 年 3 期。

李冀诚《西藏佛教密宗概述》,《西藏研究》1989 年 1 期。

蓝玉《藏密艺术欢喜佛的种类、由来和理义》,《西藏艺术研究》1992 年 1 期。

贺勇《河北涿鹿县辽代壁画墓发掘简报》,《考古》1987 年第 3 期。

刘海文《河北宣化辽代壁画墓》,《文物》1995 年第 2 期。

北京市文物管理处《近年来北京发现的几座辽墓》,《考古》1972 年第 3 期。

王永根《山西壶关南村宋代砖雕墓》,《文物》1997 年第 2 期。

朱子方《辽代佛教的主要宗派和学僧》,《世界宗教研究》1990 年第 1 期。

韩伟《法门寺唐代金刚界大曼荼罗成身会造像宝函考释》,《文物》1997 年第 8 期。

朱子方《跋兴城塔子沟出土的两件石刻》,《辽金契丹女真史研究动态》,1984 年第 2 期。

沈卫荣、安海燕,《明代汉译藏传密教文献和西域僧团》,《清华大学学报》2011 年第 2 期。

刘弘《凉山佛教密宗石刻的初步研究》,《四川文物》1994 年第 4 期。

熊文彬《杭州飞来峰第 55 龛顶髻尊胜佛母九尊坛城造像考》，《中国藏学》1998 年第 4 期。

《河南荥阳大海寺出土的石刻造像》，《文物》1980 年第 3 期。

赖天兵《杭州飞来峰藏传佛教造像题材内容辨析》，《文博》1999 年第 1 期。

谢继胜《杭州飞来峰藏传石刻造像的风格渊源与历史文化价值》，《西藏研究》2003 年第 2 期。

李小荣《水陆法会源流略说》，《法音》2006 年第 4 期。

刘黎明《〈夷坚志〉与南宋江南密宗信仰》，《四川师范大学学报》2002 年第 3 期。

夏广兴《密教传持与宋代民俗风情——以宋代祈雨习俗为中心》，《民俗研究》2015 年第 1 期。

夏广兴《佛顶尊胜陀罗尼信仰与宋代丧葬习俗——以尊胜墓幢的建立为中心》，《世界宗教研究》2015 年第 1 期。

王国建《"鬼子母"崇拜文化及其艺术形象变迁》，《郑州大学学报》2011 年第 4 期。

李翎《不空所译诃利帝密典及图像研究》，《艺术史研究》2016 年第 1 期。

李翎《鬼子母揭钵故事的流传与图像》，《世界宗教文化》2014 年第 1 期。

赵毓龙《以"鬼子母揭钵"为例看原生"西游"故事的聚合机制》，《求是学刊》2014 年第 6 期。

项裕荣《九子母·鬼子母·送子观音——从"三言二拍"看中国民间宗教信仰的佛道混合》，《明清小说研究》2005 年第 2 期。

车瑞《铁扇公主形象考论》，《中国古代小说戏曲研究》2014 年第 10 辑。

源丰宗《兜跋毗沙门天像的起源》,《佛教美术》第 15 册, 1920 年。

欧朝贵《五台圣地与西藏圣僧》,《西藏民族宗教》1994 年第 1 期。

辛补堂《五台山的藏传佛教》,《西藏民族宗教》1994 年第 3 期和第 4 期。

顾吉辰《北宋番僧考实》,《史学集刊》1987 年第 1 期。

杜斗城《从敦煌本"佛说十王经"看中国民间"七七斋"的源流》,载《中国文物世界》1990 年 10 月号。

宫大中《龙门石窟艺术初探》,《文物》1980 年第 1 期。

杨焕成《豫北石塔记略》,《文物》1983 年第 5 期。

吴伯春《忽必烈与佛教》,《内蒙古民族师院学报》1993 年第 4 期

陈庆英《元代藏族名僧胆巴国师考》,《中国藏学》1990 年第 1 期。

陈庆英《元朝帝师制度及其历任帝师》,《青海民族学院学报》, 1991 年第 1、2 期。

沈卫荣《序说有关西夏、元朝所传藏传密法之汉文文献——以黑水城所见汉译藏传佛教仪轨文书为中心》,《欧亚学刊》2007 年第 7 辑。

金鼎汉《〈封神演义〉中几个与印度有关的人物》,《南亚研究》1993 年第 3 期。

萨迦·达钦阿美夏著,陈庆英译注《萨迦世系史·八思巴生平》,《西藏研究》1986 年第 1 期。

赵橹《大黑天神考释》,《民间文学论坛》1983 年第 4 期。

吟雪《密宗弘传史》,《海潮音》1920 年第 9 期。

吴世昌《密宗塑像说略》,北平研究院《史学集刊》1937 年第 3 期。

章伯和《兜跋毗沙门天》，《觉世》月刊第 22 期。

王逊《云南北方天王石刻记》，《文史杂志》1944 年第 3 卷 3、4 期合刊。

杨家骆《大足龙岗区石刻记略》，世界学院中国学典馆，大足石刻考密团考察记略之一，《文物周刊》1947 年第 20 期。

王恩洋《大足石刻之艺术与佛教》，《文教丛刊》1947 年第 7 期。

吕建福《五台山文殊信仰与密宗》，《五台山研究》，1989 年第 2 期。

吕建福《千钵文殊的产生及其影响》，《五台山研究》，1994 年第 3 期。

吕建福《一行及其佛学思想》，《世界宗教研究》，1989 年第 1 期。

吕建福《论空海的六大缘起说》，《世界宗教研究》2004 年第 2 期。

吕建福《禅宗北宗和密宗的关系》，《华林》2001 年第 1 卷。

吕建福《密宗传入四川考》，《宗教学研究》1991 年第 1—2 期。

吕建福《关于中国密教研究的几个问题》，《法音》1989 年第 1 期。

吕建福《论密教的起源于形成》，《佛学研究》1994 年第 3 期。

吕建福《密教哲学的基本论题及其重要概念》，《世界宗教研究》2002 年第 1 期。

姚崇新《对部分广元密教造像题材的再考察——兼析某些密教造型艺术的渊源》，《敦煌研究》2006 年第 2 期。

肖干田《密宗史话》，《西藏民俗》1998 年第 1 期。

王胜华《西盟的猎头习俗与头颅崇拜》，《中国文化》1994 年第 9 期。

王齐洲《西游记与心经》,《学术月刊》2001 年第 8 期。

王熙祥《四川资中重龙山摩崖造像》,《文物》1988 年第 8 期。

安家瑶等《西安沣西出土的唐印本梵文陀罗尼经咒》,《考古》1998 年第 5 期。

冯汉骥《记唐印本陀罗尼经咒的发现》,《文物参考资料》1957 年第 5 期。

陕西省博物馆等《西安西郊出土唐代手写经咒绢画》,《文物》1984 年第 7 期。

苏州市文管会等《苏州市瑞光寺塔发现一批五代、北宋文物》,《文物》1979 年第 11 期。

辽阳北塔考古勘察队《辽宁朝阳北塔天宫地宫清理简报》,《文物》1992 年第 7 期。

皮庆生《祈雨与宋代社会初探》,《华学》2003 年第 6 期。

侯冲《云南阿吒力教辨识》,《世界宗教研究》1995 年第 4 期。

夏星《〈中国密教史〉读后感》,《世界宗教研究》1996 年第 2 期。

黄夏年《20 世纪的中国佛学研究》,《中华文化论坛》1997 年第 4 期。

张毅《试论道教对印度的影响》,《南亚与东南亚资料》,1982 年第 2 辑。

陈楠《明代藏传佛教对内地的影响》,《中国藏学》1998 年第 4 期。

李希泌《郑和印施〈大藏经〉题记——郑和皈依佛门的佐证》,《文献》1985 年第 3 期。

蔡铁鹰《〈取经诗话〉的成书及故事系统——孙悟空形象探源之二》,《明清小说研究》1989 年 3 期。

蔡相宗《从佛教唯识宗谈〈西游记〉中沙僧形象》,《时代文学》2008年第11期。

刘建忠、贺勇《河北涿鹿县辽代壁画墓发掘简报》,《考古》1987年第3期。

刘海文等《河北宣化辽代壁画墓》,《文物》1995年第2期。

苏天钧《近年来北京发现的几座辽墓》,《考古》1972年第3期。

王进先、王永根《山西壶关南村宋代砖雕墓》,《文物》1997年第2期。

康保成《沙和尚的骷髅项链——从头颅崇拜到密宗仪式》,《河南大学学报》2004年第1期。

李瑞明《唐代剑侠传奇和密宗成就剑法》,《文史杂志》1999年第4期。

韩金科《法门寺地唐密宫曼荼罗世界全面破译》,《佛学研究》1995年。

赵晓星、寇甲《吐蕃统治敦煌时期的密教源流与艺术风格——吐蕃统治敦煌时期的密教研究之三》,《敦煌学辑刊》2007年第4期。

余欣《敦煌佛寺所藏珍宝与密教宝物供养观念》,《敦煌学辑刊》2010年第4期。

常青《初唐宝冠佛像的定名问题——与吕建福先生〈中国密教史〉商榷》,《佛学研究》1997年。

李翎《试论新疆地区的密教信仰——以千手观音图像为例》,《新疆师范大学学报》2010年第1期。

陈明光《菩萨装施降魔印佛造像的流变——兼谈密教大日如来尊像的演变》,《敦煌研究》2004年第5期。

金申《西安安国寺遗址的密教石像考》,《敦煌研究》2003年第4期。

魏崴《古代四川地区密宗造像的发展及成因》,《四川文物》,2002年第4期。

李南《道教与密教中的女性崇拜》,《南亚研究》1998年第1期。

石海军《道教与密宗兼——及印度文化和文学中的艳欲主义》,《外国文学研究》2003年第6期。

于彀《从华严钟看华严宗与密教的关系》,《文物春秋》2003年第4期。

肖永明《禅宗和密宗的比较研究》,《五台山研究》1993年第3期。

彭建斌《敦煌早期密教写经的分类》,《兴义民族师范学院学报》2011年2月。

侯慧明《密教曼荼罗的早期形态》,《世界宗教研究》2011年3月。

李立《曼荼罗的文化学浅释》,《民族艺术研究》2002年第5期。

李南《略论印度密教的真言咒语》,《南亚研究》2005年第2期。

李南《从婆和婆吒著梵义〈胜乐轮注〉写本看佛教密宗的哲学思想(一)》,《南亚研究》2004年第1期。

赵连泰《试论空海和真言密教》,《日本问题研究》1995年第4期。

[印度]尼丁·库马尔著,王璞译《大乘密教的美术色彩象征》,《民族艺术研究》2003年。

王雪梅《试论弥勒信仰与密教的融合》,《宗教学研究》2010年第4期。

黄心川《中国密教的印度渊源》,载《印度宗教与中国佛教》,

中国社会科学出版社 1988 年版。

季羡林《龟兹之密宗》,《延边大学学报》2007 年 2 月第 1 期。

李南《道教与密教中的女性崇拜》,《南亚研究》1998 年第 1 期。

景昌极《印度密教考》,摘录自《现代佛学大系》。

郑朝通《敦煌写本〈佛说八阳神咒经〉之疑伪及其所反映的社会文化意义析论》。

曹刚华《试论中国古代官私书目中的佛教典籍》,《图书馆杂志》2002 年第 6 期。

苏晋仁《佛教传记综述》,《世界宗教研究》1985 年第 1 期。

陈士强《中国古代佛教笔记》,《复旦学报》1992 年第 3 期。

毛双民《研究中国佛教史的重要材料——三朝〈高僧传〉》,《文史知识》1986 年第 10 期。

[日] 滋贺高义《三朝高僧传管窥——习禅篇を中心どい》,《大谷学报》1992 年 5 月。

沈卫荣《神通、妖术与贼髡：论元代文人笔下的番僧形象》,《汉学研究》2003 年卷 21 第 2 号。

史金波《西夏的藏传佛教》,《中国藏学》2002 年第 1 期。

黄春和《辽代华严宗的传播及其思想特色》,香港《内明》1997 年总第 300 期。

何孝荣《印僧撒哈咱失里与元明时期印度密教在中国的传播》,《西南大学学报》2016 年第 2 期。

胡文和《四川与敦煌石窟中的千手千眼变相的比较研究》,《佛学研究中心学报》第三卷。

刘浦江《宋代宗教的世俗化与平民化》,《中国史研究》2003 年第 2 期。

张政烺《〈封神演义〉漫谈》,《世界宗教研究》1982 年第 4 期。

王熙祥《四川夹江千佛岩摩崖造像》,《文物》1992年第2期。

赵长松《三台东山摩崖遗存是唐代密宗道场》,《四川文物》1983年第3期。

王静如《敦煌莫高窟和安西榆林窟中的西夏壁画》,《文物》1980年第9期。

李静《宝志十一面观音信仰与相关故事产生时间新议》,《唐五代道教法术与道教小说》,《新国学》2006年第6卷。

张建彬《唐代的祈雨习俗》,《民俗研究》2000年第4期。

贾应逸《唐代安西密经译僧利言考》,《法门寺文化研究通讯》第11期。

(二) 学位论文

党措《吐蕃时期法成在敦煌的密典传译及其影响》,陕西师范大学硕士学位论文,2006年。

赵志琴《从石钟山石窟看佛教密宗在大理地区的本土化》,云南师范大学硕士学位论文,2006年。

彭建斌《敦煌石窟早期密教状况研究》,兰州大学硕士学位论文,2006年。

张冰冰《元代宫廷崇佛史事考》,中央民族大学硕士学位论文,2010年。

崔红芬《西夏时期的河西佛教》,兰州大学博士学位论文,2005年。

王涛《唐宋时期城市保护神的研究——以毗沙门天王和城隍神为中心》,首都师范大学博士学位论文,2007年。

黄阳兴《咒语、图像与法术——密教与中晚唐文学》,复旦大学博士学位论文,2008年。

侯慧明《胎藏界曼荼罗研究》,陕西师范大学博士学位论文,2011年。

吴慧《僧一行研究——盛唐的天文、佛教与政治》，上海交通大学博士学位论文，2008年。

（三）论文集

王承文《古灵宝经定期斋戒的渊源及其与佛教的关系》，《华林》第二卷，中华书局2002年版。

刘建华《河北地区辽代佛塔出土文物及所反映的问题》，《"第二届河北禅宗文化论坛"论文集》，大象出版社2012年版。

杭侃《辽中京大明塔上的密宗图像》，《宿白先生八秩华诞纪念文集》，文物出版社2002年版。

何孝荣《撒哈咱失里与元明时期印度密教的传播》，怡学《元代北京佛教研究》，金城出版社2013年版。

韩冰《试论人祭习俗》，《民俗文化与宗教信仰》，知识产权出版社2011年版。

郑阿财《〈龙兴寺毗沙门天王灵验记〉与敦煌地区的毗沙门信仰》，《周绍良先生欣开九秩庆寿文集》，中华书局1997年版。

张先堂《唐宋时期敦煌天王堂寺、天王堂考》，《二十一世纪敦煌文献研究回顾与展望研讨会论文集》，台北中华自然文化学会1999年版。

古正美《于阗与敦煌的毗沙门天王信仰》，《2000年敦煌国际学术讨论会文集》，甘肃民族出版社2003年版。

胡适《〈西游记〉的沙和尚的来历》，载《胡适古典文学论集》，上海古籍出版社1986年版。

李淞《略论中国早期天王图像及其西方来源》，《长安艺术与宗教文明》，中华书局2002年版。

王颋《神威毗沙——唐宋代的毗沙门天王崇拜》，《西域南海史地考论》，上海人民出版社2008年版。

张建林《唐代丧葬习俗中佛教因素的考古学考察》，《西部考古·第一辑》，三秦出版社 2006 年版。

杨郁生《石钟山石窟艺术断想》，载《石宝山》，云南民族出版社 1990 年版。

柳存仁《毗沙门天王父子与中国小说之关系》，柳存仁《和风堂文集》，上海古籍出版社 1991 年版。

孙修身《莫高窟佛教史迹画介绍》，《敦煌研究文集》，甘肃人民出版社 1982 年版。

苟波《神魔小说中的"方术"与"法术"》，罗传芳主编《道教文化与现代社会》，沈阳出版社 2001 年版。

张毅《试论密宗成立的时代与地区》，载《印度宗教与中国佛教》，中国社会科学出版社 1988 年版。

严耕望《南北朝时代五台山之佛教》，《国故新知——中国传统文化的再诠释：纪念汤用彤先生诞辰百周年论文集》，北京大学出版社 1993 年版。

张曼涛主编《密宗教史》（密宗专集之二），《现代佛教学术丛刊》第 72 册，台北大乘文化出版社 1979 年版。

张曼涛主编《汉藏佛教关系研究》，《现代佛教学术丛刊》第 79 册，台北大乘文化出版社 1979 年版。

杨郁生《石钟山石窟艺术断想》，《石宝山》，云南民族出版社 1990 年版。

王恩洋《大足石刻之艺术与佛教》，《文教丛刊》1947 年第 7 期，收入《大足石刻研究》，四川省社会科学院出版社 1985 年版。

张旭《剑川石钟寺石窟"阿央白"试释》，《大理白族史探索》，云南人民出版社 1990 年版。

陈寅恪《〈西游记〉玄奘弟子故事之演变》，《金明馆丛稿二编》，三联书店 2001 年版。

季羡林《中印文化关系史论文集》，三联书店 1982 年版。

金克木《印度文化论集》，中国社会科学出版社1983年版。

吕建福《尊胜陀罗尼及其信仰》，《1992年佛学研究论文集》，佛光佛教文化事业有限公司1998年版。

吕建福《法门寺出土捧真身菩萨莲座顶面梵字释证》，《中国佛教学者文集·密教论考》，宗教文化出版社2008年版。

吕建福《法门寺出土文物中有关密教内容的考释》，《首届国际法门寺历史文化学术研讨会论文集》，陕西人民教育出版社1992年版。

王宏涛《密教中"普贤"相关概念探析》，《首届长安佛教国际学术研讨会论文集》，陕西师范大学出版社2009年版。

韩金科《持松对长安密教的传承与弘扬》，《首届长安佛教国际学术研讨会论文集》，陕西师范大学出版社2009年版。

李永斌《试论不空的政教思想》，《首届长安佛教国际学术研讨会论文集》，陕西师范大学出版社2009年版。

史全超《试论不空的弘法思想》，《首届长安佛教国际学术研讨会论文集》，陕西师范大学出版社2009年版。

崔正森《不空三藏是长安和五台山佛教的一位重要僧人》，《首届长安佛教国际学术研讨会论文集》，陕西师范大学出版社2009年版。

张保胜《梵呗古韵——三幅曼荼罗的考释》，《首届长安佛教国际学术研讨会论文集》，陕西师范大学出版社2009年版。

李小强《大足石刻札记五：大足、安岳石刻中的深沙神造像》，《大足石刻研究文集》，重庆出版社2005年版。

黎方银《四川及大足石窟毗沙门天王造像研究——大足密教造像研究之一》，《大足石刻研究文集》，重庆出版社2005年版。

白化文《中国佛教四大天王》，文史知识编辑部编《佛教与中国文化》，中华书局2005年版。

张广达《敦煌瑞像记、瑞像图及其反映的于阗》,《敦煌吐鲁蕃研究论文集》第三辑,汉语大辞典出版社 1990 年版。

胡文和《毗沙门天王》,《四川道教、佛教石窟研究》,四川人民出版社 1995 年版。

传芩《漫谈道教的几个基本信仰》,《道教与传统文化》,中华书局 1997 年版。

姬孝范《密林持松与长安佛教之缘》,《首届长安佛教国际学术研讨会论文集》,陕西师范大学出版社 2009 年版。

[丹麦]亨利克·H·索伦森著,唐仲明译《密教与四川大足石刻艺术》,《2005 年重庆大足石刻国际学术研讨会论文集》,文物出版社 2007 年版。

陈明光《四川摩崖造像"唐瑜伽部主总持王"柳本尊化道"十炼图"调查报告及探疑》,《大足石刻考古与研究》,重庆出版社 2001 年版。

王尧《元廷所传西藏秘法考叙》,《内陆亚洲历史文化研究——韩儒林先生纪念文集》,南京大学出版社 1996 年版。

赖鹏举《唐代敦煌以华严思想为中心的北传密法尊像开展》,敦煌研究院编《2004 年石窟研究国际学术会议论文集》,上海古籍出版社 2006 年版。

工海涛《郑和与佛教》,《郑和论丛》第一辑,云南大学出版 1992 年版。

谢道辛《大理地区佛教密宗梵文碑刻与白族的佛顶尊胜信仰》,林超民等主编《南诏大理历史文化国际学术讨论会论文集》,民族出版社 2006 年版。

田怀清《略论白族对尊胜佛母的信仰》,赵寅松主编《白族文化研究 2005》,民族出版社 2006 年版。

张小刚《敦煌摩利支天经像》,敦煌研究院编《2004 年石窟研究国际学术会议论文集》，上海古籍出版社 2006 年版。

陈玉女《〈佛说摩利支天经〉信仰内涵初探札记——从郑和施刻〈佛说摩利支天经〉谈起》，兰州大学敦煌学研究所、麦积山石窟艺术研究所编《麦积山石窟艺术文化论文集》（下），兰州大学出版社 2004 年版。

后 记

拙著付梓在即，兴奋之情溢于言表。承蒙《中华典籍与国家文明研究丛书》主编查清华教授不弃，忝列其中，深表谢意。

确立这一选题的因缘是基于2008年由上海人民出版社出版的拙著《密教传持与唐代社会》。之后，一直有个愿望，将这一选题延伸下去。

唐代的密教，主要在精英阶层传持，到了宋元时代，随着佛教的世俗化，密教开始向民间广泛渗透，直接影响着宋元社会精神生活的方方面面。因此，研究密教流播与宋元社会生活的关系，有助于进一步认识宋元文化特征的形成，同时，对相关学科的研究也具有启发意义。承评审专家厚爱，本选题于2013年由国家社科基金立项，并于2019年顺利结项，拙著也正是在此基础上完成的。在写作过程中参考了前贤的诸多研究成果，并在注释中一一注明。限于篇幅，不可能将所有研究者的成果逐一介绍，但尽可能将目力所及的成果列于参考文献中，在此谨对在此研究领域辛勤耕耘的前贤及后启者致敬。

回顾写作过程，得到诸多贵人相助，其中曾向各相关领域的专家、学者请益，教示良多，这里不一一胪列大名。在这里，还要感谢远在大洋彼岸的胞弟夏广斌，他是一名医生，但对我的研究领域尤感兴趣，给予诸多支持，我们经常探讨，在我懈怠之时，给了我莫大的精神支撑。

　　值得一提的是，汉传密教研究专家严耀中教授慷慨应允赐序，提纲挈领，为拙著增色不少。上海文史馆馆员、六朝文学研究专家曹旭教授慨然为拙著题签，在此一并表示衷心的感谢。

　　一本书的问世，离不开编辑的辛勤付出。在这里，我要由衷地感谢上海古籍出版社的编辑团队，在整个编审过程中，她们付出了大量心血，拙稿能如期编辑出版，与她们精湛的业务能力及敬业精神是分不开的。

　　由于本人学识有限，拙著一定还有很多不足之处，恳请方家不吝正之。

夏广兴

2023 年 10 月识于六如轩

图书在版编目(CIP)数据

密教传持与宋元社会 / 夏广兴著. —上海：上海古籍出版社，2023.11
（中华典籍与国家文明研究丛书）
ISBN 978-7-5732-0955-9

Ⅰ.①密… Ⅱ.①夏… Ⅲ.①密宗-文献-研究-中国-宋元时期 Ⅳ.①B946.6

中国国家版本馆 CIP 数据核字(2023)第 204709 号

中华典籍与国家文明研究丛书
密教传持与宋元社会
夏广兴 著
上海古籍出版社出版发行
（上海市闵行区号景路 159 弄 1-5 号 A 座 5F 邮政编码 201101）
（1）网址：www.guji.com.cn
（2）E-mail：guji1@guji.com.cn
（3）易文网网址：www.ewen.co
上海展强印刷有限公司印刷
开本 890×1240 1/32 印张 13.25 插页 5 字数 360,000
2023 年 11 月第 1 版 2023 年 11 月第 1 次印刷
印数：1—1,300
ISBN 978-7-5732-0955-9
B·1361 定价：78.00 元
如有质量问题，请与承印公司联系
电话：021-66366565